아프리카,
중국의 두 번째 대륙

100만 이주자의 아프리카 새 왕국 건설기

아프리카, 중국의 두 번째 대륙

100만 이주자의 아프리카 새 왕국 건설기

초판 1쇄 펴낸날 | 2015년 10월 20일

지은이 | 하워드 프렌치
옮긴이 | 박홍경
펴낸이 | 이동국
펴낸곳 | (사)한국방송통신대학교출판문화원
　　　　110-500 서울시 종로구 이화장길 54
　　　　전화 02-3668-4764
　　　　팩스 02-741-4570
　　　　홈페이지 http://press.knou.ac.kr
　　　　출판등록 1982년 6월 7일 제1-491호

출판위원장 | 권수열
편집 | 박혜원 · 이강용
본문 디자인 | 티디디자인
표지 디자인 | 최원혁
인쇄 | 한국소문사

ⓒ2014 by Howard W. French
ISBN 978-89-20-01721-6 (03340)

값 17,000원

아프리카,
중국의 두 번째 대륙

100만 이주자의 아프리카 새 왕국 건설기

하워드 프렌치 지음
박홍경 옮김

지식의날개

行行重行行　가시고 가시고 다시 가 버리신

與君生別離　님과의 생이별이

相去萬餘里　만 리나 떨어져서

各在天一涯　천애의 한쪽 끝 멀리에 있다.

道路阻且長　길조차 험하고 멀고 멀어서

會面安可期　만날 길 아득하니 어이할까나.

胡馬依北風　호마는 바람 따라 북을 그리고

越鳥巢南枝　월조는 남지에 둥지를 튼다.

– 「가고 또 가고(行行重行行)」

　한나라 시조, 작자 미상 (『중국시가선』, 지영재 편역)

나는 그때 태양이

저 길 어딘가에서

오고 있다고,

와서 너,

검은 대륙이 품은 다이아몬드를 일깨우리라고

말할 수 없었을 텐데,

저 길 어딘가에서.

너는 내 말을 믿지 않았겠지.

– 그웬돌린 브룩스, 「디아스포라에게(To The Diaspora)」

차례

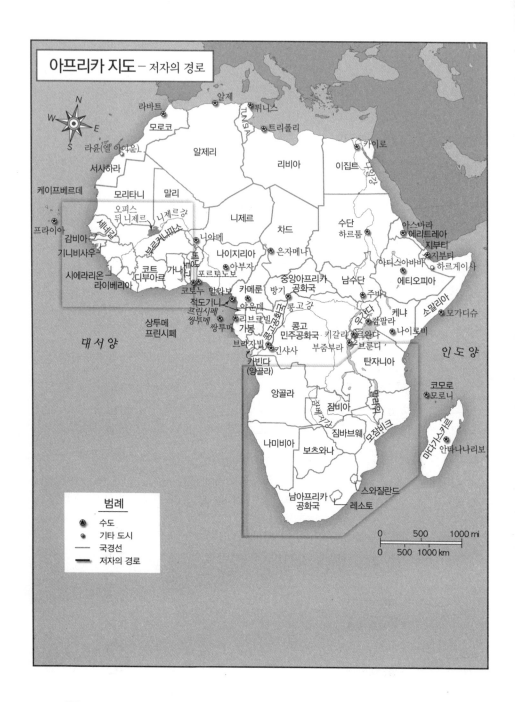

아프리카 지도 - 저자의 경로

N
W E
S

라바트
모로코
라윤(엘 아이운)
서사하라
알제
튀니스
트리폴리
카이로
알제리
리비아
이집트

케이프베르데
프라이아
모리타니
말리
오피스
뒤 니제르
니제르강
세네갈
감비아
기니비사우
니제르
차드
수단
하르툼
아스마라
에리트레아
지부티
지부티
하르게이사

니아메
나이지리아
은자메나
아디스아바바
에티오피아

코토누
코트
디부아르
라이베리아
가나
로메
아부자
아크라
포르토노보
중앙아프리카
공화국
남수단
주바

시에라리온
적도기니
프린시페
쌍투메
쌍투메
카메룬
방기
콩고강
우간다
케냐
소말리아
모가디슈

상투메
프린시페
리브로빌
가봉
브라자빌
콩고
민주공화국
킨샤사
카빈다
(앙골라)
키갈라
르완다
부줌부라
부룬디
나이로비
캄팔라

대 서 양

앙골라
잠비아
짐바브웨
모잠비크
탄자니아

코모로
모로니

나미비아
보츠와나
마다가스카르
안타나나리보

남아프리카
공화국
레소토
스와질란드

인 도 양

범례
⊛ 수도
⊙ 기타 도시
— 국경선
▬ 저자의 경로

0   500   1000 mi
0   500 1000 km

⑤ 세네갈: 다카르-티에스
⑥ 라이베리아: 몬로비아-그바룽가
⑦ 말리: 바마코-세구-마칼와-앨라토나-
몰로도
⑧ 가나: 아크라-본야르-케이프코스트-
쿠마시-수니아니-부이-아크라

❶ 모잠비크: 마푸투-샤이샤이-마시시-마룸베네-
마싱가
❷ 잠비아: 루사카-카브웨-카피리-음포시-
은돌라-키트웨
❸ 탄자니아-잠비아: 타자라 철도
❹ 콩고: 루붐바시

❾ 나미비아: 빈트후크-추메브-온당과-오샤카티-
온게디바-스바코프문트-오시칸고-스바코트문트-
빈트후크
❿ 나미비아(2차 자동차 여행): 빈트후크-가보로네-
보츠와나-제루스트, 남아프리카공화국-요하네스버그
기니: 코나크리, 시에라리온: 프리타운

▎서문

1970년대 말 시작된 중국의 역사적인 개방은 중국 전체에 크나큰 수혜를 가져다주었다. 이 행운은 중국 정부의 영리한 정책 덕이기도 하지만, 기가 막히게 절묘한 개방 시점에서 비롯된 것이었다. 중국이 개방한 이후 수년 동안 세계화가 전례 없는 수준으로 진행되었고, 이에 따른 경제 변화의 수혜를 중국만큼 누린 나라도 없었다. 수출입이 거의 없고 빈곤한 사회였던 중국은 불과 10년 남짓의 기간에 소위 세계의 공장이라는 오늘날의 위치까지 성장했다.

그러나 이 시기의 변화가 중국에 큰 도움이 되긴 했지만 근본적으로 세계화는 다른 나라들, 즉 미국, 서유럽, 일본의 필요에 따라 전개되었다. 기존의 경제대국들은 서양의 열정적 소비자들에게 최대한 값싼 제품을 공급하고자 기업에 필요한 저임금 노동력과 잉여 자본의 배출구 확보에 열을 올렸다. 이러한 두 가지 목적을 달성하는 데 중국은 지구상 어느 나라보다 안성맞춤이었다.

세계화의 첫 번째 파도가 정점에 이른 시점에서, 새롭고 어쩌면 이전보다 더 중요한 파도가 밀려오고 있다. 파도 위 배의 신세였던 중국은 어느덧 스스로 변화를 주도하는 주체로 발돋움했다. 실제로 중국은 전 세계에 걸쳐 일어나는 경제적 변화에서 가장 중요한 세력으로 급부상했다.

오늘날 중국의 은행, 건설사, 각종 기업이 중국의 자본과 재화, 사업과 시장, 높은 성장률을 유지시켜 줄 원자재를 찾아 전 세계를 누비고 있다. 이 과정에서 중국은 점차 독자적인 원칙을 세우고 세계화를 재해석하고 있으며 지금까지 미국, 유럽이 제3세계를 지도할 때 별다른 간섭을 받지 않고 정립해 온 규범과 관습을 차차 폐기하고 있다.

중국 정부는 현대적인 물물교환 체계를 통해 이런 일들을 일부 달성하고 있다. 개발도상국에 새 철도, 고속도로와 공항을 건설해 주는 대신 탄화수소나 광물의 장기적인 공급을 보장받고 있고 중국의 기업들이 신규 계약을 대거 따내도록 돕는다. 중국의 수출입은행과 그 외 대형 국영 '정책 은행'이 제공하는 매력적인 조건의 프로젝트 파이낸싱 딜을 보면 사업에 중국 기업, 중국의 자재, 중국의 인력을 쓰도록 연계되어 있는 경우가 대다수이다.

특히 아프리카는 혁신적인 물물교환의 훌륭한 시험대가 되었고, 신흥 강대국인 중국은 역사상 처음으로 시선을 먼 곳에 두고 드넓은 지역에서 기회를 찾고 있다. 냉전 이후 서양이 아프리카를 등한시했음을 깨달은 중국은 이 대륙이야말로 자국 기업이 최초로 해외 경험을 쌓기에 완벽한 장소임을 간파했다. 게다가 아프리카는 전 세계에 부존하는 자원의 상당량이 매장되어 있는 지역이다. 중국의 지속적인 산업 성장과 전면적으로 추진하고 있는 국가 부흥을 위해서도 원자재의 확보는 필수적이다.

이런 배경에서 아프리카는 중국 정부의 주된 관심사가 되었다. 실제로 중국의 새 지도자인 시진핑 주석이 취임 후 최초로 방문한 지역이 아프리카였다. 시 주석은 이후에도 연간 수차례 아프리카를 순방하며 각국의 지도자들과 회동을 가졌다. 미국과는 판이하게 다른 행보라는 생각을 지울 수 없다. 미국에서는 대통령, 심지어 국무부 장관도 아프리카를 방문하는 일이 드물기 때문이다. 아프리카의 지도자들이 '관계를 서비스'한다고 부를 정도로 중국은 아프리카에 특별한 관심을 쏟고 있고, 여기에 공적 원조까지 지원하면서 실로 눈부신 관계 발전이 이루어지고 있다. 중국과 아프리카의 무역은 2012년 2,000억 달러로 2000년과 비교해 무려 20배 이상 증가하면서 미국과 유럽 각국을 앞질렀다. 한편 중국의 핵심 산업인 건설업의 경우[1] 해외에서 올리는 총매출의 3분의 1 가까이가 아프리카에서 발생하는 것으로 추산된다.

최근 수년간 양측의 관계가 긴밀해지자 중국의 아프리카에 대한 관여가 근본적으로 아프리카에 도움을 주고 번영하는 데 보탬이 될지, 아니면 이름만 아닐 뿐 실질적으로는 탐욕스러운 식민 지배로 이어질지에 대한 논란도 불붙고 있다. 이런 논란은 수많은 사건 적요나 마찬가지로 결론이 거의 정해져 있는 듯 보인다. 중국이 반사적으로 자기 입장을 방어하듯 비판적인 진영은 자동적으로 중국이라는 나라와 정부의 의도에 회의를 품고 접근한다. 서양의 가치를 덮어놓고 환호하고 지지하거나 반대로 서양의 추락을 마땅히 받아야 할 벌(comeuppance)로 간주하고 통쾌하게 (Schadenfreude) 여기는 것과 다를 바 없는 태도이다.

그런데 정작 아프리카와 중국의 관계에서 가장 중요하면서도 예측이 어려운 부분은 대다수의 논의에서 배제되어 있다. 중국이 사실상 수출하다시피 한 국민들은 낯선 대륙에 이주하여 장기 거주자로서 정착하여 살아가고 있다. 일반적으로 지난 10년 동안 아프리카로 이주한 중국인들을 100만 명가량으로 추정된다. 이 짧은 기간에 중국인들은 농부, 중소 규모의 공장을 짓는 기업인, 무역업자에서 의사, 교사, 밀수업자, 매춘부에 이르는 온갖 직종으로 아프리카 대륙을 파고들었다. 이 책에서 주로 다루고 있는 대상도 사하라 이남의 아프리카에 최근 이주한 중국인들이다. 필자는 대륙 곳곳의 크고 작은 15개 나라를 방문하여 중국인 이주자들과 지냈다. 아프리카에서 부상하는 중국을 이해하기 위해 무엇보다 이주자들의 실제 경험을 가장 중요시했다.

모든 국가가 계획에 따라 움직이듯 아프리카에서의 중국도 마찬가지다. 중국의 아프리카 진출을 다룬 대다수 기사는 중국 정부가 제공하는 공식적인 대출과 대형 국영기업이 수행하는 프로젝트에 관련된 것이다. 이런 맥락에서 아프리카로 새로 터전을 옮긴 중국인 이주자들은 양측의 기념비적인 새 관계를 이어 주는 건축가라고 할 수 있다. 이주자들은 공식적인 통제나 회계에 잡히지 않는 비공식적 노선을 통해 재화와 서비스, 자본을 전달하는 등 고국에 기여하는 네트워크를 구축하며 관계를 발전시키고 있다.

중국의 아프리카 이주라는 역사적인 흐름은 대개 구전이나 아프리카 대륙에 대한 뉴스로 형성되었다. 깊은 내륙에 살고 있는 평범한 중국인들조차 경외감에 사로잡혀 아프리카에는 무궁무진한 기회가 있다고 말을 한다. 따라서 아프리카로 옮겨 오는 이주자들이 향후 친척, 지인, 여자 친구, 배우자를 연쇄적으로 데리고 올 가능성이 충분하다. 앞으로는 중국에 대한 이미지를 정립하고 아프리카와 폭넓은 관계를 형성하는 데 있어 이주자들의 행동, 아프리카에서 이들이 맺는 관계, 사업 방식, 현지의 법과 관습, 환경, 특히 사람을 존중하는지, 무시하는지가 결정적 역할을 할 것이다. 중국의 국력과 위상을 강화하려는 정부 차원의 신중한 계획보다는 이주자의 역할이 중요한 것이다.

필자는 기자로서 취재를 하면서 아프리카의 발전을 직접 목격했고 이후에는 지근거리에서 중국의 경이로운 부상을 지켜보았다. 거의 모두가 알고 있듯 중국은 세계에서 가장 빠르게 성장하는 경제대국이다. 지난 20년 동안 연평균 10.2퍼센트의 성장률을 달성했고 같은 기간 전 세계 성장의 40퍼센트를 담당하기도 했다.[2] 그런데 최근 아프리카 역시 본격적인 성장 추세에 접어들었다는 사실은 상대적으로 큰 관심을 받지 못하고 있다. 국제통화기금(IMF)에 따르면[3] 2013년에서 2017년 사이 가장 빠르게 성장할 것으로 예상되는 20개 나라 가운데 10곳이 사하라 이남의 아프리카 국가이다.

최근 아프리카를 방문했을 때 필자는 그 어느 때보다도 강하게 중국인 이주자들의 존재를 느낄 수 있었다. 이들은 탄자니아의 다르에스살람에서 평범한 노점상으로, 잠비아의 루사카에서 양계업자와 상인으로, 콩고민주공화국에서는 불법 동광산업자로 살아가고 있었다. 이주자들과의 관계가 깊어질수록 중국에 대한 이해도 깊어졌다.

새로운 대륙에서 토지를 취득해 살고 있는 이주자들은 고국에서는 희망을 펼쳐 보일 기회가 없었다는 사실과 더불어 중국이 안고 있는 문제, 고향에서 겪었던 실패 등에 대해 종종 이야기했다. 그러면서 비좁고 인색하며 상상을 초월하는 경쟁을 해야 하는 중국과 달리 아프리카는 상대적으로 자유롭고 기회가 열려 있다고 환호했다. 아프리카가 비교적 덜 부패했다고 평가하는 이들도 많았다.

현재 아프리카는 역사적으로 중차대한 시점에 서 있다. 인구구조, 교육, 통신기술 덕분에 여러 아프리카 국가들이 빈곤과 저개발의 고리를 끊고 중견국의 위치로 발돋움할 기회를 맞이했다. 이미 지난 10년간 아프리카의 전체 성장률은 아시아에 맞먹는 수준에 이르렀으며 현 추세가 이어진다면 성장률 측면에서 조만간 세계 선두에 올라설 전망이다.

21세기 중반에 아프리카 인구는 현재의 10억에서 20억 명으로 두 배 증가할 것으로 예상된다. 현실화될 경우 대다수 아프리카 국가들은 '인구 배당'의 효과를 누리게 된다. 다시 말해 노동 연령에 해당하는 청년층의 인구가 어린이나 노약자 등 비생산적 피부양자의 숫자를 넘어서는 것이다. 인구학자들은 21세기 말에는[4] 아프리카 인구가 무려 35억 명으로 증가하면서 중국과 인도를 합친 것보다 규모가 더 커질 것으로 추정한다.

물론 성장이 곧 발전이라고는 할 수 없다. 신흥 민주주의 국가들을 비롯하여 통치가 안정된 국가들만이 천연자원과 강력한 인구 성장으로 인한 효과를 제대로 누리면서 새로운 수준의 번영을 구가할 수 있을 것이다. 반면 통치가 불안정한 아프리카의 많은 나라들에서는 탐욕스럽고 근시안적인 정치 지도자들이 천연자원으로 인한 소득 증가의 과실을 독차지하고 결과적으로 낭비해 버리는 일이 벌어질 것이다. 정치인들은 자원으로 창출된 부를 국민들의 교육과 고용에 합리적으로 투자하는 대신 전시성의 새로운 수도와 천박한 궁궐의 건설과 같은 과시용 사업에 탕진하거나 해외에 개설된 계좌로 빼돌릴 것이다.

이런 상황에서 인구마저 급증하면 도시에서는 끔찍한 과밀화가 진행되고 사회적인 불안정성이 심화되면서 국가 실패까지 발생할 가능성도 있다. 이 와중에 지하자원은 대부분 고갈되고 환경은 파괴될 것이다. 21세기 중반이 되면 아프리카는 인구 증가율이 정점에 도달하는 동시에 자원 부국에서 석유 및 광물 자원이 고갈되는 등 상반되는 요인이 운명을 결정지을 것이다.

일부 국가에게 중국의 아프리카 '재발견'은 한 세대 전 역사적 개방으로 가능해진 중국의 '재발견'에 버금가는 행운을 가져다줄 것이다. 강력한 신규 수요가 창출됨과 동시에 중국이라는 거대한 새 동반자의 게걸스러운 투자에 힘입어 성장이 가속화되고 풍부한 기회가 창출되는 것이다. 반대로 운이 없다면 중국의 탐욕스러운 욕망 때문에 이미 예정된 종말을 더욱 앞당기는 결과를 볼 것이다.

가나의 저명한 독립계 싱크탱크의 임원인 에드 브라운의 말이 기억난다. "향후 50년간 아프리카의 미래가 중국과의 관계에 달려 있어요. 그런데 아프리카 국가들이 중국과의 관계를 기회로 활용할 만큼 역동적인지, 혹여 또다시 누군가의 들러리로 전락하고 마는 것은 아닌지 의문입니다."

필자의 바람은 중국이 세계에서 가장 개발되지 않은 대륙과 새롭고 중요한 관계를 형성하는 과정에서 재편되는 세계를 독자들이 한층 더 잘 이해할 수 있도록 돕는 것이다. 그리고 미래를 덮고 있는 베일을 한 겹 벗기는 데 미약하나마 보탬이 되었으면 한다.

제1부

운명이 드러나다

제1장

고통을 먹다 _ 모잠비크

하오성리는 모잠비크 중남부의 외딴 농장에 머물고 있었기 때문에 지난 며칠 동안 나와 휴대폰 통화를 할 때면 말소리가 드문드문 끊기기 일쑤였다. 농장을 제2의 고향 삼아 살고 있는 하오는 물건을 실을 겸 나도 태워 갈 겸하여 먼 거리에 떨어져 있는 수도 마푸투까지 나왔다.

내가 묵고 있던 호텔로 흰색 신형 토요타 픽업트럭 한 대가 들어섰다. 그러나 정작 기다렸던 하오는 차에서 내려서도 휴대폰을 붙들고 고래고래 소리만 지르고 있었다. 안달복달하면서 화가 난 기색이 역력했다. 악수를 청하자 받는 둥 마는 둥 하더니 이내 휴대폰을 다시 붙들었다. 수화기 너머의 동포에게 물건을 구매하려는 것 같았는데 아까보다도 더 격앙된 목소리로 속된 중국말을 써 가면서 자기 말을 이해시키려고 애썼다.

"중국은 망할 방언들 때문에 완전히 엉망진창이라니까." 50대 후반으로 민머리에 다부진 체격을 한 하오가 전화를 끊으면서 투덜댔다.

아침나절부터 푹푹 찌는 더위에 짐까지 챙기느라 나는 이미 땀으로 범벅이 된 상태였다. 이번에는 현지인 운전기사 존에게 불똥이 튀었다. 훤칠한 키에 근육질 몸매를 한 존은 심드렁한 표정으로 담배를 피워 대면서 토요타 짐칸에 실은 물건들을 이리저리 옮기던 중이었다.

"이 대가리가 빈 놈아(You, cabeza no bom)!" 그 짧은 문장에 3개 국어를 섞어 가면서 불만을 터뜨리던 반백의 중국인 농장주는 이내 중국말로 욕설을 이어 나갔다. 나는 존과 대화를 해 볼까 싶어 스페인어로 몇 마디 물었는데 이를 엿듣던 하오는 내가 포르투갈어를 구사한다고 착각을 했는지 통역을 해 줄 수 없겠냐고 물었다. "이 멍청이한테 우리가 가야 할 곳을 설명 좀 해 주겠소? 여기서 나가서 도로를 타야 한다고!"

한두 세대 전만 해도 세계 무대에서 '어글리 아메리칸'만큼 조롱받던 이들은 없었다. 자기가 어느 나라에 가 있는지는 아랑곳하지 않고 상대방이 말귀를 못 알아들으면 악을 써 대는 고집불통들이었다. 잠깐이나마 하오를 겪어 보니 중국판 어글리 아메리칸을 만났구나 하는 생각이 들었다.

지난 10년 동안 중국 정부는 막대한 규모의 투자금을 아프리카에 쏟아 부었다. 이미 많은 논객들이 지적했다시피 중국은 수백 년 동안 이 땅을 손아귀에 쥐고 있던 서방 세계가 미처 눈치채지 못하는 사이에 아프리카를 낚아채 갔다. 그러고 보면 이렇게 허를 찌르기 전에 전조가 있기는 했다. 중국이 아프리카에 대한 관심을 가장 드러내 놓고 내보인 사건으로는 장쩌민 국가주석의 1996년 아프리카 6개국 국빈 방문을 꼽을 수 있다. 장주석은 에티오피아의 아디스아바바에 위치한 아프리카연합 본부에서 연설하면서 중국-아프리카협력포럼(Forum on China-Africa Cooperation)의 설립을 제안했다.

돌아보면 당시 장 주석의 제안은 2단계에 걸쳐 이행된 중대한 조치 중 첫 번째 단계에 해당했다. 장 주석은 귀국 후 탕산 시를 방문한 자리에서 기업들에게 대 놓고 "해외로 나가라(저우추취, 走出去)"고 말했다. 미래의 사업 기회를 찾아 해외로 진출하라는 의미였다. 이 전례가 없는 명령을 따르기 위해 기업들이 첫 번째로 고른 목적지는 다름 아닌 아프리카였다.

6년 후 마침 내가 중국 특파원일 때 장 주석이 제안했던 중국-아프리카협력포럼의 첫 번째 회의가 아프리카 53개국 지도자들을 초청하여 베이징에서 성대하게 개최되었다. 이 회의에서 장 주석은 아프리카 개발 원조를 두 배 증액하겠다고 약속하는 등 정부 차원에서 구상하고 있는 많은 지원 계획을 밝혔다. 여기에는 50억 달러 규모의 아프리카 개발기금의 설립, 미상환 부채의 탕감, 에티오피아에 위치한 아프리카연합 본부의 신축, 아프리카의 3~5곳에 '무역 및 협력' 지대의 설치, 병원 30곳 개원,[5] 농촌 지역에 학교 100개소 설립, 아프리카 전문 인력 1만 5,000명의 양성 등이 포함되었다.

2013년 시점에서 평가를 해 보면 중국 정부가 아프리카에 약속했던 사항보다 더 많은 것을 이행했다는 사실을 부인할 수 없다. 물론 중국 정부가 워낙 폐쇄적이어서 해외 활동과 관련된 구체적 자료를 얻기란 쉬운 일이 아니다. 게다가 종합적이고 신뢰할 만한 자료를 제공하는 데 서투른 아프리카 국가들이 그 대상이라면 더 말할 것도 없다. 이런 제약이 있기는 하지만 국제 신용평가사 피치레이팅스(Fitch Ratings)가 분석한 바에 따르면[6] 중국 수출입은행은 지난 2001~2010년 사이 아프리카에 627억 달러를 대출했다. 세계은행의 대아프리카 대출보다도 125억 달러 많은 규모이다. 또한 윌리엄앤드메리 대학의 연구 기관인 에이드데이터(AidData)는[7] 해당 기간 동안 중국이 아프리카에 총 741억 1,000만 달러를 출자했으며 이미 완료된 프로젝트의 금액만 해도 486억 1,000만 달러에 이를 것으로 추정했다.

하지만 막대한 투자의 이면에는 신중하게 설계된 국가 계획조차 미처 예상하지 못했던 중국인들의 행태가 그림자를 드리우고 있다. 하오 같은 중국인들의 존재는 어쩌면 국가적인 계획보다 더 광범위하게 벌어지고 있는 현상일지 모른다. 지난 10년 동안 무려 100만여 명에 달하는 민간인이 새로운 미래를 개척하고자 중국에서 아프리카로 향했다. 하오처럼 자발적으로 중국에서 다진 기반을 완전히 정리해서 떠난 경우도 수두룩했다. 중국인들의 경영 방식이나 토지, 산업, 무역에 투자한 방법, 무엇보다 이들이 일반적으로 보여 온 처신과 인간관계야말로 중국에 대한 아프리카인들의 이미지를 형성하는 데 기여했고 아프리카 대륙과 중국의 관계에도 큰 영향을 미쳤다.

내가 하오를 만났을 당시에는 이미 많은 아프리카 국가들에서 이런 '인적 요소'에 대한 반발이 일어나고 있었다. 최근 세네갈, 나미비아, 말라위, 탄자니아에서는 저가 물품을 취급하는 중국 상인들이 떼 지어 몰려오는 데 반발하여 현지 상인들이 들고 일어나는 사태가 발생했다. 가나 남부 산금(産金) 지역의 주민들은 중국의 무허가 탄광업자들이 알짜배기 땅을 사들여 환경을 훼손하고 삼림을 벌채하며 토양과 하천을 수은으로 오염시키고 있다고 공공연하게 불만을 쏟아냈다. 잠비아에서는 중국인들이 수익성 좋은 사업을 거의 다 꿰차다시피 했다. 심지어 아프리카 재래시장에서는 중국의 저소득 양계(養鷄) 상인들이 현지 상인들의 틈을 비집고 들어가 경쟁을 벌이는 모습도 볼 수 있었다. 중국인 이민자들의 문제는 잠비아 총선에서 주요 논쟁거리가 되기까지 했다.

하오와 같은 이민자들과 함께 지내는 동안 나는 새로 이주한 중국인들이 과연 아프리카에 머물기 위해 온 것인지, 아프리카 경제를 탈바꿈시키는 데 어떠한 영향을 줄 것인지, 현지인들과 동화되려는 의지가 얼마나 있는지, 아프리카 곳곳에 대거 진출한 중국인들은 현지에 어떤 영향을 미치게 될지에 대해 감을 잡게 되었다. 이 과정에서 뜻밖에도 중국이라는 나라 자체에 대해서도 깊이 이해하게 되었다.

흔히들 중국의 다양성을 민족적인 측면에서 이해한다. 중국에는 가장 널리 알려진 티베트와 위구르의 무슬림들 외에도 여러 소수종족이 살고 있다. 소수종족들은 중국인의 다수를 차지하는 거대한 한(漢)족과는 상이한 역사와 관습을 가지고 있는데, 이는 스스로 인식하기에도 또 외부에서 보기에도 상당히 이질적이다. 물론 사회경제적인 다양성도 빼놓을 수 없다. 중국 거의 모든 지역에서는 상류층 및 신흥 중산층과 서민, 빈곤 계층 간의 격차가 커지고 있다. 중국은 세계적으로 비교했을 때에도 가장 불평등한 사회에 속한다. 외부에서는 체제에 순응하지 않는 지식인이나 반체제 인사 같은 소수의 사람들을 통해 중국에도 그 나름의 정치적인 다양성이 존재하는 것으로 인식하고 있다. 실제로 이들의 주장은 서방 언론이 선호하는 뉴스거리이기도 하다. 문제는 이런 의견이 중국인들에게 대단한 영향력을 미치리라는 오해와 달리 전체 인구 대비 극소수의 목소리에 불과하며 다른 사람들과 거의 공유되지도 않는다는 데 있다.

처음 하오를 만났을 때 좀 유별나다는 생각이 들었고 그가 지지하고 구현하는 생각들은 그 개인 특유의 퉁명스럽고 회의주의적인 성격에 기인하겠거니 했다. 즉, 이 사내가 드러낸 특징들이 한 개인을 넘어서서 어떤 집단을 대표할 가능성까지는 따져 보지 않았던 것이다. 그런데 알고 보니 고국의 체제에 대해 드러내 놓고 불만을 늘어놓는 태도는 중국의 새 이민자들 사이에서 보편적으로 나타나는 경향이었다. 분명 이민자들은 더 나은 경제적 기회를 누리려는 욕망에서 중국을 떠나왔다. 그러나 많은 이들이 미지의 땅으로 떠나야겠다는 생각을 하고 실제로 아프리카까지 이주를 감행할 때에는 부패에 찌든 관료사회에 대한 피로감, 심각한 환경오염으로 인한 건강 손상의 우려, 종교와 언론의 자유 등 기본적인 자유에 가해지는 각종 제약들도 톡톡히 한몫을 했다. 또한 다수의 이민자들은 자신이 꿈을 펼칠 땅덩어리가 중국에서는 절대적으로 부족하다는 이유도 들었다.

특히 이 마지막 문제는 하오가 모잠비크에 관심을 갖게 만드는 데 큰 기여를 했고, 동시에 내가 하오에게 흥미를 느낀 이유이기도 했다. 토지를 매수한 농업인들과 모잠비크 이주자들이야말로 아프리카의 중국인 이주자들 중 가장 조명을 덜 받은 집단이었다. 모잠비크의 국토는 캘리포니아 면적의 두 배로, 아프리카에서 가장 비옥한 축에 속하며 영농사업에 개방적이기도 했다.

하오의 경우 환금성 작물 재배로 대박을 꿈꾸는 신규 임차인이었다. 나는 모잠비크에 가기 전에 인터넷에서 그를 처음 알게 되었는데 내가 농업, 특히 아프리카의 농사에 대해 문외한이 아니라는 사실에 기가 죽은 듯했다. 그래도 자기 이야기를 하는 데 신이 난 이 사내는 내가 마푸투에 도착하면 손수 태워서 자기 농장까지 데려가겠다는 제안을 했다.

하오의 차를 타고 호텔에서 나온 지 얼마 되지 않아 새로 짓고 있는 거대한 국립경기장이 위용을 드러냈다. 중국인 인부들이 시 외곽에 건설 중인 이 경기장은 거의 완공이 가까운 상태였고 중국 정부가 모잠비크에 전시성으로 기증한 것임을 충분히 짐작할 수 있었다. 중국인들이 얼마나 관대하며 아프리카 남부의 모잠비크 국민들과 얼마나 연대 의식을 가지고 있는지를 드러내려는 목적에서 기증한 것이리라. 모잠비크는 아프리카 각국이 참가하는 아프리카네이션스컵(African Nations Cup)을 비롯하여 향후 개최되는 중요한 축구 경기들의 주최국이었다.

중국은 아프리카 대륙 곳곳에서 홍보성 외교 사업을 열정적으로 수행해 왔다. 세계에서 가난하기로는 열 손가락 안에 드는 모잠비크 같은 나라에 방금 지나친 국립경기장과 같은 6,000만 달러 규모의 프로젝트가 과연 최선의 선물일지 하오에게 물어보았다. 혹시나 심기를 불편하게 할까 싶어 조심스럽게 물었는데 그런 나의 태도가 무색할 정도로 하오의 반응은 직설적이었다. "중국 정부가 모잠비크에서 벌인 사업은 모조리 실패했어요. 중국 간부들은 자기랑 같은 급의 흑인들이랑 소통하는 방법을 도통 모르거든요."

머리를 절레절레 흔들면서 통통한 검지를 연신 까딱거리던 하오는 돌연 화제를 바꾸더니 폭언을 늘어놓기 시작했다. 중국 정부 이야기를 하다가 문득 흑인들, 곧 대항해 시대에 정착민들이 '원주민'이라고 불렀던 집단으로 생각이 옮겨 간 모양이었다.

"흑인들의 경쟁력이라는 게 참 형편없는 수준입디다. 하여간 지켜보고 있을 때나 자기 할 일을 해 주는 정도예요. 그나마 보고 있지 않으면 자기들 하고 싶은 대로 합니다. 거기다가 자존심은 얼마나 센지 체면을 그렇게 차립니다." 아프리카로 옮겨 온 지 얼마 안 되는 중국인 이민자들은 기본적으로 하오와 같은 인종주의적 시각을 가지고 있었고, 이후로도 심심치 않게 이런 태도를 가진 이민자들과 마주치게 되었다.

이내 녹지가 끝없이 펼쳐진 시골길로 접어들자 하오는 꾸벅꾸벅 졸기 시작했다. 운전기사 존에게 말을 걸어 볼 요량으로 모잠비크의 역사에 대해 질문을 던졌다. 마침 림포푸 강을 건너는데 이 지역에 대해 몇 년 전에 읽었던 기사가 떠올랐던 것이다. 이 강은 모잠비크가 식민지 지배에서 벗어나기 위해 독립 전쟁을 오래 치르는 동안 전략적인 경계선 역할을 했다.

"이곳은 격전지였습니다." 존이 말했다. "강 주변에 있는 읍과 마을이 전부 독립 전쟁에 참여했다고 할 수 있어요. 당시 대부분의 모잠비크인들이 현대식 무기를 갖추지 못했음에도 포기하지 않았어요. 창이라도 들고 포르투갈군에 맞서 싸웠습니다."

존의 이야기는 1930년대로, 그리고 식민 통치자들이 강제 노역을 시키던 시대로 거슬러 올라갔다. 중간 중간에 지명이나 날짜를 알려 주기도 했다. "우리는 노예였지요." 포르투갈 식민 지배에 대한 이야기의 끝자락에 그는 덧붙였다. "지금까지도 그들은 노예라는 표현을 쓰기 거부하지만 사실 우리에게는 권리라는 게 전혀 없었거든요. 그저 포르투갈인들이 시키는 대로 복종하면서 살았죠."

아직 포르투갈인들에게 앙금이 남아 있는지 물어보았다. 모잠비크를 식민 지배했던 포르투갈인들은 현재 자국의 부채 위기와 극심한 불황을 피해 모잠비크로 다시 몰려들고 있는 상황이었다. 존은 의외로 아니라는 답을 했다.

"우리나라는 가급적 많은 외국인들을 유치할 필요가 있습니다. 와서 우리를 훈련시켜 주면 모잠비크인들이 전 세계에 능력을 펼쳐 보일 수 있지 않을까요."

모잠비크는 포르투갈로부터 독립하자마자 또다시 지리한 혈전을 치러야 했다. 이번에는 사회주의 여당과 북부의 반정부 세력 사이에 내전이 벌어졌다. 북부는 대부분 로디지아(아프리카 남부의 옛 영국 식민지로 현재는 잠비아와 짐바브웨로 각각 독립국이 됨-역자 주)와 남아프리카공화국의 인종 차별주의 정권으로부터 지원을 받고 있었다. 내전은 15년이나 이어지다가 1992년에 종식되었다. 내전 중에 지뢰가 무분별하게 남용되었고 민간인에 대한 잔혹 행위가 광범위하게 자행되었는데 특히 반군이 저지른 악행은 현대 아프리카에서 일어난 전쟁 역사상 가장 폭력적이고 파괴적인 수준이었다.

내전에서 승리를 거둔 모잠비크 해방전선(FRELIMO)은 원래 포르투갈을 상대로 독립 투쟁을 벌였던 마르크스주의자들로, 내전에서 이긴 후 다당제 선거를 도입했다. 그러나 이런 요식행위만으로는 모잠비크가 정치적 민주주의에서 역행하는 상황을 되돌릴 수 없었다. 여당이 곧 국가나 마찬가지였고 연줄이 좋은 극소수의 인사들은 여러 해에 걸쳐 막대한 부를 축재했다. 이들은 대부분 국유지와 천연자원에 대한 권리나 접근권을 외국인에게 팔아 치우는 방식으로 배를 불렸다. 반면 대다수의 국민들은 노역을 하면서 근근이 입에 풀칠하는 상황이었다.

아프리카의 많은 자원 부국들에서 모잠비크와 같은 깡패 자본주의가 자리를 잡으면서 이내 회의주의가 팽배하게 되었다. 모잠비크의 비극적인 역사는 왜 이 나라가 비옥한 토지와 비교할 수도 없을 만큼 풍부한 어족 자원, 드넓은 삼림, 다양한 종류의 광물 매장량을 보유하고도 여전히 가난을 벗어나지 못하는지를 잘 설명해 준다.

이제 우리 일행은 키 작은 관목들이 끝없이 펼쳐진 한산한 도로로 접어들었다. 듬성듬성 보이는 마을 주민들은 피리피리라는 갓 잡은 신선한 물고기와 옥수수 가루에 곁들이는 매운 피망 소스를 한번 팔아 볼까 해서 얼굴을 내비쳤다. 그나마 피리피리가 아니라면 인적을 찾아볼 수 없었을 것이다.

존의 역사 강의를 들으면서 문득 하오는 이 나라를 얼마나 알고 있을지 궁금해졌다. 내가 하오에 대해 아는 것이라고는 중국에서 화학약품 업체와 무역회사를 경영하다가 금융위기 때 손실을 입고 모잠비크까지 오게 되었다는 사실뿐이었다. 하오가 모잠비크에 앞서 난생 처음으로 해외에서 사업을 한 곳은 두바이였지만 마찬가지로 운이 따라 주지 않았다. 그러던 차에 아프리카에 원조 사업의 경험이 있는 농업 전문가들을 만나게 되었고 그 만남을 계기로 하오는 쉽사리 떨쳐 버리기 어려운 계획에 사로잡히게 되었다. 아프리카로 가자, 거기에서는 옥토를 싼값에 살 수 있다는 생각이 든 것이다.

"사실 여기 오기 전까지 아프리카 사람들을 상대해 본 적이 없었더랬죠." 하오는 말했다. "피부가 워낙 까맣다 보니 처음에는 마주치는 것만으로도 불쾌하더라고요. 그런데 여러 번 만나다 보니까 익숙해졌습니다. 그냥 피부 색깔에 불과했던 겁니다. 모잠비크인들이 똑똑하다거나 지적이라고 생각하지는 않고요, 그저 내 능력을 발휘해서 기회를 잡아야겠다고 생각했습니다. 만약 내가 모잠비크가 아닌 미국이나 독일로 사업을 하러 갔었다면 결과가 어땠을까요? 그런 망할 나라에서는 사람들이 너무 똑똑하다 이 말입니다. 나 같은 놈은 뭔가 성과를 내지도 못했겠지요. 지금도 그 사람들을 이길 수 있으리라고는 생각하지 않고요. 중국인들이 중국보다 가난한 나라를 찾아가는 건 우리가 좌지우지하면서 하고 싶은 사업을 하고, 또 성공하기 위해 그러는 거지요. 미국에서 그렇게 똑똑한 인간들이랑 맞붙었다면 우리가 어디 경쟁이나 할 수 있었을까요?"

대화 중에 무심코 눈을 들어보니 농촌의 관개가 잘 된 푸른 초지가 눈앞에 펼쳐져 있었다. 마치 먼 땅에서 꿈꾸고 있는 자들을 유혹하는 듯했다. 농촌 지역의 상당한 토지가 유휴 상태에 있었고 주민들의 모습도 찾아보기 어려웠다. 그러니 꿈을 펼칠 땅덩어리를 확보하지 못한 수백에서 수천 명의 중국인들이 자기 재산을 정리해서 이곳으로 몰려오기 전에 하오 같이 먼저 땅을 차지해 버린 일부는 돈방석에 앉지 않을까 생각하기 십상이다.

그러나 나는 이런 상상이 위험한 환상에 기반하고 있다는 사실을 이미 알고 있었다. 전 세계 미개간 경작지의 60퍼센트가 아프리카에 위치하고 있는 만큼, 드넓은 농지가 마치 관리자도 없이 경작되지 않는 듯 보이는 것은 사실이다. 그런 기대를 깰 만한 근거들은 충분하다. 우선 아프리카의 많은 지역에서는 생산성 회복을 위해 땅을 놀리는 농사 방식을 전통적으로 활용해 왔다. 또한 토지를 공동으로 소유하고 해당 지역의 부족장이나 왕이 땅을 지배하는 소유권의 개념이 자리 잡고 있기 때문에 최근까지도 토지를 사용하는 데 심한 제약이 따랐다.

결정적으로, 아프리카 땅에 기회가 막대하다는 환상을 깨는 요인은 토지 사용의 관행도, 과거도 아닌 아프리카의 미래에 있다. 아프리카의 인구는 폭발적으로 증가하는 추세에 있다. 따라서 현재 점유되어 있지 않거나 규칙적으로 경작이 되지 않는 땅이라도 불과 한 세대 안에 수요가 급증할 공산이 크다.

차가 샤이샤이라는 마을 초입의 주유소에 들어섰을 때쯤 하오가 부스스 눈을 떴다. 그는 일어나자마자 맥락도 통하지 않는 말을 늘어놓기 시작했다.

"아이들에게 물려줘야 하는 게 돈이 아니에요. 제일 중요한 건 경험과 기회이지요." 하오는 뜬금없는 화제를 꺼냈다.

우리가 들른 주유소는 남아프리카공화국 기업인 엔겐(Engen)이었다. 간판이며 주유기, 심지어 주유소 건물까지도 온통 흰색으로 도배되어 있었고 햇빛을 받아 더욱 눈부시게 빛났다. 엔겐 같은 외국 기업이 모잠비크에 진출한다는 사실은 곧 이 나라가 슬픔으로 얼룩진 과거와 단절하고 있음을 의미한다. 이제까지 모잠비크인들은 전쟁을 감내해야 했고, 주된 교역 상대국인 포르투갈이 독점적 지위를 남용하여 강요하는 불평등한 교역 조건을 받아들여야 했다. 즉, 식민 지배국이 경쟁력도 없으면서 크게 부풀려 책정한 가격에 수입 품목의 대부분을 들여와야 했던 것이다. 원자재나 캐슈넛을 비롯한 기타 농산품, 열대 경목재, 생선 등 미가공 품목을 수출할 때도 포르투갈 정부가 정한 가격대를 따라야 했다.

모잠비크에서 의미 있는 수준으로 이루어진 외국인 투자는 언제나 포르투갈에서 집행한 것이었다. 불행하게도 포르투갈은 서유럽에서 상대적으로 경제력이 약한 축에 속했기 때문에 투자 여력이 크지 않았다. 그러나 이제는 엔겐 주유소뿐만 아니라 마푸투 인근에 들어선 대형 슈퍼마켓과 체인점에서 보듯 남아프리카의 기업과 자본이 모잠비크 경제에 새로운 활력을 불어넣고 있다. 마침 엔겐 주유소의 바로 길 건너편에는 모잠비크에 불고 있는 또 다른 변화를 엿보게 하는 중요한 단초가 있었다. 벽으로 둘러싼 대규모 부지에서 한 딜러가 중국에서 들여온 소형 중고차 영업을 하고 있었던 것이다. 우연이지만 이 지역은 남아공과 더불어 중국이라는 또 다른 외국인 세력이 모잠비크에 어떻게 진출하는지를 보여 주고 있었다. 남아공보다 훨씬 멀리 있고 비교도 안 될 정도로 큰 중국에서 온 이주자들은 모잠비크에 성공적으로 정착했다. 물론 이제 방문하려는 하오의 변경지역 농장도 중국인들이 세력을 확장하고 있는 또 다른 전초지 가운데 하나이다.

과거에는 아프리카 대륙과 그 미래를 회의적으로 전망하기 십상이었다. 그런데 우리가 주유소에 들러서 목격한 이 장면은 이제 낙관적인 전망이 빠르게 확산되고 있는 현실을 반영한다. 중대하고도 역사적인 전환기를 맞이한 아프리카가 세계경제에서 오랫동안 천덕꾸러기 취급을 받던 의붓자식에서 가장 각광받는 지역의 하나로 탈바꿈하고 있음을 보여 주는 전망이 힘을 얻는 것이다. 특히 이러한 반전을 중국의 투자와 수요가 점점 더 강하게 견인하고 있는 모양새이다. 중국의 대아프리카 교역은 전년 대비 20퍼센트가량 증가했고 최근에는 유럽과 미국을 합친 교역량을 넘어서기까지 했다.[8]

수십 년 동안 서양의 진보적인 경제학자들은 아프리카 지역의 자원을 탐내는 부국들이 대규모 투자를 하고 교역을 늘리는 한편 자원과 기술을 투입한다면 발전 가능성이 크다고 기대했다. 일부는 명백하게 빠른 발전 양상을 보이고 있는 모잠비크가 중국의 관심에 힘입어 이미 이러한 궤도에 들어섰다고 보았다. 그러면서 모잠비크에 드디어 세계화가 진행되고 있으며 앞으로 발전을 거듭할 것이라고 주장했다.

기름을 넣고 다시 도로로 들어섰을 때 하오는 모잠비크에 온 지 얼마 안 되었을 때의 이야기를 꺼냈다. 그는 마푸투에 혼자 왔고 공항에서 기다리는 사람이 아무도 없었다고 한다. "사람들이 나한테 뭐라고 말을 거는데 한마디도 못 알아듣겠더라고요." 하오는 혼자 시내로 들어가 잠시 묵어 갈 싸구려 여인숙을 찾아냈다. 그는 포르투갈어도, 영어도 못했기 때문에 일이 거의 진척되지 않았다. 혼자서 무언가를 성취해야겠다는 욕심을 이내 접고 중국에 있을 때 온라인으로 알게 된 몇몇 중국인들에게 전화를 돌렸다.

"아무래도 몇 사람 만나다 보면 기분 전환이 되고, 또 상황을 이해하면 얼마간의 땅이라도 구할 방법을 알게 되겠지 생각했던 거지요. 그런데 모든 중국인이 친구가 아니라는 것을 깨닫게 됐습니다. 여기에 있는 중국인들 전부가 그런 건 아니겠지만 상당수는 정말 질이 나쁜 놈들입니다. 그저 남의 돈을 어떻게든 갈취할 방법은 없나 머리를 굴리죠. 무슨 일이라도 해 줄 것처럼 말하지만 거저 해 주는 건 없어요. 모든 게 다 돈이에요."

하오는 마푸투에서 만났던 동포 여럿을 떠올리는 듯했다. 그를 돕겠다며 다가온 동포들은 힘들게 살고 있는 듯 보였고, 순진하게도 하오는 그들에게 돈을 꾸어 주기도 했었다. 모잠비크에 온 지 몇 달 만에 그동안 만난 모든 사람들에게 신물이 날 정도가 되었다. 결국 하오는 홀로 시골로 내려

가기로 작정했고 지금 우리가 가고 있는 북쪽 방향의 길을 따라서 이동했다. 그리고 2개 주를 횡단하여 남부의 중심에 위치한 이남바네 주에 닿았다. 과거 아랍 노예 무역상들의 근거지였던 이 지역에서 토지 취득을 위해 주 정부와 접촉했는데 이들은 다시 지방정부를 연결해 주었다. 그중에 하오에게 호의적인 관료를 만나게 되었고 그가 도로와 교량의 개보수 사업을 거들면서 지역 공무원들의 환심을 사기 시작했다.

"나 혼자 작업을 맡아서 장비를 작동하고 인부들을 감독했습니다." 하오의 말에서 자부심이 묻어났다. "그리고 결국에는 땅을 좀 얻을 수 있었는데, 뭐 사실은 좀 크게 얻었지요."

아닌 게 아니라 정말이지 넓은 땅이었다. 무려 20제곱킬로미터 가량에 달하는 땅이었는데 식민지 시대에 포르투갈인들이 경영하다가 버리고 간 거대한 대농장의 일부였다. 인근에 강이 흐르고 있었고 관개수로가 비옥한 평야를 격자형으로 가로지르는 땅이었다. 그런데 일을 시작하기에 앞서 오랜 세월 동안 무성하게 자라난 풀과 잡초, 덤불, 덩굴식물을 제거하고 황무지를 개간해야 했다. 하오는 이런 작업을 세 번이나 했다고 한다. 처음에 개간을 위해 트랙터까지 구입하여 기껏 땅을 일구어 놓고는 비옥한 열대의 토양을 너무 오랫동안 방치하는 실수를 저질렀던 것이다. 다른 지역에는 어떤 사업 기회가 있는지 알아보려고 모잠비크 구석구석을 돌아다니다 돌아와 보니 힘들여 개간해 놓은 땅이 개간 이전 상태로 되돌아간 것을 보고 크게 놀라고 말았다.

일단 관개수로를 정비한 후 하오는 머물던 임시 거처 주변의 작은 땅에 시험 삼아 작물을 재배했다고 한다. 흡족하게도 심는 것마다 수확량이 풍성했다. 하오는 돈방석에 앉게 해 줄 만한 환금성 작물로 차, 사탕수수, 담배 등을 꼽았으나 그중에서도 덤불속(屬)의 스테비아에 큰 관심을 가지고 있었다. 아메리카 대륙 열대 지역이 원산지인 스테비아는 천연 감미료로 설탕 대체재로 각광받았다. 하오는 스테비아를 유럽이나 미국의 코카콜라, 펩시 등에 수출하는 꿈을 꾸었다.

순전히 경제적인 측면에서 하오는 큰 성공을 거두었지만 이내 또 다른 걱정거리가 생겼다. 하오는 그 땅에 누가 사는지, 자신이 나타나기 전에 누가 땅을 차지하고 있었는지, 심지어 이웃이 누구인지도 관심을 기울이지 않았다. 인근 마을의 사람들은 적당히 친절을 베풀더니 어떻게 그 땅을 손에 넣게 되었는지 묻기 시작했다. 그러다가 하오에게 보상을 요구하고 심지어 일부는 자신이 그 땅을 조상에게 물려받았었다고 주장하기까지 했다.

"마을 사람들은 정말이지 호의적이지 않았습니다. 소농인 그 사람들은 정부가 땅을 우리 같은 사람에게 주었다는 사실을 알고 억울하게 여기더군요. 자신들에게는 땅이 없었으니 더욱 분하게 생각한 겁니다. 우리 돈을 받고 일하는 사람들이 자기 땅이 없다는 사실에 언짢아 하다니. 사실 모잠비크 정부가 우리에게 땅을 주기는 했지만 영구적으로 준 것은 아닙니다. 몇 년이 지나서 우리가 땅을 제대로 활용하는 것을 보면 기존의 방침을 바꿔서 도로 빼앗으려고 하겠지요. 하지만 우리도 다 생각이 있단 말입니다. 이미 손을 쓰고 있지요."

하오가 농담을 하는 중에 '우리'라는 말이 은근슬쩍 등장했는데 이제 그 이유가 분명해졌다.

"우리 애들을 여기로 데려 오고 있거든요." 하오가 말했다. "큰아들, 작은아들이 와 있고 나중에는 막내딸까지 데려올 겁니다. 지금 중국에서 다니고 있는 학교를 그만두게 하고 전부 이 나라로 데려와야지요. 앞으로 한 10년 동안은 벌 만큼 벌 생각입니다. 우리 아들이, 아니 아들들이 이곳 여자들이랑 만나서 아이들을 많이 낳는다면, 가만 있자 그러면 아이들이 중국인입니까, 모잠비크인입니까?"

하오는 장남이 이미 현지의 여자 친구와 동거를 하고 있다면서 스스로 명석함에 만족한 듯 껄껄 웃었다. 그러고는 자기가 던진 질문에 답까지 했다. "손주들 엄마는 모잠비크인이지만 땅은 계속 우리 가문 차지가 될 것입니다. 이해하시겠습니까? 다시 말하면 손주들이 모잠비크인이니 우리를 마냥 외국인으로 취급할 수 없다는 것이지요. 필요하면 보험 삼아 땅을 그들 명의로 해 놓을 수도 있겠지만 어찌 됐든 우리 땅으로 남아 있는 겁니다. 우리 가문 소유이지요."

나는 수긍은 하면서도 정작 하오의 아이들은 무엇이 되기를 원하는지 물었다. 교육을 포기하는 것은 중국인들 사이에 굳게 뿌리내린 문화적인 관습에 어긋나는 일이었다. 중국인은 자녀들이 교육을 통해 더 나은 삶을 살도록 고집하는 것으로 유명하다.

"애들에게 필요한 지식은 화학, 물리학, 수학 같은 것이 아닙니다. 그렇지 않아요?" 이렇게 말하면서 내 질문을 일축했다. "영어야말로 꼭 필요한 것이지요. 우리는 해외무역에 집중해야 하는데 이때 아이들에게 필요한 것은 계산기하고 언어능력이겠지요. 이런 식으로 사업을 하고 세관 업무를 볼 수 있는 겁니다."

이제 하오는 자기 계획을 열정적으로 쏟아 냈다. "우리 막내딸은 내 통역사로 쓸 생각입니다." "몇 년 더 공부를 시키고 나서 여기에 데려올 겁니다."

그렇게 되면 막내는 아프리카로 옮겨 왔을 때 정작 모국어를 읽고 쓰는 능력이 온전하지 않을 것이라고 나는 말했다. 다른 중국인들 같으면 상상도 못할 희생을 시키는 것인데도 그는 이를 아무렇지 않게 받아쳤다. "중국말을 쓸 줄 아는 사람은 이미 차고 넘치잖아요." 이렇게 말하면서 또다시 웃었다.

하오는 모잠비크에 새로 얻은 땅에서 큰 아들과 함께 지낸 지 이제 반년이 되어 간다고 말했다. 열네 살인 작은 아들은 모잠비크에 온 지 불과 몇 주밖에 안 되었다. "큰 아이는 벌써 잘 적응하고 있습니다." 그는 자랑스러워하며 말했다. "많은 훈련을 받고 있지요."

"훈련이라고요?"

"내가 지도하고 있어요." 그는 말했다. "힘든 육체노동을 시키는 것은 아닙니다. 아이를 격려해 주고 약간은 놀게도 두다가 물고기를 잡는 법, 총 쏘는 법, 새 잡는 법을 가르치지요. 탕! 탕! 이렇게 살면 아이는 행복해질 겁니다. 벌써 총을 꽤 잘 쏜답니다."

큰 아들이 지금 받고 있는 훈련은 마치 문화혁명 당시 청소년을 다루던 방식과 흡사하다고 나는 지적했다. 당시 학교는 폐교되었고 수백만 명의 청소년들은 농촌 지역에서 소농들과 일하도록 '퇴학' 처분을 당했다.

"바로 그겁니다! 내가 그렇게 자랐거든요. 나도 퇴학을 당했는데 그게 나를 더 인간답게 만들었어요. 오늘날 중국의 젊은이들은 더 이상 '고통을 먹는 법'을 배우지 않습니다." 그는 말했다. '츠쿠(吃苦)'는 중국 대중문화의 가장 기초에 해당하는 개념으로 문자적으로는 큰 역경을 감내하기 위하여 '고생을 먹는다'라고 풀이할 수 있다. "나는 내 아들이 진정으로 가치 있는 인간이 되었으면 좋겠습니다."

대체 아이들이 몇이나 되는지를 묻자 놀랍게도 다섯이라고 했다. 대다수 가정이 공식적으로 한 자녀만 갖도록 되어 있는 나라에서 다섯이라니. 내 반응을 눈치챘는지 그는 이렇게 말했다. "아내가 셋입니다. 그것도 애를 안 낳은 여자는 숫자에 넣지도 않은 겁니다."

하오는 자신이 수단을 가리지 않는 사람이라는 사실을 스스로 증명해 보이고 있었다. 어떻게 중국에서 세 여자와 결혼할 수 있었는지를 묻자 순간 씩 웃어보였다. "법적으로는 한 번에 셋과 결혼할 수 없지요. 하지만 나는 여자들과 계약을 맺었습니다. 일단 두 번째 아내와 결혼하기 위해서 첫째 아내와 이혼을 하고, 그다음에는 세 번째 꽤 나이 어린 아내와 혼인하기 위해 또 두 번째 아내와 이혼을 했지요. 그렇지만 세 아내와 살림을 계속하면서 자기 이름으로 된 회사를 하나씩 주었습니다. 푸젠성 아내에게는 푸젠의 사업장을, 허난성 아내에게는 허난의 사업장을, 산둥성 아내에게는 산둥의 사업장을 주었습니다. 1년이나 2년에 한 번 집에 찾아가서 만납니다. 귀찮게 하지 않고 인생을 방해하지도 않고요. 돈을 어디에 쓰든 심지어 바람을 피든 간섭하지 않아요. 아내들은 다 행복합니다."

나는 이 사내가 성공을 한 많은 중년의 남성들이 보통 그렇듯 젊고 아름다운 트로피 와이프와 결혼했구나 하고 짐작했다. 그러나 그는 그렇지 않다며 고개를 가로저었다. "첫 번째, 두 번째 아내도 미모가 되는 편입니다." 그가 말했다. "그런데 나이가 좀 들어 보니 사실 겉모습은 배우자의 덕목에서 중요도가 가장 떨어진다는 걸 알겠더라고요. 그래서 세 번째에는 내가 만날 수 있는 가장 현명한 여자와 결혼을 했습니다. 정말로 사업 수완이 탁월한 여자입니다. 이 아내가 손을 대기만 하면 모든 일이 다 잘 풀립니다."

여기에서 하오의 문제는 어떻게 설득을 해도 농지 한가운데 있는 집은 커녕 모잠비크라는 나라 자체에 셋째 아내를 데려올 수 없었다는 것이었다. 그는 허난성의 말단 공산당원인 형제를 데려오려고 무던히 애를 쓰기도 했다.

"여기에 오려는 마음이 없더라고요. 목표라는 게 없이 그저 술만 마시는 인간이에요."

하오는 이 밖에도 몇몇 친구들에게 경비를 대 주고 일자리도 주겠다며 꼬드기기도 했다.

"대부분의 중국인들은 먹을 것이 충분하고 주머니에 돈이 조금 있으면 그저 만족해 버립니다." 그의 말투에서 역겨움이 묻어 나왔다. "야망이 없어요. 모험을 할 줄 모른다니까요." 하지만 내가 겪어 본 바로는 꼭 그렇지도 않았다.

하오의 아들들은 아버지가 새로 얻은 땅을 일종의 성(性) 식민지를 통해 유지하려는 계획을 어떻게 생각할지 궁금했다. 혹시 큰아들이 이전에 중국에서 여자 친구를 사귄 일이 있는지 물으면서 이 주제를 파고들었다.

"중국에서는 여자에 대해 아무것도 몰랐지요. 전혀. 여자 친구를 사귄 적도 없었고요."

그러면 어떻게 여기에서는 그토록 빨리 여자 친구를 고를 수 있었던 것일까?

"기준이라는 게 없고요, 여자가 의지를 가지고 있기만 하면 됩니다. 어떤 아이라도 요리하고 빨래하려는 마음이 있으면 되는 거예요. 우리 집에서 시중을 드는 건데 가르쳐 봐서 잘 따라 하면 되는 겁니다. 못하면 더 이상 쓸모가 없는 일이고요. 물론 또 다른 일로는 아이를 갖는 게 있지요. 그것도 많은 아이들을. 이런 식으로 각각의 일자리에서 우리를 위해 일할 사람들을 확보하게 될 겁니다. 후계자들이지요."

"지금 가족 구성원들을 의미하는 것입니까?" 내가 제대로 들었는지 확인하기 위해 물었다.

"그렇죠. 운전기사, 판매원, 오퍼상이 모두 우리 가족이 되는 것이지요. 우리는 무엇을 원하든 이룰 겁니다. 우리가 못할 일이라는 건 없어요."

"이 나라에 영원히 머무를 작정인가 봅니다." 내가 물었다.

"현재로서는 그렇다고 봐야지요." 그가 말했다. "하지만 곧 몇몇 중국인 농부와 농업 전문가들을 데려올 계획입니다. 여기서 농장을 경영하는 것을 거들어 줄 사람들입니다." 하오는 아침에 마푸투에서 찾느라 애를 먹었던 중국 남자가 사실은 채용하려던 사람들 중 하나였다고 말해 주었다.

주유소를 떠난 지 몇 시간 후 우리는 존을 마시시의 중심 광장에 내려 주었다. 차로 잠깐이면 통과할 만큼 작은 도시였지만 이남바네 주의 경제적 수도 역할을 하는 곳이었다. 이곳 출신인 존은 며칠 동안 떨어져 있던 가족과 다시 만나 집에서 잘 수 있다는 사실에 행복해했다. 존의 주요 고용인은 하오처럼 허난성에서 온 중국인 도로 건설업자들로, 마시시에서 좁은 간선도로에 인접한 집 한 채에 나누어 살고 있었다. 해가 금방 떨어져 나는 다리를 쭉 뻗어 볼 드문 기회를 누렸고, 가게 문을 닫기 전 구매에 나선 주민들이 상인들과 뒤섞여 열띠게 흥정하는 생동감 넘치는 장면을 카메라에 담기도 했다.

그러다 30대 초반으로 보이는 중국인 부부를 엿보게 되었는데 이들은 마치 작은 보석 같은 옛 식민지 시대 교회에서 대각선 방향으로 놓여 있는 가게를 운영하고 있었다.

부부는 푸젠성 출신이었는데 이곳은 산악지대로 농사짓기가 어려워 역사적으로도 가난한 지역에 속했다. 중국 남동부 해안의 푸젠성은 지난 두 세대 동안 지역의 규모에 비해 많은 중국인 이민자를 배출한 곳이기도 했다. 마시시에 머문 지 벌써 여러 해가 되었다는 이 부부는 양초, 담배, 간단한 상비약, 탄산수, 맥주, 솥, 냄비, 값싼 장난감과 같은 다양한 물건들을 팔고 있었다. 구멍가게의 창문 너머로는 보강용 강철봉이 보였다. 마치 동굴 속에 들어와 있는 느낌이 들었다.

존이 픽업트럭을 주차한 길 아래에서 하오를 만났는데 그의 허난성 친구들 집으로 초대를 했다. 하오는 친구들을 동향 사람(老鄕)이라고 소개했다. 고향이나 출신 지역의 사람들을 일컫는 이 단어는 많은 재외 중국인들에게 각별한 의미가 있는 표현이었다. 하오의 친구는 네 명이었는데 현대식의 1층짜리 빌라에 같이 살았다. 뒤편에 있는 부엌에서는 중국 가정에서 풍기는 매우 독특한 향을 발산하고 있었다. 상당히 어수선하고 흐트러져 있는 거실에는 남성 둘과 여성 한 명이 각자 책상에 노트북을 켜 놓고 거의 동일하게 등을 구부린 자세를 하고 있었다. 대다수의 중국인들이 가입되어 있는 큐큐(QQ)라는 메시지 및 전화 서비스로 중국에 있는 친구와 연락을 하는 중이었는데 채팅과 스카이프(Skype)를 결합한 서비스라고 보면 되었다.

나는 내심 저녁 식사 초대를 하겠거니 기대를 하고 있었다. 이제까지 중국인들에게 받아 왔던 관대한 호의로 미루어 식사를 기대했던 것인데 아무도 저녁을 권하지 않았다. 하오는 허난성의 도로 사업자 한 사람과 침실 근처에서 사업 이야기를 하고 있을 뿐이었다. 그러다 내 쪽으로 다가오다 말머리를 돌리더니 근처에 이런 동향 친구들이 있는 것이 얼마나 유익한지 이야기를 꺼냈다.

"모잠비크에 온 후에 딱 한 번 아픈 적이 있었거든요. 말라리아에 걸렸는데 아주 상태가 안 좋았지요." 그는 내게 말했다. "보통 매주 한 번 정도 이곳을 방문하였는데 그때 한번은 오랫동안 밖에 나와 보지를 못할 정도였어요. 그런데 운 좋게도 이 친구들이 나를 찾아왔더라고요. 그때 나는 농장에 혼자 있었기 때문에 토사물을 깔고 누워서 오한에 떨고 있었거든요. 친구들이 바로 나를 병원으로 데려가 주었는데 병원에서는 친구들 덕분에 목숨을 부지했다고 그러더군요."

아까 들렀던 구멍가게의 푸젠성 출신 부부를 혹시 아느냐고 묻자 하오는 건성으로 대답할 뿐이었다. 왜 그는 가게에 들러서 인사라도 하지 않는 것일까? "우리는 서로 좀 달라요." 그는 뻔한 질문에 답하는 게 귀찮다는 듯이 말했다. "푸젠 사람들 질이 안 좋다는 건 누구나 알지요."

푸젠에서 온 부부가 그렇게 작은 가게에서 장사를 하고 있는 것이 놀랍다고 하자 하오는 걸걸하게 웃었다. 그러더니 모잠비크의 모든 도시와 마을에 중국인이 살고 있고 그 대부분은 푸젠 출신이라고 말했다.

하오가 이런 선입견을 갖는 것은 일견 모순된 측면이 있었다. 하오의 고향인 허난성은 사회적으로 속임수, 부정직, 호전적인 성향으로 악명이 높은 곳이었다. 하오 그 자신도 누구도 두려워하지 않는다는 둥, 논쟁이 벌어지면 절대지지 않는다는 둥 자랑처럼 떠벌리면서 허난성 사람들의 거친 기질을 종종 입에 올렸던 것이다. 그런데 후일 내가 다른 중국인들을 만났을 때 모잠비크에서 허난성 출신 사업가를 만난 적이 있다는 이야기를 꺼내면 그들은 내가 해외에 나와 있는 모든 중국인들을 싸잡아서 명성에 먹칠하는 부정적인 이야기를 하겠거니 짐작하면서 움츠러드는 반응을 보이곤 했다. 또 어떤 이들은 허난성 사람들은 원래 거칠고 못 배웠다는 농담을 던지면서 빠져나갈 구석을 찾으려 했다.

항간에는 지난 10년 동안 아프리카로 이주한 중국인들이 100만 명에 달한다는 이야기도 있다. 사실 중국 정부가 내놓는 아프리카 관련 통계는 거의 있지도 않을뿐더러 모호한 수준이다. 이 때문에 중국 정부의 통계가 얼마나 정확한지를 밝히려는 시도가 내가 해야 할 일의 최우선 순위 목록에 포함되어 있을 정도이다.

하오는 보름달이 밝게 비추는 인도양 해안가를 따라 차를 몰았다. 아침 식사 이후 먹은 게 없었기 때문에 나는 하오의 이야기를 끊고 어디 들러 뭘 좀 먹자고 했다. 그러나 그는 지금 도로에 차가 거의 없기 때문에 내쳐 달리면 빨리 도착할 수 있을 것이라며 난색을 표했다.

우리가 실랑이를 벌이던 곳은 마시시에서 30분쯤 달려 또 다른 도시로 접어드는 경계지역이었다. 하오는 낯선 도시를 잘 알지 못한다면서도 뭘 먹을 만한 장소를 찾기도 어려울 것이라고 다짐을 두었다. 그때 도로변에서 남자 셋이 모여 서 있는 장면이 눈에 들어왔다. 나는 충동적으로 하오에게 차를 남자들 쪽으로 대라고 말했다. 차가 서자 창문을 내리고 스페인어로 혹시 근처에 작은 식당이나 요기할 만한 장소가 있는지 물었다. 내쪽에 가장 가깝게 있던 남자가 창문 안쪽을 유심히 들여다보더니 하오를 발견하고는 이 작은 촌에도 중국인 여자가 하는 가게가 있는데 거기서 먹을거리를 판다고 말했다. 여자를 찾는 게 어렵지 않을 것이라면서 도로 반대편의 껌껌한 흙길을 가리켰다. 그는 다른 길이 나타날 때까지 길을 따라 쭉 가면 저 멀리 보이는 건물들 뒤편으로 갈 수 있다고 안내해 주었다. 나는 고맙다는 말을 했고, 차는 안내받은 대로 도로를 벗어나 흙길로 접어들었다.

마침내 안내받았던 건물 뒤편 어둡고 모래로 뒤덮인 지역에 다다랐지만 가게 간판은 보이지 않았다. 하오의 인내심이 바닥을 드러내고 있음을 눈치챘기 때문에 서둘러 차에서 내려 "니하오, 니하오"를 외쳤다. 그 소리가 어찌나 절박했던지 마치 반응을 이끌어 내기 위해 외치는 희극의 한 장면처럼 느껴졌다. 자동차 전조등이 비추는 밝은 빛 속에 서 있는데 하오가 경적을 울리기 시작했다. 생명체가 없는 듯 보이는 건물들 안에 혹시라도 숨어 있을지 모르는 누군가와 함께 나도 들으라는 듯 경적을 울리는 것 같았다. 하오의 경적 소리가 수그러들 때쯤 저편에 떨어져 있는 1층짜리 수수한 건물에서 무슨 소리가 들렸다. "무슨 일이에요?" 한 중국인 여성이 건물에서 나왔는데 '쉬쉬' 소리가 섞인 억양으로 미루어 남부 출신인 듯했다. 상당히 짜증이 난 듯싶었다.

잠시 후 문간에 20대 후반으로 보이는 중간 키의 여성이 나타났고 새장처럼 생긴 보안문의 두 번째 자물쇠를 열었다. 숏커트에 무릎 선까지 오는 진을 입고 위에는 흰색과 옅은 푸른색이 섞인 축구복 차림이었다. 밤공기는 따뜻하고 축축했다. 깜짝 놀란 하오는 토요타 자동차에서 뛰어나와 여자에게 다가갔다. "이 마을을 늘 지나다녔지만 여기에 중국분이 사는 줄 몰랐군요!" 하오는 반갑게 외쳤다. "중국 사람을 만나고 싶어 하는 미국 기자 양반이랑 같이 이동하던 중이었는데 당신을 인터뷰하고 싶다네요."

급작스럽기도 하거니와 소개치고는 꽤 곤란한 말이었다. 뒷수습을 해 보려고 나서 보았지만 여자는 퉁명스럽게 말했다. "사양할게요." 그러고는 홱 돌아서서 발길을 돌렸다.

"인터뷰를 하려는 게 아닙니다." 나는 재빨리 변명했다. "그저 몇 마디 대화를 해 보고 싶어서요. 여기에 계신 지는 얼마나 됐습니까?"

여자가 대답했다. "2년요." 누구랑 살고 있는지 묻자 이번에는 좀 더 짜증이 섞인 목소리로 처음에 했던 질문을 다시 꺼냈다. "여기 무슨 일로 왔냐니까요?"

어렵사리 성사된 만남의 기회가 날아갈까 조바심하던 나는 상대방의 경계심을 풀어 주려고 안간힘을 썼다. 나는 상하이에 5년간 살았고 말투로 미루어 남부에서 오신 거 아니냐며 말을 이어 갔다.

"그래요. 푸젠에서 왔어요." 여자가 답했다. "산터우요."

"아, 저도 거기 몇 번 가 봤지요." 나는 혹시나 일말의 연대감을 형성할 수 있을까 하는 마음에 말했다. 여자의 집에서 TV 소리가 들려오기에 일단 방해해서 미안하다고 사과했다. "뭔가 좋은 걸 보고 계셨나 봅니다."

내가 물었다.

여자는 고향에서 가져온 DVD를 보고 있었다면서 혼자 살아서 할 일이 거의 없다고 덧붙였다.

나는 이렇게 외진 곳에 여성이 혼자 올 용기를 내다니 대단하다고 추켜올렸지만 여자는 시큰둥했다. "아무것도 아니에요." 그녀는 말했다. "그저 물건 파는 사람일 뿐인걸요."

하오는 여자에게 내가 먹을 것을 찾고 있었다고 말했다. 여자는 지금은 감자칩이나 과자 따위밖에 없다고 대꾸했다. 사실 하오의 이런 태도는 내게 큰 도움이 되지도 않았고, 나는 여자가 들어가 버리기 전에 어떻게든 많은 이야기를 듣고 싶었다.

젊은 중국인 여자는 이곳에서 전자 제품, 생활용품과 잡동사니를 팔고 있다고 말했다. 어떻게 아프리카나 모잠비크로 올 결심을 했느냐고 내가 물었다.

"원래 엄마랑 왔는데 엄마는 되돌아갔어요. 이곳은 인터넷에서 찾았는데 꽤 살 만한 곳으로 보였거든요. 중국인들에게 호의적인 것도 같았고."

이후 몇 달 동안 중국에서 아프리카로 옮겨 온 이주자들의 사진을 더 많이 찍게 될수록 비슷한 대답을 수백 번도 더 듣게 되었다.

"장사는 어때요?" 내가 물었다. 여자가 대화를 끊을 틈을 주지 않기 위해 거의 쉬지 않고 질문을 쏟아 내다시피 했다.

"그냥 그래요."

"어떻게 이렇게 작은 마을까지 오게 됐습니까?"

"여기에는 가게가 없었어요." 여자가 말했다. "나한테는 기껏해야 구멍가게나 겨우 열 만한 돈밖에 없었고요. 도시에서 큰 가게를 열 정도는 안 됐으니까요."

"물건은 어떻게 받나요? 어디에서 가져옵니까?"

"나는 차가 없어요. 나를 도와주는 다른 푸젠성 출신들한테 기대고 있는 거죠. 늘 남북으로 왔다 갔다 하는 사람들이 있는데 그들이 우리 가게에 물건을 넣어 줍니다."

여자는 이 작은 동네의 이름이 마룸베네라고 알려 주었다. 여기에 얼마나 많은 사람이 사는지 물었다.

"그리 많지 않아요." 그녀가 말했다.

"만 명은 됩니까?"

"그 정도도 안 될 것 같네요. 뭐 누가 알겠어요?"

"사람들은 친절합니까?"

"여기에 친구나 만들자고 온 건 아니잖아요."

이런 대화가 한동안 이어졌다.

"고향 생각은 하나요?" 내가 물었다.

"큐큐(QQ)로 고향에 있는 사람들과 늘 대화를 해요."

"여기 말은 할 줄 아시고요?"

"포르투갈어는 그럭저럭하는데 여기 사는 흑인들은 토속어를 쓰거든요. 그것까지는 못해요."

"중국을 왜 떠나셨습니까?"

"살아야 했으니까요." 여자는 이렇게 말하고 돌아서더니 손을 흔들거나 잘 가라는 인사 한마디 없이 집 안으로 들어가 버렸다.

우리 차가 다시 도로로 접어들자 하오는 가던 길을 멈춰 세웠다며 역정을 냈다. 그리고 피곤한데 밤새도록 어두운 길을 운전해야 한다며 불평을 쏟아 냈다. 낮에는 허난성 출신으로서 자신이 얼마나 강한 사람인지를 뽐내던 그가 깜깜한 길 앞에서는 긴장한 기색이 역력했다.

나는 그가 자신의 인생과 지난 여정에 대해 이야기하도록 달래면서 기분을 풀어 주려고 애썼다. 하오의 연령대로 보나 문화혁명 때의 '츠쿠'를 입에 올리는 것으로 보아 하오는 잃어버린 세대의 일원임을 짐작할 수 있었다. 현재 40대 후반에서 60대 초반에 해당하는 이 세대는 이제는 옛날 이야기가 된 철밥통(鐵飯碗) 시대에 요람에서 무덤까지 사회주의를 꿈꾸며 자란 이들이었다. 중국이 개방정책을 취하고 1980년대 초 자본주의를 받아들였지만 1966~1976년까지 가장 급진적 시기의 마오쩌둥 주의로 박탈을 경험한 이 세대는 회복되기에 너무 나이가 들어 있었다. 당시 고학력자들뿐만 아니라 중등교육을 받던 많은 학생들까지 학업을 중단해야 했고 국가는 정치적 사회적 격랑으로 빠져들었다. 하오는 그다지 특별하지 않은 배경에도 불구하고 그 나이 대 대다수의 사람들과 달리 자기 세대의 불운을 이겨 내고 사업을 일으킨 것이다.

하오는 젊은 시절 이야기를 하다가 흥이 돋아서 정규교육은 중학교까지밖에 못 받았다고 털어놓았다. 그는 지역에서 불량배 노릇을 하다가 범죄 조직에까지 발을 담갔다. 조직에서 높은 자리까지 올라갔던 하오는 고향인 허난성의 홍위병을 지휘하기도 했다. 20대 초 자기 집단에 떨어진 임무가 절을 부수고 종교 서적과 경전을 불태우고 종교 유적을 파괴하는 일이었다고 실토했다.

"한창 때는 정말 많은 사람들을 때렸어요." 그는 덤덤하게 말했다. "나이 들어 보일지 모르지만 지금까지도 아무도 무섭지 않아요."

이 대목에서 하오는 다시 하느님을 입에 올렸다. 마지막으로 차가 섰을 때 하오에게 아프리카로 이주하기로 결심한 이유를 묻자 그는 "하늘의 뜻"이라고 말했다. 경험상 중국인들이 어떤 일의 배경을 설명하면서 신을 거론하는 경우는 흔치 않았다. 하오가 하느님을 거론할 때는 거의 대부분

숭배보다는 영어에서 신의 이름을 함부로 부르며 불경죄를 저지르는 맥락에 가까웠다. 하오에게 하느님을 믿는지, 지난날 자행한 폭력과 파괴에 대해 후회를 하거나 벌 받는 것이 두렵지 않은지 물었다.

"물론 하느님은 있지만 내가 이해하는 방식은 조금 다릅니다." 그의 답변은 이제 철학적으로 흐르고 있었다. "워낙 돌보아야 할 인간이 많으니 하느님은 분명히 바쁠 거예요. 그렇지 않아도 죽도록 일하고 있는 지경인 겁니다. 그런데 나에게까지 신경 쓸 시간이 있겠어요?"

마침 보름달이 높게 떠 하오가 그토록 걱정하던 어둠을 걷어 내고 있었다. 이제 몇 분마다 작은 마을이 하나씩 지나갔고 인구 밀도도 점점 높아지고 있었다. 차창 너머로 판자로 지은 교회에서 철야 기도를 하는 신도들, 자욱한 연기 속에서 수다를 떨고 있는 음주자들이 가득 찬 허름한 술집도 보였다. 날염한 천으로 몸을 감싸고 도로변에 웅크리고 앉아 있는 여인은 야간에 물건을 구매할 만한 사람을 기다리다가 방풍 랜턴을 켜 놓은 채로 졸고 있었다. 모두 도시가 가까웠음을 알리는 징후였다.

곧 하오는 안도한 목소리로 자기 농장이 인접해 있는 마싱가로 접어들 것이라고 설명했다. 나는 모잠비크에 정착하기로 결정한 이유를 다시 물었다.

"푸젠성에서 열린 아프리카 무역 박람회에 갔었는데 중국 사업가들이 바글바글하더라고요." 그가 말했다. "아프리카에 어떤 사업 기회가 있는지를 듣고 나니 무척 흥분되었습니다. 나중에 내 영어가 썩 훌륭하지 못하다는 것을 알게 되었어요. 만약 영어를 공용어로 사용하는 나라로 가면 어디에 가도 중국인과 마주치겠구나 하는 생각이 들었지요."

"모잠비크는 포르투갈어를 쓰는 나라이지 않습니까. 그게 나에게는 기회가 될 수도 있겠다 싶었어요. 내가 포르투갈어를 이해할 리가 없지만 대부분의 중국인들도 어차피 포르투갈어를 못하기는 마찬가지이지 않습니까? 모잠비크에 가면 분명 남들이 보지 못한 엄청난 기회들이 있을 것이라는 생각이 들었고요. 또 내 경쟁 상대인 다른 중국인들이 밀려들면서 내 돈을 갈취하거나 내 아이디어를 빼앗아가지 않나 계속 지켜볼 필요도 없겠다는 생각이 들었습니다.”

약속의 땅에 대한 하오의 기준은 매우 현실적인 것이었다. 약속의 땅에는 기회가 있어야 할 뿐만 아니라 결정적으로 중국인들이 거의 없어야 했다. 사람들은 중국이 지난 30년 동안 국내총생산(GDP)을 무려 10배나 끌어올리는 막대한 경제성장을 이룬 데 경이를 표한다. 하지만 이러한 고속 성장의 이면에는 살인적인 경쟁과 매일매일 끝없이 이어지는 스트레스가 삶을 피곤하게 했다. 많은 이들이 성장의 대가를 감당하기 버거워했고 실제로 많은 중국인들이 고국을 등지고 떠나야 했다. 다른 나라로 떠나 보니 비로소 고향에서 얼마나 숨이 막히는 삶을 살았는지 알겠더라는 중국인들의 고백을 나는 여러 번 들었다. 그들은 아프리카에서의 삶이 마치 압력솥에서 뚜껑을 열어 놓은 것과 같다고 비유했다. 이제야 숨을 쉬는 인생을 살게 되었다는 것이다.

그러나 하오는 내가 만난 중국인들 가운데 아프리카에서도 동포가 거의 없을 것 같은 장소를 일부러 선택해서 찾아온 첫 번째 사람이었다. 그는 새로운 종류의 개척자였는데 이후 나는 하오와 같은 생각을 가진 많은 사람들을 만나게 되었다. 전체적으로 보았을 때 이런 개척자들은 중국인이 어디를 가든 자기들만의 공동체를 형성하는 편협한 족속이라는 또 다른 통념에 도전하는 사람들이었다.

마싱가에 들어서자 하오는 다소 소심한 태도로 계획에 중대한 변경이 생겼다고 밝혔다. 계속 운전을 해서 자기 농장까지 가는 대신 일단 나를 싸구려 호텔에서 하루 묵게 내려 주겠다는 것이었다. 아들에게 연락이 닿지 않아서 저녁상을 차려 놓았는지 알 수 없으니 여기서 저녁을 챙기는 편이 낫겠다는 말도 덧붙였다.

그즈음 우리는 둘 다 지쳐 있었기 때문에 일단 도로변에 있는 수수한 1층짜리 호텔로 향했다. 높은 시멘트 벽 뒤에 자리 잡은 호텔은 나이트클럽과 사창가를 겸하는 장소였다. 나는 짐을 끌고 허름한 방으로 들어가 소지품을 일부 꺼내 놓았다. 문을 잠근 뒤 하오와 재회하기에 앞서 모기떼가 들어오지 않도록 내 방 쪽 창문을 안쪽으로 닫고 살충제를 뿌려 놓았다.

곧 호텔 마당에서 서성대고 있는 하오와 만났다. 우리는 야외에 차려진 싸구려 플라스틱 식탁에 자리를 잡았는데 머리 위로는 전구가 휑뎅그렁하게 매달려 있었다. 저녁을 주문하고 기다리는 동안 하오는 나의 여행 일정을 또 물었다. 그날만 벌써 세 번째였다. 모잠비크에 오기 전에 에티오피아에 있었다고 대답하니 하오는 어리둥절한 표정을 지었다. 그리고 다음에 방문할 나라는 나미비아라고 말해 주었다.

"나미비아는 뭡니까?" 그가 물었다.

나는 스프링 노트를 꺼내 지도를 하나 대충 그렸다. "에티오피아가 여기 위쪽입니다." 나는 아프리카 대륙 북동쪽 상단을 가리키며 말했다. "여기가 모잠비크이고, 나미비아는 여기에 있어요. 이쪽이 대서양 해안이고요." 하오는 우리가 있는 곳에서 나미비아까지 얼마나 떨어져 있는지 물었다. 수백 킬로미터는 될 거라고 내가 말했다.

그러고는 내가 방문하려는 또 다른 나라들 일부를 보여 주려고 지도를 더 그렸다. 아프리카 서단에 있는 세네갈 쪽을 그리다가 하오의 상황 파악을 도와줄 요량으로 유럽을 추가했다. 유럽에서 아프리카 방향으로 내려오는 경사면은 이베리아 반도였다.

"여기에 포르투갈이 있어요." 내가 이렇게 말하자 또다시 혼란스러워하는 표정을 지었다. 그는 포르투갈이 정확하게 어떤 나라인지 물었다. 한때 모잠비크를 지배했던 식민지 국가였다고 설명해 주었다. 여전히 잘 모르겠다는 표정으로 고개를 끄덕이는 그에게 이 나라 사람들이 그래서 포르투갈어를 쓰는 것이라고 설명해 주었다.

하오는 모잠비크가 유럽의 식민지(殖民地)인 것은 알고 있었지만 포르투갈의 지배를 받았는지는 몰랐던 것이다. "나는 포르투갈어가 브라질에서 온 줄로 알고 있었네요." 하오가 말했다.

나는 지도에 남아메리카를 따로 그리면서 누구나 그렇게 하듯 대서양에 해당하는 커다란 공간을 남겨 놓았다. 브라질은 여기에 있고, 마찬가지로 포르투갈의 식민지였다고 말해 주었다.

하오는 홍콩에 인접해 있고 과거에 포르투갈인들이 거주했던 마카오를 떠올리면서 연결 고리를 찾아냈다. "개자식들." 그가 소리쳤다. "포르투갈 같이 망할 작은 나라들이 그렇게 크고 멀리 떨어져 있는 나라들을 어떻게 다스리는지 아십니까? 유럽인들이 중국을 쪼갠 것과 똑같은 수법인 것 같군요, 내 생각에는." 잠시 정적이 흐른 후 하오는 물었다. "그럼 미국은 어디에 있습니까?"

나는 조잡하지만 이제 빈 공간이 얼마 없게 된 지도에 북아메리카를 그렸다. 하오는 자신이 여태 생각해 온 대로 미국이 유럽 대륙에 있지 않은 것을 알고는 대경실색했다.

하오의 지리적인 호기심이 시들해지면서 우리 대화의 주제는 현재 경영하고 있는 농장을 넘어 그가 아프리카 대륙에 품고 있는 야망으로 옮겨 갔다. "나한테는 다른 아주 많은 사업 계획들이 있습니다." 그는 말했다. "음료 공장을 만들고 싶은 생각이 있고요. 또 내가 가진 땅에서 상업용 차를 재배해서 수출하고 싶기도 합니다." 숯 가공 공장에 대한 이야기도 나왔는데 하오는 이미 북쪽으로 200킬로미터 떨어진 지역에 공장 건설을 시작했다고 말했다. 공장에서는 벌집 모양의 취사용 화로를 만들 계획이다. 그는 우선 이 화로를 모잠비크에 판매하다가 나중에는 중국에 수출할 수도 있다면서 나아가 전 세계에 내다 팔게 되면 정말 환상적일 것이라고 말했다.

하오가 떠났을 때는 시간은 벌써 11시를 향해 가고 있었다. 그는 내일 새벽같이 돌아오겠다고 말했다. 7시까지 준비를 끝내 놓을 수 있을까?

나는 알람을 6시 반으로 맞추어 놓고 걱정을 하며 잠이 들었지만 이미 6시에 눈이 떠졌다. 내 방 창문 가까이에 있는 수도에서 여자들이 요란하게 물을 긷는 통에 잠이 달아난 것이었다. 나는 서둘러 찬물로 샤워를 했다. 그나마 이 방에서 유일하게 제공되는 서비스였다. 때로 얼룩진 화장실은 어찌나 협소했던지 변기와 샤워실 사이에 서 있을 만한 공간도 없었다. 샤워를 마친 후 재빨리 내 물건들을 챙기고는 여행 가방을 식당 구역으로 옮겼다. 하오가 오자마자 바로 떠날 수 있도록 준비한 것이다.

아침으로 커피 한 잔과 바게트 반 쪽, 계란 프라이를 먹으려고 식당에 앉았는데 그 이른 시간에 비치는 햇빛이 얼마나 강렬했던지 깜짝 놀랄 수밖에 없었다. 식사를 하는 중에 물동이를 머리에 얹은 어린 소녀가 호텔 정원으로 들어왔다. 그 뒤로 똑같은 모습을 한 다른 여자가 따라왔다. 그들은 내가 묵던 방에서 불과 몇 발자국 떨어진 곳에 있는 수돗가에 쪼그리고 앉아 차례로 물을 받았다. 그러고는 물동이를 다시 머리에 얹고 조심조심 오리걸음으로 되돌아 나갔는데 물동이에서 물이 넘치면서 옷을 적시고 있었다.

하오는 7시가 약간 안 되어 이제는 익숙하게 느껴지는 심술 난 표정을 하고 호텔 입구에 나타났다. 내게 손짓하는 모양새가 조바심이 난 모양이었다. 밖으로 나와 햇빛 아래서 보니 내가 묵었던 알레그르(Allegre)라는 장소를 처음으로 제대로 볼 수 있었다. 견인 트레일러들이 입구 근처의 곳곳에 주차되어 있는 것으로 보아 화물 자동차 기사들이 묵어 가는 호텔이었다. 이른 시간에도 도로의 양방향으로 활기찬 노점이 쭉 늘어서 있었다. 거리는 물건을 사라고 외쳐 대는 상인들부터 교복을 입고 등교하고 있는 어린아이들까지 수백 명의 사람들로 북적거렸다.

우리는 마싱가에서 북쪽 방향으로 이동했는데 전날 수다스럽던 하오는 웬일인지 입을 꼭 다물고 내가 하는 질문에도 거의 억지로 대답을 했다. 마을 북쪽 끝자락에서 차가 노상 장애물에 부딪혀 크게 흔들리자 하오는 갑자기 차를 세웠다. 그러더니 운전할 기분이 아니라면서 대신 운전할 수 있겠느냐고 물었다. 나는 운전대를 잡고 번호가 붙어 있는 간선도로를 따라 대략 동쪽 방향으로 이동했다. 얼마 가지 않아서 우리는 작은 마을을 지나게 되었는데 도로변에 모여 있던 사람들이 그다지 내키지는 않는 듯한 모습으로 손을 흔들어 주었다.

먼지투성이의 마을을 지나자 덤불이 우거져 있는 지대가 펼쳐졌다. 드문드문 깔끔하게 개간된 빈터가 나왔는데 한복판에 반짝이는 알루미늄을 댄 판자집이 덩그마니 서 있었다.

그러다 길이 급격히 좁아졌고 초반에 매끈했던 도로는 어느새 바닥이 패이거나 나무 그루터기로 울퉁불퉁한 험한 길로 변했다. 게다가 여기저기서 그러모은 나뭇가지를 산더미처럼 머리에 이고 뒤뚱뒤뚱 걸어가는 농부들이 이따금씩 옆으로 지나가기까지 했다. 하오는 저 멀리 기름야자나무가 무리지어 있고 도로가 끝나는 지점에 차를 세우라고 말했다. 그가 일러 준 곳에 다다랐을 때 여러 남자가 개간지 끝자락에 서거나 앉아서 갑론

을박을 벌이고 있었다. 하오는 조수석 창문으로 머리를 내밀더니 특유의 피진어(여러 언어가 뒤섞인 혼성어 – 역자)로 그들을 나무라기 시작했다. "무슨 일이야, 무슨 일이지? 여기, 일해야지. 뭐하고 있는 거야? 왜 그러고 있는 거야?"

현지인들은 몸짓을 해 가면서 누군가가 더 많은 임금을 받고 있다고 불평했다. 말하자면 임금을 놓고 결전을 벌이면서 파업을 하는 셈이었다. "왜 임금으로 차별을 합니까?" 한 모잠비크 남자가 하오에게 대들었다.

하오는 흥분하여 욕을 퍼부었다. 주로 중국말을 써 가면서 아무리 그래 봐야 임금을 올려 주지 않을 것이라고 말했다. 양쪽은 한동안 실랑이를 벌였다. 하오는 땀을 뻘뻘 흘리면서 손수건으로 눈썹을 연신 훔쳤다. "내버려 둬. 너 같은 놈들 필요 없어." 하오가 말했다. "다른 일꾼들 쓰면 되지." 이렇게 말하자 일꾼들은 자기 짐을 챙겨 들고 우리 차가 들어온 방향으로 터덜터덜 가 버렸다.

하오는 껄껄 웃으면서도 계속 욕을 했다. "아프리카인들은 모여서 불평하는 것을 제일 잘합니다." 그는 말했다. "아들 말로는 저 놈들 더 이상 필요 없다고 하는데 왜 돈을 더 주겠어요?"

이제부터 길은 점점 더 나빠져서 나는 핸들을 이리저리 휙휙 돌려야 했다. 하오가 미리 언질을 주지 않은 상태에서 그렇게 차를 몬 지 5분이 안되어 모퉁이에 하오의 새 집이 나타났다. 하오가 집이라고 부르는 임시 거처에서 몇 미터 떨어진 개간지에 그가 시키는 대로 주차를 했다. 주택이라고 해 봐야 판잣집 두 채였는데 장대, 캔버스 천, 돗자리와 각종 싸구려 자재들을 써서 손으로 얼기설기 만든 수준이었다. 프랑스인들이라면 이런 거처를 야영지(campement)라고 불렀을 것이다. 하오와 나는 차에서 내렸고 태양의 열기와 빛 속에 무방비로 노출되었다.

한 판잣집 옆으로 마르고 머리를 길게 땋은 피부가 검은 여자가 구덩이 안에 그을린 나무 장작 세 개가 받치고 있는 솥을 느릿느릿 젓고 있었다. 조금 떨어진 곳에는 짧은 머리칼에 체격이 좋고 풍만한 여자가 뚱한 표정으로 쪼그려 앉아 내가 처음에 개울이라고 생각했던 수로에서 냄비와 솥을 씻고 있었다.

하오는 불가로 가서 잔가지를 들어 담배에 불을 붙였다. 그러나 여자들을 소개해 주지는 않았다. 1, 2분 뒤에 열네 살쯤 되어 보이는 통통한 남자아이가 오두막에서 나오면서 셔츠의 버튼을 채웠다. 하오는 이름 대신 '2번(老二)'이라고 불렀다.

아이도 땀을 비 오듯 흘리고 있었다. 오전 8시 반밖에 되지 않았지만 이미 기온은 30도대를 훌쩍 넘은 것 같았다.

"형은 어디에 갔냐?" 하오가 물었다.

"사냥하러 갔어요." 아이가 대답했다.

나중에 알게 되었지만 아이의 이름은 촨이었는데 여린 눈빛이나 혹사 당하는 꼴을 하고 있는 것으로 보아 아버지와의 관계가 썩 원만하지 않음을 짐작할 수 있었다. 실제로 얼마 후에 촨이 빈터의 가장자리를 어슬렁거리자 목소리가 들릴 만한 거리인데도 하오는 대놓고 아이에 대한 불만을 늘어놓았다.

"작은 뚱보(小胖)가 빈둥대면서 노는 동안 저 놈의 형은 사냥을 하고 있다오. 저 놈도 해야 하는 일인데. 제 형을 따르게 해야지 원."

어쩐지 촨이 안 됐다는 생각이 들어 감히 참견꾼 소리를 들을 위험을 무릅쓰고 아이들이 철드는 데는 시간이 걸리는 법이라고 말했다.

"저 놈한테 여자애들을 소개해 주고 싶어도 도통 관심이 없지 뭡니까." 하오가 말했다. "너무 약해 빠졌어. 아무것도 모른다니까."

얼마 후에 폐차 직전의 세단이 공터로 들어왔다. 아이의 형인 양이었다. 큰 아이는 산탄총과 꿩의 다리를 잡고 의기양양하게 다가왔다. 양이 내 쪽으로 왔을 때 "니하오"라고 말하자 잠시 정적이 흘렀다. 외국인이 중국말로 인사하는 상황이 순간 이해되지 않은 듯했다. "니하오," 양도 인사를 받았지만 그뿐이었다. 양의 숱 많고 헝클어진 머리는 어깨 길이까지 내려와 있었다. 빈터를 으스대며 어슬렁거렸는데 웃통을 벗은 상체에는 근육이 붙어 있었고, 수염도 몇 가닥 나 있었다.

하오가 자랑스러워하는 표정으로 양을 쳐다보는 사이 아이는 꿩을 불가에 앉은 마른 여자에게 가져다주면서 장난 겸 소유욕을 드러낼 양으로 여자의 엉덩이를 툭툭 쳤다. 그러고는 여자에게 꿩의 깃털을 뽑고 조리해 점심에 올리라고 말했다. 여자가 양의 말대로 하려는 찰나에 목이 마르다면서 코코넛을 몇 개 따 보라고 큰 소리로 윽박질렀다. "더, 더, 더 줘(Mais, mais, mais)." 여자가 코코넛 꼭지를 쳐내는데 양이 채근 대는 바람에 그 자리에서 코코넛 두 개를 더 잘라냈다. 양은 코코넛을 입맛을 다시면서 비워냈다.

하오가 가타부타 설명 없이 자리를 비운 덕분에 두 아들에게 내 소개를 정식으로 하면서 이야기를 나눌 기회가 있었다. 양은 아버지 말대로 자신이 그곳에 온 지 반년이 되었다고 말했다. 여기 생활이 어떠했는지 물어보았다.

"너무 더워요." 양이 조금도 망설이지 않고 말했다. "처음에 여기에 왔을 때는 정말 울고 싶었어요."

대화를 엿듣다가 이름을 알게 된 델리마라는 양의 여자 친구에 대해서도 궁금증이 일었다. 델리마는 친구와 함께 오두막 저편으로 가 버린 후였다.

"여자들이 너무 까매요. 사실 다 같은 색깔도 아니고 어두운 정도가 다르기도 하지만 우리가 보기에는 뭐 다 까만 거죠."

양은 중국에 있을 때는 전혀 여자 친구를 사귀어 본 적이 없다고 털어놓았다. 델리마를 어떻게 만났는지 물었지만 아이는 내 질문에는 대답하지 않았다.

"처음 여기에 왔을 때 여자아이들이 우리를 무서워한다는 사실을 알게 되었어요." 양이 말했다. "흑인들은 중국 사람들이 인간을 잡아먹는다고 생각하더라고요!" 양은 이곳에 온 첫 날을 떠올렸다. 마싱가의 도로에 사람들이 모인 곳에 차를 세우고는 사람들이 무서워서 도망가는 꼴을 보려고 창문을 내리고 장난을 쳤다고 한다. 아이가 겪었을 당황스러움을 나는 짐작만 할 수 있을 뿐이었다. 수천 년 동안 중국인들은 변경 지역에 사는 민족을 야만인이라고 불렀다. 아이러니하게도 이제는 반대로 자신들이 편견의 대상이 되었다.

아이와 친해지는 일은 그리 쉽지 않았다. 양은 아버지의 거친 성격을 물려받아 여자들에게 명령을 하고 장난삼아 찰싹 때리거나 혼나 볼 테냐며 으름장을 놓기도 했다. 짧은 머리를 한 여자는 부루퉁한 반응을 보인 반면 자기 방어에 좀 더 능했던 델리마는 사납게 쏘아붙였다.

둘째인 촨은 좀 더 사려 깊은 아이로 보였지만 가까워지기 어렵기는 마찬가지였다. 주변에 아무도 없을 때에만 나와 말을 섞었다. 아이와 이야기할 수 있었던 드문 기회를 통해 촨이 학교에서 수학을 가장 좋아했으며 이전에 즐겨보던 TV 프로그램을 보고 싶어 한다는 것, 중국의 학교로 다시 돌아가기를 목 빼고 기다린다는 사실을 알게 되었다.

하오가 멀리서 손짓을 했다. 신의 계획이 임한 그 장소들을 내게 보여주려는 것이었다. 오두막 뒤편의 수만 제곱미터가량의 땅에 이미 스테비아, 차, 각종 중국 채소를 키우는 실험적인 정원이 있었다. 그는 스테비아 잎을 몇 개 뽑아서 손으로 짓이기더니 내게 맛을 보라고 권했다. 입에 넣는 즉시 달콤한 맛이 배어 나왔다.

우리는 오두막을 다시 돌아서 넓은 평야로 나왔는데 하오의 말로는 모두가 그의 땅이었다. 어둡고 유순한 토양에 내가 개울이라고 착각했던 관개수로가 십자형으로 흐르고 있었다. 하오는 수로에서 여기저기 묻혀 있는 콘크리트 블록을 가리켰다. 포르투갈인들이 식민 지배를 할 당시에 만든 수문 장치의 흔적이었다.

"포르투갈 사람들은 이런 걸 죄다 만들어 놓고는 그냥 가 버렸어요." 하오는 비옥한 땅을 포기하는 사람들도 있다면서 어리둥절해 했다. "처음 이곳에 왔을 때는 트랙터를 가지고도 여기를 지나가는 게 어려웠거든요. 흑인들 여러 명을 놉으로 사서 개간할 수밖에 없었는데 수확을 할 때까지 무려 세 번이나 개간을 했지 뭐요." 그러더니 사나운 표정을 지으면서 자기 자랑을 했다. "모잠비크에서 이렇게 강한 뙤약볕 아래 농사를 하겠다고 덤비던 몇몇 중국인들은 실패하고 말았어요." 하오는 말했다. "이전에 온 사람들도 마찬가지고요. 하지만 나는 실패 같은 것을 모르는 사람이니까. 나는 평범한 사람이 아닌 게지요."

하오는 이제 기분 좋게 발걸음을 내디디면서 저 멀리 어렴풋이 보이는 구조물이 있는 방향으로 나를 데려갔다. 800미터가량 되어 보였다. 부지에는 커다란 나무가 몇 그루 있어 그늘이 져 있었고 흑인들 몇 명이 주위를 서성거렸다. 장소에 가까워지자 하오는 자기의 새 집을 짓는 터라고 알려 주었는데 규모가 엄청났다. 하오는 풍수지리에 따라서 집터가 될 부지를 선정하고 방향을 정했다. 일단 집이 완성되면 근처에 아들과 그 식솔들, 중국에서 올 관리자들이 살 집도 지을 것이라고 했다.

이미 주택의 외벽을 거의 모든 방향에서 3미터씩 올린 상황이었다. 건물 안으로 들어가면서 하오는 다시 인부들을 윽박지르면서 그늘에 앉아서 남을 꼬드긴 사람들은 임금을 깍을 것이라고 협박했다. 공사 감독을 맡은 것으로 보이는 40대 중반의 웃통을 벗은 남자에게는 창틀을 더 얇게 만들 장소가 어디인지 일러 주었다.

나는 이 집의 입구에 그늘을 드리워 줄 나무 사이로 걷다가 마침 손수레에 커다란 모래 자루를 실어 나르고 있는 한 남자를 만났다. 몸이 땀으로 범벅이 되어 있었다. 일이 어떤지를 묻자 남자는 즉시 불만을 쏟아 냈다. 잠깐 사이에 두 명의 다른 인부들이 합세하여 저마다 불만을 이야기했다. 그들은 하오가 엄격한 주인이라는 건 개의치 않았다. 문제는 임금이었다. 인부들이 일러 준 숫자들을 가지고 재빨리 암산을 해 보니 만약 이들의 말이 사실이라면 하오는 여덟 명의 인부를 9시간 동안 부리면서 일당으로 총 10달러 미만을 지불하고 있었다.

몇 분 후 하오와 나는 다시 예의 그 야영지로 함께 돌아갔다. 그에게 인부들의 임금이 얼마인지 물어보았는데 하오는 자랑스럽다는 듯이 남자들이 불평했던 것과 동일한 수치를 말했다. 코코넛을 사는 이야기를 자랑삼아 들려주는 대목에서는 스스로를 대단히 운이 좋고 사업 감각이 뛰어난 사람으로 생각한다는 사실이 분명해졌다.

"여기에서는 1메티칼 하는 코코넛이 마푸투에서는 15메티칼인 거 아시오?" 하오는 웃으면서 말했다. "크든 작든 똑같아요. 코코넛을 파는 사람들이 종종 나한테 와서 3메티칼을 부르는데 어림도 없지요. 그러면 2메티칼을 부르는데 그래도 나는 안 삽니다. 그러다가 내가 자리를 뜨면 예외 없이 쫓아와서는 하나에 1메티칼에 팝니다!"

오두막에 돌아왔을 때 점심이 거의 다 마련되어 있었다. 갓 잡은 꿩의 신선한 향과 고깃국 냄새가 가득했다. 하오는 내가 기침감기 약을 먹는 것을 보더니 집으로 들어가서 걸쭉하고 진한 색의 꿀이 든 큰 단지를 들고 나왔다. 손수 담근 꿀이라고 했다. 하오는 차를 끊임없이 마시는 것 외에 유일하게 먹는 '약'이 꿀이라며 하루에 세 번, 큰 수저로 몇 숟가락씩 떠먹으라고 말했다.

하오와 두 아들이 오두막 저편으로 가 버리면서 처음으로 여자들과 나만 남았다. 두 여자는 불가에서 가까운 나무 의자 하나에 같이 앉아서 국수가 끓고 있는 솥에 시선을 붙박고 있었다. 좀 더 통통한 편인 어드미라는 하오와 양에게 싫은 소리를 들은 후부터 계속 화가 나 있는 모습이었다. 반대로 침착한 모습의 델리마는 수수께끼 같은 미소와 현명한 눈빛 외에는 자신을 거의 드러내지 않았다. 나는 임시변통의 포르투갈어를 써 가면서 하오의 가족들이 좋은 사람들인지 물어보았다. "글쎄요." 델리마는 다른 질문을 미리 입막음하려는 듯 내가 묻자마자 이렇게 대꾸했다.

결국 얼마 안 가 무리가 돌아왔고 점심 식사가 시작되었다. 우리는 무더운 열기 속에 모여 앉아 같이 식사를 했다. 뜨거운 차와 음식 모두 일품이었다. 여자들은 중국 요리를 꽤 잘했다. 양이 제일 먼저 접시를 비우더니 근처의 작은 수로에서 물을 떠와 단숨에 들이켰다. 나는 그 물에서 작은 피라미가 노닐고 벌레들이 놀던 것을 보았기 때문에 좋지 않은 습관이라는 생각이 들었다. 그러나 하오는 즉시 내 우려를 일축했다. "몇 마리쯤은 먹어도 해가 되지 않아요." 그는 말했다.

둘째 아들 찬은 시종일관 조용했다. 식사를 마친 아이는 바로 형이랑 사라졌고 여자들은 설거지를 시작했다. 나는 농장에서의 삶을 좀 더 이야기해 달라고 하오에게 말했다.

"중국 설은 어떻게 쉽니까?" 내가 물었다.

"그냥 지나가지요, 뭘." 하오가 말했다. 중국에서 가장 중요한 명절을 그냥 지나가다니.

당초 계획상으로 나는 이 농장에서 적어도 하루나 이틀가량 하오와 가족들과 머물다가 하오와 다시 마푸투로 가기로 되어 있었다. 그러나 농장에 온 지 몇 시간도 안 되었는데 하오는 무슨 생각이 들었는지 바로 그 날 오후에 나를 데려다주겠다고 했다. 혹시나 내가 하오의 기분을 나쁘게 한 것은 아닌지 궁금했지만 단서를 찾을 수가 없었다. 나는 놀랍기도 하고 실망하기도 했지만 토를 달지는 않았다. 한 시간가량 후에 하오와 나는 어드미라와 함께 픽업트럭으로 같이 갔다. 어드미라는 아직도 부루퉁한 표정으로 트럭 앞 좌석에 하오와 나 사이에 앉았다.

이번에도 내가 핸들을 잡고 우리는 구불구불한 진입로를 털털거리며 이동했다. 하오는 마시시에서 존을 태울 것이라고 말했다. 자신은 이 야영지로 다시 돌아올 수 있는 차편을 알아볼 테니 나는 존이 운전하는 차를 타고 마푸투로 돌아가면 된다고 덧붙였다. 계획이 변경된 이유를 묻는 일이 내키지 않아서 대신 하오의 향후 토지 계획에서 중요한 밑그림인 결혼에 대해 물었다. 모잠비크의 시골에서는 신붓감을 어떻게 찾고 또 결혼식은 어떻게 합니까?

"간단해요." 하오가 말했다. "여자를 골라서 장인 될 사람에게 약간의 돈과 옷가지, 주류와 같은 지참금을 주면 됩니다. 여기에서는 최소 4,000메티칼(약 12달러)이면 여자를 살 수 있어요. 그게 다입니다."

혹시 어드미라와 어떤 관계가 있는지 물어보았다. "뭐, 약간의 관계가 있지요." 그가 대답했다. 하오는 이렇게 실토하더니 곧장 현지 여성과의 성관계를 화제로 올리면서 '색다르고' '기묘하다'라고 표현했다.

"중국 여자들과 잘 때는 우선 애무를 하고 젖어들도록 분위기를 만들어야 합니다." 하오가 말했다. "그런데 여기 여자들은 그렇지가 않아요. 그냥 바로 관계를 맺어도 문제가 전혀 없어요."

마싱가에 다다랐을 때 하오는 그날 아침 내가 호텔에서 나오면서 마주쳤던 바로 그 거리 인파를 보더니 잠시 멈췄다가 가자고 했다. 하오가 픽업트럭에서 내리자 차에는 어드미라와 나만 남았다. 여태 우리가 중국어로 대화를 나누는 와중에 여자는 시종일관 침묵을 지켜 왔다. 어드미라에게 하오에게 호감을 가지고 있는지 물었다. "아니요." 여자가 대답했다.

"델리마는 어떤가요? 양에게 호감을 가지고 있습니까?"

"글쎄요." 얼버무리는 듯한 대답이 돌아왔다. "내가 아는 거는 델리마가 그 남자와 결혼하지 않을 것이라는 거예요."

왜 그렇게 생각하는지 묻자 "나중에" 이야기하겠다고 말했다. 하오가 근처에 있는데 대화를 나누는 것이 안전하지 않다고 여기는 듯했다. 그때 열여섯쯤으로 보이는 시장통에 사는 여자아이 하나가 차로 와서 어드미라와 포르투갈어와 현지어를 섞어 가며 수다를 떨었다. 아이는 하오에게 20메티칼을 주라고 전해 달라더니 문득 은근한 미소를 지으면서 50메티칼, 다시 100메티칼로 금액을 올렸다.

하오가 차로 돌아왔을 때 여자아이는 여전히 하오 쪽의 문에 서서 타지 못하게 막고 있었다. "무슨 일이야?" 하오가 퉁명스럽게 물었다. 어드미라는 아이가 자기 여동생이라면서 중요한 물건을 사는 데 100메티칼이 필요하다고 말했다. 하오는 지갑을 꺼내더니 둘둘 말린 뭉치에서 구겨진 지폐 몇 장을 골라내어 내밀었다. 그는 문을 닫으면서 중국어로 "망할 년"이라고 욕을 했다.

마시시로 돌아가는 길은 전날 야간에 주행할 때보다 훨씬 짧게 느껴졌다. 농장으로 가던 당시는 해가 떨어질 무렵이어서 낮고 변덕스럽게 변하는 구름들이 기분 좋은 바람에 실려 다니는 장면 외에는 볼 것이 없었다. 하지만 다시 돌아가는 길은 대낮이어서 태양이 청록색의 넓은 만(灣) 옆에 자리 잡은 마을을 훤히 비추었다. 차가 마시시로 들어가는 지점에서 나는 이곳이 남회귀선에 걸터앉은 지역임을 알리는 표지판을 볼 수 있었다.

존은 허난성의 도로 건설업자들이 모여 사는 집에서 우리를 기다리고 있었고 거기서부터 운전대를 잡았다. 그런데 주유를 한 후 또다시 계획에 변경이 생겼다. 하오는 내게 히치하이킹을 해서 마푸투로 돌아가라면서 본인은 존과 함께 집에 돌아가겠다고 했다. 이번에도 당황스러웠지만 왈가왈부할 수 있는 입장이 아니었다. 대체적으로 하오가 일부 거친 면을 드러내기는 했어도 내게 상당한 친절을 베푼 것은 부인할 수 없었다.

하오는 트랙터 견인차 대여섯 대가 주차되어 있는 마을 끝자락에서 차를 세우더니 내렸다. 그러고는 기사들에게 다가가 동행을 태워 줄 수 있는지 물었다. 번번이 거절당하자 이번에는 덜컹거리며 지나가는 트럭 몇 대를 억지로 세우려고 애를 썼다. 이마저 뜻대로 안 되자 욕지거리를 하던 하오는 존을 시켜서 픽업트럭으로 다른 트럭을 막아 세워 보라고 시켰다. 하지만 존은 차량 좌석에 꿈쩍 않고 앉아서 운전석에 울려 퍼지는 음악에 맞춰 고개를 까딱거릴 뿐이었다. 하오의 말을 이해하지 못했거나 아니면 그냥 무시하기로 한 듯했다.

"염병할… 염병." 하오는 트럭들이 지나갈 때마다 씩씩거렸고 욕을 퍼부으면서 길길이 날뛰었다. 왜 저렇게 안달복달하는지 이해가 안 갔다. 결국 나는 픽업트럭에서 내려서 내 쪽으로 다가오는 트럭 하나를 불러 세웠다. 트럭이 멈춰 섰을 때 운전사에게 혹시 마푸투로 가는 길이냐고 물었다. 그렇다는 대답이 돌아왔고, 그러면 약간의 사례를 할 테니 태워 주면 안 되겠느냐고 묻자 기사는 즉각 좋다고 했다. 운전사는 파란색의 낡은 프레이트라이너(Freightliner)를 도로변에 정차시켰다.

나는 픽업트럭으로 돌아가 짐을 챙겼다. 앞 좌석에서 카메라와 배낭을 꺼내다가 어드미라의 손에 얼마간의 돈을 쥐어 주었다. 이제껏 뚱하던 여자의 얼굴에 온화한 미소가 번졌다. 나는 짐을 트럭 조수석에 타고 있던 남자에게 건네주고 이제까지 같이 타고 온 동행들에게 작별 인사를 하러 갔다. 특히 하오에게 친절을 베풀어 주어 고맙다는 인사를 여러 번 했다. 그는 "아무것도 아닙니다. 아니에요"라면서 어깨를 으쓱했다. 내가 포옹을 하자 그는 움찔하다가 인사를 받아 주었다. 오가는 여정에서 좋은 친구가 되어 준 존도 안아 주었다. 그러고는 히치하이킹한 차에 올라 마푸투까지 375킬로미터의 여정을 떠나면서 이제까지 함께한 일행에게 마지막으로 손을 흔들었다.

제2장

두 장의 급여명세서_ 잠비아

　　루사카 중앙에서 북쪽으로 난 길을 따라가다 보면 넓은 대로와 화려한 새 상업 지구는 어느덧 인구 과밀의 슬럼가가 드문드문 들어앉은 풍경으로 변한다. 외진 슬럼가에는 몸을 반쯤 드러낸 젊은 남자들이 침울한 표정으로 앉아 있었다. 살인적 실업률이 오랫동안 이어지다 보니 감히 일자리를 찾아 나설 용기를 잃은 듯했다. 북부의 구리 산출 지대로 이어지는 고속도로를 탄 후에는 차선 반대편에서 달려오는 차량 행렬에서 눈을 뗄 수가 없었다. 화물차 짐칸에는 잠비아 빈민들이 빽빽이 타고 있었는데 어떻게든 고향을 벗어나려고 안달이 난 청년들이 대부분이었다. 대도시에서 새 출발을 하겠다는 꿈에 부푼 청년들이 잠비아의 수도 루사카로 몰려드는 광경이었다.

　　사람들은 중국과 아프리카의 관계를 떠올릴 때 중국이 풍부한 천연자원에 대한 접근권을 확보하기 위해 아프리카에 다가가는 것으로 한정을 짓고 만다. 특히 세계 최대의 구리 생산국으로, 아프리카 남부의 내륙에 위치한 잠비아는 의심할 여지 없이 중국의 자원 야욕에서 빼놓을 수 없는 국가이다. 오늘날 전 세계 구리 수요의 40퍼센트를 차지하고 있는 중국 입장에서 구리는 중요한 자원이다.[9] 그러나 많은 이들이 간과하고 있는 사실이 있다. 중국과 잠비아의 관계는 현재에만 국한되지 않는다는 것이다. 중국은 자국 수출산업의 잠재적인 시장을 육성하거나 창출하기 위해 시선을 바깥으로 돌리고 있다. 현재 중국의 주요 수출 시장인 서양과 일본에서는 소비자들의 고령화가 진행되고 국가 부채 문제로 경제가 활력을 잃고 있다. 반면 아프리카에는 이와 상반되는 기회가 열려 있다.

청두와 광저우 같은 지역에서 평범한 이주자들이 전 재산을 정리하여 아프리카로 터전을 옮긴 데 이어 이제는 중국의 외교관들과 무역 관계자, 경영자들도 이러한 흐름에 올라탔다. 주목할 만한 사실은 중국 경제가 무서운 속도로 성장하고 있음에도 많은 이들이 고국보다 아프리카의 미래를 선택하여 저축을 헐어 아프리카에 투자하고 있다는 사실이다. 중국인들 사이에 비합리적인 판단이 난무하는 것일까? 아니면 서양에서 미처 알아차리기도 훨씬 전에 세계의 저 먼 곳에서 극적인 변화가 벌어지고 있음을 감지한 것일까?

잠비아는 중국인들의 거대한 이주가 초기부터 실행된 나라이다. 1990년 대 이후 엄청난 숫자의 중국인들이 아프리카의 다른 나라에 앞서 잠비아로 몰려들었으며 현재 10만 명가량의 중국인이 거주하고 있는 것으로 추산된다. 아프리카에 형성된 중국인 이주자 공동체 가운데 단연 최대 규모이다. 중국인들의 아프리카의 미래에 대한 투자가 선견지명으로서 보상을 받을지 여부는 시간이 흘러야만 알 수 있는 문제이다. 그러나 분명한 사실은 여러 경제지표상 아프리카에서 소득이 급격히 증가하고 있고 이런 추세는 향후 10~20년 동안 더욱 가속화되리라는 점이다. 여러 요인들 가운데 특히 아프리카의 역내무역 증가, 이동통신과 금융, 운송 등 서비스 분야의 강화가 아프리카의 발전을 견인했다. 지난 10년 동안 아프리카의 전체 중산층은 3억 명을 넘어 인도의 중산층 숫자를 넘어섰다.

대륙 전체적으로 교육에 대한 투자도 붐을 이루고 있다. 유엔에 따르면 중고등학교의 입학이 2000~2008년 사이 48퍼센트나 증가했고 대학교 이상의 교육을 받은 사람은 같은 기간 무려 80퍼센트나 늘어났다. 한편 2013년 세계은행은 아프리카의 경제성장에서 소비자 지출이 차지하는 비중이 60퍼센트에 이른다고 분석했다.[10] 또 아프리카개발은행(African Development Bank)은 2030년까지 아프리카 사회의 상당수가 하위 중산층 및 중산층으로 재편되리라 예상했다.

대륙을 휩쓰는 거대한 변화의 물결은 루사카와 같은 지역에서 번창하고 있는 화려한 쇼핑몰에서도 감지할 수 있었다. 토요일 저녁 쇼핑몰에는 주부나 중년의 고객들이 아닌 10대들이 몰려들었다. 나는 몇 시간 동안 아이들이 몰을 점거하다시피 한 광경을 넋 놓고 관찰하기도 했다. 펑퍼짐하게 늘어진 바지 안에 받쳐 입은 화려한 사각팬티나 스텐실 기법으로 글자를 찍은 화려한 스케이트보드, 삐딱하게 돌려 쓴 메이저리그 야구 모자까지 서양의 부국에서 최근에 유행하는 스타일을 완벽하게 소화해 내고 있었다.

자식들에게 더 나은 교육을 시키려고 하는 근면한 근로자층의 자녀들이 대부분이었다. 아이들은 유행을 따르는 새 옷과 휴대폰뿐만 아니라 이전 세대와는 사뭇 다른 새로운 포부도 가슴에 품고 있었다. 변호사, 의사, 조종사가 되기를 꿈꾼다는 청년들의 이야기를 들을 때는 과거의 아메리칸 드림 못지않다는 느낌을 받았다.

무엇보다 루사카는 중산층의 부상을 더욱 분명하게 확인할 수 있는 장소였다. 도시 전역에서 새 주택의 건설 붐이 일었고 그 속도도 상당히 빨랐다. 내 기억 속의 칼링가링가는 거의 마약에 취해 있는 서민의 지역이었지만 이제는 어디에 가나 맹렬하게 일하는 사람들의 모습을 볼 수 있는 곳으로 변모했다. 주민들은 쪼그려 앉아 망치로 암석을 깨거나 시멘트를 나르고 톱으로 목재를 켜며 새로운 주택을 짓기 위한 터를 닦았다. 사실 이런 광경은 아프리카 곳곳에서 벌어지고 있었고[11] 대륙 전체에서 인류 역사상 유례없는 속도로 도시화가 진행되었다.

중국의 이주자들이 모험적으로 아프리카에 투자한 배경이 바로 여기에 있다. 이는 꿈이나 이상, 이념과는 무관한 문제이다. 그보다는 100년 전 많은 서양인들이 끔찍하게 가난하고 사회적으로도 불안한 중국 땅에서 미래를 발견하고 달려갔던 일이 재연됐다고 보는 편이 타당할 것이다. 중국과 같은 거대한 나라에서는 성인 한 사람에게 피륙 한 필, 신발 한 켤레씩만 팔아도 어마어마한 이윤이 남는다는 계산이 나오는데 오늘날 이런 구상을 펼칠 만한 무대가 바로 아프리카이다. 수많은 신규 주택에 들어가는 문과 창틀, 지붕 자재, 욕실 기구, 배관과 전기 설비는 어마어마한 시장을 새로 형성할 것이다. 여기에 아프리카 대륙의 인구가 급격히 증가하고 있다는 사실도 식량과 의복, 기기와 용품 등 모든 종류의 재화에 대한 수요 증가를 기대하게 만든다. 내가 루사카에서 만났던 중국인 가축 사육자, 생산 농가, 의복 수입업자, 자동차 및 오토바이 중개인들은 자신들의 놀라운 발견을 실현시키고자 아프리카를 찾아왔다. 반면 중국을 제외한 주요국의 시장 참여자들은 아프리카 대륙에 잠재하는 기회를 중국인들만큼 완벽하게 이해하지 못했다.

"우리의 미래가 바로 아프리카에 있음을 보시게 될 겁니다." 돼지와 가금류를 키우는 후런중이 내게 말했다. "지금까지 이 땅에서 식량은 비쌌고 사람들이 섭취할 육류도 충분하지 않았습니다. 사람들은 음식을 살 만한 돈이 충분치도 않았고요. 다행히 토양은 비옥하고 과거에는 땅값마저 저렴했지요."

후는 어느 날 아침 나를 루사카 근교에 있는 농장 저택으로 초청했다. 어마어마하게 큰 거실 대리석 바닥에 앉아 있다가 우리는 몇 천 제곱미터인지 모를 돼지우리, 드넓은 면적에 기온이 제어되는 부화장을 한참 둘러보았다. 현대화된 시설과 세밀한 설계가 인상적이었다. 후는 1995년 스물한 살의 나이에 중국 장시성에서 잠비아로 이주했다. 단순 노동으로 일을 시작했지만 얼마 지나지 않아 닭을 키우며 자기 사업을 시작했다. 사업 초반에는 다른 중국인 이주자와 동업을 했는데 두 사람은 곧 떼돈을 벌어 토지를 구입하고 대규모 주택을 지었다고 한다.

"중국에서 모든 분야가 매우 빠르게 발전하던 시기라 많은 사람들이 내게 실수했다고 말을 했습니다." 후는 말했다. "하지만 나는 한 번도 뒤를 돌아보지 않았어요."

이번에는 중국인 고용주들과 잠비아 근로자들이 어떻게 호흡을 맞추는지 직접 확인하기 위해 훨씬 북쪽에 있는 코퍼벨트 주로 차를 몰아갔다. 잠비아는 중국인 이민자들이 다른 아프리카 국가들에 앞서 진출한 나라이기도 하지만 대규모 이주로 인한 정치적인 논쟁, 노동쟁의, 불안이 먼저 발생한 국가이기도 했다. 따라서 잠비아에서 일어난 일들이 다른 아프리카 국가에서도 충분히 일어날 수 있음을 어렵지 않게 짐작할 수 있다. 중국이 아프리카 대륙에 본격적으로 진출하면서 중국 기업에서 일하는 아프리카인들의 숫자도 증가하고 있다. 특히 중국의 신규 이주자가 몰린 코퍼벨트 주에서는 중국인 관리자가 현지 노동자들에게 거칠고 위험한 작업환경, 저임금, 살인적인 노동시간을 강요하는 것으로 악명이 높았다.

중국의 아프리카 진출에서 잠비아가 선봉에 서 있는 것은 정치적인 우연이 맞아 떨어진 결과였다. 중국 정부가 아프리카에 러브콜을 보내기 시작한 시기는 잠비아의 경제가 급격한 변화를 겪은 시점과 대략 일치한다. 사회주의 성향의 일당독재 국가였던 잠비아는 1990년대 초 단기간에 다당제 민주주의로 변신했다. 이 과정에서 잠비아는 서양, 특히 미국에서 내린 표준적인 경제 처방을 받아들였다. 경제정책의 변화에 따라 정부는 독점적으로 통제하던 잠비아의 주요 산업을 민간에 대거 매각하게 되었다. 국제통화기금(IMF)과 세계은행(WB)의 처방을 받아들인 아프리카의 다른 나라들과 마찬가지로 국유 이동통신사와 전력 기업을 매각하고 상업과 농업 분야를 해외 자본에 개방해야 했던 것이다. 잠비아에서 가장 중요한 구리 광산도 민영화의 흐름을 피해 갈 수 없었다.

바로 이 시기에 중국의 새로운 '저우추취' 정책이 탄력을 받았다. 중국 정부가 국영기업을 겨냥하여 저우추취(走出去, 밖으로 나간다는 의미로 해외 진출을 뜻함 - 역자 주)라는 직설적인 과제를 하달하자 국영기업을 관할하던 지방정부는 사업 기회를 찾아 세계를 샅샅이 뒤지기 시작했다. 서양 국가들이 대체로 등한시했던 잠비아에는 기회가 널려 있었고 기회를 잡는 일도 쉬워 보였다.

처음에는 사업 기회를 엿보던 중국인들이 간간이 잠비아를 찾던 추세였지만 어느 순간 대대적인 이주로 흐름이 변했다. 잠비아에 사업 기회가 열려 있고 사회가 안정적이며 사람들이 '친절하고' 잠비아 정부도 중국에 호의적이라는 소문이 중국에서 삽시간에 퍼졌던 것이다. 잠비아 정부의 호의적인 태도는 오랜 고마움에 기인한 측면도 있었다. 중국 정부는 아프리카와 결속력을 다지는 차원에서 1970년대에 타자라 철도(TAZARA Railway)를 건설해 주는 등 관계 개선의 노력을 기울였다. 철도의 건설 덕분에 잠비아는 탄자니아를 거쳐 바다로 접근할 수 있게 되었다. 특히 잠비아와 적대적인 관계였던 아파르트헤이트 지배하의 남아프리카공화국에 대한 의존도를 낮출 수 있었다.

운전기사 브라이언이 루사카 북쪽으로 110킬로미터가량 차를 몰아가자 도시가 처음으로 나타났다. 카브웨는 '광석'이나 '제련'을 뜻하는 현지어로 영국인들이 20세기 초에 발견한 납, 아연과 연관된 지명이다. 구리는 그로부터 수십 년 후에 발견되었다. 아침나절이었지만 아직 햇빛은 부드러웠다. 간선도로를 따라 늘어선 가게는 햇빛을 받아 색칠이 더욱 강렬하게 빛났고 도보 여행객들이 지나가면서 북적댔다. 자동차와 매연을 말과 승합마차로 바꾼다면 이 소도시는 서부극을 찍기에 안성맞춤이었을 것이다.

30분이 채 안 되어 우리는 카피리 음포시에 도착했다. 내가 이곳에 처음 온 것은 2년 전으로 당시에는 탄자니아의 다르에스살람에서 기차를 타고 왔다. 먼지 날리는 교차로에 타자라 철도의 종착역이 위치하고 있고, 도시 외곽의 도로변을 스텐실 기법으로 제작한 광고판이 가득 메우고 있었다. 호텔식의 저렴한 하숙방, 혹은 기나긴 열차 여행 후에도 숙박비가 여의치 않아 편히 쉴 수 없는 사람들이 저렴하게 샤워하면서 기분 전환을 할 수 있는 야영지식 공동 세면장을 광고하는 것이다.

차량이 다가오자 도로변에 앉아 있던 여인들은 껍질을 벗기지 않은 땅콩이 수북한 알루미늄 접시를 내밀었고 남자들은 꽥꽥거리는 암탉을 쳐들었다. 조금 더 이동하니 타르로 더러워진 판 뒤로 여자아이들이 서서 진열대 위의 파파야와 감자를 지키고 있었다. 쭈글쭈글 나이 든 할머니들은 커다란 자루에 든 취사용 숯을 파느라 분주했다.

중국인들이 건설한 철로의 종착역은 카피리 음포시를 지나가는 또 다른 철로에서 불과 수 킬로미터 떨어져 있었다. 후자는 영국인들이 세계 최강의 국력을 자랑하던 시기에 케이프타운과 카이로를 철도로 연결하려던 세실 로드(Cecil Rhodes, 제국주의적 식민지 경영가 - 역자 주)의 원대한 계획의 일부분이었다. 중국의 타자라 철도보다 70년 먼저 건설되었다.

세실 로드의 제국주의적 열망은 도중에 불발되었지만 세계 최대의 구리 매장지를 철도로 연결시키는 중요한 역할을 해냈다. 카피리 음포시는 코퍼벨트의 관문으로 1895년 프레더릭 러셀 버넘(Frederick Russell Burnham)이라는 미국인 탐험가는 이 지역이 구리 매장지와 유사한 지질학적 특성을 가지고 있음을 발견했다. 할리우드 영화 「인디애나 존스」에 간접적이나마 영감을 준 인물인 러셀은 영국령 남아프리카회사(British South Africa Company)에 제출한 선견지명이 있는 보고서에서 이 지역이 "아프리카 대륙 최대의 구리 매장지 가운데 하나일 가능성이 있다"[12]고 밝혔다. 또 러셀은 다음과 같이 기술했다. "오래된 광석 더미에 비추어 원주민들은 이 광산에서 수 대째 일하고 있고 지금도 광산을 사용하고 있다…이 지역에 거주하는 주민들은 숙련된 노동자들로, 수작업으로 캐낸 광물에 관심을 보이는 모든 사람들과 거래하고 있다. 심지어 서부 해안의 포르투갈인, 동양의 아랍인들과 같이 멀리 떨어진 곳에서 온 이들도 있었다. 구리와 철 산업의 광부와 노동자이며 이 땅에 영구적으로 정착한 주민들 자신이 이 지역을 개발하는 데 필요한 요소들을 공급하고 있다."

그런데 러셀이 예상한 개발이 일어나기에 앞서 영국과 벨기에의 레오폴드 2세(Leopold II)는 영토의 경계선을 어디에 설정할지를 놓고 합의를 해야 했다. 레오폴드 2세의 콩고민주공화국(옛 이름은 '자이르'—역자 주)이 영국령 남아프리카회사의 자산 바로 위쪽에 위치했기 때문이다. 견해차를 좁힐 수 없던 양측은 이 지역에 전혀 이해관계가 없는 이탈리아 국왕에게 해결을 요청했다. 그 결과 레오폴드 2세는 오늘날 잠비아 방향으로 남동쪽으로 튀어나와 있는 뉴저지 크기의 '작은 꽃자루' 모양의 땅을 차지하게 되었다. 술 취한 지도 제작자가 바로크식의 기교를 부린 모양새였다. 당시

이탈리아의 국왕은 일대를 흐르는 잠베지 강, 콩고 강, 루아풀라 강의 분수령을 기준으로 경계선을 설정했다. 또, 음시리라는 거대하고 강력한 왕국의 지도자가 암살당한 후 벨기에가 영국보다 한발 앞서 영유권을 주장하며 발 빠르게 합병한 사실도 고려했다.

열강이 아프리카를 나눠 먹으며 광적인 경쟁을 벌인 결과 독립 당시 잠비아는 굽은 덤벨 모양의 기형적인 모습을 갖게 되었다. 두 나라가 가느다란 허리로 접합이 된 모양새이다. 열강의 왜곡된 국경 설정은 단순한 호기심 거리 이상의 의미를 지닌다. 이탈리아 국왕이 설정한 경계가 세계적으로 손꼽히는 구리 매장지의 중심부를 지나간다는 사실이 나중에야 발견된 것이다. 경계는 주맥(主脈)을 불균등하게 이분했는데 콩고가 둘 중에 더 큰 부분을 차지하게 되었다.

내가 잠비아를 방문했을 때는 대선이 코앞으로 다가온 시점이었다. 오랫동안 야권을 이끌어 온 대선 후보 마이클 사타(Michael Sata)는 국민들이 광산을 장악한 거대 외국 기업에 속고 있다는 주장을 빈번하게 제기했다. 사타는 이전에도 대선에 출마했다가 고배를 마셨는데 당시에는 중국인들이 잠비아 노동자를 착취하는 관행을 맹비난했었다. 이번에는 다소 비난의 수위를 낮추었지만 여전히 비난의 화살이 중국을 향하고 있음을 짐작할 수 있었다.

1시 남짓이 되어 우리는 경찰이 봉쇄한 큰 교차로에 멈춰 섰다. 트럭들이 서서히 속력을 줄였고 뜨겁고 무거운 대기에 먼지와 디젤 매연이 뒤섞였다. 이곳이 코퍼벨트 주의 주도인 은돌라였다. 은돌라 중심부는 가지런한 격자 형태로 건설되었고 각 구역마다 커다란 자카란다 나무들과 만개한 라벤더 꽃이 피어 있었다. 우리는 한낮의 숨 막힐 듯한 더위 때문에 이용자가 없는 골프장을 지나 오래된 폴로 경기장, 스쿼시 경기장 등을 잇달아 지나갔다.

은돌라는 옛 식민지 광산 중심부이자 조용한 기업 도시였다. 주거 구역에는 완벽하게 깎은 잔디 뒤편에 적당한 거리를 두고 중산층 관리자들이 사는 안락한 빌라가 자리 잡고 있었다. 구역을 관통하여 지나갈수록 조용한 기업 도시의 인상이 더욱 짙어졌다. 몇 시간 후 태양의 열기가 다소 누그러지자 중국인들이 골프를 치는 모습이 보였다.

우리는 은돌라 외곽에서 대규모 동제련소를 운영하고 있는 양보허를 만나러 갔다. 양의 집 앞은 튼튼한 철문이 막고 있었고 흉포하게 생긴 개세 마리가 짖어 대고 있었다. 개들이 짖는 소리를 들은 양이 칙칙한 격납고형 건물에서 나와 우리를 맞아 주었다. 루사카에서 전화 통화를 했을 때는 항상 무뚝뚝하고 서둘렀으며 약간 속이는 기색이 느껴졌다. 내 머릿속에는 그동안 아프리카에서 자주 만난 중국 내륙 출신의 저돌적인 유형이 그려졌다. 내가 만났던 이런 중국인들은 투지가 넘쳤지만 품위가 없었고 중국에서의 가난한 시골 생활을 떨쳐 버리려는 듯 물불을 가리지 않을 태세였다.

모잠비크에서 만났던 하오성리와 마찬가지로 양은 올해 62세가 되었으며 문화혁명 기간에 청소년기를 보냈다. 하오와 양의 다음 세대인 신흥 부유층, 특히 동부 해안의 풍족한 도시에 거주하던 청년들이 제2의 인생을 그리며 아프리카로 오는 것을 볼 때 나는 파격적이고 반직관적인 선택이라는 생각을 했다. 하지만 하오와 양이 속한 잃어버린 세대 입장에서 아프리카는 상실의 시기를 벌충할 수 있는 드문 기회이다.

"내 나이 대 사람들은 못 배워서 노동자가 되든지 독학이라도 해서 새로운 것을 익혀야 했습니다." 우리가 대화를 시작한 지 얼마 안 되어 양이 말했다. 양은 내가 아프리카에서 마주친 대부분의 중국인들과 달리 영어를 구사했다. 하지만 발화 속도가 듣기에 거북스러울 정도로 느렸고 그리 잘하는 편도 아니었다. 양의 제련소에서 여러 시간을 함께 보내는 동안에는 주변에서 대화를 들을 만한 직원들에게 자랑을 하려고 영어를 하는 것이 아닌가 오해를 했다. 그러나 그가 살아온 이야기를 들을수록 그토록 외국어에 집착하는 이유를 어느 정도 이해할 수 있었다. 10대 시절에 문화혁명이 일어났고 그는 청두에서 농촌 지역으로 '내려가게' 되었다. 그곳에서 양과 마찬가지로 도시에서 추방된 교사를 만나 보살핌을 받게 되었다고 한다. 그 교사는 영어를 할 줄 알았고 적극적으로 드러내지는 않았어도 기독교 신자였다. 그는 엄청난 위험을 감수하고 양에게 비밀리에 외국어를 가르쳤다. 매일 성경에서 세 장을 뜯어내서 주고는 태워 버리기 전에 암기를 시킨 것이다.

"하루에 14시간을 공부에 썼는데 방해받고 싶지 않아서 산에 숨어 있었습니다." 양이 말했다. "오랜 세월 동안 사람들은 내게 '예수를 믿습니까? 어떻게 이런 일들을 할 수 있었습니까?'라고 묻습니다. 그러면 나는 나 자신을 믿었을 뿐이라고 대답합니다. 나는 학식도 없고 정규교육도 중학교에서 2주 배운 것을 제외하고는 받지 못했습니다. 영어든 다른 지식이든 스스로 깨우친 겁니다."

쓰촨의 험준한 산지에서 성경을 공부하는 동안 양의 인생길은 완전히 바뀌었다. 그런데 그 효과는 20년 후에야 분명하게 확인되었다. 정부의 '저우추취' 정책의 초기에 영어를 구사할 수 있는 사람이 갑자기 귀한 대접을 받게 된 것이다. 덕분에 양은 엔지니어링 및 건설 회사에 취직을 했고 몇 년간은 중동에서 대형 사업의 기술 계획과 프레젠테이션을 통역하는 일을 했다.

그러다 2002년에 아프리카에 진출한 중국 최대의 건설사인 중국도로 교량집단과 3년 계약을 맺으면서 잠비아로 오게 되었다. 양의 회사는 은돌라에서 급수설비를 수리하는 사업을 맡았다. 기술적인 서류를 번역하다가 양은 새 수도관을 설치할 때마다 토양에서 발견되는 녹색암의 정체가 무엇인지 관심을 갖게 되었다. 현지인들은 녹색 돌을 말라카이트라고 알고 있었는데 양은 녹색을 띠는 이유가 구리 함량이 높기 때문이라는 사실을 발견했다. 워낙 지천에 널려 있다 보니 그 녹색 돌로 어떻게 돈을 벌까 하는 생각에 매달렸다. 양은 중국에 있는 지인들에게 녹색암 표본을 보냈고, 양의 예상대로 해당 암석에 추출할 만한 양의 구리가 존재한다는 사실이 확인되었다. 특히 상업성이 있다는 분석이 중요했다.

"친구들과 매우 간단한 소성법을 써서 구리 광석을 만들어 보기로 했습니다. 이미 5000년 전 인류가 구리를 제련했으니까요. 제련 방식이 간단한 데다 비용도 아주 적게 들었습니다." 양이 말했다. "우리가 시도하기 전에 아프리카에서 동을 제련할 때 산화동을 쓴 사람들은 아무도 없었습니다."

양은 톈펀이라는 신생 기업을 설립하고 제련소 건설을 지휘하도록 중국에서 숙련된 기술자 한 명을 데려왔다. 양은 그 기술자와 1년 동안 동거 동락했다. "기술자는 경험이 있었기 때문에 나는 그 사람에게 배웠고 한편으로는 영어로 도움을 주었습니다."

양은 여권 만료기간이 다가오자 갱신을 하기 위해 청두로 가서 가족을 만났다. 그곳에서 국영 건설사에 취업하여 대규모 싼샤댐 사업의 일환으로 진행되는 수처리 사업을 맡기도 했다. 그렇지만 잠비아로 돌아가 자기 사업을 하고 큰돈을 벌겠다는 꿈을 접지 않았다고 한다. 2년 후에는 중국 태생의 호주인 사업가와 연결되었는데 그가 독립적인 동제련소를 설립하는 데 필요한 자금을 대 주었다.

양은 늘 자기 자신을 믿었고 수년간 엔지니어들과 일하면서 방대한 양의 자료를 축적했다. 마침내 2005년에 4개월의 건설 기간을 거쳐 양이 직접 설계하고 지은 첫 번째 제련소가 완공되었다. 제련소 건설에 62만 5,000달러가 들었지만 가동 두 달 만에 투자자금을 회수했다. 우리가 공장 단지로 들어가는 동안 양은 자신의 업적을 떠벌리기보다는 운이 좋았을 뿐이라고 겸허한 자세를 보였다.

"생산을 시작했을 때 구리 가격이 톤당 2,800달러였거든요. 그런데 처음으로 선적한 제품이 아직 바다에 있는데 가격이 5,000달러까지 치솟은 겁니다." 양은 신이 나서 껄껄 웃으면서 말했다. "지금은 무려 9,000달러까지 하고요."

사실 코퍼벨트 주의 역사 자체가 많은 부분 운으로 결정되었다. 하지만 호황기가 있으면 곧이어 불경기가 찾아오게 마련이다. 이때는 가장 현명하고 운이 좋은 사람들만 살아남을 수 있다. 수천 명의 중국인들은 가장 최근에 찾아온, 어쩌면 가장 거친 파도에 올라타 은돌라에서 수 킬로미터 떨어진 콩고의 코퍼벨트로 몰려들었다. 이들은 루붐바시 인근의 농촌 지역에서 사업을 벌이면서 양이 맛보았던 횡재를 추구했다. 이 중국인들은 동정광(銅精鑛)을 생산하기 위해 조악한 제련소를 대충 세웠다. 그리고 통제가 가능한 토지가 손바닥만큼이라도 확보되면 쥐꼬리만 한 돈이라도 벌려는 콩고인들을 시켜 땅을 파게 했다. 이 과정에서 농촌 지역의 삼림을 파괴하고 유독성 산업폐기물을 배수로나 노지에 버렸다. 경기 흐름상 버블이 꺼지는 것은 불가피했고 중국인들은 규모를 막론하고 하루아침에 사업을 접어야 했다.

나는 양을 따라 곧 무너질 듯 보이는 검댕이가 덮인 비계를 올라갔다. 꼭대기에서 보니 양의 창조물들이 한눈에 들어왔고 야반 도주자들의 조악한 사업장과의 차이도 구분할 수 있었다. 양이 구축한 단지에는 어느덧 손수 제작한 제련소가 네 곳이나 되었다. 양은 현명하게 기획하고 전략을 세워 승승장구했고 하락 시장에도 견디도록 원가를 충분히 낮은 수준으로 유지했다.

그는 광석을 대부분 콩고에서 들여왔는데 이미 콩고에도 양의 제련소가 두 곳 있었다. 콩고에서 들여오는 광석은 구리 함량이 높아 생산 단가를 낮추었다. 피치 코크스(콜타르 피치를 고온 건류하여 얻는 코크스로 화분이 없음—역자 주)는 짐바브웨에서 양이 발견한 가장 저렴한 지역에서 들여왔다. 잠비아의 잘록하게 들어간 허리 부분에서 불과 320킬로미터가량 떨어진 지역이었다.

우리가 대화를 나누고 있는 사이 저 아래의 커다란 나무 그늘에서 잠비아인들 여럿이 포탄 굵기의 펠릿숯을 트랙터가 끄는 탄차에 싣고 있었다. 이 단지에서 밤낮으로 가동되는 용련로에 불을 때는 데 사용되는 숯이었다. 따분한 표정으로 중국인이 감독을 하고 있었고 또 다른 쪽에서는 잠비아인들이 벽돌을 픽업트럭의 짐칸에 싣고 있었다. 양은 용련로에서 나오는 재를 활용하여 벽돌도 자체 생산하고 있다고 자랑삼아 이야기했다. "경쟁시장에 있기 때문에 돈을 절약해야 합니다." 이곳에서 생산된 벽돌은 또 다른 제련소를 건설할 때 사용했는데, 건설 중인 그 제련소는 굴뚝이 30미터로 일대에서 가장 높았다.

양은 담배를 비벼 끄고는 나를 부산하게 작업이 이루어지고 있는 긴 격납고형 건물로 데려갔다. 양이 제작한 용련로가 위치한 이 건물에서는 일꾼들이 끊임없이 컨베이어 벨트와 탄차를 오가면서 펠릿숯을 날랐다. 마치 조립라인을 보는 느낌이었다. 연료가 용련로가 놓인 단에 도착하면 그 아래에 대기하던 일꾼들이 용련로 앞에 배치된 인부들에게 숯을 전달했다.

용련로 측면에 있는 숯과 비슷한 크기의 구멍에 연료를 채워 넣는 것이 이들이 하는 일이었다. 언젠가 잠수함에서 사병들이 어뢰를 발사단에 장전하는 모습을 보았는데 묘하게 이 모습과 오버랩되었다. 차이가 있다면 용련로에 숯을 넣는 속도가 더 빨랐다는 것뿐이었다. 용련로 속의 무자비한 화염은 빛과 열뿐만 아니라 화가 난 듯 으르렁 거리는 소리를 내며 포효했다.

내가 용련로 앞에 더 있겠다고 고집했다면 아마도 양은 마다하지 않았을 것이다. 이 제련소는 그의 자랑이자 기쁨이었다. 반경 15미터가량 되는 공간은 견딜 수 없을 정도로 더웠다. 그런데 내가 밖으로 나가야겠다고 고집을 부린 이유는 단지 열기 때문만은 아니었다. 내부의 공기 속에 부유하던 입자성 물질 때문이었는데 눈부시게 햇빛이 비치는 낮 시간인데도 격납고는 마치 달빛 아래에 있는 양 어두컴컴했다. 폐 손상이 걱정된 나머지 나는 입고 있던 티셔츠를 그러모아 급조한 여과기로 입을 막았다. 이런 환경에서 여러 시간을 일하는 작업자 가운데 누구 하나 마스크나 특수 작업복을 입고 있지 않았다는 점이 충격적이었다. 심지어 어떤 이들은 장갑과 헬멧조차 착용하지 않고 있었다.

내가 건물을 나서자 양은 새로 짓고 있는 제련소로 나를 데려갔다. 새로 올린 굴뚝이 높이 솟아 있었지만 용련로를 수용하는 건물은 아직 건설 중에 있었다. 한쪽에서는 잠비아의 노동자들이 벽돌을 끌어오거나 그 장면을 지켜보고 있었다. 또 다른 쪽에서는 챙이 넓은 밀짚모자를 쓰고 위아래가 붙은 작업복을 입은 중국인 남자 두 명이 건물에 시멘트 반죽을 듬뿍 바르고서는 조심스럽게 벽돌을 올리고 있었다. 둘 다 선량한 인상이었는데 자기 임무를 묵묵히 하는 동안 양과 대화를 나누고 있는 나를 경계의 눈빛으로 바라보았다. 인부들 사이에 일어나는 의사소통이라고는 잠비아인들이 벽돌을 건네줄 때 내리는 한 마디의 명령이 다였다. "다음", "잠간", 혹은 "안 돼."

아프리카인들이 이 대륙에서 일어나는 중국인들의 경제활동과 관련하여 쏟아 내는 가장 흔한 불만은 중국 기업들이 중국 본토에서 많은 인부들을 데려온다는 것이었다. 비평가들은 비숙련 노동자들까지 아프리카로 데려온다고 꼬집었다. 2년 전 마이클 사타도 내게 분노에 가득 찬 불만을 늘어놓았었다. "여기에 와서 고작 손수레나 끄는 중국인들은 필요 없습니다."

이와 같은 고용 관행 때문에 도시 괴담이 끝없이 생산되었다. 중국 기업들이 아프리카에서 사업을 하기 위해 죄수들을 데려온다는 말이 돌 정도였다. 그 덕분에 공장에서 마주친 벽돌공이 그토록 교양이 없는 이유를 아프리카인들은 이해할 수 있었을 것이다. 괴담은 중국인 노동자들이 왜 제한된 구역에 함께 살면서 숙소와 일터만을 오가는 금욕적 생활을 하는지 납득시켜 주었을 것이다. 아울러 중국 기업이 항상 최저가에 응찰하는 이유도 설명이 되었다. 죄수들을 인부로 쓰는 건설사와 대체 누가 경쟁할 수 있겠는가?

말 그대로 근거가 없는 괴담에 불과했지만 이는 아프리카에서 중국인들의 고용 관행에 대한 심도 깊은 논의를 지연시키는 방해물 역할을 했다. 이는 중국의 거대 국영기업이든 양의 회사 같은 중소기업이든 마찬가지였다. 아프리카의 많은 국가들은 선진국에서 익숙하게 느끼는 수준을 훌쩍 뛰어 넘는 두 자리대의 실업률과 오래 씨름해 왔다. 중국인들이 본국에서 초보적인 업무를 하는 인력까지 데려오는 한 고용뿐만 아니라 기술이전도 일어날 수 없다.

이런 배경에서 나는 양에게 중국인 벽돌공에 대한 이야기를 꺼냈다. 양은 처음으로 방어적인 자세를 취했다. "벽돌공의 작업이 보는 것처럼 그리 간단하지 않습니다." 제련소에서 멀어지면서 양은 말했다. "우리도 중국에서 인부를 데리고 올 수밖에 없었는데 돈이 꽤 들었어요. 한 번 왔을 때 체류 기간이 3개월밖에 안 되는 데다 임금도 많이 쳐 줘야 하거든요." 임금이 얼마나 되는지 묻자 양은 월 1,500달러라고 말했다. 중국에서 소상인이 버는 돈의 두 배 정도였고 잠비아의 숙련 노동자와 비교하면 열 배는 족히 되는 액수였다.

그렇다면 그토록 괜찮은 일자리에 왜 쓸 만한 현지 인력을 채용할 수 없는지, 아니면 훈련을 시킬 수 없는지 물었다. "우리도 잠비아 노동자들을 배려합니다. 내가 여기에서 사업을 하는 동안 노동위원회에 불만이 제기된 적이 한 번도 없어요." 양의 회사에서 일하는 잠비아 일꾼들의 임금 수준을 묻자 150만 콰차(약 300달러)라고 양은 대답했다.

양은 나를 처음 만났던 건물로 데려가서 작은 보세 창고를 보여 주었다. 제련소에서 생산한 조동이었는데 처음에는 별 느낌이 없었다. 그러자 양은 어두침침한 구석에 뒤죽박죽 섞여서 중국으로 수출을 기다리고 있는 작은 무더기가 수백만 달러는 된다고 말해 나를 놀라게 했다.

차를 마시려고 앉았을 때 양은 아프리카인들, 특히 그중에서도 잠비아인들과의 관계에 대해 말을 꺼냈다. 양은 업무상 상대하는 현지인들과 격의 없이 지내고 있다면서 잠비아라는 나라와 이 땅이 준 기회에 대한 애정을 드러내기도 했다.

"한 잠비아인에게 빵 한 쪽을 준 일이 있는데 이 사람들은 다른 누군가가 나타나면 빵을 나눕니다. 황인종이나 백인들에게서 그런 일을 찾아보기는 어려워요. 뭐, 조금은 나눠 줄 수 있겠지만 그것도 아주 드물겠죠. 잠비아인들은 고아도 자기 아이인 양 똑같이 대합니다. 차이가 없어요. 모두가 동등합니다. 그것이 잠비아인들이 가진 가장 훌륭한 성품입니다."

양에게 은돌라에 있는 다른 중국인들에 대해 물어봤는데 그의 대답이 의외였다.

"여기에 있는 다른 중국인들과는 말을 섞지 않습니다." 양이 말했다. "나는 내 사업에만 신경을 쓰거든요."

간혹 중국에서 신참자들이 와서 문을 두드리면서 물어보는 경우 예의상 기본적인 조언들은 해 준다고 했다. 그러나 그 외의 다른 중국인들과는 어울리지 않으며 같이 사업을 하려고 애를 쓰지도 않는다고 덧붙였다.

"경찰, 감독관, 세관원, 질문을 하러 오는 사람들에게 나는 이곳이 중국이 아닌 호주 기업이라고 대답합니다." 양이 말했다. "계속 질문을 하면 서류를 대신 보여 주고요."

지난 수년 동안 아프리카에서 만났던 많은 중국인 사업가들이 부당하게 표적이 되어 시달리고 갈취를 당했던 경험을 이야기하곤 했다. 그래서 양도 비슷한 불만을 제기하겠거니 하고 어느 정도 대비를 했다. 그런데 놀랍게도 양은 중국인 동포들에게 수상쩍은 구석이 많은 것이 사실이라고 인정하면서 이 때문에 때로는 싸잡아서 비판을 받고 있는 것이라고 주장했다.

양은 잠비아가 개발이 되는 데 50년 내지 100년은 걸릴 것으로 내다봤다. "제대로 된 교육을 3대에게 시켜야 할 겁니다." 나는 잠비아가 벌어들이는 외화의 70퍼센트를 제공하는 구리가 그때까지 남아 있지 않을 것이라고 대꾸했다.

"구리는 고갈되겠지만 잠비아에는 땅이 있지 않습니까. 잠비아의 땅은 비옥하고 사람들은 신체 조건이 좋습니다. 문제는 열심히 일할 수 없다는 것이지만요." 방금 양의 지적은 중국인이 가지고 있는 가장 보편적인 선입견이기도 했다. 잠비아인의 근면에 대해 마치 사실인 양 단정적으로 말한 것은 아까 중국에서 비숙련 기술자들을 데려오는 이유를 물은 데 대한 대답인 듯했다.

이튿날 아침 나는 중국이 이 도시에 건설하고 있는 4만 5,000석 규모의 경기장 부지를 찾았다. 가는 길에 주거지역을 지나게 되었는데 한 중식당의 간판과 '샹 의원 진료소'라는 병원이 보였다. 마침내 새 경기장의 미끈한 흰색 지붕이 눈에 들어왔다. 경기장 앞에는 흰색 바탕에 독특한 검은색 글씨로 '중국 원조'라고 쓴 커다란 간판이 있었다. 바로 길 건너편에는 웃고 있는 루피아 반다(Rupiah Banda) 대통령 옆으로 "여러분의 지원이 차이를 만듭니다"라는 대선 슬로건이 쓰여 있는 거대한 옥외 광고판이 서 있었다.

중국은 민주주의와 인권을 문제 삼는 서양의 어젠다에 의혹을 가지고 있다. 그러나 이것이 곧 아프리카의 선거에 무관심하다는 의미는 아니다. 잠비아에서 비밀투표가 3개월도 채 남지 않은 상황이어서 노동자들은 경기장 마무리 공사에 속도를 내고 있었다. 투표일 전에 경기장을 공개하고 현직 대통령의 대선 운동에 활용하기 위함이었다. 중국이 지어 준 159개 병상의 루사카 종합병원이 최근에 문을 연 것도 같은 맥락이었다. 병원이 개원했을 때 국영방송은 병원 뉴스와 함께 대통령이 저우위소 주잠비아 중국 대사와 개원식에 참석하는 장면을 1주일 내내 보도했다. 마이클 사타조차 지난 대선에서 패한 이후 중국에 대한 공격을 접은 터였다. 반다 대통령은 '중국과의 우정은 이롭다'라는 강령을 내걸었다.

기사가 건설 현장에 차를 대자 나는 짐을 하역할 대형 트럭이 진흙탕 속에서 이리저리 움직이고 있는 출입구로 걸어갔다. 입구 위로 밝은 빨간색으로 중국의 기업 이름을 쓴 간판이 보였다. 처음 마주친 남자에게 중국말로 사진을 찍고 싶은데 경기장에 좀 더 가까이 가도 될는지 물었다.

"네, 네, 가요, 가." 남자는 영어로 대답을 했는데 적대적이었다. 90미터가량 떨어져 있는 두 번째 관문으로 다가갔다. 아프리카 노동자 셋이 입구를 지키고 있었다. 임시로 낮은 울타리를 설치하여 경기장 접근을 통제하고 있었다. 저 멀리에는 중국인 작업자 몇 사람이 어마어마한 구조물의 둘레를 따라 걸으면서 외부를 살펴보고 대화를 나누면서 손동작을 하는 모습이 보였다.

"경기장이 거의 완공되었군요?" 아프리카 노동자들에게 물었다.

"중국인들은 그렇게 말을 합디다." 내 쪽에 가까이에 있던 한 노동자가 말했다. 20대 중반으로 보이는 마른 체격의 남자는 야구 모자 밑으로 눈을 가늘게 뜨고 나를 쳐다보았다.

여기서 무슨 일을 하는지 묻자 그들은 도장공이라고 말했다. 세 사람이 입은 전신 작업복에 회반죽 얼룩이 덕지덕지 붙어 있던 이유였다.

"작업은 좀 어떻습니까?"

"중국 기업에서 일하는 게 좋을 리 없지요." 방금 나와 대화를 튼 그 남자가 말을 이었다. 이름은 존이라고 했다. "끔찍한 사람들입니다."

사실 나는 중국 기업에서 일하는 아프리카 고용인들이 불만을 쏟아 낼 줄 알고 있었다. 그러나 대화를 이어 가려는 차원에서 이런 일자리를 얻다니 참 운이 좋다며 그들의 의견과 배치되는 말을 했다.

반응은 즉각적이었다. 세 사람 모두 대화에 적극적이 되면서 낮은 임금, 13시간에 달하는 노동 시간에 대해 불만을 터뜨렸다. 특히 중국인 감독자들이 해고와 구타로 협박을 하면서 노동자들을 거칠게 다루는 데 불만이 높았다. 중국인들은 경기장은 중국이 아프리카에 원조하는 것이고 잠비아 정부와 합의하여 짓고 있으므로 불평을 제기해 봐야 들어줄 곳이 없을 거라며 비아냥댔다.

존은 특히 작업장의 안전에 대해 격분했는데 개인적인 악감정이 느껴졌다. 존은 얼마 전 잠비아 노동자 두 사람이 바로 이곳에서 중국인 감독자의 지시를 받아 화학물질을 혼합하다가 사망했다고 말했다. 감독자가 인부들과 언쟁을 벌이다가 휙 던진 담배꽁초에서 불길이 시작되었다고 한다.

그러더니 존은 울타리 다른 편으로 손을 뻗어 래미네이트를 한 서류 뭉치를 집어 들었다. 사망한 노동자들의 사진이 포함되어 있었고, 존의 가장 절친한 친구도 사망했다. 이 밖에 화재 현장을 찍은 사진과 사망한 친구의 사원증도 첨부되어 있었다. 존은 중국인들은 휘발성 화학물질을 다룰 때 보호 장비를 착용하면서 잠비아인에게는 장비를 주지 않고 일을 시킨다고 비판했다. "오늘 아침만 해도 우리는 예전과 똑같은 방식으로 화학물질을 섞었습니다."

문득 저 쪽에서 나를 향해 누가 소리를 치고 있다는 사실을 깨달았다. 돌아보니 아까 주 출입문 쪽에서 잠깐 동안 이야기를 나눴던 중국인이었다. 그는 인내심이 바닥난 몸짓으로 내게 나가라고 명령했다.

세 사람의 노동자들에게 고맙다고 말을 하고 행운을 빌어 주었다. 출입문으로 돌아와 그 중국 남자에게 말을 걸었다. 여기 얼마나 있었습니까? 그는 "오래 안 됐다"고 얼버무렸다.

"경기장이 곧 완공될 텐데요, 중국으로 돌아갈 겁니까?"

"아니요." 남자가 대꾸했다. "여기에 또 다른 일이 있거든요."

그는 마치 귀찮은 파리를 쫓듯이 손을 저으면서 내게 어서 가라는 동작을 했다.

"당신이 나를 여기에 들여보내 주지 않았습니까. 그런데 지금은 왜 그렇게 빡빡하게 구는 겁니까?" 내가 물었다.

남자는 까칠한 목소리로 이번에도 영어로 대답했다. "가세요, 가, 가요. 외국인들은 여기에서 말썽을 일으킬 뿐이오. 항상 중국을 헐뜯을 구실만 찾는다니까."

몇 시간 후 상하이 마이닝(Shanghai Mining)이라는 중국 야금 회사를 방문했다. 코퍼벨트 주에는 이런 구리가공 업체들이 10여 군데에 산재해 있었다. 회사는 도시의 다른 편에 위치한 산업 지대에 자리하고 있었고 건물은 튼튼한 회색 철문과 높은 콘크리트 벽 안쪽으로 멀찍이 떨어져 있었다. 나는 그곳에서 존 카손데라는 잠비아 노동자와 만나기로 약속이 되어 있었다.

카손데는 20대로 키가 크고 몸이 말랐다. 차에 타자마자 중국인에 대한 불만을 쏟아 냈다. "중국인들은 좋은 사람들이 아닙니다. 우리가 이렇게 실업률이 높은 잠비아에 살고 있기 때문에 다른 대안이 없을 뿐이지요. 중국인들은 우리를 사람으로 대접하지 않고, 혹사만 시키면서도 일이나 월급은 형편없어요."

카손데의 말을 들을수록 이 남자가 그저 막일을 하는 노동자가 결코 아니라는 사실이 분명해졌다. 상하이 마이닝은 금속이 포함된 암석을 부수고 처리하여 동정광을 생산하는 일을 했다. 카손데는 회사에서 일하는 7개월 동안 교대근무 감독자 자리에까지 올랐다. 그는 이 중국 회사에서 일자리를 얻기 전에는 중국 사람을 만난 일도, 심지어 중국인에 대해 많이 들어본 적도 없다고 털어놓았다.

대화를 나눈 지 얼마 지나자 카손데가 본관으로 다시 가자며 양해를 구했다. 15분쯤 후 그는 촐라 워런이라는 청년을 데리고 왔다. 내가 대화를 나누고 싶어 할 만한 사람이라고 생각했던 것이다. 나는 촐라를 태우고 이동하여 대화를 나눌 만한 인근의 쇼핑센터에 들어가 차를 세웠다.

출라는 24세로 조각 같은 외모에 피부색이 두드러지게 어두웠다. 그가 입고 있던 검은색과 회색이 섞인 헤링본 재킷, 어두운 색 셔츠와 바지는 낡을 대로 낡아 실제보다 더 나이를 들어 보이게 했다. 출라는 부드러운 목소리로 아버지가 돌아가시면서 9학년 때 학교를 중퇴할 수밖에 없었다고 했다. 어머니는 아버지보다 2년 먼저 세상을 떴기 때문에 출라는 다섯 형제의 주된 부양자 역할을 맡게 되었다.

그는 대형 트럭의 하역, 농장 일부터 가장 최근에는 상하이 마이닝에서 동정련을 하는 작업까지 온갖 막노동을 하며 가장의 역할을 수행했다. 그런데 그가 일을 그만두기 한 달 전에 할당된 일이 끊겼다.

"정말 힘들게 일했지만 회사는 제대로 임금을 주지 않았습니다." 출라는 말했다. "1주일 일을 하면 중국인들은 5만 콰차(약 10달러)를 줬는데 잠비아에서 5만 콰차 가지고는 살 수가 없습니다. 게다가 매우 위험한 일을 시키고 음식도 형편없었어요. 매일 양배추에 작은 생선밖에 주지 않았습니다."

출라는 일하기 전에 임금이 얼마인지도 알려 주지 않았다고 말했다. 대신 중국인 감독은 "먼저 일을 하면 돈을 줄 것"이라고만 했다.

처음 급여가 지급되던 어느 토요일, 한 중국인 간부가 입에 담배를 물고 모여 있던 노동자들 앞에 나타났다. 그는 지폐 뭉치에서 각 노동자의 임금을 세어서 한 명씩 나눠 주었다고 한다. 애초에 임금 협상이라는 것은 없었다. 나중에 출라는 그 중국인이 영어를 하지 못한다고 전해 들었다. 출라는 급여에 대한 불만을 제기하려고 아프리카인 감독자에게 갔지만 그 남자는 출라를 질책하면서 이제까지 불만을 말하던 직원은 없었다고 나무랐다.

촐라에 따르면 작업은 매일 아침 7시에 시작되었다. 정련을 할 쇄석이 특별히 많은 날이면 아프리카 노동자들은 점심도 굶고 일에 매달려야 했다. 초과근무수당도 지급되지 않았다. 촐라는 불만 사항을 털어놓으면서도 시종일관 담담한 태도를 보였다. 그럼에도 한 가지 문제에 대해서는 불만이 특히 심하게 느껴졌다.

"동정광에서 발생하는 분진과 연기는 정말 견디기가 힘듭니다." 촐라는 말했다. "악취도 심하고 우리가 입는 작업복으로는 몸을 보호할 수도 없습니다." 그는 자신과 동료들이 독한 화학약품의 흡입을 막기 위해 천 조각으로 코를 어떻게 틀어막는지 설명했다.

"중국인들은 우리와는 다른 장비를 착용하고 화학약품을 다룰 때도 손을 보호하려고 특수 장갑을 낍니다. 우리가 작업하는 공간으로 들어올 때는 마스크를 쓰고요. 우리는 아무것도 없이 일을 하는데 말이지요."

혹시 정부나 잠비아의 노동위원회에 불만을 접수한 적은 없는지 물었다. 그런 적은 없다기에 이유를 묻자 촐라는 이런 말을 했다. "잘은 모르지만 정부가 우리를 도와줄까 싶습니다. 중국인들을 투자자로 우리나라에 데려온 자들이 바로 정부니까요."

촐라에게 이제 어떻게 살아갈 작정이냐고 물었다. 그는 트럭 터미널에 들러 하역장에서 일할 만한 자리가 있는지 알아보려던 참이라고 말했다. "그래도 이런 삯일을 하면 일당 5만 콰차는 받습니다. 중국인들 밑에 있으면 일주일을 일해야 받는 돈이지만요." 촐라가 말했다.

다음날 은돌라에서 키트웨로 향하는 길에 중국이 시행하는 경기장 건설현장과 반다 대통령의 포스터를 또다시 지나가게 되었다. 이내 왕복 4차선의 위용을 자랑하는 고속도로를 탔다. 은돌라는 코퍼벨트 주의 정치적인 주도이지만 키트웨는 인구가 50만 명 이상으로 잠비아의 2대 도시였다. 이론의 여지가 없는 코퍼벨트 주의 경제 중심지였다.

상업용 임업 묘포(임업 목적으로 조림할 묘목을 기르는 곳—역자 주)와 풀을 뜯는 말들이 버글거리는 목장 사이로 포장도로를 30킬로미터쯤 달렸다. 건기라 바싹 말라 파삭파삭해진 키 큰 누런 잔디가 이어졌다. 차로 이동하는 동안 거대한 철탑 사이에 걸린 기다란 송전선이 하늘 위에 높게 뜬 태양이 내리비추는 빛을 받아 도로에 그늘을 만들었다.

아프리카 대륙에서 그나마 부국으로 손꼽히는 남아프리카공화국을 포함하여 거의 모든 나라가 국민들에게 전력을 제대로 공급하지 못하고 있었다. 하루에 12시간, 14시간, 심지어 16시간 동안 전력 공급이 중단되는 일이 허다했다. 아프리카 정부에서 사용하는 완곡어법에 따르면 '부하 차단(load shedding)'이 일어나는 것이다.

그러나 구리 산업의 메카 잠비아에서는 거대한 광산과 제련소에서 작업이 24시간 이어진다. 막대한 자본 집약 산업에는 전력을 원활하게 공급할 것이다. 시간으로 생산성을 따지기 때문에 자본을 투자한 먼 땅의 대기업들은 전기로 인해 생산 중단이 되는 사태를 용납하지 않을 것이고 전기 공급에 드는 비용을 지불하고 있다. 도로를 달리는 동안 마을 이곳저곳에서는 주민들이 마른 논에 불을 놓고 있었다. 불은 크게 번지지 않고 탁탁 소리를 내면서 검은 연기를 피워 올렸다.

많은 아프리카 지역에서 2차선 도로조차 감지덕지하는 환경에서 지금 달리고 있는 고속도로는 잠비아에서 유일하게 중앙 분리대까지 있는 구간이었다. 매끈한 일직선 도로를 만난 기사 브라이언은 신이 나서 소형 토요타의 가속페달을 힘껏 밟고 다른 차를 추월해 갔다.

곧 온통 검은색 산 모양을 한 키트웨가 길게 나부끼는 연기 기둥을 내뿜는 모습이 수평선 너머로 드러났다. 연기는 주변의 어떤 건물보다 훨씬 높게 일렁였다. 도시에 들어가려면 이 산을 돌아가야 하는데 정확하게는 산이 아니라 광재 더미였다. 키트웨 최대의 광산 기업들 소유였는데 자신들의 힘을 과시라도 하는 듯 건물로 치면 여러 층 높이에 면적은 축구장 다섯 개는 족히 되는 이 흉물 덩어리를 도시 한복판에 방치하고 있었다.

잠비아에서 구리 채광이 시작된 초기 수십 년 동안은 영국의 식민지 정권이 구리산업을 지배했다. 이후 영국과 남아공의 민간 자본이 장악했다. 1960년대에서 1970년대 초에 금속 가격이 치솟자[13] 1974년 잠비아는 1인당 소득이 614달러로 브라질, 말레이시아, 한국, 터키 수준까지 증가했다. 1964년 독립한 후 잠비아 건국의 아버지인 케네스 카운다(Kenneth Kaunda)는 향후 잠비아의 모든 지도자들이 직면하게 되는 문제에 부딪혔다. 나라를 개발하고 빈곤층의 삶을 개선시키기 위해 잠비아의 주요 천연자원에서 어떻게 더 많은 가치를 창출하느냐 하는 문제였다.

처음에 카운다는 당시 양대 광산 기업인 셀렉션트러스트(Selection Trust)와 앵글로아메리칸코퍼레이션(Anglo American Corporation)에 부과하는 세금을 올리려 시도했다.[14] 그러나 업계가 강하게 반발했다. 이에 카운다는 헌법 개정을 거쳐 1969년 광산업을 국유화하기에 이르렀다. 13년 후에는 거대한 국영기업을 합병시켜 잠비아연합구리광산(Zambia Consolidated Copper Mines)을 설립했다.

카운다는 1991년까지 잠비아를 통치했는데 일반적으로는 그가 권력을 잡고 있던 오랜 기간 동안 정부의 경제 운용은 재앙에 가까웠다고 혹평받는다. 많은 이들은 자원이 풍부한 아프리카 국가가 실패하는 주원인으로 통상적으로 발생하는 부패보다는 애초에 잘못 설정된 사회주의 정책과 부실한 관리를 꼽는다. 하지만 카운다의 재임 중 경기가 급격하게 얼어붙은 데는 또 다른 이유가 있었다. 카운다의 통치 후반부에 국제 구리 가격이 폭락했던 것이다.[15] 그 결과 1994년 잠비아의 1인당 소득은 384달러로 불과 20년 만에 거의 반 토막이 났다.

잠비아 2대 대통령 프레데릭 칠루바(Frederick Chiluba)는 경기 침체의 늪에서 빠져나오기 위해 1997년 구리 산업을 민영화했다. 그는 민영화로 재정난에 시달리는 정부에 신속히 자본이 유입되리라 기대했다. 또한 광산 운영의 효율성을 높이고 외국인 투자자가 늘어 잠비아가 절실하게 원하던 신규 자본의 유입과 현대화가 일어날 것으로 예상했다.

이미 경제 대국의 반열에 올라 있던 중국은 잠비아 구리 산업의 민영화로 발생하는 막대한 기회를 놓치지 않았다. 첫 행보는 콩고와의 국경에 인접한 참비시에서 시작되었다. 키트웨에서 불과 20킬로미터 떨어진 참비시에서 중국의 국영기업 중국비철금속집단공사는 참비시 구리광산을 사들였다. 한때 잠비아가 보유한 광산 가운데 가장 가치가 높았으나 가동이 중단된 참비시 광산을 불과 2,000만 달러라는 헐값에 매입한 것이다.

사실 커다란 기회를 잡은 중국을 탓하기는 어렵다. 그러나 잠비아는 가장 수익성 좋은 자원을 헐값에 팔아 치웠고 지독한 불운이 이어졌다. 구리 값은 여전히 지지부진했고 당시 잠비아 정부는 파산에 가까운 상태였기 때문에 협상력이 거의 없었다고 봐야 한다. 광산을 매각할 당시 잠비아의 재무 장관이던 이디스 나와키는 전통 우방국들로부터 턱없이 낮은 매각대금을 수용하라는 압력을 받았다고 털어놓았다. "국제통화기금과 세계은행을 포함한 기관들은[16]…향후 20년 동안 잠비아의 구리는 수익을 내지 못할 것이라고 조언했습니다. (반면 우리가 민영화를 진행하면) 부채를 탕감받을 가능성이 있다고 했는데 우리로서는 엄청난 당근이었습니다. 죽어가는 여인에게 약봉지를 흔드는 것과 마찬가지였어요. (받아들이는 것 외에)달리 선택 사항이 없었습니다."

중국의 새 주인들은 참비시를 회복시키고 현대화하는 데 1억 달러 이상을 쏟아부었고 2003년부터 생산이 재개되었다. 중국의 광산 매입자들은 2008년에 투자금을 회수하는 데 성공한 것으로 알려졌다. 중국의 언론 매체인 「난팡저우모(南方周末)」는 참비시 광산이 꾸준히 이익을 내고 있다고 2010년 보도했다.[17]

그러나 중국인 인수자들과 잠비아 노동자 사이에는 초기부터 잡음이 끊이지 않았다. 2011년 국제인권감시기구(Human Rights Watch)는 보고서에서 "2003년 (참비시의) 생산이 시작되자마자[18] 중국 기업들은 저임금, 취약한 안전기준과 노조 파괴 등 노동 학대에 대한 불만에 직면했다. 일부 반중 독설가들은 문화적 차이에서 비롯된 인종주의적 시각을 드러냈지만 보고서에서도 드러나듯 중국 기업들은 잠비아의 구리 기업들 가운데 노동자들의 인권을 가장 심각하게 침해했다."

양측 간 긴장은 단순한 불만을 넘어섰다. 영업이 시작된 지 1년이 채 안 되어 광산에 인접한 중국인 소유의 폭약 공장에서 폭발이 일어나면서 거의 50명에 가까운 잠비아 노동자가 사망했다. 잠비아 역사상 최악의 산업재해였다. 게다가 중국인 관리자들은 폭발이 발생하기 전에 잠비아 노동자들에게 경고를 하거나 위험 징후가 처음 포착되었을 때 경고음을 울리는 등 사태를 충분히 완화시킬 수 있었음에도 손을 놓고 있었던 것으로 알려졌다.

반중 감정이 거세지자 잠비아 정부는 폭발 사건의 진상 규명을 약속했다. 그러나 조사는 중국의 투자를 유치하고 중국이 잠비아에 미치는 긍정적 영향을 알리는 데 지장을 주지 않는 선에서 이루어진 것이라 별 효과가 없었다.

이듬해 중국 기업이 새로운 단체협약에 따라 노동자들에게 지급해야 할 체불임금을 정산하지 않자 참비시 공장에서 임금과 작업장 안전 문제를 놓고 파업이 일어났다. 2006년 7월 24일 파업에 참여한 광부들은 기물을 파손하고 한 중국인 관리자를 구타하기에 이르렀다. 이튿날 광산의 경비원이 노동자 한 명을 총으로 쏴서 살해했다는 소문이 돌자 분노한 광부들이 떼 지어 중국인 관리자의 거처로 돌진했다. 광부들은 추라는 중국인 관리자를 숙소의 대문에서 마주쳤는데 추가 광부들을 향해 산탄총을 쏘면서 6명의 사상자가 발생했다. 이번에는 잠비아 정부가 확실한 진상규명을 약속했다. 그러나 파업에 참여한 잠비아 노동자 일부가 총을 발사한 사실은 인정하면서도 정작 중국인은 처벌하지 않았다. 정부의 조사 결과는 이제까지 한 번도 공개되지 않았다.

참비시 사고는 2006년 잠비아의 대선과 비슷한 시기에 발생했다. 당시 대선에는 레비 음와나와사(Levy Mwanawasa) 현직 대통령과 야당의 민중선동가로 앞서 언급한 바 있는 마이클 사타가 출마했다. 사타는 사상 최악으로 치닫던 반중 감정을 부추기면서 표밭을 다졌다. 그는 중국인들이 제 하고 싶은 대로 휘젓고 다니도록 정부가 잠비아의 주권을 넘겨주었다며 비꼬았다. 사타는 또 중국인들을 착취자라고 부르면서 잠비아의 새로운 적으로 규정했다. (다시 말하지만, 사타는 이런 태도를 후일 바꾸었다.)

당시 중국의 빈곤층과 서민층 사이에서는 사하라 이남의 아프리카 국가들이 엘도라도라는 소문이 확고하게 자리를 잡은 이후였다. 아프리카 땅에서 제2의 인생을 시작하기 위해 자금을 모은 중국인 상인들을 루사카의 시장에서 심심치 않게 찾아볼 수 있었다. 이들은 현지 시장의 여성들 틈에 끼어 닭을 팔거나 중국에서 물밀 듯 밀려오는 싸구려 장난감, 신발, 전자 제품을 팔았다. 혼잡한 교차로 신호등 아래에서 중국인 행상들이 물건을 파는 모습도 종종 목격되었다. 사실 사타의 국수주의적인 언동에서 중국인들이 유일한 표적은 아니었지만 사타가 던진 미끼를 오로지 중국만이 덥석 물어서 유세를 도와준 꼴이 되고 말았다.

　일반적으로 중국은 전통적으로 다른 나라의 내정에 간섭하지 않겠다는 입장을 내세워 왔고 이는 외교정책의 핵심이기도 했다. 하지만 사타의 부상에 위기감을 느낀 중국 정부는 사타가 대선에서 승리하면 잠비아를 응징하겠다며 불편함을 감정을 드러냈다. 2006년 대선에서 사타는 참패 했다. 그런데 음와나와사 대통령이 집무실에서 돌연사하면서 2년 뒤 보궐선거가 치러졌고 사타는 다시 대권에 도전할 기회를 잡았다. 이번에는 반중 언동을 자제하면서 심지어 잠비아가 중국의 투자를 보호할 것이라는 공약도 내걸었다. 그럼에도 반다 후보에게 간발의 차이로 패배했다.

　2009년 잠비아를 방문했을 당시 시내에 위치한 사타의 너저분한 당사에 들른 적이 있었다. 으레 많은 정치인들이 언론을 대할 때 호의적으로 겉치레하는 모습을 보이지만 사타는 달랐다. 만나자마자 대뜸 나 같은 '부류'에는 들일 시간이 없다면서 전화기를 들고 통화를 시작했다. 전화를 한 바탕 돌리고 나서는 비서에게 조간신문을 들여오라고 시켰다. 내가 말을 하는 동안에는 복권을 긁어 숫자를 확인했다.

　나중에는 사타가 대화에 응해 주었지만 뭔가 솔직 담백하게 견해를 밝힌다고 느껴지지는 않았다.

　"(중국인) 친구들은 너무 많아요. 그들이 가진 자원으로는 그 많은 국민을 부양할 수 없다는 사실을 잘 알고 있습니다." 사타가 말했다. "잠비아 국민들은 이 땅에 외국인 노동력이 투기되는 상황을 원하지 않습니다. 중국인들은 세계 곳곳에 흩어져 있지만 투자 같은 일을 하지는 않습니다. 중국 정부와 준국가기관(국영기업)의 배만 채우고 우리 지도자들을 부패하게 할 뿐이지요."

2010년 10월에는 또 다른 총격 사건이 벌어졌다. 이번에는 코퍼벨트 주가 아닌 잠비아 남부에 위치한 중국의 민간 석탄 기업 컬룸광업유한공사였다. 잠비아 원석노동자연합(Gemstone and Allied Workers Union of Zambia)이 조직한 시위에서 광부들은 고함을 지르면서 입구를 점거하고 굳게 닫힌 문을 압박했다. 그때 발포가 되면서 부상자 13명이 발생했는데 특히 2명은 중태였다. 내부에서 중국인 관리자 2명이 시위자들을 향해 산탄총 15발을 쏜 것이었다. 중국인들에게는 살인미수 혐의가 적용되었다.

일반적으로 컬룸광업유한공사의 경영진들이 광부들을 형편없게 대하고 법정 최저임금에 한참 못 미치는 임금을 지급해서 문제가 됐다고 본다. 이에 앞서 2006년 5월 남부 주의 장관과 친중 성향의 여당 의원 앨리스 시만고는 광부들이 노예와 같은 처우를 받고 있다는 불만이 제기되자 광산을 불시에 방문했다.

그러나 총격 사건 이후 반다 대통령은 설득력 없는 말로 어설프게 사건을 무마하려 애를 썼고 이 때문에 많은 사람들이 반다 정권이 중국에 매수되었다고 확신하게 되었다.

"광산에서 벌어진 사건은 유감이고 엄중히 법적으로 처리할 것입니다."[19] 대통령이 말했다. "누군가를 지목하는 일은 삼가십시오. 매일 사람들은 잠비아인에게, 백인에게, 미국인들에게, 모두에게 총을 맞습니다."

반다 대통령은 당국의 검열을 받고 있는 중국인 블로거조차 대 놓고 비판하는 문제에 소극적인 자세를 취했다. 잠비아의 광산 소요 사태가 인터넷을 통해 중국에 전해지자 중국인들은 자국 기업들의 착취 행위를 맹비난하고 나섰다.

폭력 사건이 발생한 후 한 블로거는 "(중국 기업인들이) 중국 노동자들에게 하듯이 잠비아 노동자들에게 (처우)했다면 결과는 달라졌을 것"[20]이라는 글을 올렸다. "그들은 모든 인간을 이런 식으로 취급해도 된다고 생각한다. (그러나) 잠비아인들은 용납하지 않을 것이다. 중국인들을 얼마나 더 참아내야 하는가." 또 다른 블로거는 "서양인들은 자신의 이념을 즐겨 수출하나 중국인들은 말도 안 될 정도로 형편없는 근로기준을 즐겨 수출한다. 그러니 비극이 일어나는 것이다"라고 비판했다.

루사카에서는 반다 대통령이 속한 MMD(Movement for Multi-party Democracy)당이 중국에서 상당한 자금 지원을 받는다는 소문이 돌았다. 물론 이를 입증하기란 매우 어려운 일이고 돈에 꼬리표가 달려 있지도 않다. 그러나 중국인들이 따낸 거대한 전시성 프로젝트가 완공되는 시기가 대부분 대선 기간에 맞물려 있다는 사실은 중국인들이 현 정권의 유지를 원하고 있음을 확실하게 드러낸다.

나는 사타의 정치 조력자로 시의원 선거에 출마한 레이포드 음불루(Rayford Mbulu)를 만나러 키트웨를 방문했다. 만나기로 약속했던 시내 교차로에서 한참을 기다린 끝에 음불루가 나타났다. 기사가 운전하는 커다란 최신형 랜드로버의 조수석에 앉아서는 우리더러 자기 차를 따라오라는 손짓을 했다. 15분가량 따라가니 차광 나무(Shade trees)와 잔디로 둘러싸인 드넓은 비탈에서 저층 건물들 사이로 라이온스클럽이 나타났다. 클럽에는 조용한 회의실이 남아 있지 않아 알자지라 방송을 귀가 따갑도록 크게 틀어놓은 바에 자리를 잡을 수밖에 없었다.

음불루는 잠비아와 아프리카의 노조 조직에서 상당한 이력을 가진 인물로 2006년에서 2010년에는 잠비아 광부노조의 위원장을 지내기도 했다. 음불루는 중국인들이 자신에 대한 불만을 늘어놓자 반다 대통령이 위원장직에서 쫓아냈다고 주장했다.

"내가 노조 위원장을 그만둔 이후 새로운 협약이 체결되지 않은 것으로 압니다." 음불루는 진실성을 담아 말했다. "사실 광산업에서 어떤 일들이 벌어지고 있는지를 잘 알고 있습니다. 하지만 정부가 노동자와 중국 기업들의 관계에 개입한다는 사실을 당신에게 말한다고 어떤 위안이 될까요."

"잠비아에서는 중국인들을 정치적인 논쟁 거리로 삼는 경향이 있습니다." 음불루가 반다 대통령의 입에서 나올 법한 말을 꺼냈다. "잠비아인들은 투자를 원합니다. 우리를 존중해 주는 한 세계 어느 곳에서 투자를 하러 와도 좋다는 점을 분명히 하고 싶군요."

음불루는 다부진 체격을 한 51세 남성으로 언변이 탁월했고 때때로 단호한 태도를 보였다. 그가 던지고자 한 메시지는 매우 간명했다. 중국 기업이 잠비아의 노동자들을 부당하게 대우한다는 사실이었다. 중국 기업은 이익을 추구하면서 잠비아의 정치적인 절차를 부패시켰다. 또한 중국의 투자는 잠비아가 유한한 천연자원을 활용하는 데 큰 도움이 되지 않았다.

"임금 면에서 많은 중국 기업들은 바닥 수준의 급여를 주고 있습니다." 음불루가 말했다. "이 나라의 노동자들에게 긍정적인 낙수효과(trickle-down effect)가 있어야 합니다. 완전히 이익에 눈이 먼 정책들이 잠비아에 해악을 끼쳐왔기 때문에 반드시 긍정적인 낙수효과가 있어야 합니다. 잠비아 노동자들이 기본 생활을 하는 데는 700달러에 가까운 돈이 필요합니다. 그것도 최소한으로 고려를 했을 때요. 그런데 광산에서 일을 하면 월 100달러밖에 못 받습니다. 얼마나 격차가 큽니까."

"(이런 문제들을 놓고) 협상을 벌일 때 정부는 일단 중국인들이 사업을 시작하도록 두자, 이렇게 말합니다. 투자자들이 일을 시작하도록 두라고 하고요. 자, 1999년 (민영화가 진행될 때) 이 나라에 제일 처음 온 사람들이 중국인이었습니다. 이후 12년이 지났는데 구리 가격을 보세요. 톤당 1만 달러에 가깝습니다. 노동자들이 합리적인 임금과 사회보장, 적절한 인프라와 제대로 된 인적자원 개발을 요구하는 것이 무리일까요?"

중국이 잠비아에서 진행하는 프로젝트에 대한 견해와, 지속적으로 증가하는 중국의 투자가 잠비아 경제에 미칠 영향에 대해 물었다. 음불루는 이런 프로젝트나 투자가 사업에 연루되어 있는 장관들과 관료들에 대한 '보수'일 뿐이라고 일축하면서 중국이 영향력을 싼값에 사들이는 외교를 하고 있다고 말했다.

"2000년에 잠비아가 산업을 중국에 팔아 치울 때부터 우리 사회는 제 기능을 발휘하지 못하게 되었습니다. 잠비아 정치는 중국의 자금에 휘둘렸는데, 이제는 그게 습관이 되어 버렸습니다. 잠비아에 있는 우리들은 가난한 국민이 아니라 스스로 가난의 굴레를 뒤집어쓴 국민입니다. 정부는 손에 동냥 그릇을 들고 구걸하며 다니고 있고요. 둘러보면 모두 중국인 건물이고 루사카에 또 지어 주는 경기장은 모두 선심 쓰기에 불과합니다."

음불루는 한 주제에서 다른 주제로 빠르게 넘어갔는데 이제는 거의 속사포처럼 말을 쏟아 내고 있었다.

"중국 정부는 두 가지 일을 하고 있습니다. 투자를 하고 있는데 벌어들인 돈을 거의 대부분 중국으로 다시 가져가니까 자국을 위해서는 아주 사업을 잘하고 있는 셈입니다. 한편으로는 또 다른 일도 합니다. 넘치는 인구를 다른 곳으로 떠넘기고 있는 겁니다. 케냐, 말라위에서도 이런 일이 일어나고 있고 사실 아프리카 대륙 전역에서 진행되고 있습니다. 내가 중국에 가 봤기 때문에 그들이 어떻게 사는지 알거든요. 인구 과밀 문제가 심각합니다. 여기에서 그들은 자국의 넘치는 인구를 줄여 혼란을 정리하는 일을 하고 있는 겁니다."

몇 주 후 치러진 대선에서 마이클 사타는 반다와 반다가 속한 MMD당을 누르고 승리했다. MMD는 잠비아에서 민영화를 시작했고 1991년 이래 절대다수의 표를 얻지 못하고도 정권을 유지하는 데 성공했다. 사타가 당선된 이후 음불루는 노동부 차관에 임명되었다.

사타가 당선된 며칠 후 중국 기업인 참비시 구리광산 노동자들의 임금이 갑자기 두 배로 뛰는 일이 벌어졌다. 헤지스 음와바라는 한 노동자는 「크리스천 사이언스 모니터」와의 인터뷰에서[21] 사실상 임금이 85퍼센트 인상되었다고 말했다.

"기이한 것은 급여 명세서가 두 장이었다는 사실입니다." 음와바는 말했다. "중국인들이 대선 결과에 대비하여 9월 급여 명세서를 두 종류로 만든 것 같았습니다. 여당인 MMD가 대선에서 승리하면 예전에 받던 쥐꼬리 월급을 그대로 받았을 겁니다. 그런데 야당인 애국전선(Patriotic Front)의 마이클 사타가 승리하면서 거의 두 배로 월급이 뛰었습니다."

외교단 가운데 사타를 처음으로 예방할 기회는 저우위소 중국 대사에게 주어졌다. 대사는 중국의 투자자들이 잠비아의 노동법을 확실히 준수하도록 만들고 신정부를 돕겠다고 약속했다. 이에 대해 사타 대통령은 "대사의 동포들이 잠비아의 법을 지켜 준다면 서로 비난할 일은 없을 것"이라고 답한 것으로 전해졌다.

신임 대통령은 오찬에서 "친애하는 중국인 형제자매 여러분"이라면서 "우리는 동거동락한 친구이니 잠비아는 여러분을 환영합니다"라고 말했다.

친형제나 친자매를 선택할 수 있는 사람은 없다. 지역사회에서 누구와 이웃이 될지 선택할 수 있는 사람도 없다. 구리와 같이 중요한 산업자원을 생산하는 국가가 입맛에 맞는 상대국을 골라서 교역할 수도 없는 노릇이다. 결국 중국과 잠비아는 서로 잘 지내는 수밖에 없을 것이다.

제3장

지울 수 없는 의혹_세네갈

　　잠비아와 마찬가지로 세네갈은 현재 진행형인 중국의 아프
리카 이주 역사에서 한자리를 차지하고 있는 나라이다. 광업과 농업에서
일확천금을 노리는 중국인들이 주로 잠비아에 몰려들었다면 서아프리카
의 세네갈은 최근에 이주하는 사람들 사이에서 관심이 높은 영세 무역업
과 상업의 개척지였다.

　　요즘은 아프리카 전역의 크고 작은 도시에서 중국인 상점을 흔히 찾아
볼 수 있게 되었다. 워낙 손쉽게 찾을 수 있다 보니 중국인들의 진출이 언
제부터 시작되었는지, 얼마나 빠르게 퍼져 나갔는지를 간과하고 마는 측
면도 있다. 그래도 세네갈의 수도 다카르는 경우가 좀 다르다. 중국에서
건너온 영세 상인들의 존재는 아프리카의 다른 주요 도시들과 비교해 몇
년이나 앞선 1990년대 말부터 두드러졌다. 또한 중국인 신규 이민자들의
숫자가 단기간에 치솟았던 잠비아에서도 그랬듯 세네갈의 국민들 사이에
서도 반중 감정이 격렬하게 일어났다.

　　세네갈은 언제나 아프리카에서 가장 활발한 상거래 문화를 자랑하는 나라였다. 부부(아프리카의 전통 의상 – 역자 주)를 입은 세네갈의 상인들은 뉴욕과 유럽의 많은 도시에서 거리 모퉁이를 차지하고 의복, 기구, 갖가지 음식을 팔았다. 그러나 2004년 다카르의 상인들은 소매업을 잠식당하면서 세네갈이 중국인들의 식민지가 되고 있다는 위기의식을 느끼게 되었다. 다카르에서는 대규모 항의 집회가 이어졌고 시위에 나선 세네갈 상인들은 정부가 중국의 신규 이주자로부터 현지의 상인들을 보호할 대책을 마련하고 요구했다.

이런 긴장은 이후에도 때때로 발생했지만 2004년과 같이 심각한 수준으로 번지지는 않았는데 여기에는 흥미로운 이야기가 있다.

가장 최근 다카르를 방문했을 때 아침 시간에 도심 한가운데 있는 독립 광장(Place de L'indépendance)에 가보았다. 광장은 한쪽 변이 긴 직사각형 형태로, 아프리카 대륙의 가장 서쪽 지역이자 옛 식민 도시의 심장부인 **플라토**(plateau)가 위치한 완만한 경사지에 자리 잡고 있다. 광장의 짧은 변 한쪽은 항구에 가까우며 식민지 시대에 건설된 오래된 철도 종착역을 향하고 있기도 했다. 식민지 시대에 철도는 다카르를 옛 프랑스령 수단과 이어 주었다. 오늘날의 말리인 프랑스령 수단은 차드까지 닿는 광활한 영토였다. 주름진 철제부 장식의 낡은 역사(驛舍)를 설계한 인물은 다름 아닌 귀스타브 에펠(Gustave Eiffel)로, 프랑스 정부가 식민지의 자산에 얼마나 애착을 가지고 있었는지를 짐작하게 한다.

내 기억 속에서 광장은 오랫동안 초대형 로터리로 기능했고, 길이가 긴 도로변을 따라 다카르 시내에서 가장 권위 있는 기관들이 포진하여 있었다. 이 구역에 위치한 프랑스 식민지 시대의 유서 깊은 건물들은 보도 방향으로 돌출부를 내밀고 있었다. 덕분에 업무차 광장 근처를 찾은 부유층은 연중 최고 기온을 기록하는 기간에도 그늘에 들어가 작열하는 햇볕을 피할 수 있었다.

그런데 그날 아침, 광장의 그늘을 찾았을 때 보도 전체가 싸구려 물건을 파는 노점에 점령당한 광경에 아연실색했다. 마지막으로 광장을 들렀을 당시만 해도 이 완만하게 경사진 산책로에 깃들어 있던 특유의 분위기는 사라지고 먼지 날리는 시장판이 그 자리에 있었다.

남자들은 한 손에는 양말, 다른 손에는 벨트를 높이 들어 올려 보이면서 행인들에게 물건을 권했다. 그 틈에 사내아이들은 값싼 해적판 DVD를, 여자아이들은 속옷을 내밀었다. 또 다른 상인들은 개비 담배를 팔고 있었다. 그중에서 선불 휴대폰 카드를 파는 상인들이 가장 많았다.

세네갈이 어쩌다가 이렇게 엉망이 되었을까? 다카르에는 미래가 없는 청년들이 득시글거렸다. 내가 탄 택시 기사를 비롯한 대다수의 청년들은 정부의 공식 언어인 프랑스어조차 구사할 줄 몰랐다. 교육 수준이 낮고 기술력도 없어 미래가 어두운 청년들은 사회 곳곳에서 고군분투하거나 배회하거나 불법 판매를 하거나, 행상을 하거나, 아니면 하릴없이 빈둥거리거나 하는 등 갖가지 모양으로 살아갔다. 그리고 어떻게 하면 과잉 경작된 먼지투성이의 농촌에서 도시로 옮겨 갈까를 궁리했다.

잠비아의 루사카에서 이런 광경을 마주쳤다면 아프리카의 밝은 장래를 엿보았겠지만 다카르는 경우가 달랐다. 21세기 말이 되면 아프리카의 인구가 중국과 인도를 합친 수준으로 증가하리라는 사실이 떠오르면서 무기력한 감정마저 들었다. 이 많은 사람을 어떻게 교육시킬 것인가? 주택은 어떻게 공급할 것인가? 의료 서비스는 어떻게 제공할 것인가? 또 식량은 어떻게 공급할 것인가? 다카르와 같은 중심지조차 이런 문제들을 해결하지 못한다면 이보다 기반이 미비한 다른 수많은 도시들은 형편이 어떻겠는가?

그 아침에 나는 세네갈의 중국인 공동체를 비공식적으로 대표하는 리 지카이를 만나러 갔다. 사무실은 시내에 위치하고 있었다. 대리석이 깔린 임원실에 들어갔을 때 리는 방 저편에 있는 책상에 앉아서 유창한 프랑스어로 사업 관계로 통화를 하느라 바빴다. 그는 양복을 입고 있었고 까만 머리는 왼쪽 가르마를 타서 깔끔하게 가다듬은 모습이었다. 신고 있던 구두가 반짝반짝 빛나듯 머리에서도 윤기가 흘렀다. 리는 통화를 마치자마자 내게 와서 세네갈에서 지낸 지난 20여 년에 대해 이야기를 풀어놓았다.

그는 문화혁명 말기에 대학이 문을 다시 열면서 운 좋게도 고등교육을 받을 수 있었다. 당시에는 당국에서 학생들에게 전공을 지정해 주는 것이 관행이어서 개인이 자신의 진로에 대해 의견을 개진할 기회가 거의 없었다. 중국은 이제 막 외부 세계에 개방을 하던 시기였는데 정책 입안자들은 다른 나라의 언어를 하도록 훈련받은 인력이 태부족이라는 사실을 인식하고 있었다. 당국은 리가 명문인 베이징외국어대학에서 프랑스어를 배우는 프로그램에 적합하다고 판단했다.

대학에서 그는 프랑스와 아프리카 식민지 사이에 관련된 역사를 배우면서 다카르가 프랑스 제국의 수도 역할을 했다는 사실을 알게 되었다. "저는 다카르가 아프리카의 파리가 아닐까 상상했습니다." 리는 말했다. 하지만 고국에서 자신이 세네갈에 갈 생각이라는 말을 꺼냈을 때 아무도 그의 말을 이해하지 못했다.

리는 처음부터 무역업을 해서 돈을 벌어야겠다는 꿈을 가졌다고 말했다. "처음 왔을 때 이 지역의 무역이 매우 취약하다는 사실을 깨달았습니다. 옷이며, 신발이며, 각종 물건을 팔았거든요. 기본적으로 손에 잡히는 대로 팔았습니다. 제게 아프리카의 경제를 이해하는 것은 곧 이 지역을 이해하는 일과 같았습니다. 경제에 대한 이해가 내게 교사 역할을 했다고나 할까요."

그 교사는 훌륭했다. 리는 겸손하기도 하고 신중하기도 해서 구체적으로 돈에 대한 이야기를 입에 올리지는 않았지만 상당한 부를 가진 것이 분명해 보였고 각종 사업을 운영하고 있었다.

"당시 무역의 대부분을 장악하고 있던 레바논인들은 홍콩에 가서 물건을 떼어 왔거든요. 이제는 더 이상 그렇게 하지 못합니다. 그저 인터넷으로 물건을 보고 이메일로 주문을 하면 되니까요."

프랑스령 서아프리카에 진출한 레바논인들은 아프리카의 대규모 매판 공동체로, 상권을 지배하고 지역에 투자를 했으며 식민지와 식민자 간에 금융 중개를 했다. 동아프리카에서는 남아시아인들이, 그 외 다른 지역에서는 그리스인 등이 이런 역할을 한 것으로 알려져 있다. 리는 인터넷 때문에 레바논인들의 사업이 종말을 맞은 듯 순진한 척 이야기를 했지만 사실 그들의 이익을 진정으로 잠식한 이들은 다름 아닌 중국인들이었다. 잠비아에서 중국인들의 부상은 리의 경험과 묘하게도 맞아떨어졌다.

"당시에는 해외무역을 하는 중국인들도 드물었거든요." 리는 대학원에 입학한 지 얼마 안 되었을 때의 이야기를 꺼냈다. "요즘이야 심지어 세네갈 같은 곳에서도 어딜 가나 자기 사업을 하는 중국인들을 볼 수 있지요. 소농들까지도 사업을 하러 중국에서 세네갈로 건너온다고 합니다. 예전이랑은 많이 달라졌어요."

리는 허난성 출신들이 단기간에 세네갈 최대의 중국인 공동체를 세웠다고 말했다. 수년 전에 세네갈에서 경기장을 짓는 대형 건설 사업이 있었는데 그때 주 계약업체가 허난성의 기업이었다. 경기장 건설에 투입된 중국인 노동자들 가운데 많은 수가 눌러 앉아 세네갈에서 새 삶을 개척한 것이다.

대형 공공 공사를 하는 기업의 계약이 종료된 후에도 그 인력이 잔류하는 것은 중국의 아프리카 이주 경로에서 가장 큰 부분을 차지할 것이다. 중국의 특정 지역에서 아프리카로 돈을 벌기 위해 온 이들은 과거에는 상상조차 해 보지 않았지만 이 대륙에 상당한 돈을 벌 기회가 있음을 알게 된다. 이내 그들의 고향에서는 아프리카에 돈을 벌 수 있는 기회가 많다, 현지인들이 호의적이다, 자연환경이 경이롭다, 자유롭고 스트레스가 없이 삶을 즐길 수 있다는 소문이 퍼지게 된다. 그리고 얼마 안 가 그 소문을 들은 또 다른 사람들이 아프리카로 몰려온다.

리는 2004년에 중국 상인들에 대항하여 일어난 시위가 큰 문제는 아니라고 보았다. 정부가 사태를 원만하게 해결했고 결국에는 중국 상인들의 권리를 보호해 주었다는 것이다.

분노한 대중이 더욱 거세게 반발을 할 위험이 있는데 정부가 왜 그랬을까?

"세네갈은 개방된 경제이고 우호적인 나라이며 법치를 준수하고 모두를 동등하게 대우해야 한다고 믿는 나라이기 때문이지요."

여기에서 리는 값싼 수입품의 공급이 중단될 것을 우려한 세네갈 소비자 연합의 반대 시위에 대해서는 언급하지 않았다. 일각에서는 중국 상인들이 소비자들의 반대 시위를 금전적으로 지원했다고 말했다. 또 다른 사람들은 돈을 건넨 주체가 세네갈 정부라고도 추측했다.

중국의 신규 이주자들이 다수 살고 있는 구역으로는 르 산트네르(Le Centenaire)라는 왕복 4차선 도로가 지나간다. 어울리지 않게도 도로 한편으로는 무너질 듯한 작은 가판대가 줄 지어 있고 행상들은 파란색 방수포로 옆 가게와 칸막이를 쳐 놓았다. 내가 방문했을 당시에는 상인들이 가판대 앞의 도로 한복판에 물건들을 깔아 놓은 상태였다. 세네갈 행상들이 아스팔트에 위에서 플라스틱에 반짝이는 쇳조각이 붙은 보석류며 장신구를 팔고 있었고 그 모습을 새로 이주해 온 중국인들이 인근의 가판대에서 감시하고 있었다.

나는 찻길 바로 옆으로 걸으면서 상점이 들어선 구역 전체를 둘러보았다. 중국과 세네갈인들의 대화를 관찰해 보기도 했지만 딱히 특별한 구석은 없어 보였다. 중국인들은 과거에 레바논인들이 그랬듯 세네갈인들의 고용인으로서 이따금씩 가판대의 그늘에서 나와 물건을 팔고 있는 직원들에게 이런저런 지시를 했다. 물건을 사려는 사람이 가판으로 접근을 하면 중국인들은 간단한 문장으로 흥정을 했는데 간혹 프랑스어로 들리는 한두 단어를 사용하기도 했다. 중국인들 중 몇 사람은 세네갈의 공용어인 월로프어를 꽤 잘 했다.

나는 두 남자가 아주 따분하다는 표정으로 턱을 괴고 앉아 거리를 응시하고 있는 가게로 접근했다. "니하오" 하고 인사를 하면서 무표정한 그들에게 중국말로 물었다. "중국에서 오셨나요?"

그들은 리지카이의 설명과 딱 맞아떨어지게도 허난성에서 온 사람들이었다. 둘 중의 한 사람인 류는 5년 전에 다카르에 온 이후 일이 잘 풀렸고 르 산트네르에 첫 번째 소매 좌판을 개시했다고 한다. 돈이 척척 벌리자 2년 후 아내를 따라 다카르에 온 처남인 리와 동업을 하게 되었다. "여기서는 중국에서보다 돈 버는 일이 훨씬 쉽습니다." 류는 덤덤하게 말했다.

스스로도 인정했듯 류는 프랑스어를 배우려는 노력을 하지 않았고 세네갈인들과 동화되려는 노력도 딱히 기울이지 않았다.

"아프리카에는 미래가 없고요, 발전의 가능성도 없어요." 류는 놀랄 만큼 암울한 전망을 쏟아 냈다. "이렇게 교육을 해서 발전이 일어날까요? 중국을 보세요. 우리는 우주에 사람을 보내는 나라입니다. 자체적인 기술을 발전시키고 있고요. 발명을 해서 선진국과 경쟁을 하는 나라이기도 합니다. 그런데 이 사람들은 어떻게 사업을 하는지, 건물은 어떻게 짓는지, 도로는 어떻게 닦는지 도통 가르칠 수가 없어요. 그냥 배우지를 않거든요."

리는 동안으로 작은 체구에 자기 가게에서 팔고 있는 것과 똑같은 가짜 라코스테 폴로 셔츠를 입고 있었다. 그는 큰 그림을 그리거나 미래를 전망하는 데까지 미치지는 못했다. 관심사도 지극히 개인적인 수준에 머물고 있었다.

"이곳은 아주 위험한 곳이에요." 리가 말했다. 가게를 열다가 강도를 만나기도 하고 닫다가 만난 적도 있다고 했다. 집으로 가는 길에 습격을 당하기도 했다. 그래서 이제는 적어도 다른 중국인이 같이 동행하지 않는 한 아무 데도 가지 않는 지경에 이르렀다는 것이다. "뭐 이런 사람들이 있어요?" 그가 물었다. "(중국에서) 이런 일을 당해 본 적이 있습니까?" (나는 다카르를 혼자 둘러보고 있었는데 범죄에 대한 심각한 위협을 전혀 느끼지 못했다. 게다가 나도 고가의 카메라와 적지 않은 현금을 소지하고 있었다.)

리는 중국인들이 표적이 된다는, 흔히 듣는 불평을 늘어놓았다.

중국처럼 빠르게 발전하고 국력이 훨씬 강한 나라에서 온 비숙련의 영세 상인들은 점차 세네갈과 같은 사회에 스며들고 있다. 세네갈은 자체적으로 뿌리 깊은 상업 문화를 꽃피워 왔지만 경제가 정체된 상황에서 중국의 상인들이 몰려오면서 사회적 문제가 되고 있었다. 범죄와 폭력적 행위를 두둔하려는 것이 아니라 이주 문제에 자유방임주의적 접근 방식을 취했던 아프리카의 많은 나라들과 중국인 이주자들 모두가 깊이 생각해 볼 문제이다. 이들 중 누구도 중국인들의 이주가 사회적 불만을 폭발시키는 결과로 이어지리라 예상하지 못했을 것이다.

잠비아의 프레드 무테사(Fred Mutesa) 전 재무 장관은 베이징 회담에 대표단을 보낼 때마다 최소한 한 회의에서는 중국인들에 대해 이주 정책을 완화하는 기조를 유지해 달라는 당부를 듣게 된다는 말을 한 적이 있다. 무테사 전 장관은 중국 측이 알아듣기 어렵지 않은 말로 다음과 같은 말을 꺼냈다고 전했다. "우리가 귀국에 도로와 경기장 등을 지어 주며 아량을 베풀지 않았습니까. 만약 우리 시민들에게 그리 엄격한 이민정책을 적용하지 않으신다면 우리에게 아량을 베푼다고 여기겠습니다."

이는 1979년 지미 카터 대통령 시절 덩샤오핑의 역사적인 미국 방문을 떠올리게 한다. 중국이 새 개혁정책을 수행하는 가운데 덩은 최혜국대우를 얻어 내려고 했는데 미국의 법에 따르면 상대국 국민들은 다른 나라로 자유롭게 이민을 갈 수 있는 권리를 누려야 했다. 미국의 한 의원이 덩에게 이 부분을 지적하자 그는 이렇게 대답했다. "아, 그것 참 쉽군요! (중국인들을) 얼마나 원하십니까? 1,000만 명? 아니 1,500만 명?"[22]

2011년에 조니 카슨 미 국무부 아프리카 차관보가 탄자니아의 언론인들과 화상회의를 진행하면서 별안간 이민 문제가 화두가 된 적이 있다. 카슨은 탄자니아, 나아가 아프리카의 다른 나라에 중국 기업의 고용 관행을 점검하고 이민정책도 더욱 엄격하게 규제하라는 조언을 했다.

미국의 외교관들은 중국인들이 아프리카로 이주하면서 벌어지는 광범위한 변화를 신속하게 이해하지 못했다. 2005년에야 국무부의 외교 전문에서 이주 문제가 주목을 받았다. 당시 외교관들은 중국에서 아프리카로 대거 이주가 시작되는 것은 중국 정부의 정치적 영향력을 확대하고, 동시에 중국의 사업적 이해와 전반적인 영향력을 개선하기 위한 일환으로 진행되는 일이라고 보았다. 초기에 보고된 이 기밀 경고에서는[23]이민을 통해 밀수와 인신매매 같은 중국의 조직범죄가 확산될 가능성을 언급하기도 했다. 그러나 대부분의 경우 미국 외교관들은 여전히 신중한 목소리와 정확한 메시지를 찾고 있었다. 대체로 미국 정부는 '얘들아, 들어 봐. 이 교묘한 중국인들을 조심해야 한다'는 식의 온정적인 접근을 취했다.

카슨 차관보의 메시지도 이런 온정주의에서 그리 멀지 않았다. "아프리카 각국이 중국 기업에 미국, 유럽의 기업들보다 더 높은 기준을 적용하는 것이 중요합니다."[24] 그는 말했다. "미국과 캐나다 기업은 현지에서 더 많은 인력을 고용하고 있고 교육해 주며 본국에서 인력을 데려오지도 않습니다."

나는 르 산트네르의 노점 구역을 한 시간가량 더 둘러보면서 신규 이주자들이 어떻게 사업을 하고 있고 이곳의 삶에 적응하는지 알아보았다. 앞서 리지카이는 영세 상인들 대다수가 세네갈에서 성공하여 잘산다는 오판을 하면 안 된다고 미리 경고를 했다. 영세 상인들 대부분은 세네갈에 온 지 얼마 안 되어 단꿈을 깨고는 다시 중국으로 돌아간다고 그는 말했다.

구역을 돌아보면서 나는 이윤이 박하다, 경찰과 세관이 시비를 건다, 범죄가 자주 일어난다는 상인들의 불만을 듣게 되었다. 이와 함께 이곳에서 알고 지내다가 다시 중국으로 돌아간 친구들의 일화도 많이 전해 듣게 되었다.

많은 사람들과 대화를 나누었지만 특히 다이너스티 바라는 가라오케를 운영하는 천루이라는 사람이 기억에 남는다. 그는 르 산트네르에서 멀지 않은 곳에 1층 마감공사가 아직 덜 끝난 건물이 있었다. 콘크리트 블록이 그대로 드러나고 있고 바닥은 거친 시멘트로 덮여 있는 상태의 건물 바깥에는 서아프리카에서 흔히 바나바나라고 하는 잡상인들과 온갖 종류의 사람들이 득시글거리며 물건들을 사고팔고 있었다. 무리를 지나서 철 난간이 있는 계단을 올라가니 꼭대기 층에서 천이 나를 기다리고 있었다. 천은 나를 나무 장식을 높이 올린 어둑어둑한 가게로 데리고 들어가더니 밀폐된 방으로 안내했다. 방 안의 조명도 어두웠고 빨간색과 금색을 조합한 벽지에 낮고 푹신해 보이는 까만색 긴 의자가 있었다.

26세의 천은 중국인들이 가라오케와 마사지, 그리고 모종의 서비스를 제공하는 환락가에서 여주인을 일컫는 마마였다. 머리부터 발끝까지 검은색 의상을 입은 천은 보통 키에 시원스럽게 생긴 얼굴이었다. 짙게 칠한 까만색 아이라이너와 뒤로 묶은 포니테일이 높이 솟은 광대뼈를 더욱 도드라져 보이게 했다. 콧방울에는 다이아몬드가 박혀 있었다. 천은 덤덤하게 가게에 대해 소개를 하고는 자부심이 묻어나는 목소리로 가게를 자기가 꾸몄다고 말했다. "내 안목과 미적 감각을 발휘하여 단장했답니다." 천이 말했다.

천 역시 허난성에서 왔고 인구가 500만 명인 북부의 도시 카이펑에서 철없는 유년기를 보냈다고 실토했다. 예의가 바르기는 했지만 항상 얼마간의 반항기는 있었다고도 말했다. "엄마는 늘 내게 엄격했는데 억지로 통제하려 하면 할수록 나는 더 멋대로 행동했어요."

천의 어머니는 하급공무원(小幹部)이었고 아버지는 작은 식당을 경영했다. 재정적으로는 점점 윤택해졌지만 천은 중학교를 졸업할 즈음 자신이 허난에 머물러 봐야 미래 전망이 밝지 않다는 사실을 깨닫게 되었다. 특히 2002년 중국에 사스(SARS)가 기승을 부리면서 극심한 공포에 사로잡힌 사람들이 공공장소를 피하기 시작했다. 공공시설을 운영하던 수많은 사람들과 마찬가지로 천의 아버지도 가게 문을 닫을 수밖에 없었다.

사스가 지나가자 천은 집을 나와 광둥으로 도망을 쳤다. 경쟁이 치열한 이 남동부의 광둥 지역은 경제가 부흥하고 있었고 천의 사촌 한 명이 사는 곳이기도 했다. 그녀의 꿈이라고는 모든 세대가 바라는바, 곧 돈을 버는 것이었기에 광둥에 도착했을 때는 월급을 받는 직업을 가질 생각에 기뻤다고 한다.

"아버지 식당이 망했을 때 뛰쳐 나가서 일을 찾아야겠다는 생각을 하기 시작했거든요." 천이 말했다. "광둥에서 일을 하고 있었던 사촌에게 도와달라고 했는데 유흥업에서 일자리를 얻게 되었어요. 정말로 커다란 술집이었는데 거기서 일을 하려고 다른 지원자들 틈에서 서류를 쓰고 있었거든요. 갑자기 여자 매니저가 저를 사무실로 부르더라고요."

"'여기서 무슨 일을 하고 싶니?' 매니저가 묻기에 저는 무슨 일을 할 수 있는지 모른다고 했거든요. '접대 구역에서 일해 보는 건 어때?' 그러더라고요. 일단 잘 모르겠다고 대답을 했어요. 그런 일을 해 본 경험이 없었으니까요. 내가 할 수 있을지 자신도 없었고. 하지만 매니저는 한번 시도를 해 보자고 말했어요."

천은 그 업소에서 반 년 가까이 일했다. '유흥업'이라는 단어를 쓴 것이나 접대라는 말을 한 것으로 보아 그녀 나름대로 매춘을 애둘러 표현했음을 알 수 있었다. 한 달에 500달러를 벌었다는데 중국에서 그 정도 수준의 교육을 받은 여자치고는 상당히 벌이가 좋았던 셈이다. 하지만 육체적으로 소모가 크고 영혼을 좀먹는 일이었다고 천은 회상했다. 그러던 와중에 천은 한 남자에게 해외로 나가고 싶다는 소망을 내비쳤다.

"그 남자가 여권이 있냐고 묻기에 그렇다고 했거든요. 그랬더니 믿을 수 없게도 사흘 후에 비자가 나왔어요. 나에게는 선택권이 없었거든요. 모든 일이 장난처럼 시작되었고 진짜로 중국을 떠날 수 있을 거라고 상상해 본 적도 없었어요. 그 당시에는 내게 선택권이 없다고 느껴져서 '그래, 그냥 떠나 보자' 그렇게 생각을 했어요. 일이 그렇게 시작된 겁니다."

일주일 후 천은 열여덟 살의 나이로 다카르에 혼자 떨어졌다. 아프리카로 올 수 있도록 주선한 브로커는 천을 작지만 손님이 많은 식당으로 데려갔다. 허난성에서 온 남자가 운영하는 곳으로 브로커는 주인이 자기 형제라고 말했다. "내 일은 그 브로커의 형제가 하는 술집 일을 도와주는 거였어요." 천이 말했다.

천이 중간에 구체적인 내용들을 비껴갔지만 큰 틀에서 보면 천의 경험은 중국 안팎에서 인신매매를 당하는 수많은 여성들의 이야기와 일맥상통했다. 여성들은 이 나라에서 저 나라로 옮겨 다니면서 식당에서, '유흥업계'에서 일을 하게 되었고 천에게 들은 것과 비슷한 계약에 따라 연한 계약 노동자가 되었다.

마푸투에서 나는 마사지사로 왕페이라는 가명을 쓰는 24세 여성을 만난 적이 있었다. 왕은 모잠비크에 2년째 머무르고 있었는데 마사지실에서 일도 하고 아예 살기도 했다. 그곳에서 바깥으로 나가 밥을 먹은 적조차 없다고 내게 털어놓았다. 여자가 도망쳐서 자기가 투자한 돈을 잃을까 노심초사하는 가게 주인이 바깥출입을 금한다는 것이었다. 나와 대화를 나누던 당시 왕은 3개월만 있으면 주인에게 빚을 모두 갚게 된다면서 중국으로 돌아갈 수 있게 되었다고 기뻐했다.

천의 경우 세네갈에 머문 지 1년 남짓이 되자 중국에 있던 주인의 딸이 대학에 입학했다. 이에 중국에 머물던 아내가 가게 일을 도우러 합류했다. 천은 가게 주인의 아내와 한동안 같이 일했는데 어느 순간 문득 중국으로 돌아가야겠다는 생각이 들었고, 또 돌아갈 수 있는 방편도 마련되어 있었다고 말했다.

"그렇게 갈 때는 다시 세네갈로 돌아올 줄 몰랐어요. 아직 어렸으니까요." 천이 말했다. "중국으로 돌아가는 걸 재미 삼아 하는 모험쯤으로 여겼거든요. 사실 초창기의 다카르는 정말이지 따분했어요. 부족한 게 너무 많아서 차라리 중국에서 지방으로 가더라도 다카르에 있는 것보다는 재미있겠지 했던 거예요. 그런데 막상 중국으로 가 보니까 또 할 일이 없더라고요. 그래서 마음을 고쳐먹었지요."

천은 특히 예전 주인에게 걸려 온 뜻밖의 전화를 받고 생각을 바꾸게 되었다고 말했다. 주인은 자기가 고혈압과 지방간으로 고생하고 있어서 치료차 중국으로 돌아갈 생각이라고 했다. "만약 내가 가게를 인수할 의향이 있으면 팔겠다고 하더군요. 그래서 두 번째로 세네갈에 오게 되었어요."

천은 가게를 인수하는 과정에서 원래 주인에게 진 빚을 갚기 위해 열심히 일했다. 그러다 완전히 새로운 장소를 찾았고 자기 손으로 보수를 마쳤다. 천은 약 10만 달러가 들었다고 말했다. 그리고 중국인 여자들 네 명과 세네갈 접대부 세 명, 조리사 두 명, 경비원을 고용했다. 고객들은 주로 중국인 남성이라고 했다.

"간혹 현지인들이 오기도 해요." 천은 세네갈 친구 하나가 꽤 자주 들르는 편이라고 말했다. "아마 이 사람들은 음식 값이 비싸서 못 오는 것 같아요. 내가 보기에는 꽤 저렴한데도 대부분의 흑인들에게는 햄버거 하나 먹는 것조차 사치니까요."

내가 앞서 르 산트네르에서 대화를 나누었던 상인들이나 인근 항구에 정박하는 중국 대형 선박의 선원들과 같은 사람들이 가게를 드나들면서 한때는 벌이가 좋았다고 한다. 그러나 이내 사업이 기울기 시작했다. 중국인이 운영하는 다른 유흥업소들이 부두와 더 가까운 곳에 자리를 잡은 것이다.

다카르는 천이 처음으로 세네갈에 발을 디뎠을 당시와 비교해 엄청난 성장을 했지만 항만 분야에서는 경쟁력을 잃고 있었다. 내륙으로 화물을 운송하는 기업들은 다카르보다 비용이 싸게 드는 다른 해안 도시들을 선호했던 것이다. "흑인들은 일을 조금씩 조금씩 해 나가는 방법을 몰라요. 어떻게 사업을 하는지도 모르고요. 많은 배가 오는 것이 싫다는 건 돈도 많이 벌지 않겠다는 것과 마찬가지 아닌가요?"

천은 앞으로 세네갈에 오래 머물지 않을 것이라고 말했다. 그렇다고 남은 인생 동안 무엇을 해야겠다는 결심이 딱히 선 것도 아니었다. "한 1~2년 더 하다 보면 중국으로 돌아가고 싶어질 수도 있어요. 아니면 다른 일을 하든지요. 여기는 일단 여름이 오면 지옥이에요. 매일같이 정전이 되거든요. 밤에도 전기가 끊기면 어찌나 더운지 잠을 잘 수 없을 정도예요." 보통 24시간 중에 20시간은 전기 공급이 안 된다고 천은 말했다. "지금같이 전기를 많이 안 쓰는 선선한 계절에도 정전이 되거든요. 이런 걸 생각하면 세네갈에 진력이 나 버려요. 왜 이 사람들은 최소한 기본적인 생활환경조차도 확실하게 만들지 못하는 걸까요?"

천은 이곳의 생활을 참을 수 없다면서도 계속 견뎌 내고 있었다. 그렇다면 떠나지 못하는 이유가 다른 어딘가에 있을 것이다. 초창기에는 이곳에서 돈 버는 일이 쉬웠지만 이제는 중국인들이 다카르 도처에 포진해 있고 많은 이들은 손해 보는 장사마저 하고 있다고 천은 말했다. 그녀는 세네갈에서 머문 7년 동안 보통 애인 없이 지냈다고 털어놓았다. 만날 만한 중국 남성이 별로 없기도 했거니와 아프리카 남성은 애초에 고려 대상이 아니었을 것이다.

작년에 천은 스물두 살 난 남동생이 세네갈로 이민을 올 때 돈을 대주었다고 한다. 여기 다카르 대학에 다닐 수 있도록 학자금까지 보태는 상황이었다. 동생은 프랑스어를 공부하고 있고 아프리카에서 사업가가 되기를 원한다고 천은 말했다.

장윤과 통화할 때마다 마음이 따뜻한 사람이라는 인상을 받았다. 세네갈에서 건조한 내륙지대로 60킬로미터쯤 들어간 티에스의 야금 공장을 방문할 생각에 마음이 설레었다.

나는 장의 공장에 가기 위해 택시를 하루 대절하면서도 굳이 요금을 흥정하지 않았다. 그즈음 나는 다카르에서 프랑스어를 하는 기사를 찾을 생각을 접었는데 아닌게 아니라 티에스에 가기로 한 기사도 프랑스어를 거의 못했다. 다만 내가 무슨 말을 하는지 정도는 알아들었다. 그에게 오전 8시에 떠나서 오후 4시에는 다카르로 다시 돌아오고 싶다고 하자 놀라는 표정을 지었다. "뭐, 가능하기는 하지요" 하고 인정은 하면서도 뭔가를 더 말하려다 그만 두었다.

우리는 시내를 빠져나와 고가도로를 탔다. 최근에 지은 대형 경기장을 빠르게 지나 공업지대로 들어섰다. 내가 당초 약정한 시간을 초과하면 어쩌나 고민했던 생각이 나서 웃음마저 났다. 오히려 지금 속도라면 티에스에 너무 이르게 도착하는 것을 걱정해야 할 정도였다.

눈앞으로는 다카르가 성장을 이룬 다양한 모습들이 차례차례 펼쳐졌다. 가장 최근에 방문했을 때와 비교해 2~3배는 더 탈바꿈과 변신이 일어난 듯했다. 새 도로가 건설되었고 옛 도로는 확장되거나 새로운 배수 체계 건설이나 또 다른 개발을 위해 파헤쳐진 상태였다. 도로 곳곳에 청년들이 보였고 부모들은 아이를 어린이집에 데려다 주었으며 취학연령대의 아이들은 파란색과 흰색이 섞인 교복을 입고 도로변에 일렬로, 혹은 떼 지어 학교로 향했다.

그런데 몇 분 더 달렸을까 빠른 성장의 전령으로 보이던 거대한 고속도로는 환상에 불과했다는 사실이 드러났다. 인근의 교외 지역으로 빠지는 우회로를 두어 번 타고 나오니 별안간 25년 전 내가 보았던 그 풍경이 나타났다. 예전과 다른 점이 있다면 지독한 교통 체증이 더해졌다는 사실뿐이었다. 중천에 떠 있는 태양의 열기 속에 차들은 꼬리에 꼬리를 물고 서행을 했고 모래투성이의 읍을 지날 때는 차선마저 급격히 줄어들었다. 말이 왕복 2차선이지 맞은편에서 차량이 다가오면 둘 중 어느 한편은 옆길로 비켜야 상대가 지나갈 수 있는 정도였다. 게다가 부부를 걸치고 플라스틱 샌들을 신은 보행자들이 지나갈 때면 요리조리 길을 터 줘야 하는 일들이 벌어졌다. 졸린 눈으로 나뭇가지를 씹으면서 이를 닦던 한 행상은 머리에 땅콩이 든 통을 이고 유유자적하며 차들을 지나쳐 갔다.

한 시간 정도 이런 길이 이어지자 도로변에 줄을 이은 작은 모스크(이슬람교 사원 – 역자 주)와 양복점, 미용실, 생수 파는 노점상을 유심히 관찰하게 되었다. 가정집 뜰에서는 엄마와 딸이 숯을 피운 작은 난로에 허리를 구푸리고 있거나 점심을 차리기 위해 맷돌로 토마토와 고춧가루를 갈아 소스를 만들고 있었다. 운전을 하고 있던 기사와 나눌 수 있는 대화가 거의 없었지만 한쪽 눈으로는 그가 하는 행동을 흘끔흘끔 관찰했다. 허울만 좋은 고속도로로 시작된 이번 여행은 세네갈 사회가 안고 있는 오류와 실망을 고스란히 담고 있는 듯했다. 수많은 프로젝트가 첫 삽을 뜨고도 제대로 끝맺음을 하지 못했고 본질보다는 껍데기를 우선시하는 분위기였다.

마침내 도로가 다시 넓어졌지만 그래 봐야 아프리카의 전형적인 2차선 고속도로였다. 구불구불하고 산발적으로 구멍이 패여 있었으며 속도제한 표지는 있으되 가드레일은 없었다. 도로 저편으로 건조한 평야가 넓게 펼쳐 있고 군데군데 벌거벗은 얕은 언덕이 보였다. 마을은 거의 눈에 띄지 않았는데 여러 상황으로 볼 때 비가 오랫동안 내리지 않은 듯했다.

티에스의 중심부는 보기 드물게 질서가 잡혀 있었다. 식민지 시대 이후에도 도시의 기초적인 윤곽은 유지가 된 것이다. 이 도시의 경우 농촌 사람들의 이주 우선순위에서 빠져 있는 덕에 인구가 급격히 증가하지 않았다. 농촌의 이주자들은 다카르를 가장 선호했고, 그다음으로는 유럽 지역을 꼽았다. 프랑스에 이미 나가 있는 가족들과 합법적으로 동거를 하는 것일 수도 있고, 아니면 북쪽의 사하라를 건너 리비아, 알제리나 모로코를 거쳐 배를 타고 지중해를 건너는 위험천만한 여정을 떠나는 것일 수도 있었다. 후자를 선택한 수많은 사람들이 도중에 목숨을 잃었지만 탈출 시도는 계속 이어졌다.

나는 공장의 위치가 구체적으로 어디인지 묻기 위해 장에게 전화를 걸었다. 신호가 몇 번 울리자마자 장이 예의 친절한 목소리로 전화를 받았다. 나는 택시가 있는 위치를 그에게 일러 주었다.

"어이쿠!" 장이 외쳤다. "저는 다카르에 있는 사무실에 있습니다. 여기에서 오시기를 기다리고 있었지요."

곧장 다카르로 되돌아가자고 말했을 때 기사는 분명 내가 농담하고 있는 줄 알았을 것이다. 아니면 티에스를 찍고 4시 안에 다카르로 되돌아갈 수 있나 없나를 입증하기 위해 멍청한 짓을 하고 있다고 여길지도 몰랐다.

결국 내가 묵고 있던 머모즈 구역의 아파트와 가장 가까운 주유소에서 장을 만났다. 장은 중국인 두 명을 더 데리고 나왔는데 한 명은 젊은 여성으로 장의 작은 차를 운전했다. 20대 초반이겠거니 했는데 실제로는 열 살을 더 먹었다면서 세네갈에서 몇 년째 장의 회사에서 일하고 있다고 소개했다. 또 다른 승객은 중국 남성으로 바로 그날 오후 세네갈에 처음으로 입국했다고 한다.

내가 묵던 현대식 아파트는 국제연합(UN)에서 일하는 서아프리카 친구의 소유로 인테리어를 거의 하지 않은 상태였다. 우리는 해가 질 무렵 거실 소파에 앉아 대화를 시작했다. 장의 이야기는 실타래처럼 얽혀 있었고 푸는 데는 시간이 걸렸다.

잠비아에서 만났던 양보허와 마찬가지로 장 역시 통역사로 아프리카에 처음 발을 디뎠다. 마다가스카르에 진출한 국영기업에서 근무하는 동안 그는 면밀하게 관찰을 했고 배우려는 자세를 늘 잃지 않았다. 프로젝트가 종료된 이후에도 그는 남아서 양판점을 열었다. TV, 컴퓨터, 휴대폰 등 마다가스카르에서 인기 있는 제품을 팔았고 결국 그 나라에서 가장 큰 판매자가 되었다.

그는 다른 중국 기업인들을 위해 일하는 중개인으로서 신용으로 물건을 팔았기 때문에 처음에는 큰 매장을 내려고 창업 자금을 빌릴 필요가 없었다. 나중에는 매장을 내는 데 필요한 자금을 충분히 모을 수 있었다. 시간이 흘러 장은 청두의 중산층이라는 배경치고는 꽤 많은 돈을 벌었다. 문제는 마다가스카르 생활에 점점 따분함을 느꼈다는 것이었다.

사용할 수 있는 예금이 상당했기 때문에 그는 난생 처음으로 여행을 계획했다. 처음에는 중국을 갔다가 다음에는 대학 때 프랑스어를 공부했던 경험을 살려 프랑스로 건너갔다. 하지만 관광객으로서 하릴없이 돌아다니고 돈을 쓰는 일도 지겹기는 마찬가지였다. "적응이 안 되더라고요." 장이 말했다. "할 일이 없었습니다."

장은 프랑스의 경영대학에서 MBA 과정을 시작했지만 이내 싫증을 느꼈다. 자신이 한곳에 가만히 있지 못하는 성격임을 간파한 그는 새로운 사업 구상을 세우고 아프리카로 돌아가기로 했다.

2007년 다카르에 오게 된 것은 한 세네갈 남자와의 우연한 만남 때문이었다. 그는 세네갈이 최근 대만과의 국교를 단절하고 중국과 외교 관계를 수립했다고 알려 주었다. "그 남자는 세네갈에 중국 사람이 거의 없다면서 제게 기회가 많을 것이라고 말했어요. 나중에 세네갈에서 또 전화를 해서는 빨리 들어오라고 하기에 이렇게 오게 되었지요."

장이 처음 세네갈에서 시작한 사업은 별 볼일이 없어서 거의 바로 시내에 레스토랑을 열었다. 이어 중국에서 값싼 물건을 들여오는 사업을 하고, 이어 유통업에 진출했다. "그 후에도 몇 가지 사업을 더 했고요." 그는 덤덤하게 말했다. "그러다가 야금 공장까지 하게 된 겁니다."

이런 경이로운 사업 전개는 국영 건설사에서 통역사로 일했던 최초의 직업 경험에서 비롯된 것이었다. "제가 일했던 회사가 경기장을 지었는데 지금 우리 회사가 주택건설을 하거든요. 이런 일을 경험하는 게 저한테는 당연하게 느껴집니다. 예전에 끊임없이 듣고, 공부하고, 관찰했던 것이 시간이 흘러도 제 안에 남아 있었어요. 그걸 체화하고 난 후에는 이제 내 손으로 사업을 시작할 차례가 된 겁니다. 다행히 같이 데리고 일할 중국인 엔지니어와 기술자가 몇 명 있었어요. 그런 식으로 경험 부족 문제를 해결할 수 있었습니다."

아프리카에서 숱하게 들었던 중국인들의 여느 성공담과 마찬가지로 장이 걸어온 길은 탁월한 지능과 기회, 사람을 정확한 때에 적절한 장소에 투입하여 주위 환경을 활용하는 운이 종합적으로 작용한 결과였다. 또한 미지의 먼 땅에 와 있는 중국인들 사이에 형성된 호의적인 신뢰와 상호 지원이라는 연대감도 크게 보탬이 되었다. 장이 무역을 시작할 수 있었던 것도 그런 신뢰 덕분이었다. 미리 진출한 중국인들은 장에게 돈을 빌려주는 대신 비공식적인 대출 형식으로 자기 물건을 미리 내주었다.

장은 자기 회사에서 일하는 중국인들에게도 동일한 친절을 베풀고 있다고 말했다.

마다가스카르나 세네갈에서 아프리카인들과 협업을 한 적은 있느냐고 내가 물었다. "기본적으로는 없습니다." 장이 말했다. "괜찮은 협력자를 찾는 일이 그리 쉽지가 않거든요." 장은 이렇게 말했지만 현지의 협력자를 찾지 못하는 많은 이유가 있을 것이다.

장과 같은 고용인들을 이전에도 여러 번 만나 보았는데 중국인 엔지니어와 기술자에게 의지하는 경우가 많았다. 또 먼 곳에서 한 번 보거나 아예 면식도 없는 중국인 투자자를 유치하기도 했다. 현지에서 맺는 동반자 관계란 줄을 잘 선 고위 공무원을 돈으로 매수해서 영향력을 이용하는 것 외에는 찾아보기 어려웠다. 이런 환경에서는 아프리카인들에게 직접적인 혜택을 줄 지식이나 기술의 이전을 당분간 기대하기 어려울 것이다. 장을 비롯한 중국인 경영자들은 아직 구축 중에 있는 새로운 중국이라는 세계에 살았다. 아프리카는 새로운 기회가 펼쳐져 있고 큰돈을 벌 수 있는 수많은 세계 가운데 하나에 불과했다.

장이 세네갈인들에게 기회를 거의 주지 않았듯 앞으로 장과 같은 길을 따르려는 중국인들이 성공할 가능성도 제한적일 것으로 장은 내다보았다. 앞으로 수많은 중국인들이 세네갈로 이주하겠지만 영세 자영업으로 큰돈을 버는 시대는 이제 지나갔다는 것이다.

그는 르 산트네르에서 장사를 하는 중국인 상인들이 가난한 게으름뱅이에 패배자일 뿐이라고 무시했다. 반면 다카르는 항만이자 교차로이자 항구도시이며 이 지역 주민들은 개방성을 지향하는 사람들이라고 장은 평가했다.

장은 세네갈인들 일부가 이미 상업에서 두각을 나타내고 있고 두바이와 같은 지역에서 서로 거래를 하고 있다고 말했다. 세네갈인들은 중국, 특히 10만 명의 아프리카인들이 거주하는 광저우에서 직접 물건을 구매하고 있는 단계라고 그는 덧붙였다. 제국의 건설은 거의 항상 양방향으로 일어난다는 점에서 최근 광저우에 형성된 아프리카인 공동체는 그 전형적인 사례이다. 과거에 다른 신흥 강국들이 그랬듯 중국은 영향력을 행사하고자 하는 지역에 이주자를 보냈고 동시에 해당 지역의 국민들도 중국 본토로 진출하고 있다.

장은 이런 경험 덕분에 아프리카인들이 근시안적인 중국의 영세 상인들과 비교해 경쟁에서 유리한 위치에 있다고 판단했다. 르 산트네르의 가판에서 일하는 중국인들은 거만한 태도로 현지인들이 배울 능력도 없고 개선을 하려는 노력도 기울이지 않는다고 깎아 내렸지만 장은 그 중국인들이야말로 착각에 빠져 있다고 비판했다.

"2009년 이후 저는 단순한 상거래는 접었습니다." 장이 말했다. "단순한 상거래로 돈벌이를 할 수 있는 황금 시기는 이미 지나갔다고 보고요. 기본적으로 이런 일을 아직도 하는 사람들은 성공을 거두기 어려울 겁니다. 경쟁이 너무나 치열한 데다 (중국인들이) 유리한 점이 없거든요."

장의 예상이 맞을지는 입증할 방법이 없다. 그가 폄하한 중국 상인들 무리는 르 산트네르나 세네갈에만 국한되지 않았다. 나는 아프리카 대륙의 가장 황량하고 가망성 없는 도심 상업지구에서 그런 유형의 상인들을 숱하게 만났다. 소말리아 접경지대에 있는 에티오피아의 하라르에서 데스 밸리를 방불케 하는 더위에 닭장 같은 작은 가게에 앉아 비지땀을 흘리던 이들로부터 콩고 남부의 루붐바시 도심에서 품질이 형편없는 5달러, 10달러짜리 휴대폰을 조끼 주머니에 가득 찔러 넣고 장사하는 중국 상인들, 탄자니아 다르에스살람의 교차로에서 개비 담배를 파는 이들까지.

나는 장이 그런 진흙탕 같은 장사판에서 발을 뺀 지 오래라는 사실을 알고 있었다. 장은 황금 시기가 찾아오는 흐름을 잘 읽고 이 시대에서 저 시대로, 아프리카의 동쪽 끝에서 서쪽 끝으로 이동했다. 장의 부동산 거래로 화제가 옮겨가기 전까지 그는 계속해서 자기 동포들을 비하하는 태도를 유지했다.

장은 자신이 설립한 건설 회사가 세네갈에서 크게 성공했으며 세네갈에서 자기 회사를 모르는 사람이 아마 없을 것이라고 호기롭게 말했다. 장의 회사에서 수행한 유명 프로젝트도 널리 알려져 있다고 말했다. 건설업분야의 후발 주자임에도 장은 마다가스카르에서 전자레인지와 TV를 팔다가 세네갈 수도의 노른자 땅을 소유한 인물이 되었다. 플라토(시내)는 식민지 시절 프랑스가 건설한 도로와 건물이 남아 있는 낡고 인구가 과밀한 지역인데 장의 사업 부지가 이 플라토의 끝자락에 해안가 도로를 따라 위치하고 있었다.

그의 부지는 도로와의 경계에 합판으로 분리되어 있었는데 일부 구역에는 스텐실 기법을 사용하여 '다카르 중심업무지구(CBD)'라는 글자가 새겨져 있었다. 부지의 한쪽 끝에는 소박한 모스크 위로 솟은 회색 미나레(이슬람교 사원의 첨탑-역자 주)가 보였고 그 반대편 끝에서부터 본격적으로시내가 펼쳐졌다. 부지의 대부분은 공터이거나 건설이 멈춰 있는 듯했다.

압둘라예 와데(Abdoulaye Wade) 대통령은 스스로 자신을 위대한 건축가라고 칭하였지만 국민들 사이에서는 여론을 악화시키는 전시성 사업을일으키기로 악명이 높았다. 이 가운데 가장 신랄한 비난을 받은 것이 50미터 높이의 르네상스 기념비(Renaissance Monument)이다. 한물간 스탈린 양식의 동상으로 남성, 여성, 어린이가 저 높은 곳을 바라보면서 힘차게 걸어가는 영웅적인 모습을 묘사한 상이다. 2010년 대중에게 처음 공개되었을 때 정부는 아시아와 구소련을 제외한 지역에서 가장 높은 기념비라며추켜올렸다. 그러나 많은 세네갈 국민들은 기념비를 자랑스러워하기는커녕 정부가 북한 기업이 제작한 동상에 터무니없이 돈을 낭비했다고 혀를 끌끌 찼다. 특히 국민들은 기념비 속 인물들이 와데 일가의 모습을 닮았다는 의구심을 떨쳐 버릴 수 없었다.

기념비 다음으로 악명이 높은 작품은 '터널'이었다. 사람들이 이미 절벽가의 도로가 완벽하다고 여겼음에도 와데는 터널 건설을 지시했는데, 정확하게 말하자면 터널이라기보다 도로 아래로 난 통로에 가까웠다. 터널이 어느 교차로 아래로 지나갈 만큼 깊지 않았기 때문에 대다수 국민들은 이 터널이 북한이 만든 청동 기념비만큼이나 무용지물이라고 여겼다. 50미터 남짓 길이의 터널과 연결하기 위해 멀쩡한 도로를 파내기까지 했다. 이제 다카르에도 터널이 생겼다! 터널을 뚫어야 한다는 일념이 어찌나 강했던지 와데와 건설업자들은 바다 가까이의 흙을 파내면 구조물에 바닷물이 침투할 수 있다는 사실을 간과하고 말았다. 그리고 실제로 침투 현상이 발생했다. 터널이 일반에 공개되자마자 누수 문제가 심각하여 터널 여기저기에 회반죽을 바르고 모래주머니로 누수가 생기는 부분을 메웠다. 하지만 문제가 해결되지 않아 터널은 결국 재설계에 들어갈 수밖에 없었다.

장의 사업 부지는 문제의 터널에서 아주 가까운 곳이었고 사업 발표 이후 거센 반대에 시달렸다. 장은 중심업무지구에 철근과 유리로 이루어진 빌딩 일곱 채를 올려 거대한 사무, 주거, 상업 복합단지를 건설한다는 계획을 세웠다. 중국의 대다수 대형 도시에서 흔히 찾아볼 수 있는 형태의 단지였고 복합단지의 중심부에는 32층 높이의 탑을 올릴 예정이었다. 장은 총 투자금액이 2억 유로에 달할 것이라고 예상했다.

세네갈 언론은 복합단지를 구상한 장본인이 와데 대통령이라고 보도했다. 대통령은 해외를 방문했다가 돌아오는 길에 해안가의 도로에 들렀는데 이 자리에서 보좌진에게 도시의 미관을 향상시킬 작업이 필요하다는 구상을 밝혔다고 한다. 몇 달 후에 파키스탄의 한 투자자가 현대적인 주거

단지를 지을 계획을 제시했다. 그러나 언론 보도에 따르면 이 파키스탄인은 계획을 실현시키지도 못하고 사망하고 말았다.

장은 이전에 대형 복합단지 프로젝트를 한 번도 수행한 적이 없음에도 용케 사업을 따냈다. 그러고는 한밤중에 불도저를 동원하여 사업 부지를 완전히 밀어 버렸다. 중국에서는 건설사와 현지 정부 사이에 미심쩍고 경쟁력이 떨어지는 거래가 빈발했기 때문에 수많은 개발업자들이 사업 추진을 위해 즐겨 쓰는 전략이었다. 기업과 공무원이 한통속이 되어 밀어 붙이는 부동산 사업은 추진 형태도 다양했다. 도시에서 사업 부지가 매각되자마자 시에서 경찰이나 폭력단을 동원하여 기존의 주민들을 쫓아내는 경우도 있었다.

장은 자신이 사업을 추진하는 데 장애물이 많다는 사실을 인정하면서도 지역 주민들이 그렇게 심하게 반대할지는 예상치 못했다고 털어놓았다. 그가 불도저로 밀어 버린 부지에는 원래 스포츠 위락 시설이 있었고 지구별로 축구 경기를 치르던 경기장도 포함되어 있었다. 시설이 파괴되자 르브스의 주민들이 들고일어났다. 이어 파괴된 경기장이 홈구장이었던 축구 클럽이 항의를 하고 나섰고 세네갈 축구협회도 거들었다. 이제 모든 이해 관계자들이 부지의 보존을 주장하면서 개발업자가 프로젝트를 포기하든지, 멋들어진 탑을 다른 지역에 지으라고 요구했다.

세네갈은 아프리카에서 언론이 가장 자유를 누리는 국가의 하나이며 시민사회의 발전 수준도 높은 편이다. 르브스 사태는 곧 대중의 입에 오르내렸다. 게다가 세네갈 전역에서 일고 있던 반중 정서와 맞물리면서 중국인 사업가가 프로젝트를 추진하게 된 배경에 대한 의문이 제기되기 시작했다. 사람들은 장의 프로젝트가 중국의 2차 이주물결을 불러오는 트로이의 목마나 다름없다고 비난했다. 중국인들이 무기 대신 값싼 자금과 중국 본토로 연결되는 강력한 상업 네트워크를 앞세워 세네갈의 새로운 정복자가 되려 한다는 위기감도 높아졌다. 비판자들은 세네갈인 중에 장이 건설하는 호화 아파트를 구입할 수 있는 사람도 거의 없다고 지적했다.

반대 여론이 거세지자 와데 대통령은 프로젝트 반대자들을 불러 계획이 변경될 것이라고 안심시켰다. 그러나 몇 주 후 와데 대통령은 장과 주세네갈 중국 대사, 축구협회 대표와 또 다른 회의를 갖고 프로젝트가 계속 추진될 수 있도록 길을 터 주었다. 수석보좌관은 언론과 만난 자리에서 앞서 프로젝트와 관련하여 대통령이 입장을 밝혔을 때에는 오해로 착오가 있었다고 해명했다. 장은 축구팀에게 다른 지역에 구장을 지어 주겠다는 약속을 하면서 다카르의 여러 지역에 다양한 프로젝트를 진행하겠다는 유인책도 제시했다. 주민들과 화해를 하였고 뜻이 일치된다는 것을 보여 주려고 몇몇 주민들을 앞세우기도 했다.

장에게 어떻게 상황을 개선했는지를 묻자 그가 답했다. "내가 해결했지요."

보나마나 갈등을 무마하기 위해 큰돈을 썼겠지만 장은 말을 아꼈다.

장은 자신이 완벽한 타이밍과 쉼 없는 노력 덕분에 성공을 거두었다고 자평했다. 하지만 천루이가 허난에서 아프리카로 흘러들어 온 과정에 조직범죄와 인신매매의 의혹을 지울 수 없듯, 장이 세네갈에서 거둔 특출 난 성공에도 떳떳하지 못한 힘이 작용한 것은 아닐까 하는 의문이 들었다. 장은 중국의 더 큰 이해를 대변하는가? 그가 복합단지와 같은 대형 프로젝트를 추진하는 데 필요한 자금을 어떻게 확보할 수 있었는지, 혹시 세네갈 정부의 승인이 필요한 고비마다 중국 대사관의 배려가 있었던 것은 아니었는지 의구심이 일었지만 내가 입증할 수 있는 문제는 아니었다.

사실 장의 프로젝트에는 대중에게 일관성 있고 매력적으로 호소할 수 있는 논리가 있었기에 엄청난 뇌물(pots-de-vin)을 수수하는 대신 좀 더 투명한 과정으로 진행했어도 승산이 있었을 것이다.

"그들에게는 일자리가 필요해요." 장이 가리킨 '그들'이란 세네갈인들이었다. "정부는 부지를 선정하여 중심업무지구(CBD)로 탈바꿈시키면 다카르의 외관도 개선되고 국가의 경제 발전을 이끌 것이라고 믿고 있어요. 사업은 세네갈 경제에 아주 중요한 일입니다. 그래서 내가 하는 일을 정부가 지원하는 것이고요."

그러나 몇 달 후 와데 대통령이 헌법을 모호하게 해석하여 3선에 도전하자 성난 유권자들은 가차 없는 심판을 내렸다. 그리고 새 대통령 당선자는 취임하자마자 가장 먼저 와데 전 대통령의 프로젝트를 취소시켜 버렸다.

제2부

악마와 깊고 푸른 바다

제4장

순진한 낙관 _ 라이베리아

　　나이로비에서 이륙 직전 좌석을 놓고 한바탕 혼란이 벌어지
면서 비행 일정이 지연되었다. 스튜어디스는 출구 쪽 열에는 긴급한 상황
발생 시 지시에 따를 수 있도록 영어를 할 줄 아는 승객이 앉아야 한다고
했다. 그 열에 앉아 있던 중국인 두 명이 영어를 한마디도 할 줄 모르는 게
문제였다. 사실 비행기에 탑승하기 위해 공항 터미널에서 줄을 서 있는
동안 그 둘을 본 적이 있었다. 터미널은 내가 겪어 본 중에 가장 많은 중국
인 여행객들로 붐비는 상황이었다. 중국인 둘은 광둥 사람들로 20대 초반
으로 보였다. 여자 쪽은 꽤 살집이 있는 편이었고 남자는 갈대처럼 가늘
었다.

　　스튜어디스는 중국인들 바로 뒤에 앉아 있던 내게 와서 혹시 자리를 바
꿔 줄 수 있는지 물었다. 짐을 옮기는 동안 그 사람들이나 나나 어쩐지 어
색한 기분이 들어서 잠시 대화를 나누었다. 두 사람은 나와 마찬가지로 아
프리카 서해안 중턱의 라이베리아로 향하고 있었다.

　　여자는 자기 옆에 조용히 앉아 있는 이가 남동생이라면서 본인들이 홍콩에서 왔다고 소개했다. 홍콩이라고 하면 으레 머릿속에 떠올리게 되는 세련된 모습과 거리가 있었기 때문에 의외라는 생각이 들었다. 여자의 이름은 진후이로 라이베리아의 수도 몬로비아에서 소매업을 하는 남자 친구를 만나러 가는 길이었다. 1년 전에도 몬로비아를 방문한 적이 있는데 이번에 가면 남자 친구와 그곳에서 계속 살게 될 가능성이 높다고 그녀는 말했다.

나 역시 라이베리아가 초행이 아니었다. 대학생 때 처음으로 가 보았고 나중에는 신참 기자로, 후일에는 1990년대에 발발한 긴 내전을 취재할 목적으로 빈번하게 찾은 바 있었다. 내전 중 반군 지도자 찰스 테일러(Charles Taylor)가 몬로비아를 점령하기 위하여 벌인 전면전으로 마지막 안전지대마저 반란군에 점거당했고 당시 내가 미국 대사관에서 해병대 헬리콥터를 타고 도시를 탈출했던 일화를 들려 주었다.

진은 전쟁이 있었다는 사실은 알고 있었으나 내 이야기에 큰 감흥을 받지 못한 것이 분명했다. 그보다 자기만의 문화적 시각으로 몬로비아를 관찰한 내용에 관심을 두었다. 주민들은 나태하고 지저분하며 게으르다면서 업신여기는 투의 불만을 장황하게 늘어놓았다. 그러다 뭔가 흥미를 느꼈는지 질문을 했다. "라이베리아에서 본 충격적인 일들 중에서 한 가지 물어보고 싶은 것이 있는데요." 진이 말했다. "어떻게 그렇게 가난한 사람이 많은 나라가 일요일에 상점 문을 전부 닫아 버리지요? 중국에서는 일요일에도 돈을 벌거든요. 근데 이 나라는 모두 교회를 가더라고요!"

나는 아프리카 사람들의 삶에서 영적인 활동이 상당히 중요한 의미를 갖는다고 조심스레 일러 주었다. 그래도 납득하지 못한 모양이었다. "중국에서도 예배를 합니다. 그렇지만 우선순위를 바로 세워야지요. 집에 애들이 먹을 음식이 없는데 교회에 가는 것을 어떻게 정당화할 수 있나요?"

내가 다시 방문하려는 서아프리카 3개국은 아프리카의 다른 지역과 마찬가지로 폭력과 실정으로 황폐화되다시피 했다. 사실 3개국을 하나로 묶어서 접근하는 것은 단순히 추상적인 차원의 일이 아니었다. 라이베리아, 시에라리온, 기니는 대서양 노예무역이 자행되던 시절부터 긴밀하게 연결되어 있었다. 19세기에는 미국과 영국에서 되돌아온 흑인 귀환자들이 라이베리아와 시에라리온을 건국했다. 최근 이 두 나라 모두 파괴적인 내전을 겪었고 이 과정에서 기니는 부수적인 피해를 입는 동시에 중요한 역할을 하기도 했다.

1990년대부터 2000년대 초반까지 이 지역에서 벌어진 유혈 내전은 국가 규모에 비해 너무 많은 사람들을 희생시켰다. 라이베리아에서는 전 국민의 10퍼센트에 가까운 약 25만 명의 희생자가 났다. 이와 함께 수많은 이재민이 발생했고 그렇지 않아도 취약한 인프라가 더욱 파괴되었으며 황폐화된 도시에는 난민이 몰려 무단 점거가 이어졌다.

기본적으로 천연자원이 풍부한 아프리카의 기준으로 보아도 서아프리카 3개국은 미개발 상태의 광물자원이 막대하게 매장되어 있는 축에 속했다. 전쟁을 딛고 일어선 3국은 중국뿐만 아니라 다른 외국인 투자자들의 지대한 관심을 받고 있었고 내 관심사는 과연 현지에서 어떻게 대처하고 있는가 하는 문제였다. 진과 같이 이 지역으로 흘러들어 가는 많은 중국인 이주자들은 기존에 체계적으로 정비되지 않은 환경을 어떻게 변화시킬 것인가? 앞으로 창출될 새로운 부는 이 경제권에 속한 가난한 국민들에게 얼마나 혜택을 줄 것인가? 이런 질문에 답을 구하고자 나는 라이베리아로 향하고 있었다.

개인적으로 판단하기에 아프리카는 국가별로 극명한 차별화가 진행되는 시대에 접어들었다. 좋든 싫든 중국은 특정한 국가의 경제에 영향을 미칠 것이고 경우에 따라 그 영향은 극적인 수준일 수도 있다. 정부의 운용이 안정적이고, 고위층이 책임 있는 자세로 시민의 요구에 관심을 기울이며 제도적으로도 건전한 나라라면 견조(堅調, 주가 시세가 하락하지 않고 높은 상태를 유지하고 있는 것 – 역자 주)한 중국의 수요를 바탕으로 번영을 이룰 수도 있다. 중국에 수출을 하면서 그 밖에 브라질, 터키, 인도, 베트남 등 신흥국가들의 빠르게 증가하는 투자를 유치하는 것이다. 이 과정에서 많은 아프리카 국가들은 민주화를 거칠 것이다. 반면 부패한 독재국가, 전쟁으로 제 기능을 하지 못하는 나라, 제도가 취약하거나 부패로 인해 민주주의 기반이 약한 나라는 광물자원을 중국을 비롯한 입찰자들에게 팔아넘길 것이다. 자원의 매각 대금이 국민들에게 투자되고 단순 채굴 이상의 새로운 경제활동으로 이어진다면 지하에 매장된 자원이 지상의 부로 전환될 수 있다. 그러나 이런 국가들에서는 단 한 번의 기회를 허공으로 날려 버릴 가능성이 높다.

아프리카가 당면한 과제는 단순하다. 많은 아프리카 국가에서 자원이 고갈되는 시기는 인구가 전례 없이 폭발적으로 증가하는 시기와 맞아 떨어진다. 인구 증가율이 현 추세를 유지한다면 40년 안에 대다수 아프리카 국가에서 인구가 현재의 두 배 수준으로 증가할 전망이다. 반면 철, 보크사이트, 구리, 코발트, 우라늄, 금 등 광물의 대부분이 고갈될 것이다. 경제구조가 다변화되고 국민들의 교육과 보건 등에 투자를 한 국가들은 번영을 누리겠지만 그런 기반을 갖추지 못한 국가들의 앞날에는 비참한 미래가 기다리고 있을 뿐이다. 라이베리아, 시에라리온, 기니는 현재 정치적으로 민주주의 국가들이지만 기반과 제도가 매우 취약한 상황이다. 서아프리카 3국은 앞서 언급한 갈림길에서 어디로 향할 것인가?

비행기가 몬로비아 공항을 향해 하강하는 중에 진이 내 어깨를 두드리면서 출입국 신고서 작성을 도와줄 수 있느냐고 물었다. 영어를 못 읽는다는 것이다. 해외여행이 처음이 아닌 사람이 어떻게 '이름', '생년월일'과 같은 기본적인 용어에 어려움을 겪을 수 있는지 이해가 안 되었다. "사실 중국어도 읽을 줄 몰라요." 진은 이렇게 말하면서 고개를 푹 숙였다. 보나마나 그 동생도 못 읽는 것이 확실했다.

남매의 여권을 펼쳐 보니 홍콩 출신이라는 말은 거짓말이었다. 서류상 두 사람이 남매지간인 것은 확인되었고 고향은 광둥성의 농촌 지역이었다. 두 사람의 신고서를 작성해 주면서 지금까지의 수많은 비행이 뇌리를 스쳤다. 몸을 뒤덮는 아프리카 전통 의상을 입은 나이든 여성들이 읽고 쓰는 이 작은 마술을 부려 달라며 귀찮게 조르곤 했었다.

공항에 도착했을 때 남매는 작별 인사도 없이 이미 어디론가로 사라져 버렸다. 위탁 수하물을 기다리는 줄에서 오래 기다린 끝에 내 짐이 사라져 버렸다는 사실을 알게 되었다. 어쩔 수 없이 비행기에서 알게 된 케냐인 두 명과 함께 차를 타고 시내로 들어갔다. 국제 비정부기구(NGO)에서 일하는 사람들이었는데 미리 잡아 둔 레바논인의 호텔로 차를 몰았다. 운 좋게도 내가 쓸 수 있는 빈 방이 하나 있다고 했다.

2차선 도로를 타고 도시로 들어가는 길에 여러 마을을 지나쳤는데 지난 50년 동안 변한 것이 없어 보였다. 습지를 지나 군데군데 펼쳐진 삼림 지대를 거쳐 가니 촌락 규모의 작은 마을들이 모습을 드러냈다. 맨 흙바닥 위에 지은 초가지붕 오두막들이 타르로 두른 띠와 우거진 초목 사이에 자리하고 있었다. 그 장면을 보니 아프리카를 원시의 장소, 혹은 위협적 '덤불'로 뒤덮인 지역으로 묘사한 서구의 문학이 얼마나 천편일률적으로 기록되었나 하는 생각이 들었다.

몬로비아에 가까워질수록 마을의 생김새는 시시각각 변했다. 가옥은 거대한 강철 선적 컨테이너를 개조한 형태가 지배적이었지만 이따금씩 대단한 솜씨를 부린 집들도 보였다. 대부분은 컨테이너에 창문을 뚫은 형태였지만 스크린 도어나 차양으로 멋을 부리거나 테라스를 따로 설치한 집들도 있었던 것이다. 형형색색으로 색칠을 한 집도 있었다.

몬로비아의 중심부인 신코르에 가까워질수록 이런 매력적인 볼거리가 자취를 감추었다. 인구밀도가 급격히 높아졌고 불결한 인상을 주었다. 그 럴듯한 빌딩이나 집에는 외국 기업의 이름이 붙어 있었는데 크고 작은 서양의 NGO와 미국의 선교 단체들 이름이 주를 이루었다. 라이베리아를 구원하러 온 이들이 만들어 놓은 터전에서 또 다른 해외 단체들은 돈을 벌기 위해 와 있는 형국이었다.

오랫동안 서아프리카 3개국을 여행한 그레이엄 그린(Graham Greene)은 1936년 라이베리아에 대해 예리하게 기술했다. "이곳에는 다른 지역에서 얻을 수 없을 정도로 열매가 많다."[25] 오늘날 그 풍요는 초라함으로 변했고 몬로비아를 둘러볼수록 그 정도가 더욱 심해졌다. 라이베리아는 19세기 미국의 작품으로 아프리카 식민지라고 부르는 데 가장 근접한 지역이었다. 이는 곧 라이베리아가 아프리카 대륙에서 근대화된 기독교 민주주의 국가의 전형이 됨을 의미했다. 라이베리아 국민들 스스로도 미국과 특별한 관계를 맺고 있다고 자부했다. 그런데도 라이베리아의 발전이 그토록 더뎠던 이유는 무엇인가? 라이베리아인들만 이를 궁금하게 여긴 것이 아니었다. 최근 라이베리아에서 급성장하고 있는 중국인 이주자들의 공동체에서도 의아하게 여겼다.

내가 묵게 된 로열 호텔은 숙박비가 하루 150달러였다. 조악한 싸구려 가구에 낡고 형편없는 붙박이 시설, 축 처진 침대를 고려하면 결코 싸지 않았다. 장기간의 비행으로 좁은 공간에 갇혀 있던 터라 걷고 싶은 생각이 간절했다. 마침 환전도 하고 샤워 후에 갈아입을 옷가지도 살 겸 석양이 빛나는 느즈막한 오후에 방을 나섰다. 발길이 닿는 곳에 있던 가게들은 거의 모두 외국인들 소유였다. 레바논인들이 주를 이루는 가운데 남아시아, 이스라엘에서 온 힌두교도와 무슬림들, 그리고 새로 합류한 중국인들이 눈에 띄었다.

흔히 영세 자영업과 소기업은 사회경제라는 사다리의 하단에서 중요한 역할을 하는 가로대로 간주된다. 가난하고 교육의 기회를 거의 누리지 못한 저소득층이 다른 계층으로 올라설 수 있는 최초이자 최적의 선택 사항이 되기 때문이다. 그런데 어찌된 일인지 아프리카의 많은 나라에서는 사다리의 아랫부분을 먼 타국에서 온 교육 수준이 더 높은 이민자들이 자본과 기존의 무역망을 기반으로 차지해 버렸다. 물론 저소득 계층의 중국인들이 아무리 남다른 열정과 진취성, 세계 초강대국으로 부상하는 중국과의 연계성을 갖추고 있다 하더라도 어떤 차이를 만들어 내리라 기대하기는 어렵다.

해가 저물 무렵 나는 옛 시가지로 가기 위해 택시를 불렀다. 그때에야 내가 마지막으로 이곳을 온 이후에 무엇이 변했는지가 눈에 들어왔다. 수년 전에 오직 어둠만 있었던 이곳에 전기가 공급되고 빛이 더해진 것이다. 3월이 한참 지났는데도 브로드가(街) 높은 곳에는 여전히 빨간색 녹색 전구가 반짝이는 크리스마스 등불이 길게 걸려 있었다. 이 도시의 시민들에게 전기를 주는 대가로 오래도록 축하를 받는 듯했다.

내전 기간에 라이베리아에서는 저녁 6시부터 통행이 금지되었고 국민들은 전기도 공급되지 않는 집에 머물며 마음을 졸여야 했다. 나이트클럽이 대낮에 문을 여는 데이클럽으로 바뀌던 시절이었다.

택시는 맘바 포인트의 언덕을 돌아 낡고 휑뎅그렁한 메이소닉 템플을 지나쳤다. 미국계 라이베리아 고위층만 입장이 가능한 배타적인 클럽이었다. 그레이엄 그린은 미국에서 돌아온 노예들의 후손들이 권력에 눈이 멀어 아프리카판 태머니홀(Tammany Hall, 뉴욕 시정을 지배하던 보스 기구의 속칭-역자 주) 사건을 일으켰다고 기술하기도 했다.

택시가 과거에 자주 머물렀던 호텔이 위치한 맘바 포인트로 다가가는 동안 나는 이곳에서 목격했던 전투들, 이 파괴된 거리에 가까운 지구에서 반란군이 전진과 후퇴를 반복하던 이야기를 기사에게 들려주었다. 반란군은 대부분 나이 어린 소년병들이었는데 '엉덩이를 깐 장군(General Butt-Naked)'과 같은 별칭으로 알려진 난폭한 지휘관들의 지시에 따라 움직였다. 아이들은 로켓 추진 소회탄을 발사하고 기관총을 조준도 하지 않고 난사했다. 나는 또 간밤에 총격전이 일어난 후 아침이 되면 여기 저기 시체들이 흩어져 있던 장면을 설명하기도 했다. 불과 15년도 지나지 않았는데 기사에게는 전혀 와 닿지 않는 이야기인 듯했다. 어쩌면 내가 이곳과는 상관없는 먼 나라에서 일어난 이야기를 하고 있었는지도 모른다.

토요일 밤이었기에 맥주 생각이 더욱 간절했다. 운전기사인 윌리엄이 맥주를 한 잔 할 만한 장소를 찾아 이곳저곳을 들러 주었지만 문을 닫았거나 연기와 매춘부들이 가득 찬 시끄러운 장소들뿐이었다. 그러다 윌리엄은 메트로폴리탄 디스코라는 번쩍이는 간판을 단 장소에 멈춰 섰다. 나는 장소야 어떻든 맥주를 마시겠다는 일념으로 들어가 보기로 했다. 출입문으로 다가가는데 한 중국인 남성과 여성이 나왔고 이번에는 제대로 찾아왔구나 하는 생각이 들었다. 그들은 나를 지나치면서 눈길도 주지 않았는데 분위기상 클럽을 운영하는 사람들이라는 생각이 들었다.

나는 어둡고 후미진 구석에 있는 높은 스툴에 앉았다. 내가 경험해 본

최악의 사운드 시스템을 통해 현지의 댄스 음악이 쩌렁쩌렁 울리고 있었다. 곧 리사라는 매춘부가 접근했다. 검은색 수술이 달린 형편없는 숄 아래에 몸이 훤히 드러나는 얼룩투성이의 흰색 칵테일 드레스를 입고 있었다. 어두운 공간에서조차 여자가 끔찍한 어딘가를 거쳐 온 것을 알 수 있었다. 내가 꿈쩍도 하지 않는 데도 아랑곳 않고 매달렸는데 이번에는 두 번째 여자가 접근했다. 짜증이 치밀어 올랐다.

몸을 빼내어 그 자리를 떠서 클럽을 둘러보기 시작했다. 놀랍게도 중국 TV 프로그램에서 군대의 퍼레이드 장면이 무한 반복되고 있었다. 배경은 베이징, 좀 더 정확하게는 천안문 광장으로 신중국 건국 기념일인 10월 1일에 열리는 연례 군사 퍼레이드였다. 대형 프로젝션 스크린을 가득 채운 수많은 중국군은 무릎을 굽히지 않고 다리를 높이 들어 올리며 행진을 했다. 시선은 사선으로 먼 곳에 두고 거수경례를 했고 그 옆으로 대공포와 탱크, 미사일이 지나갔다.

화면에서 눈을 돌려 보니 나보다 더 넋을 잃고 퍼레이드를 응시하는 누군가가 있었다. 옆 테이블에 앉아 있던 그 라이베리아 남성은 얼마나 몰입돼 있는지 내가 맥주를 다 비우고 나갈 때까지도 몸을 앞으로 기울인 채 화면에 시선을 고정하고 있었다.

호텔에서 두 밤을 자고 나니 레바논인 호텔을 떠나야겠다는 생각이 들었다. 일단 시설 대비 비싼 비용을 납득할 수 없었고 내가 인터뷰하기로 한 중국인들 중 일부가 현지에서 호텔 사업을 하기도 했다. 월요일 오전에 그중 하나인 리지웅에게 전화를 걸었다. 리는 하루 숙박비가 세끼 식사와 세탁까지도 모두 합쳐 100달러라고 일러 주었다. 아직 세탁할 만한 옷가지를 사지 못했지만 무료 인터넷이 제공된다는 대목에서 리의 호텔로 당장 옮기겠다는 결심을 굳혔다. 리는 곧장 최신형 벤츠 밴을 타고 나를 데

리러 왔고 우리는 터브먼 대로를 타고 이동했다. 그때서야 리가 나를 즐거운 마음으로 기꺼이 데려가는 이유를 알게 되었다.

"당신이 우리 호텔에 머무는 첫 번째 외국인이랍니다." 리는 문자 그대로 '오랜 이방인(老外)', 즉 '외국인'을 의미하는 단어를 사용했다. 중국에서 일상적으로 쓰는 단어이기는 했지만 라이베리아라는 이국땅에서는 리나 나나 모두 외국인이 아닌가 하는 생각에 그 기이한 단어가 머리에서 떠나지 않았다.

도로에서 벗어나 투박하게 '안녕 중국(你好 中国)'이라고 쓴 커다란 간판이 머리 위에 달려 있는 호텔 진입로에 들어섰다. 나는 케냐 항공에서 잃어버린 수하물을 아직 찾지 못해서 당장 옷이 필요한 상황이라고 말했다.

"문제없어요." 리는 밝은 목소리로 응수했다. "일단 여기에 짐을 내려 놓으면 쇼핑을 하시도록 시내에 데려다 드리지요." 내가 어떤 문제를 꺼내든 그는 일관성 있게 이렇게 반응했고 나는 그런 태도에 점차 익숙해졌다.

리의 건물은 도로에서 아래쪽으로 경사진 가파른 비탈면에 자리 잡고 있었다. 리가 호텔이라고 부르는 그 건물은 사실 무질서하게 지은 개성 없는 콘크리트 빌라에 불과했다. 지하에 있는 내 방은 어둡고 더웠으며 에어컨이 작동되지 않았다. 공중전화 부스 크기의 샤워실과 페인트칠이 엉망인 작은 침실 사이에는 오물로 가득 찬 저장 공간이 있었다. 방문도 엉성해서 닫을 때마다 싸구려 자물쇠가 흔들거리며 말을 듣지 않았다. 나는 더 많은 중국인들을 알기 위해 여기에 있는 것이고 그건 어찌됐든 환영할 일이 아니냐며 스스로를 위안했다.

리는 인상이 차분한 나이든 기사를 불렀고 우리 셋은 시내까지 짧은 거리를 차로 이동했다. 첫날 밤 택시를 타고 갔던 바로 그 도로를 따라서 맘바 포인트의 주변을 돌았는데 며칠 전에는 어두워서 못 보았던 흰 벽으로 둘러싸인 주택지구를 지나갔다. 붉은색 글씨로 간판을 단 중국인 의사의 진료소도 눈에 띄었다. 혹시 진료소를 운영하는 사람을 아는지 묻자 리는 놀랍게도 주인이 허난성 출신의 사기꾼이라며 폄하했다.

이른 오후의 공기는 숨을 턱턱 막히게 했고 차는 시내의 좁은 도로에서 속도를 줄이고 천천히 움직였다. 리는 엉터리 영어로 운전기사를 윽박지르면서 방향을 지시하기 시작했다. "여기서 꺾어!" 그의 영어대로라면 일방통행로를 역주행해야 했다. "아니. 멈춰! 가, 가!" 이윽고 우리는 문자 그대로 구멍이 뚫려 있는 벽 앞에 주차를 했다. 건물은 전쟁으로 폭격을 당한 듯 보였고 가게는 무단 점유자들의 차지였다. 주인이 그늘에서 친구와 장기를 두는 중에 젊은 남자들은 가게를 들락날락하면서 원통에 걸쳐져 있거나 머리 위의 줄에 매달려 있는 옷을 점검했다.

리는 내게 직원이 권해 준 옷가지를 한 번 입어 보라고 했다. 내가 땀에 절어 있는 옷을 벗는 동안 직원들이 등 뒤에서 시트를 들어 가려 주었다. 재빨리 셔츠와 바지 몇 장을 골라서 우리는 호텔로 돌아왔다.

돌아오는 길에 1960년대에 건설된 거대한 대통령 관저를 지나쳤는데 보수가 시급해서 현재는 사용되지 않고 있었다. "라이베리아인들은 중국이 관저를 개조해 주었으면 하고 내심 바라지만 직접적으로는 한 번도 언급을 한 적이 없어요." 리가 말했다. "여기에서 중국인과 라이베리아인의 차이가 드러납니다. 중국도 상대가 보수를 원하고 있다는 것을 눈치채고 있지만 정식으로 요청해 주기를 기다리고 있는 겁니다. 체면의 문제랄까요. 라이베리아는 위신을 높여 주는 걸 이해하지 못해요."

그러고는 어떤 맥락도 없이 정치 이야기로 직행했다.

"라이베리아는 미국의 지배를 받는 나라 아닙니까." 리가 내게 말했다. 예전에는 그랬을 수도 있지요, 내가 대답했다.

"아니, 여전히 그렇다는 말입니다." 리가 맞받아쳤다. "여기에서는 정부 기관 어디를 가나 미국인이 있어요. 꼭 한 명은 있거든요. 당신네 미국인들은 라이베리아를 사촌이라고 불러도 될 겁니다." 리가 웃으면서 말했다. "그런데 미국이 이 나라에 많은 돈을 주었지만 그저 낭비되고 말았어요. 전혀 국민들에게는 흘러들어 가지 않았으니까요. 중국은 이걸 보고 깨달은 바가 있었습니다. 우리는 돈을 주는 대신 건설을 해 줍니다. 그러면 사람들이 눈으로 확인을 할 수가 있어요. 라이베리아 정부는 미국과 친밀하지만 정작 이 나라 국민들은 미국을 그다지 좋아하지 않아요. 지난 세월 동안 라이베리아에서 대단한 업적을 이루지 않았다고 느끼는 거지요."

그날 오후 나는 마을을 돌아보았다. 호텔을 나가려는데 리가 6시 반에 저녁이 나온다고 말해 주었다. 호텔에는 열 명의 중국인이 묵고 있었고 모두가 일과에 따라 함께 식사를 했다. 투숙객 중 일부는 중국 정부가 전 세계 각국에 중국어 학교를 세우겠다는 야심찬 계획의 일환으로 설립한 공자 학원의 교사였다. 나머지 사람들은 건설 인부들이라고 리가 일러 주었다.

저녁식사가 나오기 직전에 호텔로 돌아왔는데 리가 문 앞에 서서 나를 기다리고 있었다. 짐을 놔두고 샤워를 하러 방에 들렀는데 수건이 없었다. 리에게 수건이 없다고 말하자 젊은 중국인 직원을 불러서 하나 가져다주라고 했다. "대부분의 중국인들은 자기 수건을 가지고 다니기 때문에 보통 방 안에 수건을 비치해 놓지 않아요." 그가 말했다. "혹시 흑인이 썼을지도 모르는 수건을 쓰고 싶어 하지 않거든요."

식당은 차도 가까운 곳에 있었고 내부에 시설은 거의 없었다. 10여 명이 크고 둥근 식탁에 둘러앉아 있는데 라이베리아 여자 종업원이 수줍은 기색으로 생선, 돼지고기, 당면, 가지와 갖가지 채소류와 같은 중국 음식이 수북하게 담긴 큰 접시들을 내왔다. 식전에 리가 장황하게 내 소개를 늘어놓는 바람에 그 전까지만 해도 왁자지껄하던 분위기가 다소 무거워졌다. 식탁에 앉아 있던 사람들 중 다수는 중국인이 아닌 사람과 식사를 하는 것이 처음이었다. 내가 젓가락질을 능숙하게 하는 모습이며 밥을 입에 떠 넣는 것을 흘끔흘끔 쳐다보는 동안 어색한 침묵이 흘렀다.

식사를 마친 중국인들이 하나둘씩 일어났다. 대부분은 지하의 내 방 옆 오락실에 다시 모여 한 시간 쯤 중국 TV 프로그램을 같이 시청한 후 돌아갔다. 방에 들러 노트북을 꺼내서 오락실에 들어가니 리가 테라스의 자리를 권했다. 그는 이미 3명의 투숙객들과 카드를 치고 있었기 때문에 나는 맥주 한 잔을 시켜 놓고 인터넷 검색을 시작했다.

리는 게임이 끝나자 나에게 맥주 한 잔을 더 시켜 주었다. 정작 본인은 마시지 않겠다고 마다하고는 자수성가한 중국 남성들의 전형적인 레퍼토리를 시작했다. 방 열 칸짜리 '호텔'을 지은 이 자립심 강한 만물박사는 문틀이며 창문까지 자기 손으로 만들었다고 뽐냈다. 시설의 마감 처리가 얼마나 부실한지, 지하층의 오물이며 체크인하고 방에 들어갔을 때 샤워 칸에 죽어 있던 바퀴벌레는 무엇인지 물으려다가 꾹 참았다.

"우리는 대부분 동등하게 태어납니다." 리가 말했다. "그런데 어떤 사람이 될 것이냐 하는 것은 우리가 어떻게 행동하느냐, 어떤 노력(努力)을 기울이느냐에 달려 있어요." 노력이라는 말은 문자 그대로 고된 일인데 리 같은 유형을 만나면 꼭 듣게 되는 단어의 하나였다.

나를 처음 이 곳으로 데려오던 짧은 시간에도 리는 아프리카에서 자기가 부자가 된 것은 개인의 운명, 곧 연분(緣分)이라고 말한 적이 있었다. 그런데 이제는 자기 말을 스스로 부인하고 있는 셈이었다.

"내가 그만큼 열심히 일했기 때문에 연분을 가지게 된 겁니다. 그래서 이런 집이며 차, 다른 사업들을 할 수 있게 되었고요. 근면하지 않으면 타고난 운명도 소용없지요."

앞서 나눈 대화에서 리는 라이베리아가 발전을 하는 데 10년이면 될 거라면서 입담 좋게 근거를 늘어놓았었다. 그런데 지금 이 대목에서도 사뭇 다른 의견을 내놓았다.

"라이베리아에서 권한을 가지고 있는 사람들은 자기가 뭘 하고 있는지 아무 생각이 없어요." 리는 말했다. "어떻게 실업률이 80퍼센트나 될 수가 있지요? 어떻게 자기 국민들도 제대로 먹이지를 못한답니까? 라이베리아 국민의 4분의 3은 하루에 한 끼밖에 못 먹어요."

이렇게 된 원인이 어디에 있는지를 물으면서 내심 수없이 많은 사람들에게 들었던 '게으름'이라는 답이 나오겠거니 했다. 그런데 리는 게으름 대신 레이건 시절 공화당이 유권자들에게 복지여왕(welfare queens)을 들먹임으로써 논란을 부추겼던 일을 연상시키는 듯한 이야기를 늘어놓았다.('복지여왕'은 정부에서 복지혜택을 받아 캐딜락을 몰고 다닌다는 흑인 여성으로 공화당이 복지 혜택을 줄이기 위해 꾸며 낸 가공의 인물이었다 – 역자 주)

"이곳 정부는 미국에 가서 2,000만 달러, 유럽에 가서 1,500만 달러, 이렇게 구걸을 합니다. 그렇게 돈을 받아서 프로젝트를 하다가 마무리가 안 되면 이번에는 세계은행에 가서 돈을 좀 더 달라고 하지요. 라이베리아 정부는 이제 외국인을 유치해서 뭔가를 생산하도록 만들어야 합니다. 그런데 외국인이 자기 땅을 갖지 못하게 하다니! 투자자들에게 '땅이 필요하십니까? 여기에 있습니다!' 이렇게 나와야 할 판이라고요. 라이베리아인을 고용해서 이 땅에서 뭔가를 생산한다는 것은 아무튼 좋은 일이니까요. 우리는 3년 후에 다시 돌아와서 당신이 한 일을 보겠다, 돈을 벌고 있으면 그때 가서 당신에게 무언가를 얻어 낼 수 있겠지 하면 되는 겁니다."

리의 발언은 아프리카인들의 중국인들에 대한 공통적인 불만 가운데 하나가 중국인 노동력을 데려오는 사실이라는 점은 고려하지 않은 듯했다. 리의 호텔만 보더라도 머릿속에 언뜻 떠오르는 라이베리아인은 저녁을 내온 여자아이, 리가 무례하게 굴었던 나이 든 운전기사, 야간 경비원 등 셋 정도였다. 그나마 임금 수준도 형편없이 낮을 것이 분명했다.

리는 또한 라이베리아가 이미 대규모의 토지를 외국인들에게 임대하고 있다는 사실을 잊은 듯했다. 조건도 매우 관대한 편이었지만 토지 임대 정책은 아주 작은 지역이나 미니 기업 도시 이상으로 발전하지 못했다. 라이베리아 농촌의 대규모 지역에서 지난 수십 년 동안 영향력을 행사해 온 파이어스톤 러버 컴퍼니(Firestone Rubber Company)가 대표적인 예다. 그럼에도 리는 점점 더 흥분하여 자기주장에 몰입했으므로 괜한 말로 찬물을 끼얹지 않기로 했다. "라이베리아인들은 이렇게 풍부한 자원과 좋은 땅에 숲이며 커다란 나무들, 삼나무들이 있는데 활용을 안 합니다." 마치 놀랍다는 듯 웃으면서 말했다. "중국인들은 이런 나무라면 아주 환장을 하거든요. (라이베리아인들이) 할 일은 이런 자원들을 개발하는 방법을 알고 있는 사람들에게 자기 운명을 맡기는 것이고, 그러면 이 나라도 가난에서 벗어날 수 있습니다."

라이베리아의 숲을 공중에서 바라보면 마치 브로콜리의 송이 부분처럼 빽빽하다.

"그런데 여기에 있는 나무들을 모두 베어 내면 비가 안 내리는 거 아십니까?" 내가 물었다. "라이베리아 북쪽에 있는 나라들은 이미 불모지가 되어 버렸다고 합니다."

"이 숲이 고갈되는 데 20년 정도 걸리거든요." 리가 말했다. "그때가 되면 석유를 쓸 거고요. 가지고 있는 자원을 기본적인 부를 창출하는 데 써야 합니다."

그러더니 곧 돌아오겠다며 양해를 구하고 자리를 떴다. 리가 불과 몇 분 전만 해도 한참 정부를 비판했기에 뒤이어진 낙관적인 전망도 그다지 설득력 있게 다가오지 않았다. "중국의 촌구석에 가도 이 나라의 지도자들 보다 더 정부 일을 잘할 만한 사람들이 있어요." 그는 앞서 이렇게 말했던 것이다. "아마 여기에서는 능력 있는 사람 열 명 찾기도 어려울 겁니다."

리는 곧바로 돌아왔는데 조금 전에 그가 말했던 삼나무 표본을 내밀면서 씩 웃었다. 그는 직경이 75센티미터에 두께가 25센티미터 정도 되는 표본을 트로피처럼 들어 올렸다. 리가 가져온 것은 이로코 나무의 표본으로 다 자란 성목 한 그루가 무려 수 만 달러에 팔린다고 한다. 현재 코트디부아르, 가나에서는 삼나무가 거의 씨가 마르다시피 했지만 내가 35년 전 양국을 처음 방문했을 때만 하더라도 삼림이 온전한 상태였다.

우리가 대화하는 도중에 여태 거의 모습을 드러내지 않던 리의 아내가 멀리서 보일 듯 말듯 서성였다. 온화한 인상으로 호감이 가는 외모였으나 웃지는 않았다. 30대 초반으로 보였고 담갈색의 긴 치마와 면직물 상의로 날씬한 몸매를 감추고 있었다. 반면 리는 반바지 차림에 셔츠도 입지 않고 따뜻한 밤공기를 즐기고 있었다. 아내가 대화를 엿듣지 못하는 거리로 멀어졌을 때 나는 리에게 아내가 이곳 생활을 좋아하는지 물었다. 순간 그의 얼굴에 음흉한 미소가 번졌다. "선택권이 없지 않겠어요." 리가 대답했다.

지금까지 리뿐만 아니라 많은 중국인들이 고된 일을 얼마나 인내심 있게 하고 있는지, 즉 '고통을 먹고 있는지' 자랑삼아 이야기했다. 방금 리의 발언도 중국인들이 말하는 공통적인 표현이었다. 물질적인 부를 불리겠다는 지상 최대의 목표를 향해 달리고 있기 때문에 데 잠시 멈추어 길가의 장미꽃 향기를 맡을 여유가 없다는 것이었다.

리는 목재 사업을 시작한 지 얼마 되지 않았다면서 자기 사업을 '자원

무역업'이라고 불렀다. 처음에는 닥치는 대로 목재를 팔았지만 라이베리아와 같이 개발이 덜 된 나라에서 일반적인 벌목을 하려면 먼저 막대한 투자를 할 수밖에 없다는 사실을 이내 깨달았다.

"영세업자가 이윤을 남길 수 있을 만한 환경이 아니었어요. 대규모 장비가 필요하고 필요한 경우 도로를 자기가 직접 닦아야 해요. 그래서 잡히는 대로 벌목을 해서 돈을 벌겠다는 생각을 접고 삼나무 벌채에 집중하기로 한 겁니다."

그는 중국인 반장이 이끄는 두세 작업반을 시켜서 기니와 접경 지역을 열흘 내지 2주 동안 헤매며 돈이 될 만한 목재를 찾아 이 잡듯 뒤졌던 일화를 들려주었다. 리의 말투에서 자부심이 느껴졌다. "당시에는 이런 종류의 일을 하는 중국인들이 나 말고는 거의 없었거든요. 물론 앞으로 1년 안에 훨씬 더 많은 사람들이 이 사업에 뛰어들겠지요."

처음에 아프리카로 오게 된 계기가 무엇이었는지 물어보았다. "아직 중국에 있을 때 앞서서 아프리카에 다녀왔던 친구들이 꽤 있었어요." 리는 말했다. "당시에 나는 어느 나라가 좋을지, 어디에 가면 돈을 벌 수 있는지 몰랐지만 하여간 중국보다는 아직 기회가 많은 곳이라는 것쯤은 알고 있었지요."

리는 2006년 혈혈단신으로 라이베리아에 왔다. 상하이에서 그리 멀지 않은 저장성에서 작은 사업체를 여럿 운영하면서 모았던 돈을 가지고 들어왔다.

"라이베리아는 내전이 막 끝나고 대통령을 선출한 지 얼마 안 된 상황이었어요. 내가 할 수 있는 일이 많겠다는 걸 직감했습니다. 이 나라 시장이 꽤 개방적이라는 사실을 알고 있었거든요. 여기에 자원도 풍부했고요. 반면 아직 전기가 없고 제대로 된 도로, 심지어 길도 없는 상황이었어요.

물을 그냥 마실 수도 없었고요. 안락한 삶과는 거리가 먼 곳이었지만 어쨌든 투자를 했습니다. 집을 빌리는 데 특히 돈을 많이 썼고요. 도둑과 강도들이 들끓어서 골치가 아팠지만 어디 한 번 고통을 먹고 견뎌 보자, 이 나라를 이해해 보자 하는 생각이었어요.

처음에는 중국식의 발전을 기대하면서 (라이베리아의) 개발에 속도가 붙겠지 생각했거든요. 그런데 이 나라를 점점 더 알아갈수록 나도 현실적이 되었고 인내를 더 하게 되더라고요. 여기에 온 지 3년이 되었을 때 정부가 세계은행과 유엔의 원조를 받아서 도로를 보수하기 시작했습니다. 전깃불도 들어오기 시작했고요. 사업이 본격적으로 궤도에 오르려면 2~3년은 있어야 한다는 걸 알기야 했지만 참 진전이 더뎠어요. 그저 돈으로 해결되는 것이 아니라 정부, 법과 여러 문제가 걸려 있었거든요. 워낙 오랫동안 전쟁을 치르면서 돈 있고 배운 사람들은 모조리 다른 나라로 떠나 버려 돈이 없는 사람들뿐이었어요. 당시 우리는 상황이 얼마나 어려울지 짐작도 못하고 있었는데 너무 일찍 진출했다고 할까요."

리는 중국에서 에어컨과 가전제품을 들여와서 팔기 시작했다. 그러나 시장이 협소한 데다 그런 장사로 돈벌이를 하기에는 소비자들의 소득수준이 너무 낮았다. 그러던 차에 라이베리아에서 중국 정부의 프로젝트가 여러 건 진행되는 것을 지켜보았고 호텔을 지어야겠다는 생각을 하게 되었다. 단기 계약과 업무 때문에 라이베리아에서 이리저리 옮겨 다니는 중국인들 중에서 일부분만 호텔에 묵게 해도 꽤 돈이 되지 않을까 싶었던 것이다. 현지의 중국 대사관에서도 리의 계획에 힘을 실어 주었다. (리의 호텔 진입로 위에 걸려 있던 간판이 굳이 중국어로 쓰여 있던 이유를 이제 이해할 수 있었다.)

대화의 주제가 다시 리의 아내로 돌아갔다. 리는 중매로 결혼을 했다면서 중국에 아들 하나가 있고 곧 고등학교에 들어간다고 했다. 아내는 처음에는 중국에 있다가 아이가 이제 친척들 손에서 자랄 만큼 컸다는 생각이 들자 1년 전쯤 라이베리아로 건너왔다.

혹시 오랫동안 아내도 없이 기러기 아빠 생활을 하는 것이 힘들지는 않았는지 물었다.

"그 정도를 힘들어하면 아무것도 이룰 수가 없지요." 리는 말했다. "아내라고 해도 그저 직원이나 마찬가지예요. 나는 자신의 힘에 기댈 수밖에 없거든요. 내 길은 내가 개척해야 합니다. 내가 성공하면 사람들은 나를 칭찬하겠지요. 실패한다고 해도 그들에게는 큰일이 아니고요. 라이베리아로 오겠다고 결정한 것도 나 자신이고, 여기에 발을 딛기 전에 이미 장기전을 예상하고 왔습니다."

리는 자신이 성공했다고 생각할까?

"누구도 자기가 결과적으로 성공을 이루었노라고 말할 수는 없겠지요." 리는 답했다. "하지만 여기에 처음 와서 사업을 시작할 때 언어도 안되고 경험도 없던 것을 돌이켜 보면 지금은 목재 사업도 하고 있으니 그럭저럭 잘 해 왔다고 생각해요."

다음날 아침 케냐 항공과 통화하다가 분실된 짐 때문에 목소리가 높아졌는데 리가 통화 내용을 엿듣게 되었다.

"흑인들은 일을 마무리 하는 게 서툴러요." 전화를 끊자 리가 말했다. "전화나 고속도로가 없던 시절에 이 지역의 관습이 형성되었거든요. 흑인들은 당장 머릿속에서 나오는 게 아니면 그냥 처박아 둡니다."

리는 아프리카를 괴롭히는 것이 무엇이든 관조적인 자세로 분석을 내놓는 국외 거주자 같은 의견을 내놓았다. 나는 화제를 전환할 요량으로 레바논인이나 인도인 등 이 나라에서 중국인과 경쟁하는 다른 외국인들에 대해 어떻게 생각하는지 물었다. "그들은 중국인들처럼 열심히 일합니까? 중국인들이 새로 오면서 타격을 입을까요?"

리는 중국 상인들이 중국산 제조품을 확보하는 데는 분명히 우위에 있다고 말했다. "우리는 사업차 중국으로 가는 비행기 표를 끊을 필요가 없으니까요. 이미 아는 사람이 거기에 있기도 하고 그 판을 우리가 제일 잘 아니까 가장 싼값에 물건을 확보할 수 있지요."

그런데 이어진 그의 답변은 다소 의외였다. 앞서의 인종적인 편견은 강도가 다소 약해져 있었다. "특정한 나라 출신 사람들이 다른 나라 사람들보다 열심히 일하는 성향이 있다고는 생각지 않습니다. 돈을 어떻게 버느냐 하는 건 사람마다 다른 문제니까요. 분명한 건 돈을 제대로 쳐주면 흑인조차도 고통을 먹으면서 여느 중국인 못지않게 일을 한다는 사실입니다. 반대로 아무리 중국인이라고 해도 먹을 것이 부족하고 인센티브를 주지 않으면 일을 열심히 하게 만들 도리가 없어요. 어느 나라라도 인센티브가 있어야 발전을 합니다."

사실 나는 중국인들은 얼마나 특별한 존재인지, 그리고 얼마나 우월한지를 내세우는 대화법에 어느 정도 익숙해져 있었기 때문에 리의 예외적인 대답은 내게 충격적으로 다가왔다.

"나는 생각이 다릅니다." 리는 중국인들의 우월감에 대해 이야기하면서 이렇게 말했다. "상당수의 중국인들이 그렇게 생각하는 것을 알고 있지만 그건 뭘 제대로 겪어 보지 못해서 하는 소립니다. 나라 밖에서 여러 나라 사람들을 만나다 보니 나는 이런 사실을 깨닫게 되었지만요."

잠시 후 리는 앞으로의 내 일정이 어떻게 되는지 캐물었다. 나는 시내에 있는 중국 의사가 하는 병원에 들렀다가 항공사 약속대로 오늘 중에라도 짐을 찾게 되면 내일 북쪽에 있는 그바릉가라는 큰 도시로 출발할 참이었다. 그바룽가는 내전이 있은 격동의 시기에 찰스 테일러가 이끄는 반군의 수도 역할을 했고 그때 방문한 적이 있었다. 이번에는 그바룽가의 한 학교에서 농업 훈련을 시키는 중국 공무원들을 만날 예정이었다.

"아니 대체 그런 인간들을 만나 뭘 하시려고요?" 리가 물었다. "그 인간들은 우리 같은 사람이랑은 다른 부류라는 거 모릅니까? 정부 사람들이라고요. 여기에 자기 뜻으로 찾아온 사람들이 아니에요. 그저 선전을 하려고 당신을 만나 주고 학교를 보여 주려는 겁니다. 중국 정부의 몹쓸 행동들 가운데 하나가 바로 그 선전으로 모든 일을 보기 좋게 포장하는 겁니다."

많은 중국인들은 고향에서 매일 겪어야 했던 견딜 수 없는 수준의 스트레스와 긴장감, 권리의 박탈, 법치의 부재, 불공평함을 불만으로 토로한다. 심지어 일부는 중국 경제의 성장과 미래의 번영에 대해서도 깊은 회의를 나타내기까지 했다. 그러나 지정학적인 측면에서 중국이 취하는 조치에 의문을 표하는 사람들은 거의 없었다. 중국이 서양과는 달리 패권을 추구하지 않는 새로운 강자이며 개발도상국의 진정하고 참된 동반자라는 정부의 노선을 순순히 받아들였다.

약속이 잡혀 있던 개인 병원을 방문하러 준비를 하는데 리가 전체 중국인 진료소를 싸잡아서 무시하는 발언을 했다. "그런 의사들이 가난한 나라로 오는 건 그저 돈을 벌기 위해서예요. 멀쩡한 사람이 와도 약을 팔고 온갖 치료를 받게 할 사람들입니다. 믿을 만하지 않아요." 말은 이렇게 하면서도 어차피 자기도 시내에 갈 계획이었으니 태워 주겠다고 했다. 어쩐지 내가 그의 인질이 된 것 같은 기분이 들기 시작했다. 그래서 전날 호텔 근처의 커피숍에서 그 중국인 의사와 동료 여의사를 잠깐 만났다는 말은 하지 않았다.

외벽을 흰색으로 칠한 진료소에 도착했을 때 리지옹의 기사가 부드럽게 경적을 울렸다. 대문이 즉시 열렸다. 밴에서 내리자 공동 병원장인 다이가 파란 지붕의 진료소 옆 커다란 망고 나무 그늘 아래 낮은 목재 의자에 앉아 중국 전통차를 마시고 있었다. 내가 다이에게 다가가며 빙긋이 웃는 동안 리지웅은 한두 걸음 뒤에서 따라왔다. 당연히 원장이 우리 모두에게 차를 권하겠거니 했는데 빈 의자 하나를 가리키며 내게 앉으라고 할 뿐이었다. 반면 자기 동포에게는 고개를 까딱거리고는 꿍 하는 불만을 내뱉었다.

무시를 당한 리는 휙 돌아서서 말없이 가 버렸다. 자기 입으로 무식쟁이라고 폄하했던 사람에게 체면을 깎인 이 남자, 자기가 번 돈으로 최신형 벤츠를 모는 이 사내가 체면을 구기고 어떤 표정을 지었을까 상상해 보았다. 내가 뭐라고 말을 하기도 전에 다이가 자기 의견을 이야기했다. "여기 있는 중국인들은 쓰레기 같은 물건들을 팔아서 자기 명성에 먹칠을 합니다." 리가 형편없는 물건을 팔고 있다고 비난하고 있는 것이 분명했다. "그런 물건을 팔아 놓고 한두 번은 그럭저럭 넘어갈 수 있어요. 그런데 그 이상이 되면 평판은 끝이 납니다. 그렇게 해서 우리 평판도 끝장이 난 거지요."

몇 분 간격으로 리와 다이는 순전히 편견에 근거하여 서로를 맹비난했다. 게다가 공통적으로 상대가 가난한 나라에 와서 자기 잇속만 차린다거나 조잡한 물건과 서비스를 판다며 비난했다.

다이는 50대 초반으로 피부가 까무잡잡했으며 흰색 바지에 고급스러워 보이는 핑크색 면 셔츠를 입고 있었다. 뜰에 앉아 있는 동안 눈썹에서 흘러내리는 땀을 연신 훔쳐 냈다. 그는 유별나게 표정이 풍부했는데 얼굴을 찌푸리거나 흉내를 내면서 다양한 몸짓을 할 때에는 마치 한 편의 연극을 하는 듯 보였다. 볼수록 작고한 코미디언 조너선 윈터스(Jonathan Winters)

가 떠올랐다.

리에 대한 일종의 안 좋은 감정이 다소 누그러들자 이번에는 또 다른 불만으로 화제를 옮겼다. 그는 전날 우리가 라이베리아 직원들에 대해 나누었던 대화를 불러왔다. 다이는 현지인들이 더럽고 게으르며 도벽이 있다면서 자신은 현지인을 고용하지 않는다고 말했다.

"사실 또 다른 문제가 있어요." 다이가 말했다. "환자들이 라이베리아인들을 좋아하지 않아요. 병원에 백인 환자들이 찾아오는데, 독일인 외교관을 이야기를 한 번 해 볼까요. 나한테 대놓고 당신네 의술과 위생은 믿지만 병원에 흑인들이 있으면 올 수가 없다고 하는 겁니다. 이런 부분은 내가 어찌해 볼 수가 있는 게 아니잖아요. 백인들의 사고를 바꿀 수도 없고요." 설득력은 떨어지나 꽤 영리한 변명이었다. 자신의 편견을 다른 사람의 편견에 투사함으로써 스스로의 이미지는 깨끗하게 하려는 시도였다.

그 전날 다이는 자이유라는, 나이가 훨씬 어린 산부인과 의사와 같이 왔는데 이 동료가 보는 앞에서 라이베리아의 환경이 얼마나 지독한지를 이야기했다. 현재 중국이 아프리카 대륙 곳곳에서 대형 병원을 건설하듯 1970년대에 미국이 라이베리아에 5층짜리 존 F. 케네디 의료 센터를 기증했는데 현재 기껏해야 의사가 12명뿐이라고 다이는 지적했다. 재원과 훈련이 부족하다 보니 혈관 주사기를 여러 환자가 돌려쓰더라고 전했다.

그러다가도 서양의 NGO에 대한 찬사를 늘어놓으면서 자신도 아프리카에 NGO와 같이 선한 일을 하고자 왔다고 밝혔다.

"라이베리아에서 발생하는 질병은 말라리아, 황열병, 이질과 같이 모두 빈곤한 국가들에서 발생하는 병이에요. 사람들은 그런 질병을 안고 살아가서는 안 되거든요. 그래서 내가 NGO를 존경하는 겁니다." 다이가 말했다. "그 사람들은 이곳 사람들의 삶의 질을 개선하기 위해서 아프리카에 와요. 나는 이런 일에 깊은 경외감을 가지고 있습니다. 여기 사람들은 도움이 많이 필요하잖아요. 많은 사람들이 모기 때문에 말라리아에 걸린다는 사실조차 모릅니다. 고혈압 증상이 뭔지, 당과 당뇨병에 어떤 관계가 있는지도 몰라요."

다이와 리 모두 중국인들이 아프리카에서 돈을 버는 데 혈안이 되어 있는 세태를 멸시했지만, 따지고 보면 그들 자신도 같은 목적으로 이곳에 와 있는 것이다. 다이의 병원 입지만 보아도 이런 사실이 확연히 드러난다. 병원은 맘바 포인트 인근에 바다 쪽으로 돌출한 곳에 한적하게 자리 잡았다. 몬로비아에서 가장 높은 산은 답답한 시내와 이곳을 적당히 분리시켜 주었다. 이런 입지 덕분에 대사관, 유엔, 원조 기구와 더불어 다이가 흠모해 마지않는 NGO의 사무실과 직원들의 거처가 오랫동안 자리했고 마치 외국인 거주지와 같은 느낌마저 주었다. 이제까지 라이베리아 현지인들은 몇 명 정도 치료했습니까? 내가 물었다.

"이런 말하기 좀 그렇지만 우리 병원 환자들의 대부분은 NGO와 유엔, 레바논인 등 해외에서 온 사람들입니다. 진찰하는 환자 중에 20퍼센트 정도가 라이베리아인인데 비율이 높지 않은 건 아마 금전적인 문제가 가장 클 겁니다." 대다수의 현지인들은 이 병원의 값비싼 진료비를 부담할 수 없기 때문이리라.

다이는 라이베리아에 대한 관심은 자신보다 몇 년 먼저 들어와 사업을 하던 누나 때문에 갖게 되었다고 말했다. 그는 베이징에서 남쪽 방향에 위치한 중소 도시 스좌장 출신으로 그곳 대형 병원에서 내과 과장이었다고 한다. 다이의 이야기를 들으면 들을수록 아프리카까지 온 진짜 이유는 중년의 위기 때문이 아니었을까 싶었다. 다이는 남부럽지 않은 직장에 아내까지 버려두고 세상의 끝으로 보였을 이 가난한 미지의 장소에 와서 진료소를 열었다. 여기에 수수하기는 하지만 그의 학생이었다고 해도 믿을 정도로 젊고 매력적인 여자 의사와 공동으로 병원을 운영하고 있다.

"병원을 나올 때 50세였는데 원래는 60세까지 일을 하다가 은퇴할 생각이었거든요. 그런데 문득 그런 식으로 인생을 살고 싶지 않다는 생각이 들더라고요. 일상에 찌들고 지쳐 있었기 때문에 뭔가 변화가 필요했어요. 친구들이요? 내가 미쳤구나 생각했지요." 다이가 아는 한 휴식기를 갖거나 중도에 그만두는 사례도 없었을 뿐 아니라 전쟁이 끝난 지 얼마 안 되어 복구 초기 단계에 있는 서아프리카의 작고 파괴된 나라로 떠나는 경우는 더더욱 없었다.

다이는 아내를 전혀 입에도 올리지 않았고 애리조나에서 공부를 한다는 아들의 정확한 위치도 모호하게 얼버무렸다. 아들이 미국에서 대학을 갈 정도로 학업에 뛰어났다는 사실에 자부심을 드러내면서도 걱정을 했다. "애가 하는 일이라고는 그저 컴퓨터와 게임밖에 없어요."

잠시 진료소를 둘러볼 수 있겠냐고 묻자 그냥 작은 병원일 뿐이라고 우물거리다가 승낙을 했다. 진료실에 있던 유일한 환자는 우연찮게도 라이베리아 남자였다. 우리 일행이 들어갔을 때 환자는 벽 쪽의 침대에 누워 가느다란 신음을 뱉고 있었다. 열을 식히기 위해 벽을 끌어안으려는 듯 보였다. 다이는 환자가 말라리아에서 회복 중이라고 말했고 간호사복을 입은 젊은 중국인 간호사 두 명은 바른 자세로 서서 미소를 짓고 있었다. 둘 중에 나이가 더 많은 쪽은 이곳에 온 지 2년째가 되었고 더 어린 간호사는 얼마 되지 않았다고 했다.

다이에게 라이베리아의 앞날을 어떻게 보는지 물었다

"저는 여기에 머물 생각입니다. 라이베리아는 아주 풍요로운 곳이니까요." 그는 빙긋이 웃으며 말했다. "숲이 많고 자원이 풍부한 데다 언젠가는 이 나라도 발전하겠지요."

아프리카에는 자원 부국들이 많지만 가난을 벗어나지 못하지 않느냐고 되묻자 다이는 갑자기 풀 죽은 모습을 보였다. "뭐, 그렇죠. 안 그래도 아프리카의 많은 나라가 아직 도움을 필요로 하고 있다고 생각하고 있었어요. 아프리카에는 도움이 필요해요."

다이와 헤어져 병원을 나서자 리가 기다리고 있었다. 지역을 빠져나갈 때까지도 기분이 풀리지 않은 듯했다. 다이의 무례함을 대신 사과하자마자 그간 참고 있던 리의 불만이 터져나왔다. 오만하고 예의 없고 가정교육을 제대로 못 받은 인간이라며 분통을 터뜨렸다. 나는 시내에 다른 볼일이 있었기 때문에 운전기사에게 도중에 내려 달라고 하고 내 일을 보러 갔다.

리와 헤어져서 찾아간 레스토랑에서 티아완 공글로에(Tiawan Gongloe)를 만났다. 수년 전 내전이 최악으로 치닫던 시기에 인권 변호사로 활동하던 공글로에를 알게 되었는데 최근에는 엘런 존슨 설리프(Ellen Johnson Sirleaf) 정권에서 노동부 장관을 지내기도 했다. 그는 라이베리아의 통치방식이 40년 전과 비교하여 개선되었다고 진단했다. 또한 자기가 기억하는 한 처음으로 사람들이 마음 놓고 소신 발언을 할 수 있고 원하는 바가 무엇이든 공개적으로 밝힐 수 있게 되었다고 전했다. 한 세대 만에 처음으로 민초들에게도 희망이 생긴 것이다.

그렇지만 나는 회의적인 견해를 밝혔다. 일각에서는 신정부가 옛 정권의 옳지 못한 많은 관행을 답습하고 있고 소수의 배타적인 고위층에 이권을 나누어 주고 있다고 비판했다. 이런 고위층의 대부분은 미국에서 해방되어 라이베리아로 돌아온 노예들의 후손이었다. 또 사회적으로 부패가 만연해 있고 정부가 행정적인 문제에 지나치게 신중하다는 비판도 있었다.

이런 문제가 공글로에에게는 해당되지 않는 문제일 수 있겠다는 생각에 화제를 중국으로 돌렸다.

"장관직에 있을 때 레바논인들이 중국인을 조심하라고 일러 주었는데 미국인들도 같은 이야기를 하더군요." 그가 말했다. "하지만 나는 중국인들이 투자를 하고 라이베리아 국민들에게 일자리를 만들어 주는 한 언제나 환영이라고 말했어요."

공글로에는 외국인의 임금 상한이 지난 30년 동안 450달러로 묶여 있었다면서 자신이 장관이 되어 제일 먼저 한 일이 이를 1,000달러로 인상한 것이라고 밝혔다. "사람들은 오랫동안 우리의 관대함을 너무나도 당연시해 왔습니다." 그는 말했다. "처음부터 레바논인들은 일반 상점의 점원까지도 자기 나라에서 데려온 사람을 썼기 때문에 제동을 걸 필요가 있었지요. 레바논인들 때문에 생긴 조치가 아니라 우리 모두를 위한 조치였습니다."

공글로에는 다른 외국인들이 중국을 경계하는 것은 그들의 숫자가 많거나, 자금력이 풍부하고 배타적인 네트워크를 가져서라기보다 일을 제대로 끝맺음하기 때문이라고 지적했다. 이는 중국인들이 자기 입으로 말하던 것이기도 했다. "사람들은 중국인들이 다른 누구보다 빠르게 일을 해 주어서 고마워합니다." 그는 말했다. "1월 15일 농기구 공급을 약속했는데 2월에 벌써 물건이 와 있는 겁니다. 유럽인이나 미국인들 같으면 도와는 주더라도 일단 심사팀에 보고를 해야 한다고 이야기를 하지요. 이후에는 일이 상당히 관료주의적으로 흘러가거든요."

공글로에는 중국이 최근 도시의 북쪽 끝에 완공한 대학 캠퍼스 한 곳을 사례로 들었다. "중국인들은 타당성 조사를 그리 오랫동안 하지도 않았어요. 그저 가 보고 나서 일이 진행되었어요."

나는 라이베리아에 와서 들었던 불만들에 대해서 의견을 물었다. 가령 중국의 대기업들이 평범한 노동자들을 대거 데리고 오면서 수단과 방법을 가리지 않고 고도로 숙련된 인력인 양 꾸며 취업 비자를 받는다는 비난이었다.

"중국뿐 아니라 다른 나라의 비숙련 노동자들에 대해서도 예외 없이 규정을 적용합니다. 다만 정부 프로젝트, 양자 간 프로젝트나 가르치는 직업 등은 예외입니다." 다소 범위가 넓은 게 아닌지 물었다. "우리나라에 중국요리를 할 수 있는 사람이 없어 중국에서 요리를 하는 사람을 데려온다고 칩시다. 이렇게 들어온 사람들 중 일부가 영업 이외의 시간에 손수레를 끄는 일을 할 가능성도 있어요. 그렇지만 이게 중국인들이 일을 조직하는 방식인 겁니다. 국립 경기장 재건축 현장에 가면 중국인 노동자들이 자기들이 먹을 채소를 직접 가꾸는 모습을 볼 수 있습니다. 라탄 가구도 자기 손으로 만들고요. 모두 건설 노동자들인데도 말입니다."

택시를 대절해서 디아바테라는 기사와 함께 그바룽가로 출발했다. 마지막으로 그 도시에 갔던 것은 군벌인 찰스 테일러를 인터뷰하기 위해서였는데 당시 테일러는 그바룽가를 반군의 수도로 삼고 있었다. 라이베리아는 내전으로 둘로 나뉘어 있었고 국제사회가 인정하는 정부의 영장은 수도인 몬로비아를 넘는 경우가 거의 없었다.

늦게 출발한 탓에 오후의 러시아워에 걸려 버렸다. 게다가 자동차와 인도의 노점이 뒤엉켜 몹시 혼잡한 상황이었다. 노점상들은 갓 잡은 온갖 짐승들을 먹거리로 팔고 있었다. 큼지막하고 통통한 농어 꼬리를 높이 들어 올린 상인부터 서아프리카에서 별미로 즐기는 커다란 들쥐를 파는 상인들까지 다양했다. 어떤 남자는 다이커 영양(아프리카산 작은 영양―역자 주)까지 팔았는데 이렇게 파는 것은 이전에 한 번도 본 적이 없었을 뿐만 아니라 햇빛 아래 빛나는 영양의 회색 털은 마치 홀로그램처럼 형형색색의 빛을 반사하면서 반짝였다. 몇 걸음 옆에 있던 상인은 사향고양이 한 마리를 물건으로 내놓았다.

해변가의 도로를 벗어나 내륙으로 향해 가면서 교통 정체는 빠르게 해소되었다. 교외 지역에 새로 지은 대학 캠퍼스를 빠르게 지나쳐 갔는데 디아바테가 특별히 일러 주어서 유심히 보니 중국이 라이베리아에 기증한 건물이었다. 단일 규모로는 최대의 원조 사업이라고 했다. 그곳으로부터 구릉지대까지 구불구불한 길이 이어졌는데 군데군데 파이어스톤의 거대한 고무 농장으로 갈 수 있는 분기점이 나왔다. 해질녘쯤 되자 이제 발전의 모든 징표는 등뒤로 사라지고 흙으로 지은 오두막이 모여 있는 작은 마을이 나왔다. 틀을 놓고 숯으로 글씨를 찍어 낸 오두막 옆 나무에는 여인들이 둘러앉아 커다란 나무 막자사발에 저녁 식사를 만들 재료들을 넣고 갈고 있었다.

당초 그바룽가에 중국이 지어 준 농업학교 관계자들은 나를 만나지 않으려 했다. 그러더니 중국 대사관이 허락을 해 주면 방문 일정을 짜 보겠다며 입장을 번복했다. 방문을 왜 달가워하지 않는지 언뜻 이해가 안 갔다. 내가 알기로 많은 중국인들은 서양인들이 자국에 비우호적이며 특히 언론이 적대적이라고 느꼈다. 중국 정부가 지원하는 프로젝트를 수행하는 사람들에게서 이런 태도가 두드러졌다. 내가 글을 쓰는 사람이라고 소개를 하고 인터뷰를 요청하기도 전에 전화를 끊어 버리는 상대들도 있기는 했다.

'중국 원조'라고 쓴 표지판이 높게 걸려 있는 울타리를 두른 대규모 단지 앞에 도착한 시간은 저녁 8시였다. 중앙농업연구소(Central Agricultural Research Institute)에는 여러 채의 신축 건물이 있었고 기숙사가 길게 붙어 있었다. 내가 묵을 기숙사 숙소에 들어가 모기장을 친 침대 위에 짐을 놓고 우선 샤워를 했다. 그러다 아래 주차장에서 디아바테가 언쟁을 벌이는 소리가 들렸다. 내려가 보니 중국인 관계자가 나와서 디아바테가 이 단지 안에서 하루 자는 것을 문제 삼고 있었다. 심지어 차 안에서 자는 것도 안 된다고 하니 디아바테도 화가 나서 서로 고성을 지르고 있었다. 나는 당황한 듯하면서도 원칙을 끝까지 고수하는 중국인의 경직된 태도에 놀라고 말았다. 20대 초반으로 보이는 룽이라는 이 중국인 청년은 원칙은 원칙이라는 말만 되풀이했다.

디아바테에게 미안한 마음이 들어서 돈을 쥐어 주고 시내 호텔에서 잔 뒤에 아침에 돌아오라고 말했다. 이렇게 하여 총 아홉 명의 남자가 커다란 식당 한편에 모여 앉아 소박하나 맛있는 저녁을 들게 되었다. 수잔이라는 굼뜬 여자가 밥, 닭고기, 삶은 채소를 내오면서 모두 이곳에서 재배한 식재료라고 자랑스럽게 이야기했다.

으레 오가는 잡담이 끝난 후 우리는 라이베리아와 그바룽가의 사업에 대한 주제로 넘어갔다. 책임자인 리진쥔은 허난성 출신으로 키가 작고 외모가 평범했다. 대화를 이끌던 그는 아예 처음부터 자신들이 이곳에서 성취할 수 있는 것이 제한적이라고 선을 그었다. 라이베리아인들이 말을 잘 알아듣지 못하기 때문이라고 그는 말했다. 리는 나머지 중국인들의 상사일뿐만 아니라 이곳에서 가장 오래 머문 사람이기도 했다. 그는 라이베리아인들이 중국인들과는 전혀 다른 사고방식을 가지고 있다면서 여전히 놀랍다는 듯이 말했다.

"뭐, 맞는 말이기는 하지만 사람은 어디가나 다 제각각이지요." 내가 이렇게 말하자 리는 고개를 가로저었다.

리는 라이베리아의 독실한 종교심을 다시 거론하면서 내가 몬로비아행 비행기에서 만났던 젊은 중국인 여성과 동일한 불신의 태도를 내비쳤다. "어떤 중국인도 먹을 음식이 없는 주제에 신에 대한 염려를 하지 않아요. 제가 미국에 있는 한 교회도 가 보고 여기에서도 몇 군데 가 봤는데 전혀 다릅니다! 여기에서는 예배 시간에 둘씩 춤을 추고요, 예배 내내 울기도 하고 바닥에 몸을 내던지거나 혼절하는 일이 벌어집디다. 믿을 수가 없었어요!"

룽은 예수가 무려 2,000년도 더 된 시기에 살았던 인물이라고 지적했다. "그렇게 오래 전에 살다 간 인물이 오늘날 이토록 중요한 대접을 받는다는 사실을 알면 중국인들은 믿기 어려워할 겁니다." 리는 다시 한 번 고개를 저으면서 말했다. "우리에게도 공자라는 현명한 조상이 있지만 신으로 떠받들 만큼 우리가 도를 넘어서지는 않거든요!"

"그들은 정부가 모든 일들을 해 주겠지 하는 생각을 합니다." 리는 말했다. "아니면 그들은 유엔에서 도와주겠거니 하고요. 일하기보다는 그저 도움을 기다리는 겁니다."

"그렇다면 '그들'은 어떻게 일용할 양식을 얻습니까?" 내가 물었다. "그들'은 자기 땅에서 농사를 안 짓나요?"

"아주 드물죠." 리가 답했다. "이해를 못하겠어요. 중국 사람들이 이 상황에 있었다면 자기 문제를 해결하려고 고군분투했을 겁니다. 나라가 도와줄 때까지 기다리고 있지 않아요."

나를 위해 이 자리를 마련해 준 초청자들과 언쟁을 벌이고 싶지는 않았고 가급적 그들이 이야기를 풀어 가도록 만들고 싶었다. 그렇지만 리에게 불과 50년 전 중국 땅에서도 줄잡아 4,000만 명의 국민들이 정부의 지시를 따르다가 기근으로 사망하지 않았느냐고 묻고 싶은 마음이 굴뚝같았다. 역사상 최대 규모의 기근을 겪던 당시 중국인들의 특성은 오늘날과는 상당히 달랐을 것이다. 단편적인 접근을 하게 되면 완전히 핵심을 잘못 짚고 만다. 정부가 문제이고, 시장이 문제이며, 역사가 문제이고, 국제적 환경이 문제라는 식이다.

"이 사업은 다를 겁니다." 그가 말했다. "라이베리아 정부는 우리에게 토지를 제공했지만 중국에서 오는 보조금은 오래 못 갑니다. 한 3년 정도가 될까요. 그 이후에 센터는 스스로 운영 비용을 충당해야 하고 중국에서는 그저 인력을 훈련시킬 전문가들만 보낼 겁니다. 이런 식으로 해서 그들이 외부에 기대는 습관을 고쳐 나가겠지요. 스스로를 부양하는 방식을 배울 겁니다."

리가 이렇게 말하는 동안 나머지 중국인들은 고개를 끄덕였다. 리의 말이 끝나자 그들 중 한 사람이 맞장구를 쳤다. "우리는 이런 방식으로 해서 조금씩이나마 그들을 변화시킬 수 있을 겁니다."

얼마나 많은 사람들이 '변화'될 것이라고 보는지 묻자 사업이 완전히 궤도에 오르면 연간 300명의 농민들이 교육을 이수하게 된다고 말했다. "라이베리아인들이 여기 와서 일을 하면 먹을 것이 생깁니다. 바깥에서 여기를 지켜보는 사람들도 있고요. 여태까지는 일하기를 꺼리던 사람들이라도 영향을 받을 겁니다." 리는 말했다.

경계하는 눈빛으로 속사포같이 말을 쏟아 내는 것으로 보아 분명히 머리 회전이 빠른 사람이었다. 내가 누그러뜨리려고 노력은 했지만 자기 말에 회의적이라는 것을 눈치챈 모양이었다.

"라이베리아는 미국과 관계가 끈끈하지 않았던가요?" 리가 의도적으로 나를 자극할 만한 질문을 던졌다. "이곳을 변화시키려는 미국의 시도는 왜 실패했습니까? 몇 년 동안 여기에 막대한 돈을 쏟아부었을 텐데요."

나는 즉답을 하는 대신 먼 곳에 있는 나라가 원조 프로그램만으로 타국의 문화나 경제적인 환경을 바꾸어 놓은 경우를 들어본 적이 없다고 말했다. 내 맞은편에 앉아 있던 좀 더 나이 들어 보이는 반백의 남자가 내 말에 동의한다는 듯 고개를 끄덕였다. 나중에 알고 보니 그는 기계 공학자였다. "이 나라 전체를 바꾸려는 것이 아니고요." 그가 말했다. "인구의 일부분이라도 변화시킬 수 있다면 족하지요."

"아니, 단 한 사람이라도 변화시킬 수 있다면 성공한 겁니다." 룽이 말했다.

식사가 끝나갈 무렵 나는 인구학자들이 아프리카의 미래를 어떻게 예측하고 있는지를 들려주었다. 학계에서는 21세기 중반에 아프리카의 인구가 현재보다 두 배로 증가할 것으로 추산했다. 그 20억의 아프리카인에는 중산층, 혹은 그 이상의 계층으로 올라선 수많은 사람들이 포함될 것이다. 여기에 앞으로 더 부강하고 세계화되어 지구 구석구석으로 뻗어 나갈 10억 이상의 중국인을 더하면 중국과 아프리카의 관계가 전 세계에서 가장 중요해지리라는 사실을 충분히 짐작할 수 있다. 어떻게 아프리카가 개발되고, 풍부한 자원을 활용할지, 전쟁과 빈곤에 더해 제도의 구축과 안보와 같은 수많은 위기, 도전에서 누가 아프리카를 인도해 낼 것인가. 이 모든 질문에 대한 답은 여전히 국제적 활동가로 나서길 주저하는 중국에 의해 생각보다 훨씬 크게 좌우될 것이다.

나를 초청한 사람들이 그 먼 미래까지 볼 준비가 되어 있지 않은 것은 분명했다. 사실 내가 인구 예측을 화두로 삼았을 때에는 대화의 흐름이 잠시 끊기기도 했다. 마치 무식한 야만인이 상스러운 말을 하면서 실례를 범한 분위기였다. "와!" 리는 이렇게 반응했다. "전 세계적으로 엄청난 문제가 되겠군요."

그날 밤 딱딱한 기숙사 침대 주위로 모기장을 치는데 저녁 식사 때 나누었던 대화가 머릿속을 맴돌았다. 아프리카 대륙의 사람과 환경에 대한 무지, 순진한 접근이 감지되었다. 또 한편으로는 순진하리만치 낙관적 시각과 자기 신념을 드러냈다. 이곳에서 중국인들은 아프리카를 발견하고 단기간에 최대한 영향을 미치려는 목표를 세웠다. 그러나 그들 자신이 딛고 있는 그 길을 얼마나 철저하게 짓밟고 있는지는 모르고 있는 듯했다.

이런저런 생각의 끝에 젊은 시절 바로 이 지역에서 공중보건의로 근무하면서 중국인들에게는 매우 익숙할 개념을 전달하셨던 아버지가 떠올랐다. 보건 인력 관리자들을 집중 훈련시키면 이들이 공동체로 돌아가서 더 많은 이들에게 기초적인 보건 기술을 전파할 것이라고 아버지는 믿었다. 긍정적인 모범의 힘을 통해 서서히 변화가 일어나고 삶의 질이 개선되리라는 신념을 가지고 계셨던 것이다.

이튿날 아침 일찍 다시 식당에 모여서 어제처럼 중국식 식사를 했는데 이번에는 죽과 삶은 채소, 찐빵이 나왔다. 식사를 마치고 리의 지시에 따라 우리들 중 일부는 신속하게 밖으로 나가 사륜구동인 큰 차량에 끼어 탔다.

첫 번째 방문지는 놀랍게도 언덕 위에 있는 커팅턴 대학교의 부속 시설이었다. 아버지가 1980년대에 라이베리아의 국가 기초보건 사업을 밑바닥부터 구축하기 위해 협력했던 바로 그 기관이었다. 역사적으로 이 학교는 농업 분야에서 강력한 사명을 가지고 있었다. 함께 간 농업학교 관계자들은 인재를 확보하고 훈련 프로그램을 구축할 파트너를 찾는 차원에서 이들과 같이 일을 하고 있을 터였다.

우리가 들른 작은 농업 시험장은 신록이 우거진 언덕에 엉거주춤하게 걸쳐 있는 낡은 직원 빌라에 어설프게 자리 잡고 있었다. 리는 차에서 내려서 빌라에 있던 사람들 가운데 나이가 든 현지 남자를 불렀다. 남자는 자신을 '목재 전문가'라고 짧게 소개했다. 두 사람이 대화를 나누었는데 사실 심도 깊은 대화가 가능하지 않았던 것이, 리는 영어가 짧았고 라이베리아인은 사투리가 심했다. 리는 방문 목적도 설명해 주지 않았다.

우기가 아니었지만 최근에 폭우가 내린 데다 습한 비탈과 푸르른 계곡이 있는 이 풍경은 이 땅이 얼마나 비옥한지를 웅변적으로 보여 주었다. 누구라도 이곳의 자원을 모으고 가꾸며 올바른 전략을 세운다면 막대한 보상을 얻을 것이다.

우리는 다시 차를 타고 중국식 제방과 수로를 통해 관개용수를 대는 편평한 농지를 살펴보러 계곡으로 이동했다. 흙을 쌓아 올려 만든 좁은 수로는 탄탄해 보였고 축구장 몇 개는 족히 될 만큼 넓은 토지에 물을 공급하는 기능을 제대로 수행하고 있었다. 진흙땅은 아직 파종을 하지 않은 상태였다. 개간을 하기는 했지만 벌써 잡초가 무성하게 자라 악명 높은 아프리카 '덤불'의 존재를 알리고 있었다. 무성하게 자란 잡초를 밟고 지나가다가 맨가슴을 드러낸 채 괭이와 마체테(날이 넓은 칼―역자 주)로 잡초를 베던 라이베리아 일꾼 세 명과 마주쳤다.

룽은 자기 팀이 이 지역에 오기 전에 현지인들은 괭이에 대한 사전 지식이 전혀 없었다고 말했다. "모든 일을 마체테로 했는데 심지어 땅을 파는 일까지 마체테를 쓰더군요." 그는 한심하다는 투로 말했다. "아프리카가 전부 이렇습니까?"

이동하면서 나는 괭이가 이 지역에서도 일반적으로 사용되는 토착 농기구이며 보통 다바라고 부른다고 알려 주었다. 짐작건대 현지에서 괭이를 쓴 것은 청동기시대부터였을 것이라고 덧붙였다. 나의 문화 역사적인 접근에 이들은 큰 감흥을 받지 못했다.

이전에 들른 장소에서도 그랬지만 이 중국인들은 지금 어디로, 왜 가는지 일절 설명하는 법이 없었다. 기다란 농지의 끝까지 가서 잡초가 웃자란 지역을 벗어나고서야 어디선가 아이들이 뛰노는 소리가 귀에 들어왔다. 우리가 학교로 가고 있음을 짐작할 수 있었다. 흙을 쌓아 올린 둑을 올라가 빽빽한 대나무 숲으로 들어갔는데 한 소작농 여성이 우리를 보더니 놀라워했다. 염색한 천을 깔아 놓고 이제 막 따온 뽕나무 열매를 늘어놓던 참이었다. 여자의 뒤쪽으로는 학교 주변에 있던 학생들 여럿이 우리를 발견하고는 목청을 높여 환호성을 질렀다.

이제 9시 30분이 되어 가는데 노는 아이들을 빼고는 학교에서 다른 활동은 없어 보였다. 아이들은 수십 명은 족히 되어 보였는데 놀랍게도 이제 걸음마를 하는 아기부터 18세로 보이는 청소년까지 나이 차이가 꽤 났다.

리는 이곳이 익숙한 듯 사무실로 직행했다. 거기에서 우리는 릴리 교장을 만났는데 원기 왕성하고 웃는 얼굴이었다. 교장은 학교에 학생이 50명이고 교사가 5명이라면서 공교롭게도 우리가 방문한 날에는 수업이 없는 날이라고 했다. 딱히 이유는 말하지 않았다. 릴리 교장이 친절하게도 마음껏 둘러보라고 했기에 나는 일렬로 늘어서 있는 세 학급에 들어가 보았다. 말이 교실이지 실상은 낡은 엽총 건물(모든 방이 앞뒤로 곧게 연결된 건물—역자 주) 형태로 흙바닥이었고 창문도 없었다. 책걸상이 거의 없는데다 빛도 전기도 들어오지 않았다.

교실 두 곳은 비어 있었고 나머지 한 곳에는 열여덟 난 여자아이 둘이 책상 하나에 같이 앉아 있었다. 둘 중 한 명은 친구의 너덜너덜한 공책을 정성스럽게 베껴 쓰고 있는 중이었다. 아이들에게 무엇을 공부하고 있느냐고 물어보았다. 나에게 가깝게 앉아 있던 아이가 5학년이라는 약간 빗나간 대답을 했다.

"이곳에서 우리가 그들의 방식을 바꿀 방법이 없어요." 리가 말했다. "교육도 없고요, 일거리도 없어요."

학교에서 벗어나 우리는 관개용수의 수원을 살펴보러 차를 타고 잠깐 움직였다. 호수가 하나 있었고 그 뒤편으로는 중국인들이 이곳에 오기 훨씬 오래전부터 있었다는 작은 댐이 보였다. 호수의 잔잔한 물위에서 오리들이 자맥질을 하고 있었고 녹지에는 부드러운 햇살이 내리비쳐 환상적인 풍경을 자아냈다.

그곳에서부터 길을 따라서 회색과 흰색이 어우러진 건물까지 언덕을 올라갔다. 중국식 기와 모양을 보니 누가 건물을 지었는지 짐작이 갔다. 멀리서 볼 때는 뜬금없다는 느낌은 있어도 아름답다는 생각이 들었다. 그런데 건물을 둘러싼 일화를 일행에게서 듣게 되면서 처음에는 일상적이고 느긋한 마음으로 오르던 언덕길이 그 짧은 시간에 분노의 여정으로 바뀌고 말았다. 건물은 당초 저장 시설과 연구원들의 숙박 목적으로 건축되었다고 한다.

"이 건물을 완공한 3주 후 놈들이 와서 싹 다 훔쳐 가 버렸지 뭡니까." 리가 말했다. 리는 자물쇠를 열고 들어가서 훼손된 부분을 하나하나 짚어 주었다. 싱크대와 욕실 가구들이며 배전 상자도 뜯겨 있었다. 창틀은 쇠지렛대를 들이대 파손되어 있었다. 리는 나를 건물 뒤편으로 데려가서 일종의 안전장치들을 보여 주었다. 혹시 또 있을지 모르는 도난에 대비하여 설치할 수밖에 없었다는 투박한 철근 가락이 창문을 뒤덮고 있었다.

"원래는 이곳을 꽤 멋지게 꾸몄었거든요." 리는 말했다. "이제는 그다지 아름답지 않지만 더 안전해지기는 한 셈이지요. 그렇다고 저들을 욕할 수는 없습니다. 먹을 게 없으니까요. 저들이 여기에서 가진 건 아무것도 없거든요. 그저 살기 위해 도둑질을 하는 수밖에 없어요."

침묵하는 우방_기니

기니의 코나크리에서 첫날밤은 출발이 좋았다. 시내의 저렴한 호텔에 묵었는데 인터넷과 전기, 에어컨을 사용하는 데 전혀 불편함이 없었다. 잠자리에 들기 전에는 잠깐 TV를 시청했다. 현지의 방송 프로그램은 온통 법치며 민주주의의 중요성에 대한 토론의 장이었다. 기니는 수십 년 동안의 독재와 악몽 같은 실정이 막을 내리고 이제 민주주의 국가로 발을 뗀 참이었다.

놀랍게도 위성 패키지를 통해 세네갈과 잠비아 등지의 프로그램도 시청할 수 있었다. 채널을 돌리다가 보게 된 다른 나라의 프로그램들도 역시 민주주의 이야기뿐이었다. 한 세네갈의 토론 쇼에는 여당의 유력한 정치인이 출연을 했는데 만반의 준비를 해 온 기자들로부터 회의적인 질문 공세를 받고 있었다. 기자들의 질문이 끝나자 야당 정치인들이 바통을 이어받아 본인들이 여러 경로로 들은 내용을 두고 맹렬하게 비판했다.

아니나 다를까 아침이 되자 이 땅의 충직한 동지와도 같은 실망스러움이 몰려들었다. 시도 때도 없이 전기가 끊겼고 전기가 나갈 때마다 노트북의 인터넷 접속도 끊겼다. 그럴 때마다 나는 복도를 가로질러 층계를 뛰어내려가서는 호텔의 라우터를 수동으로 리셋하는 작업을 반복했다.

한낮에는 점심을 먹으러 호텔을 나가 택시를 세웠다. 기사에게 '르 다미에(Le Damier)'라는 고급 레스토랑의 이름이 적힌 쪽지를 건넸다. 듣기로 코나크리에 거주한 지 오래된 프랑스인이 운영하는 식당이었다. 차가 길목을 돌아 주요 도로에 들어서자마자 그야말로 주차장을 방불케 하는 극심한 정체가 빚어지고 있었다. 인내심이 바닥난 운전자들은 틈이 생기는 대로 바싹 차를 붙였다. 그렇지 않아도 혼잡한 마당에 온갖 종류의 물건들을 들고 나온 노점상인들, 열린 차창 사이로 동전을 구걸하는 소아마비 환자들까지 뒤엉켜 있었다. 그 와중에서도 단연 압권은 공포심을 자극하는 헌병대 무리였다. 머리부터 발끝까지 검은색 특공대 군복을 입은 헌병들이 중심가를 따라 길게 늘어선 차량을 돌면서 금품을 갈취했다.

약 1년 전 기니에서는 하급 장교단의 군사 쿠데타가 있었다. 군부가 권좌에 눌러앉으려는 움직임을 보이자 국민들이 들고 일어났다. 그러자 군부는 경기장에 모인 시위대를 총칼과 몽둥이로 진압하고 집단 강간까지 자행했다. 국제사회의 압력이 높아지자 쿠데타를 일으킨 세력들이 물러나고 민주적으로 선출된 정권이 들어섰다. 하지만 지금 이 거리에서 일어나는 헌병들의 행태는 기니 사회가 군부라는 암 덩어리를 완전히 도려내는 데 실패했음을 시사하고 있었다.

세 가지 메인 요리로 구성된 코스 요리가 절반쯤 나왔을 때 중년의 중국인 남성 한 명이 나무 계단 위로 모습을 드러냈다. 그는 올리브색 양복을 말쑥하게 차려 입은 젊은 기니인과 함께였다. 빈 테이블은 나와 식당의 벽 사이에 있는 자리밖에 없었기 때문에 그들은 곧장 내 옆쪽으로 직행했다. 이제 중국인이 앉은 자리와 나 사이의 거리는 불과 1미터가 안 되었다.

중국 남자는 주름살은 차치하고라도 옷차림이 실제보다 나이를 더 들어 보이게 했다. 장쩌민 전 주석을 연상케 하는 단순하고 가벼운 디자인의 흰색 면 셔츠에 짙은 회색 바지, 얇은 흰 양말을 신고 있었다. 자세는 꼿꼿했고 권위적인 분위기를 물씬 풍겼다. 기업의 중역이거나 노련한 외교관쯤으로 짐작했는데 사실 후자로 보기에는 영어가 형편없었고 기니의 공용어인 프랑스어도 할 줄 몰랐다.

20분가량 흘렀을까, 젊고 잘생긴 중국인 남성이 맞춰 입은 양복에 적자색 넥타이와 옅은 적자색 셔츠를 받쳐 입은 차림으로 들어섰다. 젊은 남성은 세련되고 교양 있는 프랑스어로 기니인과 인사를 나누면서 가족의 안부를 기품 있게 물었다. 중국이 세계로 뻗어 나가는 과정에서 벌어진 세대 간의 차이를 극명하게 드러내는 대목이었다. 미국의 수많은 외교관 중에서도 젊은 중국인과 같은 능숙한 매너를 발휘하는 사람은 얼마 되지 않을 것이다.

중국인 둘 간의 대화가 30분 이상 이어지자 소외된 기니인은 핸드폰을 만지작거렸다.

르 다미에의 웨이터가 소고기, 생선, 닭고기, 밥에 피넛 소스를 곁들인 기니의 별미 등을 샘플 카트에 차려 가지고 돌면서 프랑스식 고급 서비스를 선보였다. 나이 든 쪽은 다양한 음식들 앞에서 무엇을 골라야 할까 머뭇거리다가 젊은 동포에게 "나는 인도 음식으로 하겠네" 하며 피넛 소스를 버무린 샘플을 가리켰다. 그러자 젊은 친구가 "그건 인도 음식이 아니라 흑인들 음식입니다" 하고 정정해 주었다. 그 말을 듣자 나이 든 이는 즉시 마음을 바꾸어 먹음직스러운 생선을 선택했다.

두 남자는 계속해서 기니인이 그 자리에 없는 듯 대화를 이어 갔다. 이

익고 돈 문제가 화두에 올랐고 젊은 쪽은 이름을 알 수 없는 한 원자재의 톤당 가격이 구체적으로 얼마인지 물었다. 기니의 최대 수출 품목인 보크사이트나 철일 가능성이 높았다. 그러다가 문득 자랑을 늘어놓았다. "파리에서 세네갈 대통령의 아들을 만났지 뭡니까." 젊은 쪽이 말했다. "우리한테 투자를 받고 싶어 했지만 거기 갈 일이 있을지 모르겠어요."

나이 든 쪽은 점점 초조한 기색을 보이면서 둘이 논의하고 있던 그 이름 모를 원자재 구매에 대한 이야기로 돌아갔다. 남자는 이참에 거래를 완결지으려는 듯했다. 그런 태도를 보고 젊은 중국인이 주의를 주었다. "어떻게 하더라도 저쪽에서 물건을 싣기 전에 먼저 돈을 주면 안 됩니다." 그가 말했다. "저들에게 그렇게만 말하면 됩니다."

나는 아이패드를 사용하고 있었지만 마침 테이블 위에 공책이 펼쳐져 있기도 하여 몇 자 적고 있었다. 바로 그때 현지인으로 매우 부유해 보이는 한 남자가 중국인들이 앉은 테이블로 다가갔다. 큰 목소리로 "니하오, 니하오" 하면서 인사를 하고는 유쾌한 프랑스어로 말을 이어 나갔다. "이거 오랜만입니다!"

"그렇게 되었습니다." 젊은 중국인이 말했다. "아내를 만나러 고국에 다녀왔습니다. 딸을 출산한 지 얼마 안 되었거든요."

한동안 축하 인사가 이어졌고 이제 일행의 관심은 여태 무시당하고 있던 기니인에게 쏠렸다. 새로 합류한 사람도 그와 안면이 있는 듯했다. 나이 든 중국인은 자기 동료를 시켜 최초의 중국 여행이 편안하시도록 비행기 표를 곧 보내드리겠다는 말을 전해 달라고 했다.

나중에 온 기니인이 자리를 뜨자 중국인들은 또다시 기니인을 무시하고 중국말로 대화를 이어 나갔다. 몇 분 후 기니인은 사실 대통령의 의전 담당에게 가는 길이었다며 이제 가 봐야겠다고 자리를 떴다.

그날 오후는 한 대형 인터넷 카페에서 시간을 보냈다. 2층짜리 카페에서는 음료와 간단한 식사가 제공되었는데 분 단위로 요금을 내고 인터넷을 사용하려는 젊은 사람들로 바글바글했다. 페이스북 계정을 확인하는 사람들부터 프랑스 등지에 있는 친척이나 친구들과 스카이프로 수다를 떠는 사람들, 시시덕거리며 눈빛을 교환하는 사람들까지 다양했다. 중앙에 배치된 좌석들 위로 로베르 두아노(Robert Doisneau, 프랑스의 사진작가-역자 주)의 대표작들과 함께 레이 찰스, 무하마드 알리, 마일스 데이비스의 흑백사진이 걸려 있었다. 구색을 제법 갖춘 것이 스타벅스 매장 못지않다.

바깥 인도는 마치 바나바나(세네갈의 잡상인-역자 주)의 끝없는 행렬과도 같았다. 카페의 유리막은 에어컨으로 쾌적한 내부와 먼지 날리는 외부를 분리시키는 장벽이었다. 그 유리막 너머로 저들이 상대의 이목을 끌려고 작은 몸짓을 하는 것 같았다. 그러나 해가 떨어지자 바나바나는 어디론가 사라지고 한 무리의 군중이 인도를 점거했다. 이들은 무언가에게 맞는 것을 피하려는 듯 건물의 벽으로 붙었다. 그때 사이렌이 한 번 울리는가 싶더니 동시다발로 여러 대의 자동차가 사이렌을 울리면서 지나갔다. 행렬은 섬광을 번쩍이면서 쓰레기가 흩어진 대로를 한바탕 휩쓸고 지나갔다. 밴과 픽업트럭에 빽빽이 탄 남자들은 총을 흔들어 보였다.

대통령이 집무실에서 관저로 돌아가는 행렬이었는데 이런 광경이 적어도 5분 이상 연출된 것 같다. 대통령을 경호하기 위해 배치된 위압적인 군인들은 그날 아침에 보았던 헌병들과 동일한 검은색 군복과 베레모를 쓰고 사람들의 발길을 도로에 묶어 두었다.

마침내 군중이 흩어지기 시작할 때 나도 짐을 그러모아 카페에서 나왔다. 어둠 속에서 움푹 패인 구덩이에 빠지지 않도록 조심하면서 저녁 식사 장소까지 분화구 투성이의 길을 네 블록 걸었다. 걷는 동안 허름하고 엘리

베이터도 없이 고층으로 올린 다세대주택이 이어졌다. 밤공기는 따뜻했지만 습도가 높아 축축했는데 마침 코나크리 시민들의 익숙한 친구인 정전이 찾아와 많은 시민들이 집 밖에 나와 있었다. 야외에서 밥을 먹고 있거나 식사 재료를 사온 이들도 있었고 그저 모여 서서 수다를 떠는 이들도 있었다.

내가 향하던 작은 식당은 생선과 닭구이 같은 소박한 현지의 별미를 하는 곳이었다. 저녁을 같이하기로 한 아마두 다노 배리가 먼저 자리를 잡고 있었다. 캐러멜 색의 피부는 기니의 풀라니족 사람들이 지닌 공통적인 특징이었다. 배리는 코나크리 대학의 교수로 대인관계가 좋았다. 점심때 옆 테이블에서 엿들은 이야기를 해 주었더니 예리하고 총명한 눈을 번쩍이며 주의 깊게 듣고 때때로 웃음을 터뜨렸다.

우아한 프랑스어로 배리가 한 말이 나를 놀라게 했다. "중국인들은 여기에서 일을 하고 뿌리를 내리려고 서두르는 기색을 보이지 않습니다. 중국 정부가 기니에서 자국의 거대 국영기업이 막대한 투자를 하도록 몰아붙이는 것 같지도 않고요. 다른 나라들, 예를 들면 콩고 같은 곳에서 중국인이 형성하는 이미지가 기니에서는 적용되지 않습니다."

아프리카에서 광물자원이 풍부하기로 손꼽히는 콩고에서는 중국인들이 자원을 개발하는 대가로 60억 달러 규모의 인프라 투자를 하기로 협상하여 논란이 된 일이 있었다. 중국은 신규 도로와 철로의 건설을 비롯하여 병원, 주택, 새 대학 등을 건립해 주면서 20년 동안 구리와 코발트의 공급을 보장받았다.

시민단체에서는 정부가 자원 공급을 보장하는 조건으로 패키지 딜에 합의하면서 자원을 헐값에 팔아 치워 버리는 리스크가 발생했다고 비판했다. 전통적으로 콩고의 주요 경제 동반자 역할을 해 왔던 서양 국가들과 국제 금융기구들 역시 심기가 불편하기는 마찬가지였다. 특히 이들은 중국이 난데없이 기존 채권자들의 상환 순서를 앞질러 '우선순위 채권자'가 된 사실에 분개했다. 아프리카인들은 중국의 거래에 대한 자신들의 견해가 어떻든 서양에서 중국에 불만을 품는 이유는 급부상하는 신흥 강국의 출현을 불쾌하게 여기기 때문이라고 해석했다.

사실 기니도 막대한 지하자원을 보유했다는 점에서는 콩고와 다르지 않았다. 그러면 중국이 왜 기니에는 공을 들이지 않는지 설명을 하겠지 싶었는데 대신 배리는 중국이 기니에 펼쳐진 거대한 기회에 냉담하거나 무관심하지 않다는 점을 분명히 했다. 배리는 중국이 콩고에서와 유사한 거래를 기니에서도 이미 시도한 적이 있다고 설명했다. 장기 집권을 하던 란사나 콩테(Lansana Conté) 전 대통령이 사망한 후 권력을 장악한 군부 지도자 다디스 카마라(Dadis Camara)가 잔혹한 통치를 하던 시기였다고 한다.

"다디스는 이전의 어떤 대통령도 이루지 못했던 안정적인 전기와 식수 공급을 자기가 해낸다면 권좌에 계속 머무를 수 있을 것으로 생각했어요. 그 와중에 중국이 50억 달러의 패키지 딜을 제안했습니다. 철광, 보크사이트와 원유 탐사권을 확보하는 대가로 상당한 뇌물을 주고 인프라를 건설하겠다는 약속을 했었지요."

배리의 이야기를 들으면서 나는 몇 달 동안 언론의 거센 비판을 받았던 중국국제기금(China International Fund)의 제안을 떠올렸다. 중국국제기금이 기니 지도부에 패키지 딜을 제안한 시점은 군부 독재에 항거하는 시위대를 집단 강간으로 진압하는 사건이 일어난 지 불과 며칠 안 되어서였다.

아프리카와 서양의 비판자들은 이런 행태야말로 중국이 아프리카에 어떻게 접근하는지를 보여 주는 전형적인 사례라고 꼬집었다. 다른 국가의 내정에 간섭하지 않는다는 중국의 노선이 궁극적으로는 민주적인 통치와 인권, 통치 방식을 개선하는 데도 악영향을 미쳤다. 반면 다른 이들은 중국의 행보를 서둘러 두둔하면서 중국국제기금의 거래가 수상하냐 아니냐를 떠나 기금이 홍콩에 지주회사를 둔 민간 기업에 불과하다며 이들의 제안으로 중국 정부를 판단하는 것은 옳지 않다고 주장했다.

그러나 내가 만났던 기니의 지식인들은 중국국제기금의 경영진이 중국의 최고위 지도부와 교감이 가능한 관계라는 사실을 알고 있었다. 이들 입장에서는 중국국제기금의 제안이 곧 중국이라는 나라가 아프리카에서 사업을 하는 방식(modus operandi)이라고 해석할 만한 충분한 근거가 있었던 셈이다.

"중국 정부는 전면에 드러나는 것을 원치 않았습니다." 배리는 말했다. "그래서 '민간' 투자 형식을 빌렸겠지요. 이번에는 주효하지 않았을지 모르지만 여태까지 중국이 아프리카에서 이런 일을 벌이면 대개 먹혀들어 갔습니다. 아프리카인들은 관리하는 법에 익숙하지 않습니다. 지도자들은 게을러서 구체적인 사항으로 들어가기만 하면 복잡해서 모르겠다는 식입니다. 그들의 우선순위란 국민들에게 '일이 되게 만들려고 내가 얼마나 애를 썼는지 아느냐' 하고 말할 수 있느냐예요. 이러니 중국은 매번 자기 목적을 달성할 수 있었던 겁니다. 그들은 아프리카인들이 어떤 분야에서는 일을 할 수 없는 수준에 있다는 사실을 알고 있기 때문에 뿌리를 내리고 정착할 겁니다.

중국인들은 철, 보크사이트, 석유를 원합니다. 대신 턴키 프로젝트를 해 주면서 본국의 자재와 기술, 노동력을 동원합니다. 임금은 대부분 사업을 하는 나라의 국민들에게 지급되지 않고 경제에 기여하는 바도 없어요.

그런데 아프리카에서는 누구도 확인을 하지 않습니다. 실제 들어간 비용을 아는 사람도 없고요. 패키지 딜이 사실 물물교환이나 마찬가지인데

이 딜에서 우리가 받는 게 인프라 아닙니까. 그런데 완공되고 5년이 지난 시점에서 인프라 상태가 악화되면 그나마 운이 좋은 축에 속한다고 합니다. 아프리카에서는 굳이 그 인프라를 보수하거나 신경을 쓰지도 않고요. 하늘에서 뚝 떨어진 것과 같으니까요."

배리는 기니가 1958년 프랑스로부터 단기간에 독립을 이룬 후 사회주의 독재자였던 세쿠 투레(Sékou Touré) 초대 대통령의 치하에서 패키지 딜의 첫 번째 사례를 경험했다고 전했다.

"중국인들은 재빠르게 신정부와 관계를 맺고 국회의사당(Palais du Peuple)을 지어 주겠다고 제안했어요. 그 이후로 사실상 모든 아프리카의 지도자들이 개인적, 이념적 성향을 떠나 중국이 지어 주는 일종의 궁전을 하나씩 받았습니다. 문제는 중국인들이 유지, 보수하는 법까지 전수해 주지 않는다는 겁니다. 지금도 백열전구가 나가면 우리들은 중국인들을 불러서 교체하는 실정입니다."

이튿날 기니의 시민사회단체연합을 이끌고 있는 아디즈 디오프 대표를 만나기로 했다. 약속 장소는 여기저기 패여 있는 도로에서 멀지 않은 해안가의 레스토랑이었다. 디오프는 건장한 체구에 품이 넓고 오래 입은 듯한 전통의상 부부를 입고 나타났다. 디오프는 지난 수십 년 동안 아프리카가 어떻게 하다가 거지 대륙이라는 오명까지 얻게 되었는지 한탄하며 대화를 시작했다. 그는 특히 중국에 대한 의존이 심해지는 데 우려를 나타냈다. "기니인의 시각에서 보면 중국의 자금은 끌어다 쓰기가 너무나 쉬워요. 정부는 그 돈으로 즉각적인 필요를 만족하고 심각한 의사결정을 회피해 버립니다." 디오프가 말했다. "게다가 중국은 민주주의라든가 인권 문제에 대해서 전혀 까다롭게 굴지 않거든요."

이제까지 만나 본 대다수의 기니인들과 마찬가지로 디오프도 중국국제 기금과 중국의 국익이 별개가 아니라고 보았다. 중국국제기금이라는 기업의 법적 기반이 무엇이든 기금의 목적은 본질적으로 중국이 이루려는 바를 수행하는 것이라고 그는 판단했다. "중국인들은 군사정부와 손잡고 대형 사업을 할 때 심사숙고라는 것을 하지 않아요. 하지만 우리가 원하는 것은 선한 가치를 존중해 주는 동반자들입니다."

전날 만났던 배리와 마찬가지로 디오프도 중국이 사업을 추진할 때 투명성이 극히 떨어진다는 데 불만을 제기했다. "우리가 대형 사업에 대한 대가를 지불할 때는 저쪽에서 실질적으로 기술과 전문 지식을 이전해 주기를 원하거든요. 그런데 중국인들은 자기 나라에서 데려온 노동자들에게 모든 일을 맡겨 버리고 기니인들에게는 그저 허드렛일이나 시킵니다. 실제로 교량 건설을 중국 기업에게 맡긴 일을 예로 들어 보죠. 중국 기업은 대부분의 작업을 한밤중에 하면서 누구도 현장에 접근하지 못하도록 막았습니다. 기공식부터 준공식까지 정보를 전혀, 아무것도 주지 않았다는 거지요."

디오프는 자신이 속한 단체와 다른 시민사회연합이 중국 측 건설업체들과 여러 번 대화를 시도하기도 하고 중국 외교관들에게 기니에서의 사업 방식을 재고해 달라는 당부도 해 보았다고 털어놓았다. 그러나 업신여김을 당하거나 쫓겨났을 뿐이었다.

"중국인들을 만나러 가면 일을 승인한 당신네 장관이나 대통령과 이야기해 보라고 합니다." 디오프가 말했다. "그런 태도는 시간이 갈수록 자기의 이해를 위태롭게 만들지 않을까요. 중국인들이 좀 더 생각해 봐야 할 문제입니다."

이제까지 사람들이 '반중 정서'를 털어놓더라도 이렇게 허심탄회하게 이야기한 적은 없었다. 사실 중국과의 관계가 깊어진 국가들에 가서 대화를 나눠 보면 고등교육을 받은 엘리트이건 일반 시민이건 중국이 원조를 행한 역사와 연대를 읊는 정도에서 그치는 것이 보통이었다. 하지만 중국이 오늘날 아프리카 대륙에서 탐욕스럽게 시장을 주도하는 강자로 부상하면서 중국을 바라보는 시선도 변하고 있다. 아프리카 대륙 사람들의 마음속에 대체로 부정적인 이미지가 형성되고 있는 것이다. 중국이 어떻게 본국의 노동력을 수출하고 중국산 싸구려 물건을 팔아 치우는지, 어떻게 환경을 훼손하고 힘없는 토지 소유자들에게 땅을 빼앗는지, 어떻게 현지의 법을 무시하고 부패를 키우는지, 특히 악랄한 정권에 어떻게 힘을 보태 주는지에 대해 점점 더 분노가 커져 가고 있다.

이 문제들 가운데 일부는 어쩌면 세계에 신흥 강자가 부상하는 과정에서 으레 예상되는 대가일 수 있다. 이런 측면에서 미국이 멀리 떨어진 지역에서 새로 힘을 키워 나가던 시절에 입방아에 오르던 행태가 종종 떠오르는 것도 사실이다.

디오프는 아프리카 각국 정부가 윤리적 측면에서나 지역적으로 기반이 취약하다는 사실을 상기시켰다. 문자적으로나 비유적으로나 대통령의 '식구들'이라는 사람들이 나라를 망치면서도 처벌받지 않는데 중국이 외교 문제는 국가 대 국가 차원의 일일 뿐이라며 모르쇠로 일관한다면 궁극적으로는 스스로의 이익도 훼손될 것이라고 경고했다.

이튿날 아침 국제협력부의 쿠토 무스타파 사노 장관과 인터뷰가 급히 성사되어 부랴부랴 장관을 만나러 갔다. 40대 중반으로 자신감과 젊음의 기운이 넘치는 장관은 말레이시아에서 16년을 머물면서 수학하고 비교법학을 가르친 경력이 있었다. 내가 아프리카를 돌아본 이야기를 하는 동안 그는 만족스러운 듯이 고개를 끄덕였다. 중국에 대해서는 "요즘 아프리카 어디에나 중국인들이 진출해 있다는 결론은 제대로 본 것"이라고 했다.

기니와 중국 간의 구체적인 협력에 대해 사노 장관은 정보가 충분치 않거나 최소한 자유롭게 의견을 개진할 만한 정보가 부족한 듯 보였다. 다소 진부한 의견을 이어 나가는 중에 장관은 최근 중국의 외교부장이 기니를 방문했을 때 국가 간 '협력'을 활성화시키는 차원에서 3,900만 달러의 무상원조를 약속했다고 언급했다. 당시 외교부장은 마오쩌둥 시절에 오랫동안 총리를 지냈던 저우언라이와 함께 기니를 방문한 적이 있다는 인연을 소개했다고 한다.

"중국은 자신들만의 접근 방식을 가지고 있고 우리는 그런 과정을 잘 이해하고 있습니다." 사노 장관은 말했다. "중국은 대출을 해 주면서 중국 기업들과 우리가 같이 일해 주기를 원합니다. 예를 들어 호텔을 짓는다면 중국은 자금을 대는 대신 자국 기업들과 함께 일해 달라고 요청을 하는 식이지요. 기업들이 진출할 시장을 찾는 겁니다."

그렇다면 계약과 연계된 대출이 아닌 무상원조나 버스 기증은 어떻게 이해를 해야 하는지 물었다.

"중국인들은 아주 머리가 좋아요. 뭘 해 주면서 다른 무언가에 대한 대가라고 말하지 않습니다. 물론 사업이 시작되면 모종의 답례를 원할 수도 있겠지만요. 그런 측면에서는 이게 뇌물이 아니냐, 그렇게 생각할 수도 있겠네요." 장관은 잠시 말을 멈추고 빙긋이 웃으며 이렇게 덧붙였다. "우리는 잘 알고 있습니다."

나는 여러 경로를 통해 중국이 최근까지 기니를 통치했던 군사정부와 거래를 한 것을 알고 있었다. 가령 세계은행의 한 아프리카 고위 관계자는 별안간 비밀스럽게 화력발전소 두 곳을 합병시킨 사례를 들었다. 수도를 장악하고 군부의 집권 유지를 정당화하려는 목적이었다. "합병에 들어가는 모든 자금을 중국국제기금이 댔습니다." 세계은행 관계자는 내게 말했다. "정부의 장부 어디에도 이 거래가 기록되어 있지 않습니다." 발전소가 합병되기 전에 군부가 축출되고 말았지만 중국이 돈을 풀어서 취약한 정부에 대한 영향력을 높이려는 시도가 드러난 사례였다.

장관은 내 이야기를 들으면서 고개를 끄덕이기는 했지만 긍정도 부인도 하지 않았다. 다만 내가 마흐무드 티암(Mahmood Thiam)의 이름을 거론했을 때는 태도가 달라졌다. 기니의 전직 관료였던 티암은 군부가 중국과의 거래에 절박했던 당시 중국 측 끄나풀 역할을 한 것으로 널리 알려져 있다. 티암은 군부가 와해되자 기니를 떠나 아프리카의 다른 지역에서 중국국제기금을 대리하여 사업적인 거래를 계속 진행하는 것으로 알려졌다. 사노 장관에게 구체적인 정보에 대해 확인을 요청하자 대화가 시작된 이후 처음으로 불편한 심기를 드러내면서 당시 자신은 정부의 일원이 아니었다고 선을 그었다.

"티암이 이 나라에 없는 건 확실하고 영원히 돌아오지 못할 가능성도 있지요." 장관은 말했다.

유죄가 인정된다는 의미인지 물었다.

"아니 땐 굴뚝에 연기가 나겠느냐는 말입니다."

이번에는 장관에게 중국이 민주주의, 인권, 투명성 문제를 내정 불간섭이라는 명목 아래 눈감아 버리는 태도에 대한 의견을 물었다.

"내 생각으로는 우방에게 나쁜 일이 일어나는데 침묵을 지키는 것은 분명히 좋은 일이 아닙니다." 장관은 말했다. "우리에게 친구가 생기면 상대가 나의 좋은 점, 나쁜 점을 이야기해 주기를 기대하지 않습니까? 나에게는 그게 정상으로 보이는군요."

진퇴양난 _ 시에라리온

코나크리에서 시에라리온의 프리타운까지는 비행기로 불과 20분 거리이며 서아프리카 해안을 따라 동남부 방향으로 일직선상에 위치해 있다. 프리타운에서 만나기로 한 첫 번째 인물은 켈빈 루이스였다. 1990년대에 반군 지도자 포데이 산코(Foday Sankoh)가 벌인 길고도 끔찍했던 내란을 취재하던 중에 알게 된 현지 기자였다. 이후 켈빈은 독립해서 신문을 발행했는데 이내 시에라리온에서 인기 있는 매체로 성장했다.

군의 사진사였던 산코는 군의 지도자에서 대통령까지 오른 라이베리아의 찰스 테일러로부터 지원을 받았다. 산코의 군대는 마을 주민들의 손과 발을 절단하는 수법을 즐겨 사용한 것으로 악명을 떨쳤다. 농촌 지역에서 공포를 확산시켜 소농들이 도망가 버리면 병력이 그 땅을 차지하여 다이아몬드 산지와 그 지역의 재물을 손쉽게 약탈할 수 있었기 때문이다.

우리는 프리타운 시내에 있는 한 레스토랑에서 거리가 내려다보이는 2층 테라스에서 재회했다. 켈빈은 휴대전화 여러 대와 달력형의 일과표를 들고 나왔다. 졸려 보이는 처진 눈이며 질질 끄는 말투는 기억 속의 모습

그대로였다. 음식이 나오기를 기다리는 동안 켈빈은 내전의 끝자락에서 경험한 일화로 먼저 진수성찬을 차려 냈다. 반군이 프리타운을 에워쌌을 당시 잠깐이나마 반군의 완전한 승리가 예상되었다. 켈빈은 개인적으로 엄청난 위험을 지고 가까스로 만을 건너갔고 지역 평화유지군의 나이지리아 주 분견대가 반격을 위해 집결하던 룽기에 닿았다. 그는 방탄조끼와 철모를 쓰고 정렬하여 군대와 함께 강어귀를 건넜고 그때까지 전혀 낌새를 못 채고 있던 산코의 군을 궤멸시키는 것을 눈으로 목격했다.

반군은 프리타운을 점령한 동안 시에라리온에서 가장 좋은 호텔을 파괴했다. 내가 묵고 있던 호텔에서 가까이에 있는 빈투마니 호텔이 특히 심하게 훼손되었다. "반군은 바닥의 타일을 벗겨 내고 벽에서 전선을 모조리 뜯어내더군요." 켈빈이 말했다. 내전이 완전히 종식되기까지 아직 몇 달이 남은 시점이었지만 나이지리아인들이 수도 프리타운에서 반군을 몰아내자마자 이전에 본 적이 없던 중국인 사업가들 한 무리가 프리타운에 모습을 드러냈다. 정부는 가까스로 전복을 피했지만 재정난에 처해 있는 상황이었는데 이 사업가들은 정부와 협상을 통해 빈투마니 호텔을 헐값에 인수하는 데 성공했다.

"이전에 프리타운에서 그 중국인 기업가들을 본 사람이 아무도 없었어요. 그런데 정부에서 개발권을 따내자마자 작업에 착수하더니 누구도 알아차리지 못하는 사이에 수리를 끝냈더라고요. 당연히 내전이 끝난 후 그들은 유리한 입장에 올라서게 되었지요. 보수가 이미 마무리된 상태였기 때문에 프리타운에서 제대로 기능하는 유일한 국제 호텔이 된 겁니다."

켈빈이 판단하기에 이 시기를 기점으로 시에라리온에서 새로운 형태의 각축전이 시작되었다. 시에라리온의 현대 역사를 되짚어 보면 이익이 날 만한 모든 사업에는 1890년대에 진출을 시작한 레바논인이 꼭 빠지지 않고 등장했다. 레바논인들은 우리가 앉아 있던 테라스 아래 허름한 시내 거리에서 활발하게 일어나는 소매 영업을 장악했다. 또한 수익이 쏠쏠한 정부 조달 사업도 차지했다. 이들은 모퉁이에 가게를 냈고 학교에서 쓰는 교과서며 착용이 강제된 교복까지 취급했다. 환전을 할 때에도 레바논인들의 손을 거쳐야 했다. 슈퍼마켓에서 식료품을 살 때도 마찬가지였다. 무엇보다 시에라리온의 가장 크고 추악한 산업인 다이아몬드 거래에서 레바논인들의 존재감은 대단했다.

빈투마니의 재개장과 거의 같은 시점에 중국의 도로 건설업자들이 등장하여 프리타운에서 토지 계약을 따내기 시작했다. 그리고 이내 시에라리온 전역에서 비슷한 일이 벌어졌다고 켈빈은 전했다. "그 전까지 도로 공사를 주로 맡아 정부의 알짜 사업에서 한몫 챙겨온 이탈리아와 세네갈 등의 기업이 달가워할 리 없었어요."

프리타운에서 현재 널리 회자되는 이야기에 따르면 중국 기업들이 초창기에 따낸 이상의 계약들은 사실 그들이 마음에 품고 추진한 거래와 비교하면 예선전에 불과했다. 이들은 철, 금홍석, 타이타늄 및 여러 산업 광물의 보고인 시에라리온의 무너진 광산업을 지배하고 다시 일으킬 속셈을 가지고 있었다. 내전이 종식되었을 때 시에라리온은 마치 기회가 열려 있는 들판과 같았다. 빈투마니 호텔의 재개장 후 중국의 신규 진입자들은 주요 채굴권을 따내기 위해서 입찰에 들어갈 때 각종 당근을 제시했다. 시에라리온 '제2의' 도시를 밑바닥부터 건설하겠다든지 구식의 프리타운 공항을 개조하고 신식 항구를 건설하는 한편 철강 생산을 새로 시작할 수 있도록 제철소를 건설하는 방안 등이 제시된 것으로 알려졌다. 그런데 실망스럽게도 시에라리온에 진출한 중국인 광산업자들은 프랭크 티미스(Frank Timis)라는 파란만장한 인생의 루마니아 출신 사업가가 한발 앞서 손을 쓰는 바람에 큰 몫을 눈앞에서 놓치고 말았다.

티미스의 일화야말로 시에라리온과 같이 전후의 가난하고 부패하며 조직화되지 않은 아프리카 국가에서 커다란 이권 사업이 진행되는 생태를 잘 보여 준다.

트란실바니아에서 유년기를 보낸 티미스는 12세에 학교를 중퇴했고 16세에는 공산주의 치하의 루마니아에서 탈출했다. 그는 무려 42일을 걸어서 옛 유고슬라비아를 거쳐 이탈리아의 트리에스테에 도착했다고 한다. 어디까지가 사실인지 모르지만 결국 디미스는 호주로 건너가 정치적 망명에 성공했다.

호주에서 그는 금과 다이아몬드를 채굴하는 한 회사에 들어가 막노동부터 시작하여 현장 보조를 거쳐 프로젝트 감독자의 자리까지 올랐다. 후일 호주 서부에서 광산 붐이 일어나자 토목 장비를 리스하는 사업을 시작했다. 호주 시민이 된 티미스는 1990년대 초 작은 자원 탐사 회사를 차리기도 했다. 마약법을 위반하여 세 차례 유죄를 선고받기도 했는데 그 중 두 번은 매매를 목적으로 헤로인을 소지한 혐의를 받았다.

티미스는 루마니아에서 공산정권이 무너진 7년 후인 1996년에 고향으로 돌아갔다. 그리고 루마니아 정부에 새 광산법의 제정을 자문하고 신속하게 지질탐사를 수행했다. 그 자신은 루마니아 전체 면적의 무려 5퍼센트에 달하는 지역의 광물 탐사권을 손에 쥐었는데 얼마 안 가 루마니아에서 가장 수익성이 좋은 지대가 포함되어 있는 것으로 드러났다.

그는 채굴 산업에 초자연적인 후각을 자랑하고 쉽사리 만족하지 않으며, 합법과 불법을 넘나들면서 모든 수단과 방법을 동원하여 정부 관계자들이 사업을 맡기도록 재간을 부렸다. 티미스가 가는 곳에는 항상 논란과 법적인 분쟁이 벌어졌고 개인적으로도 불미스러운 소문과 명성에 대한 의구심을 몰고 다녔다. 그럼에도 모든 논란들은 정확한 장소를 적확한 시기에 진입하는 그의 신묘한 능력 앞에 힘을 잃고 말았다.

유럽에서 광산 및 원유 탐사로 큰돈을 번 티미스가 프리타운에 처음 모습을 드러낸 것은 2004년이었다. 언론 인터뷰에서 그는 시에라리온은 기대 수명이 세계에서 가장 짧고 1인당 소득도 적은 황폐화된 나라이지만 사실은 '보석상자'와도 같으며 '아프리카의 스위스'라고 묘사하기도 했다. 그러더니 서둘러 660만 파운드를 투자하여[26] 버뮤다에 등록된 시에라리온 다이아몬드회사(Sierra Leone Diamond Corporation)라는 무명 기업의 소수 지분을 상당량 확보했다. SLDC는 1990년대 말에 법인 등록이 되었음에도 이후 다이아몬드를 생산한 기록이 전무한 회사였다. 티미스에게 그런 점은 문제가 되지 않는 듯했다.

티미스가 투자한 SLDC는 당장 현금흐름은 없을지 모르나[27] 전 국토의 3분의 1 이상인 2만 5,000제곱킬로미터의 토지에 대한 광업권을 확보했다. 티미스는 6개월 후 SLDC의 지분율을 약 30퍼센트로 끌어올렸다. 그리고 몇 주 후인 2005년 9월 SLDC는 통콜릴리에서 10억 톤 규모의 철광상을 발견했다고 밝혔다.

2008년 SLDC는 사명을 아프리칸 미네랄스(African Minerals)로 개명했다. 그해 통콜릴리 철광상의 매장 추정치는 종전의 두 배인 20억 톤으로 뛴 데 이어 이듬해에는 50억 달러까지 증가했다. 해마다 확인 매장량이 상향 조정된 것이다. 2011년 현재 티미스의 회사는 세계 최대로 추정되는 철광상을 상당 부분 보유한 것으로 집계되었다.

이 과정에서 티미스는 중국의 대규모 국영기업인 중국철로물자총공사(中國鐵路物資總公司)에 이어 산둥철강그룹(山東鋼鐵集團)이 아프리칸 미네랄스의 지분을 인수하는 내용의 제휴를 맺었다. 이를 통해 티미스는 영업의 범위를 대폭 확장하고 현재 사용하지 않고 중단된 철로를 광산 지역까지 재건하고 태그린 포인트라는 신항만을 건설할 수 있는 수단을 확보했다. 철로와 항만은 모두 광물의 생산원가를 낮추고 수출 역량을 확충하는데 꼭 필요한 기반 시설이었다.

내가 아직 프리타운에 머물 당시에는 산둥철강이 아프리칸 미네랄스의 지분을 놓고 흥정을 벌이면서도 보이지 않는 곳에서는 중국의 산업에 핵심적인 철의 주맥을 손에 넣기 위해 시에라리온 정부를 대상으로 1년 가까이 작업을 하던 상황이었다. 소문에는 중국이 거래를 성사시키기 위해 어니스트 바이 코로마(Ernest Bai Koroma) 대통령에게 1억 5,000만 달러의 뇌물을 비롯하여 다양한 유인책을 제시했다고 한다. 만약 사실이라면 시에라리온에서 티미스가 거둔 성공이 더욱 빛나 보이게 하는 대목이다.

결국 중국 측은 최근에 벌어진 세계 최대 규모의 광산 거래에서 들러리에 그치고 마는 상황을 감수해야 했다. 물론 그들은 이 과정에서 우호 세력을 만드는 법과 암울한 아프리카의 벽지에서 영향력을 확보하는 일에 대해 많은 사실을 깨달았을 것이다.

빈투마니 호텔을 들른 오후에는 양이라는 남자 지배인을 만나기로 약속이 되어 있었다. 프론트 데스크 한쪽 옆에 자리한 양의 사무실에 들어가 보니 의외로 상대가 젊었다.

양은 머리가 검고 뻣뻣했으며 넓적한 얼굴에 두꺼운 무테안경을 쓰고 있었다. 사람 좋은 미소를 보였는데 그 사이로 차와 니코틴이 심하게 착색된 치아가 드러났다. 양은 스물두 살이던 2002년에 대학을 졸업하고 이후 몇 년 동안 베이징에서 평범한 일자리들을 거쳤다고 한다. 그러다 2006년 대학 동기와 함께 잠비아로 떠났는데 처음에는 다소 젊은 치기에 일을 벌인 측면도 있다고 했다.

아프리카에서 만났던 수많은 중국인들의 말마따나 양도 역시 고국에서의 간단치 않은 생활 때문에 이주의 결심을 굳히게 되었다. "중국에서 받는 스트레스가 얼마나 큰지 아마 아시리라고 생각합니다." 양은 말했다. "졸업을 하자마자 주변에서는 집을 사야 한다, 차를 사야 한다, 결혼을 해야 한다, 식구들을 먹여 살려야 한다고 몰아붙입니다."

그러던 차에 동기의 가족에게 연이 닿아 두 사람은 잠비아의 한 지방에서 일하게 되었다. 건설 분야 경험이 전무함에도 양은 저수지를 건설하는 민간 중국 기업의 감독자로 일하게 되었다. "제가 현장에 있는 유일한 중국인이었어요. 하루도 쉬지 않고 밤낮으로 일했습니다. 밥도 내 손으로 해먹어야 했고 흑인들을 감독하는 일도 해야 했어요. 게다가 저는 영어를 거의 못해서 매번 컴퓨터로 단어를 찾고 번역을 해야 했거든요. 좋은 점이 있다면 많이 배웠다는 겁니다."

그러다 양은 잠비아에서 시에라리온으로 터전을 옮겼다. 그간 아프리카 남부에서 진행된 여러 건설 프로젝트에 참여한 경험을 살려 이전보다 훨씬 나은 자리를 구했다. 바로 빈투마니 호텔을 운영, 감독 및 확장하는 업무를 맡은 것이다. 앞서 언급했다시피 호텔은 현재 중국의 국영 대형 건설사가 소유하고 있다.

"잠비아에 있을 때에는 어떻게 나라가 이렇게 엉망일 수 있을까 하는 생각을 했어요. 그런데 여기 와서 보니까 잠비아는 상대적으로 발전한 나라였던 겁니다. 시에라리온에서는 모든 것이 고장 났거나 멈춘 상태예요."

양은 전문가로서의 열정과 야망을 충족시키기 위해 다시 중국으로 돌아가고 싶다는 바람을 내비쳤다.

"이곳에서 사업이 확장되고 있고 시에라리온 정부와 주택단지를 건설하는 안건도 논의 중이에요. 하지만 그저 소규모 프로젝트에 불과합니다. 진짜 큰일을 하려면 중국에 가야 기회를 잡을 수 있어요."

빈투마니에서 꽤 가까운 데 위치한 내 숙소의 레바논 주인들은 반도의 팔꿈치에 해당하는 부분에 거대한 현대식 건물을 올리고 있었다. 주변의 해안 구역에서 중국 기업들이 공세적으로 사업을 진행하자 반격에 나선 것이다. 뒤늦은 감이 없지 않지만 이제까지 레바논인들이 독점해 온 영역에 신규 진입자들이 침범하지 못하게 선을 그으려는 시도가 분명했다. 양은 레바논이 중국의 경쟁자가 될 수 있느냐는 듯 웃었다.

"아주 오랫동안 시에라리온에서는 돈 벌기가 땅 짚고 헤엄치기처럼 쉬웠습니다." 양은 말했다. "이제는 점점 더 경쟁이 치열해지고 있어요. 여기에 사업차 와 있는 중국 친구들도 많아졌는데 그들 이야기로는 사업 문제로 레바논인을 마주칠 때마다 상대가 우리를 이용해 먹으려고 한답니다. 중국 기업들의 가격과 원가 정보를 빼내 더 저가에 물건을 공급하려고 항상 주위를 기웃거리기도 하고요. 레바논인들이 시장을 좌지우지할 때는 마음대로 가격을 매겼는지 몰라도 이제는 시장에 다른 사람들도 진입하면서 상황이 달라졌습니다."

레바논인들이 시장을 장악하는 바람에 시에라리온 입장에서는 매우 비싼대가를 치렀다고 양은 지적했다. 그는 건축 자재를 예로 들면서 레바논인들은 공개시장에서 매입한 자재를 원가 대비 대여섯 배나 되는 가격에 팔아 넘겼다고 말했다.

그날 저녁은 이곳에서 좀처럼 찾기 어려운 중식당에서 먹게 되었다. 아직 공사가 덜 끝난 고속도로 중앙분리대 너머로 제방 위에 켜진 불빛이 희미하게 흘러나오는 건물이 하나 있었다. 만약 기사가 알려 주지 않았다면 절대로 발견하지 못했을 법한 식당이었다. 게다가 간판조차 없었다.

식당에 들어서는데 눈길을 끄는 의상을 입은 중국인 여성 두 명이 건물에서 나오기에 호기심이 생겼다. 그때에야 문에 걸려 있는 중국식 홍등이 눈에 들어왔다. 가파른 계단을 올라가니 입구를 가로막다시피 기대 서 있던 현지의 여자아이가 시큰둥한 표정으로 인사를 했다. "영업 중이니?" 내가 물었다.

"그렇긴 한데 중국 음식밖에 없어요." 아이가 내키지 않는다는 듯 말했다. 이런 반응에는 어떻게 대처를 해야 할지 난감했다.

무시하고 식당으로 들어섰는데 문지방 안쪽에서 중국의 국영방송인 CCTV 소리가 요란스럽게 흘러나왔다. 식당은 흰색 타일로 장식이 되어 있었고 공간은 넓었지만 테이블이 몇 안 되고 그나마 손님도 없었다. 살집이 있고 머리가 헝클어진 중국인 남자가 식당 한가운데 서 있다가 나를 발견하고는 방금 마주친 여자아이와 마찬가지로 영문을 모르겠다는 표정을 지었다. 그래서 "니하오"라고 인사를 하자 고개를 살짝 끄덕일 뿐이었다. 내가 그냥 나가 주기를 원하는 듯 보였다.

"이 식당 이름이 뭐지요?" 내가 물었다.

"베이징판뎬(北京飯店)이오." 남자가 조금은 누그러든 태도로 말했다.

시내에서 가장 훌륭한 중식당이라고 광고를 했다는 이야기를 들었다고 전했다. 그때 키가 큰 대나무 뒤에 있는 방 안에서 한 남자가 나왔다. "저 사람이 주인입니다." 첫 번째로 만났던 남자가 말했다. "진짜 베이징 토박이예요." 방에서 나온 남자와 인사를 나누었는데 처음 몇 마디만 들어도 심하게 '얼' 발음을 굴리는 것에서 쉰 살가량으로 짐작되는 이 남자가 정말 베이징 토박이임을 알 수 있었다.

내가 자리를 잡고 앉자 그는 식당을 크게 돌아와 주문을 받았다. 그리고 잠시 가벼운 대화가 이어졌다. 주인은 내게 이곳을 여행하는 중인지, 아니면 일을 하는지 물었다. 일을 하는 중이라고 말하자 "와!" 하고 중국인들 특유의 감탄사를 터뜨렸다. "아니 선진국에서 온 양반이 이렇게 못사는 나라에서 일을 하다니요?"

그냥 못들은 척했다. "저는 여기에 1993년에 왔습니다." 주인이 운을 뗐다. "중국을 떠날 때만 해도 우리나라도 저개발 국가였거든요. 막 개혁개방을 시작한 시점이었지요." 주인의 말이 다소 즉흥적으로 들렸다. 최소한 얼마 전까지 지난날에 대해 깊이 생각한 적이 없다는 것을 알 수 있었다. 그렇기에 더더욱 주인이 이런 생각을 했다는 사실이 놀랍고 인상적이었다.

주인에게 나는 글을 쓰는 사람이고 얼마 전까지 중국에 체류했으며 그전까지 오랫동안 아프리카에 머물렀다고 소개했다. 또 지금 방문하고 있는 나라에 새로 형성된 중국인 공동체에 관심을 가지고 있다고도 덧붙였다.

바로 그때 20대 후반으로 보이는 외모가 매력적인 중국 여성이 나타났고 우리의 대화는 거기서 끊겼다. 여자는 무릎까지 오는 진에 헐렁한 티셔츠를 입고 있었는데 이 식당에 꽤 익숙해 보였다. 식당 주인이 주방으로 들어갔고 누군가가 미리 주문해 놓은 음식을 여자에게 가져다주었다. 여자는 후다닥 접시를 비우고는 일어서서 과장된 몸짓으로 내 앞에 있는 의자에 털썩 앉았다. 진동 선풍기가 따뜻한 밤공기를 여자의 방향으로 실어 보냈다.

식당에 들어오면서부터 여자가 나를 주의 깊게 관찰했음을 알아차리고는 젊은 여성에게 흔히 쓰는 일상적인 인사를 건넸다. "메이뉘(美女), 니하오", 그러니까 '안녕, 자기야' 정도의 인사였다. 여자는 의기양양함을 감추고 정색을 했다. "나는 메이뉘가 아니거든요."

여자에게 시에라리온에서 무슨 일을 하는지 묻자 뜻밖의 대답이 돌아
왔다. "아무것도요."

"여기에 머문 지는 오래됐나요?"

"그런 셈이죠. 8년이 되었으니."

"그런데 8년 동안 아무것도 안 하셨다?"

여자는 자기가 허베이성 출신이라면서 어딘지 아느냐고 물었다. 고향
은 우한이라는 곳이라고 했는데, 우한은 허베이성의 지저분한 성도로 상
하이에서 남서쪽으로 수백 킬로미터 떨어진 도시였다. "쿵파오 치킨이 유
래한 곳이잖아요." 내가 말했다. 여자는 금시초문이라고 했다. "우한 지방
의 음식은 정말 맵지 않아요?" 내가 다시 물었다.

그러자 이번에는 활짝 웃더니 방금 전에도 아주 매운 음식을 먹었다고
털어놓았다. 여자는 자기가 '친구에 빌붙어서' 살고 있다고 말했다. 그가
바쁠 때는 이 중식당에 붙어 있는 작은 하숙집에 묵고 있다는데, 그 친구
라는 사람이 지방에서 광업이나 벌목과 관련된 일을 하는 것은 아닌가 하
고 짐작했다. "그 사람이 안 바쁠 때는 그의 거처에서 지내요."

여자의 나이는 스물아홉이었다. '유흥업'과 식당에서 일하다가 자기를
돌봐 주는 남자와 알게 되었다고 설명했다. 적어도 이곳에 처음 왔을 때에
는 동아시아에서 소위 '물장사'라고 하는 매춘을 한 것이 아닐까 하는 생각
이 들었다.

그때 키가 작은 한 중년 남자가 뒤편에 있는 부엌에서 나오더니 여자에
게 다른 테이블에 가서 자기와 마작을 하자고 제안했고 그 틈에 나는 작별
인사를 했다. 머리가 헝클어지고 나이가 든 중국인 남자가 자신도 애버딘
으로 가는 길이라고 해서 택시 합승을 하게 되었다. 내가 묵고 있는 숙소
에서 가까운 해변이었다. 그 중국인에게 시에라리온에 온 지 얼마나 되었

느냐고 물었다.

"이제 7년 됐군요." 남자는 잠긴 목소리로 대꾸했다. 그가 쓰는 만다린 어는 지방의 방언이 섞여서 알아듣기가 힘들었는데 이는 잃어버린 세대에서 흔히 발견되는 현상이었다. 문화혁명 때문에 학업을 중단할 수밖에 없었던 내륙 지방의 특정 연령대에서 눌변인 사람들이 종종 있었다.

그는 자기 이름이 진궈선이라면서 나이는 '50대'라고만 밝혔다. 얼버무리는 것도 이상했지만 얼굴이 너무나 상해 보여서 실제로 일흔 살은 되겠다고 생각했다. 어떤 일을 하는지 물어보자 정비사(修理)라고 말했다. "가전제품, 냉장고, 전자레인지 다 고칩니다." 그러더니 킥킥대면서 말을 이었다. "자동차도 고치지요. 기본적으로는 내가 고치지 못할 물건은 없으니까요."

어느 늦은 오후 항구 근처 저지대의 후텁지근한 도심에 있다가 언덕에 자리한 주거지역을 방문할 일이 있었다. 완만한 경사지의 주거지역 전면으로는 구도심의 랜드마크인 파라마운트 호텔이 자리하고 있었다. 한 시간 정도면 해가 떨어질 텐데 내가 기억하는 한 해지기 전의 바로 그 시간대에 모든 아프리카 지역에서는 어둡고 손으로 만져질 듯한 붉은색, 강렬한 녹색, 깊고 물빛을 머금은 푸른색이 어우러진 기분 좋은 빛깔이 하늘을 가득 채웠다. 그런 하늘 아래 나는 시에라리온에서 작지만 의미 있는 활동으로 시민사회를 선도하는 녹색풍경(Green Scenery)이라는 토종 NGO의 조셉 라할 대표를 만나러 갔다.

우리는 해질녘 그의 빌라 2층에 있는 옹색한 방에서 만났다. 일대에는 전기가 들어오지 않았고 라할은 방에 유일하게 있는 나무틀로 된 창 옆에 앉아 말을 이어 갔다. 그는 패턴이 정교하게 날염된 아프리카 스타일의 셔츠를 입고 있었다. 얼굴은 수척했지만 열정적인 눈빛과 허스키한 목소리, 풍부한 손동작 덕분에 생기가 있어 보였다.

라할은 시에라리온 NGO의 역사를 빠르게 훑어 주었다. 1990년대 중반 내전 중에 라할처럼 시민 의식이 있는 사람들은 즉결 처형, 어린이들을 무장 집단에 강제 징용하는 사태, 강간, 집단적인 신체 절단, 노예 노동 등으로 시에라리온 전역에 공포심이 만연한 가운데 NGO 활동을 시작했다.

"내전이 종식되자마자 사람들의 관심사는 다른 분야로 옮겨갔어요. 거의 하루아침에 민주주의와 법치주의가 시에라리온의 거대한 화두가 되었고 마침내 우리에게 여건이 마련되자 날아오르기 시작했습니다. 사람들의 의식이 이미 형성된 데다 너무나 큰 고통을 겪은 뒤라 시민 참여가 이렇게 강한 사회가 되었지요."

그러나 초창기의 낙관적인 기대는 시간이 흐를수록 냉엄한 현실 앞에서 척박해지고 희망의 빛도 바래 갔다. 사람들은 시에라리온과 같이 가난한 나라에서 실행 가능하고 번영하는 민주주의를 이루기 위해서는 오랜 시간 동안 힘든 싸움을 해야 한다는 현실을 받아들이게 되었다. 말을 이어가는 도중에도 라할은 끊임없이 낙관과 비관을 오갔다.

그는 지금으로서는 형식적 민주주의는 지나간 일이라고 진단했다. "많은 일들이 마구잡이식으로 인가를 얻습니다. 사실 현 정부가 과거의 정권들과 비교해서 어느 구석이라도 나은 점이 있는지 의문입니다. 과거와 달라진 점이 있다면 국민들이 자유롭게 의견을 개진할 수 있게 되면서 두려움이 점점 사라졌다는 정도일까요."

"우리가 시에라리온 정부에 요구하는 것은 투명성의 개선입니다. 이미 과거에 체결한 모든 계약을 재검토하겠다는 동의를 정부로부터 받아냈습니다. 광산법을 개정하겠다는 약속도 받았고요. 현재는 정부에 교육 서비스를 제공해야 한다고 요구하고 있습니다. 하지만 시에라리온의 세입은 너무 작아요. 채굴권으로 얻는 돈이라고 해 봐야 정말 미미하고 정부는 기업과 협상할 자원도 없는 데다 뇌물을 받고 사람들이 규정을 어겨도 눈을 감아 줍니다.

그런데 중국인들은 정말 이상한 방식으로 일을 합니다. 대통령과 직접 협상을 하려고 하고 굉장히 극적인 행동을 하고요. 공개적인 토론을 갖는 일도 없고 여러 국제적인 규범을 존중하지도, 시민사회나 민주주의와 같은 원칙을 중시하지도 않아요. 이렇게 해서 철뿐만 아니라 석유와 목재 등의 대형 계약을 따냈습니다."

이러한 의문에도 불구하고 중국에서 자금이 유입되면서 시에라리온과 같은 저개발 국가에 새로운 선택지가 생겼고 숨통이 트였다고 그는 말했다. 과거에 서양 국가들로부터는 기대할 수 없던 자유였다.

"사람들은 일단 중국인들이 새로운 대안이 되어 주니까 환영하고 있습니다. 투자자를 유치하기가 어려운 시기들이 있는데 서양에서는 손가락질하면서 부패했다고 비난만 하지요. 세계은행이나 다른 전통적인 공여자들이 채굴산업투명성기구(Extractive Industries Transparency Initiative)의 절차규정, 환경 우려, 금융 투명성 문제 등을 근거로 자금을 지원하지 않는 경우를 생각해 봅시다. 그럴 때 우리에게는 중국이라는 대안이 있으니 정부뿐만 아니라 많은 국민들도 반색을 하고 있습니다. 그런데 최근에는 중국이라는 전도유망해 보였던 대안이 우리에게 민낯을 드러내기 시작했어요. 요즘 우리는 악마와 깊고 푸른 바다 사이에서 진퇴양난에 처한 것 같다는 생각을 합니다."

라할이 언급한 악마는 생각해 볼 것 없이 익숙한 서양일 테고 깊고 푸른 바다란 아직 낯선 존재인 중국일 것이다. 시에라리온과 같은 나라들은 중국이 내미는 유혹적인 패키지와 매우 단순한 조건에 넘어가 기꺼이 빚더미에 올라앉았고 광물자원을 다 내어 주었다.

"요즘 중국인들이 대규모 투자와 프로젝트를 진행합니다만 저들이 진정으로 관심을 두는 것은 자기들의 이익 추구뿐이라는 사실을 우리는 알아야 하고요…또 저들에게 좋은 것이 우리에게도 좋으리라는 법은 없거든요. 우리 땅에 있는 천연자원은 유한하기 때문에 자원이 고갈되었을 때를 대비해서 생산적으로 투자하고 부를 창출해 낼 새로운 방안을 마련해야 합니다. 이미 다이아몬드에서 겪지 않았습니까. 다이아몬드라는 자원으로 정작 시에라리온 국민들은 득을 본 일이 전혀 없거든요. 정부에 눌러앉아 있는 사람들이 어떻게 하면 돈을 빼먹을까 궁리하는 데만 머리를 굴렸기 때문이에요."

이미 30개 이상의 아프리카 국가에서 민주주의가 자리 잡았고 우리는 이를 평가할 때 순수하게 긍정적으로 접근하지만 라할은 보다 본질적인 문제를 끄집어냈다. 아프리카 대륙에서 초기 단계의 민주주의가 진행되고 있지만 선거정치가 국가의 재건과 무관한 경우가 종종 벌어진다는 것이다. 오히려 선거를 통해 4년이나 8년, 혹은 10년의 임기를 보장받은 많은 지도자들은 자기 재산을 불릴 궁리만 했다. 나이지리아의 정치적인 어법을 빌리자면 "포식할 차례가 온 것(enjoying one's turn to chop)"이다. 이런 문제들은 이미 여러 나라에서 효율적인 국가 발전 전략을 세울 때 기존의 오래되고 근본적인 장애물, 즉 공무원들의 경험과 능력이 절대적으로 부족하다는 한계보다 더 골칫거리가 되고 있다.

"우리는 역량이 부족합니다." 라할은 말했다. "정부는 정책을 설정하는 데 너무나 취약하고요, 협상력도 약합니다. 무슨 일이 돌아가는지 감시할 능력도 없어요. 실행 능력도 부족합니다. 기본적으로 모든 일에 무능하다고 볼 수 있는데 이 모든 것이 우리에게 인적자원이 없기 때문에 벌어진 일입니다."

라할과의 인터뷰를 마치고 나와 보니 거리는 완전히 어둠에 뒤덮였다. 차들이 꽉 막고 있던 좁은 샛길의 교통 정체는 대부분 해소되었지만 도로는 어둠을 헤치고 걸어가는 보행자들이 엉켜 혼잡하기 그지없었다. 기사는 인파 사이로 낡은 차를 천천히 몰았는데 가시권 안에서 우리 차의 전조등이 가장 강력한 조명이었다. 빛은 손으로 만져질 듯 짙게 깔린 어둠 사이로 길을 내었고 마치 피파라치의 조명처럼 어둠에 가려 있던 사람들의 모습을 드러내었다. 나무틀로 된 출입구에 모여 게임을 하고 있는 청년들, 부둥켜안고 애정 행각을 벌이는 커플들, 막 샤워를 마친 후 한껏 차려입고선 경쾌하게 어딘가로 향하는 아가씨들, 그리고 양동이에 담긴 물로 등목을 즐긴 후 베이비파우더를 바르고 나서 나른함에 파자마 차림으로 판잣집 대문 근처를 어슬렁거리는 또 한 무리의 사람들이 보였다.

어둠이 깔린다는 것은 낮의 열기가 수그러드는 것을 의미했다. 또 프리타운의 슬럼가 거주자들에게는 매일 마주치는 사람들과 다른 무리를 마주칠 수 있는 매력적인 시간이기도 했다. 전조등에 비친 인간 군상의 아름다움에 잠시 취했지만 그렇다고 이것이 21세기 초 지구상 어느 국가의 수도에서 살아가는 사람들에게 적합한 삶의 방식이라고 주장하려는 것은 아니다.

라할은 전기 공급이 양호했던 해의 경우 시에라리온의 총 630만 인구를 위해 생산된 전기가 10메가와트였다고 말했다. 웬만한 미국의 중소형 도시에도 못 미치는 규모이다. 1인당으로 환산하면 우리 차의 전조등 아래 모습을 드러낸 시에라리온 국민들이 공급받은 전기량은 미국인들의 평균 사용치의 1,000분의 1에 불과하다.

시내의 허름한 골목에 있는 쓰러져 가는 건물의 2층 사무실에서 시에라리온의 반부패위원회 조셉 F. 카마라(Joseph F. Kamara) 위원장을 만났다. 비서를 따라 사무실을 들어갔을 때 그는 검은색 책상 너머로 곧은 자세로 앉아 있었고 마치 명상을 하는 것으로 보일 정도로 침착했다. 카마라 위원장은 기골이 장대한 체구에 어둡고 가는 세로줄 무늬가 있는 단정한 양복, 빨간 줄무늬 넥타이와 무테안경을 끼고 있었다. 그는 아담하고 정돈이 잘된 사무실을 위압하는 분위기의 소유자였고 소란이나 분주함에 신경 쓰는 기색은 전혀 내비치지 않았다.

사실 위원회 사무실로 들어오는 길에 부패 사례를 고발하기 위해 온 군중들이 깨진 보도에 모여 있는 장면을 목격했다. 직접 찾아온 사람들 외에도 많은 사람들이 위원장에게 투서를 보내고 있다는 사실을 익히 들어서 알고 있었다. 하지만 현실적으로는 진실을 규명할 만한 인력이 극소수에 불과한 데다 기소를 하고 그 기소가 받아들여지도록 만들 능력이 있는 사람도 위원장을 제외하고는 아무도 없었다. 그가 이끌어 낸 첫 번째 선고도 내가 이런 냉엄한 현실에서 시선을 돌리도록 만들지는 못했다. "시에라리온에는 천연자원과 관련하여 좋았던 기억이 없습니다." 그는 마치 만트라(기도 또는 명상 때 외는 주문 - 역자 주)처럼 선언했다.

카마라는 반부패위원회의 2대 위원장으로, 위원회의 설립은 라할이 지적했던 시민사회의 작은 승리들 가운데 하나로 손꼽힌다. 카마라의 임무는 시에라리온 정부가 광물자원을 팔아서 얻은 이익을 우선 정부의 예산으로 쓸 수 있도록 바로잡는 일이었다. 그리고 이 과정에서 발생하는 대형 사기, 뇌물과 부당 이득을 줄이는 임무도 맡고 있었다.

카마라는 위원장에 취임한 후 2년 동안 기소 건수를 다섯 배로 늘렸다고 밝혔다. 그러나 반부패위원회가 어두운 곳에서 강하고 자금이 풍부한 세력의 행위에 맞서 힘겨운 전투를 벌이고 있다고 털어놓은 것은 아마 카마라 위원장이 처음일 것이다. 이런 어둠의 세력들에는 시에라리온 진출의 역사가 긴 레바논의 거물, 억척스러운 중국인 신규 이주자들, 거대한 다국적기업 모두가 포함된다. 물론 프랭크 티미스와 그의 아프리칸 미네랄스와 같은 뜻밖의 진입자들도 빼놓을 수 없다. 카마라는 시에라리온에서 어둠의 세력들이 뻗쳐 놓은 이해관계가 너무 커져서 나라가 소위 '국가포획(state capture)' 상태에 처할 지경이라고 우려했다.

"과거에는 레바논인들이 경제를 좌지우지했지만 지금은 새로운 세력이 부상하고 있어요. 그 어느 거래도 법 위에 있을 수 없다는 사실을 분명히 하는 것이 내가 풀어야 할 숙제입니다."

위원장의 검소한 사무실로 짐작해 볼 때 그가 주변에 진을 치고 있는 부패 세력들을 앞질러 갈 수 있을 거라는 기대는 쉽지 않았다. 그렇다고 위원회가 외부에 편을 만들 리는 만무했다. 카마라의 지인들은 행정부와 입법부의 인사들이 위원장에게 대 놓고 적개심을 드러낸다는 사실을 내게 일러 준 바 있었다. 이유는 어렵지 않게 짐작할 수 있었다. 사법기관의 역할은 이제까지 정부가 누려 온 후원 관계, 부패에 정면으로 배치되기 때문이다.

얼마 전 카마라 위원장은 해양자원부 장관을 조사한 후 연안어업권의 매매 혐의에 대해 유죄선고를 이끌어 낸 바 있었다. 중국의 상업 선박은 서아프리카 대서양 연안의 단속이 허술한 해역에서 남획을 해 왔는데 해양자원부에서는 이들 중 상당수에게 어업권을 밀매한 것으로 드러났다. 초대 위원장 시절에도 보건부 장관이 대형 조달 사기에 연루되어 유죄를 선고받은 바 있었다. 하지만 이러한 부패와의 싸움은 광산 채굴권과 토지 문제와 같은 시에라리온이 직면한 더 큰 도전 과제와 비교하면 빙산의 일각에 불과했다. 티미스는 시에라리온 국토의 상당 지역을 손에 넣었고 과거에 존재감이 미미했던 기업을 철 생산 분야에서 세계적인 공룡으로 키웠다. 카마라 위원장은 아프리칸 미네랄스의 딜을 미화하는 데 동참하지 않았다.

"우리는 아직 아프리칸 미네랄스의 진상 규명에 나서지 않았습니다. 초대 위원장 시절에 일어난 거래이기도 하거니와 의도가 있어 보이는 일을 시작하고 싶은 마음도 없고요. 다만 적절치 않은 일이 일어났던 것으로 보이고, 정부 역시 바로잡겠다는 약속을 여러 차례 한 바 있습니다. 정부가 그럴 만한 위치에 있는지는 모르겠지만."

제7장

기름진 삼각주_말리

　　일부 아프리카 국가에 매장된 풍부한 천연자원이 중국의 구
미를 당기는 것은 분명 사실이어서 제조 강국으로 급부상한 중국이 세계
광물 공급을 장악하기 위해서라면 물불을 가리지 않으리라는 고정관념을
형성하는 데 일조하기도 한다. 그런 점에서 보면 아프리카 북서지역에 드
넓게 자리한 말리는 중간 규모의 금 산업을 제외하면 적어도 천연자원 측
면에서는 내세울 것이 거의 없는 나라이다. 최근 수년간 안정적인 민주주
의 통치가 이루어졌어도 오랫동안 지구상 최빈국의 하나로 손꼽히기도 했
다. 그럼에도 불구하고 말리는 중국의 아프리카 진출에서 주요 무대 역할
을 하고 있다.

　　중국 정부는 말리에서 활기차게 사업을 하고 있는 크고 작은 기업들을
모두 굽어볼 수 있도록 수도 바마코에 도드라지게 눈에 띄는 대사관을 지
었다. 수많은 중국인 이민자들은 소규모 호텔과 도소매업 분야에서 특히
활동적으로 종사하고 있다. 정부는 말리에 원조를 쏟아부었을 뿐 아니라
막대한 신규 대출을 제공하기도 했다. 내가 가장 최근 들렀을 당시에는 중

국이 서아프리카에서 수행한 프로젝트 가운데 최대 규모로 손꼽히는 우정의 다리 준공식이 불과 몇 개월 앞으로 다가온 시점이었다. 니제르 강을 가로지르는 이 거대한 다리는 중국 정부가 기증한 것으로, 다리 한쪽 끝에는 거대한 위용을 자랑하는 신축 시립 병원 단지가 자리 잡고 있었다.

말리는 워낙 부존자원이 빈약하다 보니 외부의 힘을 십분 활용하는 외교정책을 촘촘하게 발전시켜 왔다. 사우디아라비아는 인구의 절대다수가 무슬림인 말리에 이슬람 국가로서 연대를 표하는 차원에서 파드 왕(King Fahd) 다리라는 거대한 교량을 건설해 준 바 있었다. 무아마르 카다피(Muammary Gadafi) 역시 영향력을 행사하기 위해 바마코 시내의 강기슭에 대규모 정부청사(Cité Adminstrative)를 지어 준 것을 비롯하여 각종 원조를 아끼지 않았다. 미국도 인심 좋은 공여국을 자처했다. 말리가 모범적인 민주주의 국가이기도 했지만 이슬람 테러리즘의 확산을 저지하기 위한 군사 전략의 일환이었다. 한편 말리를 오랫동안 식민 통치했던 프랑스는 다른 나라들에 뒤질세라 그간 말리에서 행사해 온 영향력과 경제적 원조를 유지하려 애를 썼다.

그런데 최근 들어 각국의 카드가 뒤죽박죽이 되어 버렸다. 우선 말리 정부가 신청사의 준공식을 열기도 전에 카다피가 축출되는 사건이 벌어졌다. 말리 북부 지역에서는 반란군이 잔혹한 이슬람법을 강제하기 시작했다. 또한 대선을 불과 수 주일 앞두고 군부가 쿠데타를 일으켜 민선 정부가 전복되기까지 했다. 프랑스는 2013년 1월 이슬람주의자들을 격파하고 말리의 영토보전을 회복한다는 명분을 들어 개입을 했다. 이상의 사건들은 내가 말리를 떠난 후 긴급하게 벌어진 일이었다.

오랫동안 나는 바마코를 비좁고 낡은 지역으로 기억하고 있었지만 어느새 아프리카에서 가장 빠르게 성장하는 도시이자 세계에서도 성장률이 여섯 번째로 높은 도시로 탈바꿈했다.[28] 어마어마한 신작로가 건설되고 커다란 원형 로터리가 들어서는 등 건설공사가 활발하게 진행되기도 했다. 이런 급격한 발전은 대부분 중국 기업이 탄생시킨 작품으로, 이제 이들은 말리의 건설 분야를 완전히 장악하다시피 했다.

아프리카의 다른 지역에서와 마찬가지로 중국인들은 대출이나 전면적인 원조 등 대규모 재정 지원 사업을 통해 자국 기업의 진출 기반을 마련했다. 많은 기업들은 처음에 따낸 계약의 임무를 완료한 이후에도 말리에 남아 중장비를 상각할 만한 사업 기회를 노렸다. (게다가 이 과정에서 우대관세율 혜택까지 누리는 경우도 많았다.) 말리에 남은 기업들은 다자 기구의 재정 지원으로 마련되는 안정적인 시장을 십분 활용했다. 세계은행이나 아프리카개발은행 등이 재정을 지원하는 건설 사업에서 가장 낮은 입찰가격을 써내고 들어가서 계약을 따낸 것이다.

바마코에서는 한층 더 새로운 일이 벌어지고 있었다. 내가 비행기에서 내릴 당시 이용했던 공항 터미널 바로 옆에 신축 터미널 공사가 한창이었다. 빨간색, 하얀색, 파란색의 문장이 그려진 현수막은 터미널이 조지 W. 부시 대통령 시절 설립된 새천년도전공사(Millennium Challenge Cororation)의 주관으로 설립되는 미국의 후원임을 알리고 있었다. 그런데 현수막에 다가가 보니 하단에 작은 글씨로 쓰여 있는 건설업체들은 중국 기업들이었다.

말리의 인구 증가율은 아프리카 대륙의 평균치를 훨씬 웃돈다. 말리와 더불어 부르키나파소와 니제르는 세계 최빈국으로 함께 손꼽히는 국가들인 동시에 아프리카 대륙을 가로지르는 사헬 지대에 위치하고 있다. 사헬의 북쪽으로는 사하라가, 남쪽으로는 사바나가 펼쳐진다. 유엔은 이 지역의 인구 증가율이 2100년까지 무려 500퍼센트에 달할 것으로 전망했다.

중간 추정치를 적용하더라도 말리의 인구는 현재 1,500만 명에서 21세기 말에는 8,000만 명으로 증가한다. 공격적인 가정을 할 경우 인구수는 중간 추정치의 1.5배에 달한다. 그렇지 않아도 말리는 취약한 토양과 강우량 부족, 30퍼센트에 불과한 문해율 등으로 미래가 암울한 상황인데 여기에 인구까지 폭발적으로 증가하면 고통은 가중될 것이다. 또한 말리에서는 인구 급증에 힘입어 도시화가 고삐 풀린 듯 빠르게 진행되고 있다. 아프리카의 다른 지역들과 마찬가지로 역사상 처음으로 상당한 숫자의 중산층이 형성되기까지 했다. 다른 세력들의 관심이 소홀해졌음에도 중국의 건설업자들은 이 모든 흐름에서 거대한 사업 기회를 읽었고, 그 기회를 충분히 활용하기 위해 몰려들었다. 최근 수년간 서양의 외교가에서는 중국이 말리에 대출한 금액이 연간 2,000억 달러 내지 5,000억 달러에 이를 것으로 예상했다. 중국의 이해관계가 비단 건설 부문에만 국한되지 않음을 시사하는 대목이다.

내가 티에빌레 드라메(Tiébilé Dramé)를 처음 알게 된 것은 1990년대 초 아이티에서였다. 당시 장 베르트랑 아리스티드(Jean-Bertrand Aristide) 아이티 대통령이 군부 쿠데타로 축출된 지 얼마 안 된 시기였다. 드라메는 유엔의 인권 감시 단체에서 부국장을 역임한 인물로 매우 흥미롭고 결의에 가득 찬 인생을 살아왔다. 드라메가 지나온 삶의 발자취는 1991년부터 말리에서 꽃을 피운 민주주의와 궤를 같이했다. 군부 지도자들이 축출되던 당시 드라메는 학생운동을 이끄는 지도자였고 후에는 국제사면위원회에서 고위직에 올랐다. 이어 독립적인 신문의 발행인, 외무부 장관을 거쳐 군소 정당의 당수로서 대선에 두 번 출마했으나 고배를 마셨다. 내가 서아프리카에서 만났던 사람들 중에서 가장 세련되고 학식이 깊은 인물 가운데 하나였다.

점심을 같이하는 동안 드라메는 말리에서 일이 주먹구구식으로 돌아가는 데 대해 개탄을 금치 못했다. "우리는 아랍권의 문턱에 살면서도 아랍에 대한 이렇다 할 정책이 없어요. 말리에 호의적인 극동 지역에 대해서도 정해진 노선이 없고요. (ATT라는 약자로 더 잘 알려진) 아마두 투마니 투레(Amadou Toumani Touré) 대통령의 재선 임기가 끝나 가고 있지만 과연 취임한 이래 중국과의 관계에 대해 한 시간이라도 회의를 주재했는지 의문입니다."

드라메는 투레 대통령의 통치 기간 동안 말리의 대중 관계는 대통령 본인과 소수의 측근이 사적으로 인연을 맺는 비공식적인 교류를 벗어나지 못했다고 지적했다. 대통령과 연줄이 있는 사람들이 은밀하게 일확천금을 거머쥐었다는 소문들이 끊이지 않았고 이들 중 많은 사람들이 중국 정부와 모종의 관계를 맺고 있었다.

드라메는 사정에 정통한 바마코의 다른 사람들과 마찬가지로 중국이 말리에서 눈여겨보고 있는 분야가 건설업이 아니라고 믿었다. 중국이 진정으로 노리는 것은 오랫동안 외세가 호시탐탐 탐내었던 말리의 농지라고 드라메는 지적했다.

이 대목에서 드라메는 니제르 사무국(Office du Niger)의 연대기를 읊어나갔다. 프랑스는 식민지 시절 바마코에서 수백 킬로미터 상류에 있는 니제르 삼각주의 한복판에 댐을 건설하는 구상을 했다. 댐은 1940년대에 완공되었지만 1만 2,000제곱킬로미터의 대지에 물을 대어 면화를 재배하겠다는 계획은 전혀 성과를 거두지 못했다. 프랑스 정부가 실제로 경작한 규모는 1만 2,000제곱킬로미터의 극히 일부에 불과했고, 골칫거리 유산을 물려받은 말리 정부 역시 10분의 1도 채 안 되는 면적을 경작하는 수준이다.

2000년대 초 투레 대통령이 취임한 직후 말리 정부는 비옥하고 물을 대기 쉬운 니제르 삼각주를 비롯하여 토지에 외국인 투자자들을 유치하려는 계획을 세웠다. "맨 처음 중국인들이 왔고 그다음에는 리비아인들이 온 데 이어 나중에는 (식민지 아프리카에 뿌리를 둔 영국의 대기업) 론호와 같은 투자자들이 사탕수수를 재배하러 왔습니다." 드라메가 말했다. "사우디에서도 왔고요. 처음에는 가랑비에 옷 젖는 정도였지만 이내 외국인이 급격히 몰려들기 시작했습니다. 특히 리비아인들이 열심이어서 무려 10만 헥타르를 거머쥐었고 값비싼 포장도로가 있는 거대한 운하까지 건설했습니다."

리비아인들의 투자는 말리에서 갈수록 심각해지는 외국인의 토지 수탈 논란의 불씨를 지폈다. "리비아와 계약을 체결하면서 우리 정부가 어찌나 서둘렀는지 날짜를 기입하는 것도 잊었지 뭡니까." 드라메가 말했다. "우리는 정부가 체결한 계약이 말리의 국부를 재고 정리하듯 팔아 치우는 것과 다름없기 때문에 불법이라고 반박했어요. 또 정부 측에 수익자가 누구인지, 매각하는 토지의 규모가 얼마인지를 밝히라고 요구했습니다. 물론 우리가 토지의 매매 자체를 문제 삼는 것은 아니라는 점을 분명히 했습니다. 문제는 이런 종류의 거래가 너무나 불투명하게 진행된다는 사실이에요. 또 매매 대상인 토지는 국민들이 살아가고 있는 터전인데 주민들이 강제로 유리되어서는 안 된다며 반대하기도 했습니다." 드라메는 소농을 쫓아내기 위해서 경찰들이 종종 동원되기도 한다고 전했다. "외국인들은 토지를 매입하고 나서 정부에 가서 이주 비용까지 달라고 합니다. 세상에, 외국인들이 모든 것을 쥐고 흔들다 보니 각종 서비스와 운송 수단, 연료 비용까지 다 대 주고 있습니다."

시간이 흐를수록 반대 여론이 거세지자 정부도 일단 자제하고 있는 상황이었다. 내가 방문하기 1년 전쯤에는 정부가 신규 토지 계약 체결을 중단했고 최근에 이루어진 3,000제곱킬로미터 규모의 거래에 대해서도 유예 조치를 취했다.

일련의 사건은 중국에서 벌어지고 있는 부패한 거래와 무섭도록 닮아 있었다. 중국의 지방정부는 으레 은밀한 곳에서 협상을 진행했고 계약자는 매입을 노리고 있는 토지에 대해 비밀 입찰서를 제출했다. 투명성이 결여되다 보니 온갖 종류의 결탁 협정이 난무했고 이 과정에서 건설업자나 공무원들 모두 손쉽게 자기 잇속을 챙겼다. 그중에서 압권은 지방정부가 반항적인 농민들의 시위와 반대를 묵살하기 위해서 지방경찰을 종종 동원한다는 사실이다.

많은 비평가들은 중국의 아프리카 토지 매입에 경고음을 내고 있다. 현재까지는 말리를 비롯한 여러 나라에서 중국이 토지 매입에 가장 앞장서는 상황은 아니다. 하지만 이는 중국이 아프리카의 농지를 필요로 하지 않는다는 의미가 아니며 향후에도 매입 가능한 토지를 최대한 사들이지 말란 법도 없다. 중국의 인구는 전 세계 인구의 20퍼센트에 달하지만 농지 비율은 9퍼센트에 불과하다. 개발도상국 가운데 1인당 경작지 면적이 중국보다 작은 나라는 오직 이집트와 방글라데시 두 나라뿐이다. 게다가 중국에서 진행되는 거대한 건설 사업과 오염, 침식 때문에 경작지 규모는 더욱 줄어들고 있는 실정이다. 중국의 토지 사용과 식량 안보를 연구한 저명한 환경 과학자 바츨라프 스밀(Vaclav Smil)은 중국의 생활수준이 향상되면서 2025년에는 오늘날 공개시장에서 확보할 수 있는 양보다 훨씬 많은 식량을 필요로 할 것이라고 내다보았다.[29]

세계의 미경작 농경지 가운데 60퍼센트가 아프리카에 있다. 중국 정부가 어떤 입장을 천명하든지 중국의 식량 안보는 이 미경작 농경지에서 생산성을 끌어올리는 방안과 점점 더 긴밀하게 연결될 수밖에 없을 것이다.

특히 말리의 경우 농촌의 인구밀도가 낮고 거대한 내륙 삼각주를 보유하고 있다는 점에서 중국이 지대한 관심을 보일 가능성이 높다. 특이하게도 중국인들은 점점 더 많은 토지를 확보하고 있지만 스스로 경작하는 일은 꺼린다고 드라메는 지적했다. 이유는 알 수 없지만 매입한 농지를 말리인에게 경작을 시킨다는 것이다. "대체 이런 식으로 농사를 짓는 목적이 무엇인지, 그리고 우리 정부는 왜 이런 일을 허용하는지 묻고 싶습니다."

과연 말리에 대한 중국의 관심을 미국 외교관들은 어떻게 생각하고 있는지 호기심이 일었다. 마침 대사관에서 라운드테이블 대화를 가질 수 있는 기회를 마련해 주었다. 당시 토론에 참석한 외교관들은 중국인들이 세계은행이나 아프리카개발은행과 같은 다자 대출기관의 계약을 교묘하게 휩쓸고 있다며 혀를 내둘렀다. 그러나 이런 사례만으로 중국의 말리에 대한 관여를 설명하기에는 부족하다는 세간의 평가에 공감하는 눈치였다.

대사관의 한 직원은 쿨루바 산 위에 있는 대통령 관저를 방문할 기회가 있었는데 중국에서 건물을 기증했음을 알리는 명판을 보았다고 전했다. "세상에, 백악관의 아이젠하워 행정관에 명판이 붙어 있는 것이나 마찬가지인 것 아닙니까." 그가 말했다. "혹 말리가 특정 사안을 놓고 중국과 의견 충돌이라도 벌이는 날에는 (중국 측이) 지난번에 우리가 대출해 준 1억 달러는 뭐냐, 이런 식으로 나오지 않을까 걱정입니다."

나는 그렇지만 강대국들은 힘이 없고 약한 나라들을 늘 그런 식으로 다루어 오지 않았느냐고 물었다.

외교관은 내 말을 무시하고 자신이 공식적으로 접촉한 말리 정부 관계자들은 중국과의 연대 강화에 우려를 가지고 있다고 전했다. "일각에서는 양국의 협력 규모가 커지고 속도도 더 빨라질 것이라고 예상합니다. 그렇게 되면 말리인들은 결국 의사결정권을 상실할지도 모르지요." 그가 말했다. "중국인들이 자기 몫을 앗아 가고 있다는 사실을 국민들이 간파했을 때 어떤 반응을 보일지에 대한 우려도 있습니다."

나는 미 국무부의 새천년도전공사(Millennium Challenge Corporation) 기금이 어떻게 중국의 대표적인 건설사인 중국수력발전의 바마코 공항 확장사업에 흘러들어 갔는지를 물었다.

테이블에 둘러앉은 외교관들 사이에 일순간 정적이 흐르면서 다들 발끝만 쳐다보고 있었다. 마침내 누군가가 입을 열었다. "(최근) 의회는 외국의 국영기업이 새천년도전공사의 계약에 입찰하지 못하도록 하는 법안을 통과시켰습니다. 작년에 통과가 되었는데 중국을 염두에 둔 것이죠."

공항 건설 사업은 7,160만 달러 규모였다. 자기 몫을 빼앗긴 것은 말리인들만이 아니었던 셈이다. 사실 법이 개정되기 전까지 중국은 말리뿐만 아니라 아프리카 대륙 전역에서 새천년도전공사가 자금을 지원하는 프로젝트에 대대적으로 참여해 왔다. 각국에 주재하고 있는 미국 외교관들이 미국 기업이 응찰을 하지 않는다며 애를 태우는 것을 여러 번 보기도 했다.

문제에 아주 단순하게 접근하면, 미국의 건설과 서비스 기업은 아프리카에서 프로젝트를 따기 위해 경쟁을 벌이는 데 무관심한 것이다. 미국 정부가 자금 지원을 약속하는, 상대적으로 안정성을 갖춘 대형 사업인데도 거들떠보지 않는 모양새이다. 그런데 한 꺼풀 더 벗겨 보면 이는 애초에 미국과 중국이 아프리카에 관여하는 방식이 전혀 다르다는 사실을 보여 준다. 미국은 다른 선진국들과 마찬가지로 수십 년 전 수행한 조건적인 개발 원조를 벗어나는 단계에 있다. 프로젝트의 기술적인 조건만 충족되면 원조 자금이 자유롭게 사용될 수 있도록 제약을 없앤 것이다.

반면 신규 진입자인 중국은 훨씬 더 이해타산적인 모습을 보인다. 아프리카에서 자금을 댈 때 훨씬 더 까다로운 단서를 달아 채무자가 중국의 도급업자와 자재, 노동력을 활용하도록 만든다. 대출한 자본이 궁극적으로는 중국 본토로 다시 흘러들어 가도록 만드는 구조이다. 한편으로 중국 기업들은 훨씬 부유한 국가들이나 세계은행 등 다자 기구가 자금을 지원하는 사업을 따내는 데 열을 올리고 있다.

말리에서 내가 접촉했던 거의 모든 중국인들은 인터뷰를 하려면 먼저 대사관의 승인을 받아야 한다며 난색을 표했다. 결국 나는 말리에 중국의 외교 업무차 나와 있는 경제 담당관인 류치에게 연락을 할 수밖에 없었다. 류는 이틀 동안 전화를 받지 않았고 메시지를 남겨도 응답이 없었다. 그러던 셋째 날 아침, 전화를 받자마자 무뚝뚝한 목소리로 따져 물었다. "누가 내 번호를 준겁니까?" 류는 퉁명스러운 목소리로 내일 아침 10시에 자기 사무실로 오라고 했다. "대사관 말고 상무처로 오세요. 강 반대편에 있습니다."

이튿날 나는 중국의 통상 업무를 처리하는 대규모 단지에 도착했다. 높은 담장과 커다란 철문이 앞을 가로막고 있었다.

운전기사는 엄청나게 커다란 수영장 맞은편에 주차를 했다. 주변에 누가 있는 것 같지는 않았지만 왠지 안으로 바로 들어가야 한다는 압박감이 들었다. 거대한 신축 구조물로 들어가니 바닥에는 대리석이 깔려 있었고 천장은 높게 설계가 되어 있었다. 얼마 지나지 않아 40대 초반으로 보이는 다부진 체격을 한 남자가 웅장한 나선형 계단을 내려왔다. 그는 자기가 류라면서 나를 공간은 넓지만 가구가 별로 없는 방으로 데려갔다.

류는 자신이 경력의 대부분을 기니, 아이티, 토고 등 프랑스어권 국가에서 쌓았다고 밝혔다. 내가 프랑스어로 말을 걸자 기분이 좋아진 류는 유창한 프랑스어로 받아쳤다.

본격적으로 대화가 시작되자 류는 예의 무뚝뚝한 어투로 다시 돌아갔다. "중국의 신식민주의에 대해 어떻게 생각하시죠?" 굳이 빈정대는 태도를 숨기지 않고 류는 도발적인 질문을 던졌다. 나는 류가 던진 미끼를 물지 않았다. "중국과 아프리카의 관계에 대해서 새로 정립된 사실에 입각하여 글을 쓰셨으면 합니다." 그러고는 가르치다시피 하는 말투를 계속 이어나갔다.

"국제사회가 여전히 유럽과 미국의 지배를 받다 보니 세계화의 새로운 조류에 적응하는 데 많은 어려움을 겪고 있는 것 같습니다. 중국에서는 아프리카 국가들과 서로 발전적인 관계를 맺고자 합니다. 우리는 이들의 개발을 돕고 싶을 뿐이지 다른 야심은 없습니다. 아프리카를 식민지로 만들 생각도 없고요. 우리는 아프리카의 주권을 존중하며 내정에는 간섭하지 않습니다."

볼수록 주름도 하나 없이 잘생긴 얼굴이었다. 류와 만난 것은 토요일 오전이었는데 청바지와 까만색 폴로셔츠에 로퍼 차림이었다. 복장은 자유로웠지만 자기 일에 있어서만큼은 철두철미한 사람이었다.

류는 내가 여러 해 동안 만나 본 수많은 미국 외교가의 인사들과는 판이하게 다른 스타일이었다. 미국 외교관들은 우월 의식에 사로잡혀 있었고 각종 제약을 들어 상투적인 말을 끝없이 늘어놓았다. 그런데 이 외교관은 어떤 구애도 받지 않고 생각하는 바를 툭 털어놓았다. 제약에 대한 기색은 드러내지도 않았다.

이날 류는 내가 익숙하게 들어왔던 중국의 외교적인 수사를 총동원했다. 마치 기계언어를 연상시키는 윈윈·불간섭·동고동락 같은 판에 박힌

어구들을 동원했다. 류는 여기에서 한 발짝 더 나아가 이제 동양과 서양 간의 진정한 경쟁이 시작되었다는 생각을 숨김없이 밝혔다.

그러더니 니제르 강을 가로지르는 우정의 다리라든지, 대형 신축 병원, 국회의사당 본청, 새 경기장, 북부의 설탕 공장 두 곳, 세구에 위치한 섬유 공장, 신규 고속도로 공사 등 중국이 말리에서 수행한 대형 프로젝트를 열거해 나갔다. "이런 모든 사업이 개발 원조 차원에서 진행된 겁니다."

처음에는 진솔하고 편안한 말로 신선하다는 느낌을 주었지만 어느 샌가 그런 매력은 사라져 버렸다. 유연하다거나 명쾌한 사고로 확신을 심어 주지도, 탁월한 견해를 제시하지도 않았다. 탄력을 받은 류는 점차 편향적인 시각을 드러내더니 중국은 대대로 쌀농사를 짓는 문화권이었기 때문에 평화를 추구하고 대립각을 세우지 않는다는 등 의도가 분명치 않은 주장을 하기에 이르렀다.

그날 이후에도 며칠간 류와 나누었던 대화를 곱씹어 보았다. 그는 성마르고 제멋대로인 성격에 진지한 자기반성이 없고 중국과 그 역사가 우수하다는 시각을 가지고 있는 것이 분명했다. 생각하면 생각할수록 1950년대 혹은 1960년대 초에 미국인들이 드러낸 오만함을 연상시켰다. 당시 미국은 아프리카를 비롯한 광활한 제3세계에서 세계 질서를 이끄는 새로운 강자로 떠올랐다. 제3세계를 누비던 미국인들은 얄팍한 확신과 스스로에 대한 우월감에 빠져 있었다.

1957년 가나의 독립 기념 행사에 리처드 닉슨(Richard Nixon) 당시 부통령이 미국을 대표하여 방문했던 일화가 떠올랐다. 마틴 메러디스는 『아프리카의 운명』에서 가나를 방문한 고위직 인사들 가운데 닉슨이 '가장 열정적'이었다고 기술했다. "닉슨은 아크라(가나의 수도 – 역자 주)에 도착하자마자 달려가 악수를 하고 대추장들과 포옹을 했으며 흑인 아이들을 귀여

워하며 카메라 앞에서 포즈를 취했다. 그런데 이처럼 적극적인 태도가 항상 긍정적 결과로 이어지지는 못했다. 공식 기념식 행사에서 가나인 인파에 둘러싸여 있던 닉슨은 한 남자의 어깨를 툭 치면서 자유를 누리게 된 소감이 어떤지를 물었다. '글쎄요, 각하.' 남자가 말했다. '저는 앨라배마 출신이라서요.'"

인터뷰 끝자락에는 류의 태도가 꽤 누그러들어서 나를 따라 아래층으로, 이어 주차장까지 따라 나왔다. 그런데 주차장에 서 있던 형편없이 찌그러진 분홍색 벤츠190 택시를 흘깃 보고서 순간 움찔하던 것을 어떻게 해석해야 할지 모르겠다. 경외감이 아니었던 것만은 확실하다.

수영장에 자주 들어가느냐고 묻자 류는 앓는 소리를 내더니 아니라고 했다. 운동은 대부분 건물 반대편에 있는 테니스장에서 한다고 덧붙였다.

기사가 시동을 거는 사이 전날 만났던 미국 외교관들을 떠올려 봤다. 그중 한 사람은 예전에는 아프리카의 거의 모든 대사관에 미국의 상무 담당관이 고정적으로 근무했으나 이제는 대부분 사라졌다고 푸념했다. 상무 담당관 한 사람이 관장해야 할 지역은 한 국가가 아니라 아프리카 전체가 되었다. 이런 마당에 대리석 바닥, 테니스장, 수영장은 그저 꿈일 뿐이리라.

그날 이른 오후에 나는 말리에서 미국의 원조 업무를 총괄하는 담당자를 만났다. 바마코 중심가의 바위투성이 골목길에 있는, 작지만 마음을 끄는 레스토랑에서 만나기로 약속을 했다. 식당이 위치한 지역에는 지저분한 자동차 정비소와 부품 가게가 즐비했다. 손바닥만한 그늘이 마련된 곳마다 값싼 음식을 파는 노점상들이 비집고 들어가 있었다. 손님이 주문을 하면 맨들 맨들 닳은 철판 위에 쌀과 고기반찬을 1인분 퍼서 내주었다.

플뢰브 카페에 들어서자 드문드문 외국인들이 보이기는 했지만 나와 약속이 되어 있던 존 앤더슨을 금방 찾을 수 있었다. 스포츠 코트를 걸쳐 다른 사람들보다 훨씬 더 격식을 갖춘 옷차림이었다. 그는 커다란 화분들 사이에서 등을 벽 쪽으로 대고 앉아 있었다.

50대의 존 앤더슨은 미국의 해외 원조 프로그램 분야에서 베테랑이었다. 그런 그가 사뭇 진지한 기색으로 내가 중국 대사관에서 만난 자신의 상대에 대해 이런저런 질문을 했다. 그는 이주를 장려하고 아프리카에서 자국민을 지원하는 데 중국 정부가 어떤 역할을 하는지, 아프리카에 오는 이민자들은 대체 누구인지, 어디에서 오고 있고 왜 오는지 등을 궁금해했다.

"중국인들이 무슨 일을 할지 알면 우리에겐 크게 보탬이 될 겁니다." 앤더슨은 말했다. "말리에서 진정 어떤 일을 하려는지, 그들은 누구인지, 장기적인 이해관계는 무엇인지 궁금하게 여기고 있습니다. 지금까지 통역을 거쳐서 그들과 대화를 나누어 보기는 했지만 한계가 있었어요. 당연히 우리가 가진 의문들은 거의 풀리지도 않았고요."

하오성리의 이야기를 들려주자 앤더슨은 주의 깊게 들었다. 하오가 모잠비크에 대한 지식도 없이 혈혈단신 이주를 한 사연이며 그곳에서 토지를 얻은 일, 대가족을 이루기 위해 새로 지은 집에 아들 둘을 데리고 온 이야기를 들려주었다. 내가 알고 있는 다른 사람들의 일화에 비해 흥미진진한 축에 속한다고 덧붙이기는 했으나 전체적으로 하오와 닮은 인생을 산 중국인들을 여럿 만나기는 했었다. 이런 이주자들은 정부의 도움이 거의 없는 상황에서도 아프리카에서 제2의 인생을 일구기 위해 과감하게 중국을 떠났다. 사실 내게는 하오의 사례가 일반적인 이주의 유형으로 보였다. 나는 중국인들이 전 세계 곳곳에 퍼져 나가 사업을 하기를 열망하는 정부 측의 도움과 격려를 이런저런 형태로 받았던 다른 사람들 이야기도 들려주었다. 나는 앤더슨이 대체로 내 말에 동의한다고 느꼈고 이는 미국 외교관들 사이에 일고 있는 모종의 변화라는 생각이 들었다.

5년 전 차드에서 미국 대사를 만났던 일화가 기억이 난다. 널찍한 사무실에 꼿꼿이 앉아 있던 대사는 아프리카에서 부상하는 중국의 면모를 얕잡아 보았고 무시와 잘난 체를 오갔다. "중국이 미국에 도전한다는 발상은 말이 안 됩니다." 대사는 나의 질문에 상당히 역정을 내면서 말했다. "중국은 아프리카에 진출한 수많은 나라들 중 하나일 뿐이고 이 대륙에 온 모든 나라들에게는 기회가 많습니다. 이게 무슨 경쟁도 아니고요."

물론 경쟁이 아니라는 대사의 말은 타당했지만, 그가 의도한 의미와는 다른 방향에서 옳다고 느껴졌다. 당시에도 이미 아프리카 전역에서 중국이 최소한 경제적인 측면에서 없어서는 안 될 중요한 파트너라는 인식이 널리 자리 잡고 있었다. 여태껏 서양은 원조를 하면서 수많은 규정을 들이대고 절차상의 요구를 했으며 종종 민주주의라든가 인권, 부패와 같은 분야에서 개혁을 강요했다. 서양의 요구 사항들이 변화로 이어지는 데까지는 미치지 못한 가운데 중국은 각 나라, 나아가 아프리카 대륙 전체의 방향을 바꾸어 놓을 수 있는 힘 있는 강자라는 인식이 많은 사람들 사이에 확산되고 있었다.

아프리카에서 대화를 나누어 본 많은 사람들은 실망스러운 행태를 보이는 서양의 전형으로 미국을 지목했다. 유럽인들은 세속적이며 아는 체하는 식민자였지만 대륙을 완전히 장악하지 못했다. 미국인들의 이상주의적인 수사에는 유럽인들을 넘어서는 현란함이 있었지만 이는 오히려 미국에 대한 실망을 더욱 키울 뿐이었다. 미국은 유려한 언변을 자랑하며 원칙을 들이대고 사사건건 끝도 없는 제약을 걸었다. 그러다 정작 마지막에는 선뜻 결단력을 보여 주지도 않았다. 미국은 아프리카를 기회의 땅으로 보지 않았고 인류에 대한 도덕적인 도전으로도 여기지 않았다. 그저 짐 같은 존재로만 여기면서 최대한 논의 자체를 피하고자 했다. 1993년 모가디슈 전투와 뒤이은 블랙호크다운 헬기 격추 사태, 이듬해 르완다 학살이 벌어진 이후 아프리카에 대한 미국 정부의 우려는 불식되지 않았다. 혹시라도 책임을 혼자 덮어쓰게 될까 봐 전전긍긍하는 태도를 보였다. 에너지 분야를 제외하고 미국은 통상적으로 아프리카에서의 사업 기회에도 관심을 두지 않았다. 아프리카보다 훨씬 더 중요한 일들이 산적해 있다는 의기양양한 메시지를 던지기도 했다.

주차드(Chad) 대사와 대화를 나눈 이후 아프리카는 격변을 겪었다. 특히 이 기간 동안 중국은 아프리카 경제를 견인하는 동력으로서 역할을 톡톡히 했다. 미국 정부가 뒤늦게 사태를 깨달았다는 사실은 존 앤더슨의 우려 섞인 질문에서도 드러난다. 아프리카에서 여태껏 찾아볼 수 없었던 자기 회의적인 징조를 미국이 보이기 시작한 것이다.

앤더슨은 자신이 실제로 알고 있는 내용보다는 간접적으로 전해 들은 이야기를 해 주면서 미묘하고 조심스러운 태도로 말을 이었다. "여기 있는 모든 원조 관계자들은 중국이 고도로 가시적인 성과를 낼 만한 사업에만 집중적으로 하드웨어를 쏟아붓고 있다고 입을 모읍니다. (이 대목에서 앤더슨이 의미한 가시적인 사업이란 다리와 경기장과 같이 바로 눈앞에 결과물이 보이는 건축물 공사를 뜻했다.) 반면 제도적인 발전이나 역량 강화와 같은 분야에는 그다지 열의를 보이지 않고 있어요." 앤더슨은 언뜻 지나가는 말로 새천년도전공사에 접수되는 요청의 90퍼센트도 건설 프로젝트라고 털어놓았다.

"개인적인 견해로는 인프라가 매우 중요하기는 하지만 (인프라가) 이 지역이 직면한 거대한 질문들에 대한 답인지는 의문입니다. 인프라는 정부의 우선순위를 반영합니다. 하지만 하드웨어 건설에 치우치는 것이 곧 최선의 개발 정책은 아닐 수 있습니다. 많은 경우에 인프라 건설이 눈으로 확인 가능하고 규모가 큰 경향이 있기 때문에 추진이 됩니다. 혹은 그 사업이 이후로도 지속적으로 성과를 확인시켜 주기 때문일 수도 있고요. 지도자들은 이런 저런 사업을 했다고 거론하면서 그걸 자신의 공적으로 내세워 권력을 유지하는 구실로 삼습니다."

앤더슨이 원조 사업에서 특히 역점을 두는 분야는 삼각주 지역에서 운영하는 프로그램으로, 전통적인 거주권 계약에 따라 오래 농사를 지어 온 주민들이 토지의 소유권을 얻을 수 있도록 돕고 있었다. 해당 프로그램은 미국이 가장 중요시하는 이상인 사유재산, 법치, 소유권의 확보를 통해 개개인에 잠재되어 있는 기업가 정신을 발현하도록 도와줄 것으로 기대되었다. 기본적으로는 이 가난한 대륙에서 미국이 시행하고 있는 다른 정책들과 맥락이 유사했다. 워싱턴의 원조 기구들이 사용하는 '역량 강화'라는 전문용어는 이념 수준으로 신봉되면서 하나의 신념으로 자리 잡았다.

대화 중에 앤더슨은 아프리카를 위해 올바른 '소프트웨어'를 창조해야 한다는 점을 몇 번이나 강조했다. 앤더슨에게 그 소프트웨어란 중국의 '하드웨어' 접근의 대척점에 있는 것이었다.

미국이 말리에서 진행한 원조 프로그램이 직면한 가장 직접적인 문제는 제대로 효과가 나타나지 않는다는 사실이었다. 특히 앤더슨이 주안점을 두던 토지 소유권 프로그램은 의회에서 5년의 기한을 받은 상황에서 이렇다 할 진전을 보이지 않았다. 말리 정부가 프로그램의 수행에 늑장을 부릴 뿐만 아니라 때로는 적극적인 방해 공작을 펴기까지 했다. 유럽의 공여국들이 토지 소유권과 반대 효과를 내는 사업에 우선순위를 두는 일도 있었다.

"니제르 사무국의 많은 관계자들 외에 원조 사회에서조차 소농들에게 소유권을 주는 일에 반대를 하고 나섰습니다. 토지 소유권은 무궁한 잠재력을 가진 토지를 최대한 제대로 활용할 수 있는 방법이 아니라는 겁니다." 그가 말했다.

미국의 원조 인력이 50제곱킬로미터에 달하는 토지를 소농에게 돌려주는 계획을 추진하며 관료주의와 전쟁을 치르는 동안 중국수력발전은 2억 3,000만 달러 규모의 급수 시설 공사를 하느라 분주했다. 농지를 이 지역의 거대한 관개망에 연결하는 사업이었다. 중국수력발전은 바마코에서 대대적으로 공항 확장 공사를 하고 있는 바로 그 기업으로, 이번 급수 시설 공사도 미국이 자금줄 역할을 한 셈이다.

앤더슨은 미국의 건설업체들은 대개 아프리카에서 사업을 하는 데 관심이 없다고 전했다. 미국 기업들은 높은 운영비와 복잡하기 그지없는 관료적 규제에 손사래를 쳤고 아프리카의 지형에도 익숙하지 않았다. 대다수 미국인들의 마음속에서 아프리카는 그저 빈 공간에 불과했다. 여기에 언론의 구태의연한 보도가 겹치면 아프리카에 대해 떠올리는 것이 고작 폭력, 부패, 질병, 공포를 벗어나지 못하는 것이다.

당초 앤더슨과 약속을 잡기 위해 전화 통화를 할 때는 삼각주 프로젝트의 운영 지역을 방문하고 싶다는 의사를 밝혔을 때 호의적인 태도를 보였었다. 나를 위해 당장 약속이라도 잡아 줄 태세였다. 그런데 정작 만나서 이야기를 꺼내니 알 수 없는 이유로 머뭇거렸다. 내가 보고자 하는 것이 미국이 수행하는 프로젝트라면 공항 확장 공사 현장을 방문하는 편이 낫지 않겠느냐고 앤더슨은 말했다. 나는 서둘러 그런 제안을 거절하면서 토지 문제에 관심이 있었기 때문에 말리에 왔다는 점을 강조했다. 앤더슨이 식사를 하면서 삼각주 지역 농사가 얼마나 중요한지 열변을 토할 때에는 가서 봐야겠다는 생각이 더욱 간절해졌다.

"기술적으로나 생물물리학적으로 이 삼각주의 잠재력은 엄청납니다. 삼각주의 광활하게 펼쳐진 토양에서 중력에 의한 관개가 가능하거든요." 앤더슨이 말했다. "그저 운하를 놓으면 물을 퍼 올리지 않아도 강물이 자연적으로 아래로 흘러갑니다. 물론 누군가가 소프트웨어를 바로잡는 일을 할 필요도 있지요. 그러나 언젠가 세계의 곡물 가격이 뛰기 시작하면 미개발의 니제르 삼각주야말로 거대한 잠재 가능성을 지닌 세계의 몇 안 되는 지역으로 각광받을 겁니다. 그때는 모두가 관심을 보이겠지요."

말리 정부가 이런 사실을 모를 리 없었다. 니제르 사무국의 홈페이지에 올라와 있는 다음과 같은 투자자 모집 공고를 보아도 이런 사실이 분명하게 드러난다.

말리공화국에 세계적으로 유일무이하게 중력에 의한 관개가 가능한 지역이 있다는 사실, 알고 계십니까? 독특한 자연환경 덕분에 니제르 강은 벼농사에 적합한 1만 제곱킬로미터의 평야에 물을 공급합니다.

아쉽게도 그중에서 개발된 지역이 600제곱킬로미터밖에 되지 않습니다.

말리는 1991년 민주주의 국가가 되었고 정부는 니제르 사무국을 통해 토지 사용의 안정성을 더욱 높였습니다. (임차인이 건설을 통해 부동산을 개선하도록 하는) 영구 소작과 일반 임대차 계약을 각각 50년, 30년 맺도록 했고 양측이 합의하는 한 계약이 여러 차례에 걸쳐 갱신이 되도록 하였습니다.

이미 말리 국내외의 투자자들이 수 제곱킬로미터, 많게는 수십 제곱킬로미터 토지에 대해 이와 같은 영구 소작의 계약을 체결했습니다. 여러분에게도 니제르 사무국에 투자할 수 있는 기회가 열려 있습니다. 니제르 사무국과 체결한 계약에 따라 해당 토지를 50년 동안 사용할 기회를 얻을 뿐만 아니라 (토지를) 자녀에게도 물려줄 수도 있습니다.

게다가 자금을 굴릴 수 있는 안전한 투자처이기도 합니다. 다른 국가에서는 0.01제곱킬로미터의 생산성을 확보하는 데 1,000만 프랑(2만 913달러)이 드는 반면 니제르 사무국에서는 불과 300만 프랑(6,274달러)이면 충분합니다.

앤더슨에게 사업장을 방문할 수 있겠느냐고 재차 묻자 이번에는 직접 차편을 구해서 와야 할 것이라고 말했다. 여기에 7월 4일 미국 독립기념일 주간이 겹쳐 현장에 누가 나가 있을지 모르겠다고 덧붙였다.

그래도 내가 뜻을 굽히지 않자 자기가 무슨 일을 해 줄 수 있을지 찾아보겠노라고 말했다. 앤더슨은 오후에 다시 돌아오겠다면서 테이블 위에 1만 프랑 지폐를 툭 던져 놓고 먼저 일어섰다. 약속과 달리 그는 전화를 주지 않았다. 그날 오후에 앤더슨에게 이메일을 보냈지만 답장도 오지 않았다. 다음날 아침에는 문자를 보냈는데 역시 깜깜 무소식이었고 전화를 해도 받지 않았다. 그렇게 하여 그날 점심 이후로 앤더슨의 모습을 다시 볼 수 없었다.

묵고 있던 호텔에 슈아이위화가 와 있다 하여 내려가 보니 작은 수영장 옆에서 맥주를 들이켜고 있었다. 슈아이는 중국 대형 건설사 중역의 비서로 말리에 와서 머문 지 꽤 오래되었다. 40대의 슈아이는 키가 작지만 다부진 체격이었는데 조급증인가 싶을 정도로 나의 방문 의도를 꼬치꼬치 캐물었다. 그러더니 나중에야 자기 상사가 저녁에 나를 초대하고자 한다고 설명해 주었다. 우리는 최신형 토요타 사륜구동에 올라탔다. 땅거미가

질 무렵 보도에는 러시아워와 선선한 날씨가 동시에 찾아오는 이 황금 시간을 잡기 위한 간이 시장이 들어섰다. 슈아이는 강 건너편 회사 숙소에 있는 상사의 집에서 저녁을 먹게 될 것이라고 전해 주었다. 경험상 긴 밤이 되리라는 예감이 들었다.

슈아이는 1980년대에 우한 대학교에서 학위를 받았고 중국의 개혁 초창기에 해외에서 석사학위를 받은 1세대였다. 정부에서는 슈아이를 통역사로 양성하는 것이 적합하다고 판단하여 프랑스로 유학을 보냈다. 그는 학업을 마친 후 고국으로 돌아가지 않고 프랑스에 남아 여러 해 동안 회사원부터 식당 운영에 이르기까지 이런저런 일을 했다. 그리고 중국 여성과 결혼하여 두 아들을 낳았는데 아이들은 아직 열 살이 안 되었다고 했다. 그는 아들들이 중국어를 거의 하지 못한다며 프랑스인(老法國)이라고 불렀다. 슈아이는 프랑스에 대한 무한한 애정을 드러내면서 1년에 꼭 한 번은 간다고 말했다. "거기에서는 자유롭거든요."

슈아이가 프랑스에 간 지 몇 년 후 예기치 않게 대학 동창인 류중화가 전화로 연락을 했다. 류는 중국의 국영 토목회사인 중국지질공정집단공사의 중역이 되었다. 류의 회사는 프랑스어권의 서아프리카에서 활발하게 사업을 벌이고 있으나 류가 프랑스어를 하지 못했기에 옛 친구에게 아프리카에 와서 도와달라고 설득했다. 슈아이는 그 이후로 류의 오른팔로서 없어서는 안 될 존재로 확실히 자리매김했다. 중국지질공정집단은 중국의 문화와 관습이 깊게 뿌리내린 기업이었고 사내에 프랑스어를 구사하는 사람도 거의 없었기 때문에 슈아이는 사실상 회사 측의 말리 대사 역할을 했다. 슈아이가 말리를 잘 알고 있음은 당연했다.

운전 중에 슈아이의 휴대폰이 울렸다. 전화 선불카드, 행주, 수건, 겉만 멀쩡한 온갖 잡동사니들을 파는 행상들 사이로 차가 천천히 나아가는 동안 슈아이는 프랑스어로 전형적인 말리식 대화를 나누었다. 우선 전화를 걸어온 이의 가족에 대한 안부를 묻다가 종국에는 상대의 아내에 대한 이야기로 대화가 좁혀졌다. 슈아이는 아내의 건강이 어떤지 구체적으로 묻다가 기생충 감염 진단을 반복적으로 입에 올리면서 더없이 진지하게 농을 날렸다. "그래도 죽을 정도는 아니겠지? 모든 일이 다 잘 풀리기를 바라네." 슈아이는 이렇게 대화를 마무리 했다. "하지만 모든 것을 하느님께만 의지하지는 말게. 자네도 자네의 일을 해야 하지 않겠나!"

슈아이는 전화를 끊고 나서 큰 소리로 웃었다. 그러더니 돌연 진지한 자세로 내게 말했다. "여기에서 반드시 아셔야 할 것이 말리 사람들은 언제나 구실을 만든다는 겁니다. 각종 변명을 하다가 꺼내는 비장의 카드는 하느님이에요. 하느님을 들먹거리면 어떻게 비난을 할 수가 없어요."

한창 말리인들에 대한 비판의 수위를 높여 가던 슈아이는 돌연 말리인들이 세상에서 가장 행복한 사람들이라고 말했다. "미국인들보다도 행복하고, 당연히 중국인들보다 행복한 사람들입니다. 주변에 있는 사람들이 전부 똑같은 형편에 있다면 내가 가난해질까 하는 걱정을 할 필요가 없지요." 슈아이는 말했다. 그가 젊었을 시절의 중국에 대해서 생각해 보았다. 당시의 중국은 방금 슈아이가 했던 말이 딱 어울리는 시기였다. "공평함이 중요합니다." 슈아이는 말을 이었다. "일이 불공평하게 흘러가면 언젠가 폭발하게 되거든요."

우리는 짧게나마 정치에 대한 대화를 나누었다. "개발도상국에서 가장 중요한 것은 안정성이라고 봅니다." 슈아이가 말했다. "만약에 사회가 불안정하면 발전도 일어날 수 없어요. 그런데 여기에는 좀 모순적인 측면이 있습니다. 민주주의가 없으면 사회가 진정으로 안정될 수 없어요. 그러면 어떻게 민주주의를 이룹니까? 내가 아프리카에서 와서 본 것은 진정한 민주주의는 아니었어요. 물론 사람들이 투표는 합니다. 그런데 결국 모든 것을 결정하는 것은 돈이더라고요. 돈을 풀어서 누구에게 투표할지를 결정합니다."

"아, 그런데 어딜 가나 중국 사람들이 있지요." 그는 이번에도 갑자기 미친 듯이 웃음을 터뜨렸다. "중국인이 없는 지역에는 절대 가시지 않는 편이 좋습니다."

"위험해서인가요?" 내가 물었다.

"그런 말이 아닙니다. 중국인이 거기에 없다는 건 돈을 버는 일이 불가능한 지역이라는 뜻입니다."

황혼이 깃들면서 하늘은 차갑고 진한 푸른빛으로 변했고 해가 넘어가는 지평선 부근에는 주황색 불빛이 일렁였다. 공항으로 빠지는 램프웨이로 나오자 수단(Sudan)식으로 만든 아치형 스투코에 '환영(Bienvenue)'이라고 선명히 새긴 표지판이 보였다. 도시의 특성이 사라지게 마련인 강 북부에 신규 공사가 많은지 물어 보았다. 처음에 슈아이는 내가 사막으로 변한 북부를 언급하는 줄로 착각한 모양이었다. 슈아이가 잘못 알아 들은 그 지역에서는 1년쯤 뒤에 전쟁이 발발하였다.

"대통령을 포함해서 나라를 다스리는 모든 사람들이 북부 출신입니다." 그가 말했다. "지도자들은 끊임없이 돈을 낭비하고 팀북투나 가오 같은 지역에 투자를 합니다. 멀기도 멀고 사람도 별로 살지 않는 지역들이에요. 문제는 정부가 모든 사람들을 남쪽으로 이주시킬 만한 돈도 없다는 겁니다. 쓸 만한 땅과 물은 모조리 남쪽에 있으니 정부가 모든 사람들에게 집을 지어 준다면 북쪽의 사람들이 전부 이주하지 않을까요?"

그야말로 중국인다운 접근법이었다. 싼샤댐 건설을 위한 수백만 주민의 이주, 한 자녀 정책의 실시, 마천루 건설을 위한 상하이의 노후 주거지 파괴 등은 정부가 앞에 서서 추진해야 할 사회적인 사업으로 간주되었다. 이런 정책에 저항하는 사람들조차 정부가 기존의 하향식 접근 방식을 버릴 수 있을지에 의문을 표했다.

이제 우리는 간선도로를 벗어나 잘 닦인 지선도로로 들어섰다. 슈아이가 다니는 회사가 건설한 도로였는데 곧 본사 건물로 이어졌다. 2킬로미터도 채 가지 않아서 슈아이가 경적을 울리니 말리인 경비 한 사람이 지키던 튼튼한 철문이 열렸다. 주차장은 넓었고 중국의 대형 트럭 10여 대와 불도저, 트랙터 등 중장비 차량 10여 대가 주차되어 있었다. 슈아이는 단지의 거주 구역 근처에 차를 댔다. 기숙사로 보이는 큰 건물이 한편에 있었다. 또 다른 한편으로는 아프리카 전통 주택을 모방하여 둥근 형태의 흙벽에 초가지붕을 얹은 건물이 여러 채 있었다.

토요타에서 내리니 슈아이의 상사인 류중화가 기다리고 있었다. 바지에 다림질을 잘한 셔츠 차림이었고 류보다 젊어 보이는 키가 크고 외모가 매력적인 아내가 얇게 비치는 블라우스를 입고 같이 서 있었다. 정원수로 경계를 세운 길을 따라가면서 이곳이 꿈꾸는 낙원(미국 NBC의 드라마 - 역자 주)이라는 생각이 들었다. 물고기가 노니는 연못과 이국적인 정원을 지나자 담으로 둘러싼 애견 우리도 보였다. 류는 10여 마리나 되는 애견을 키우고 있었는데 그레이트 데인, 래브라도, 저먼 셰퍼드와 허스키로 순종이 주를 이루었다.

밤이 되자 우리는 중역들의 식사 장소인 방갈로 한 곳으로 들어갔다. 커다랗고 둥근 테이블 위에 식사 준비가 잘 되어 있었다. 제네바라는 키가 크고 젊은 말리 여성이 시중을 들러 왔다. 여자는 몸에 꼭 맞는 옷을 차려입고 매력을 발산하고 있었는데 어렴풋이 내 사랑 지니(미국 NBC 드라마 - 역자 주)를 떠올리게 했다. 와인을 요청하자 제네바는 고급 보르도 한 병을 내왔다.

예상과 달리 류는 식사 초기에는 말이 거의 없었다. 류의 아내와 내가 사교적인 대화를 몇 마디 나누었을 뿐이었다. 부부는 슈아이가 대화를 주도하는 데 만족하고 있는 듯 보였다. 슈아이는 말을 하다 말고 플라스틱 테니스채 모양으로 생긴 전기 파리채를 들고 둥근 방안을 펄쩍펄쩍 뛰어다녔다. 그는 초가지붕의 틈을 비집고 식사가 차려진 환한 오두막으로 기어 들어온 벌레들을 사정없이 해치웠다.

대화를 통해 류의 10대 아들이 뉴저지의 사립 초등학교에 다니고 있음을 알게 되었다. 부부는 아이가 잘 따라가고 있는지, 미국의 일류 대학에 들어갈 수 있을지 걱정하고 있었다.

내 맞은편 벽에는 대형 TV가 걸려 있었고 중국의 국영방송 채널인 CCTV4의 저녁 뉴스가 방영되고 있었다. 프로그램은 내가 중국에 있던 시절이나 변한 것이 거의 없었다. 다른 세계에서 온 듯 우스꽝스러운 외모에 통통한 얼굴과 뻣뻣한 태도의 메인 앵커도 그대로였다. 정성스럽게 준비한 코스 요리를 마치니 휘궈(끓인 육수에 얇게 썬 고기를 살짝 익혀 먹는 중국요리-역자 주)가 나왔다. 이제 TV에서는 남중국해에서 벌어지는 역내 갈등을 다룬 시사 프로가 나오고 있었다. 진행자는 중국이 이웃 국가들과 마찰을 빚고 있고 이 모든 게 다 미국의 도발 때문이라고 직설적으로 말하고 있었다.

TV 토론 도중에 남중국해 주변의 지도 한 장을 띄웠는데 중국의 해안을 따라 남쪽 방향으로 거대한 원이 그려져 있었다. 그 원 안에는 중국 본토뿐만 아니라 인도네시아, 필리핀 등 동남아시아 10여 개 국가의 해안선이 들어가 있었다. 중국 정부는 '우설(牛舌)'이라고도 부르는 고리 안의 지역에서 영해권을 주장하고 있다. 제작자들은 베트남, 필리핀, 인도네시아,

브루나이 등 직접적으로 분쟁에 얽혀 있는 나라들의 입장은 어떤지 전달하려는 수고를 전혀 기울이지 않았다. 류는 이 문제에 대한 나의 의견을 물었다.

나는 해양법 전문가가 아니라는 점을 분명히 하면서도 직관적으로 보면 중국의 지도가 다소 불공평해 보인다고 말했다. 중국보다 작은 이웃나라의 권리는 엄격하게 제한해 놓고 중국의 권리는 해안에서 먼 곳까지 아우른다고 주장하는 근거가 뭐냐고 반문했다.

슈아이와 류는 태연하게 내 말을 듣고 있었지만 류의 아내는 당황한 듯했다. "정치 이야기는 하지 않는 편이 좋겠어요." 내가 중국에서 천 번은 족히 들었던 말을 류의 아내가 했다. "우리의 이해를 넘어서는 영역이잖아요." 슈아이는 아무렇지 않다는 듯 내 말을 일축하고 몇 분 동안 자기 의사를 활발히 개진했다. 이윽고 류가 처음으로 대화에 끼어들었다. "이번 분쟁은 사실 베트남 국민의 성격에 대한 문제입니다." 그는 다소 딱딱하게 말했다. "우리는 베트남전쟁 중에 몇 년 동안이나 저들이 미국에 맞서 싸우도록 지원을 해 주었습니다. 각종 무기를 포함해서 온갖 지원을 다 해 주었지요. 당시 우리도 먹을 것이 충분하지 않았지만 궁핍한 저들을 위해 형제처럼 도왔던 겁니다."

이런 감정이 비록 우리가 논의하던 해양 분쟁과 별로 연관성이 없는 듯 보이더라도 반박의 여지가 거의 없었다. 류의 발언을 듣다 보니 미국 대사관에서 만났던 외교관들이 말리와 같은 나라들이 중국에 재정적으로나 도덕적으로 빚을 지고 있음을 우려하던 일, 최소한 일부의 말리인들마저 자주권의 상실 혹은 책략에 대해 저항할 여지가 사라지는 것은 아닌지 걱정하던 것이 떠올랐다.

대화의 주제는 다시 미국에서 유학하고 있다는 그의 아들과 대학으로 돌아갔다. 그때 류와 아내는 뭔가 솔직하게 털어놔도 되겠다는 느낌이 드는 눈빛을 교환했다. 류는 프랑스 시골 지역에 거처를 마련하여 여생을 보낼 계획이라고 말했다. "누구라도 한평생을 이런 곳에서 살다가 또다시 숨조차 쉴 수 없는 어딘가로 돌아가고 싶지는 않을 겁니다. 그보다는 깨끗하고 안정적인 곳에서 끊임없이 일어나는 혼란에 휩쓸리지 않고 편안하게 쉬면서 삶을 즐기고 싶을 거예요. 아무런 걱정도 없이."

류의 고백은 고국에 대한 길고도 격의 없는 대화로 이어졌다.

"중국은 문제가 너무 많은 나라입니다." 류는 고개를 가로저은 후 잠시 숨을 돌리고는 젊은 날 겪었던 문화혁명에 대해서 말을 이어 갔다. "문화혁명은 우리 문명의 윤리적이고 도덕적인 기반을 완전히 흔들어 놓았습니다. 지금 외국인들이 중국 문화의 탁월함을 배우겠다고 유학을 오지만 정작 우리 자신은 그 우수성을 잃어버렸거든요. 공경, 정직, 근면, 희생의 덕목은 악화되었어요. 오늘날 젊은이들은 정말이지 쓸모가 없습니다. 이해를 못하니 이런 이야기를 같이 나눌 수도 없고요. 여기에다 문화적으로 불구가 된 8억 명의 소농들이 있습니다." 이 대목에서 류는 상스럽다는 느낌을 실어 문맹(文盲)이라는 단어를 사용했다.

"자유는 정말이지 중요한 개념입니다." 류는 말을 이어 나갔다. "하지만 중국에서는 자유에 대해 오해들을 합니다. 사람에게 자유를 주면 책임이나 타인에 대한 배려, 법의 준수 없이 단순히 원하는 모든 일을 할 수 있다고 착각을 하는 겁니다. 중국에 어떤 미래가 있다고 생각하십니까?"

나는 중국이 현재 직면한 여러 문제들을 열거했다. 빈부 격차와 부패의 만연, 고령화, 브랜드 경쟁력을 발휘하고 혁신할 수 있는 위대한 제조기업의 부재, 환경 파괴, 주택 과밀화, 교육의 부족을 거론했다.

류의 아내가 '정치' 이야기는 그만하자고 다시 제안하여 우리의 논의는 거기에서 끝이 났다. 얼마 안 있어 나는 류의 운전기사 쿨리발리가 운전하는 차를 타고 집에 돌아왔다. 헤어지기 전에 류는 내가 외딴 내륙 지방을 방문할 때 자기 기사를 데려가라고 권했다.

시내에서 북쪽 삼각주 방향으로 난 고속도로는 기복이 심한 변두리 지역을 오르락내리락 했다. 그러다 어수선하고 낡은 마을들이 나타났는데 아직 바마코 경계 안에 있는 이 지역에는 짓다 만 공업지대와 새로운 이민자 거주 구역이 주를 이루고 있다.

아프리카에 머물던 초창기 시절 나는 미슐랭에서 제작한 빨간 표지의 접이 지도에 푹 빠져 있었다. 아프리카의 교통 인프라를 몇 종류 안 되는 색깔과 점선으로 표시한 그 지도에는 한 장소에서 다른 장소로 이동하는 것 이상의 이야기가 담겨 있었다. 아프리카 대륙이 얼마나 긴밀하게 연결되어 있는지, 혹은 그렇지 않은지에 대한 이야기였다. 광대하게 펼쳐진 황금빛 사막을 배경으로 드문드문 존재하는 선, 서아프리카 해안으로부터 북쪽으로 뻗어 나가는 녹색의 삼림지대, 내가 운전해 가던 흰색으로 그려진 도로, 끝도 없이 펼쳐진 사헬의 관목 지대까지. 아프리카는 광대한 지형이라는 단순한 사실 그 이상의 것을 말해 주는 지도였다.

중요한 도로는 마치 정맥처럼 두꺼운 진홍색 선에 검정색 윤곽을 둘러서 표시를 했다. 빨간 표지의 지도에서 가장 두드러진 특징은 결핍이었다. 지도상 대부분의 선은 유럽이 지배하던 시절에 생겼다. 유럽의 목표는 아프리카의 땅과 사람들로부터 최대한 가치를 뽑아내는 데 있었고 특히 독립채산의 제국주의 설립에 공을 들였다. 전 대륙에 걸쳐 광산에서 항구를 바로 잇는 노선은 거의 판박이 형태로 나타났다.

선로의 궤간이 좁게 설정된 것을 비롯하여 여러 세부적인 모양을 살펴보아도 오로지 식민 통치자들의 국익에 집중한 증거들을 찾을 수 있다. 역설적이게도 아프리카 지도에서 가장 먼저 눈에 들어오는 부분은 제국주의자들이 정작 아프리카 민족의 경계를 가르는 일에는 철저히 무관심했다는 사실이다. 특히 이웃 국가가 유럽의 경쟁 국가 '소유인' 경우 그런 경향이 더욱 두드러졌다.

우리가 이동한 도로는 말리에서 가장 중요한 도로 세 곳 중 하나로, 바마코를 팀북투와 그 너머의 광활한 북동부 사막 배후지까지 연결했다. 미슐랭 지도에서는 두꺼운 붉은색 선으로 도드라지게 표현되어 있는 도로였다. 신도시 특유의 격자형 구획과 보조금으로 지은 주거 구역으로 특징 지어지는 ATT-부구는 후일 축출되는 아마두 투마니 투레 대통령의 이름을 딴 지역이었다. 지도상에서 말리 최고의 도로로 표시된 이 지역을 지나면서 길은 2차선으로 급히 좁아졌다. 쇄석 도로에는 거대한 구멍이 생겨 균열이 일어났고 중심부로 열기가 모이면서 도로에 잔물결이 일거나 휘었다. 노변은 허물어지고 있었다. 나이지리아의 아프로비트(아프리카 여러 음악의 리듬을 따서 만든 음악－역자 주) 스타이자 시인으로 실정과 부패에 분노를 표출했던 고 펠라 쿠티(Fela Kuti)는 정부의 방치가 "전기를 양초로 바꾸었다"며 이런 세태를 꼬집었다.

최근 들어 아프리카에서 새 고속도로는 대부분 중국 기업이 건설하고 있다. 말리에서도 예외는 아니었고 류의 회사도 도로 건설에 참여하고 있었다. 하지만 말리는 이 취약한 도로를 유지할 만한 자금 여력이 없었고 굳이 관리를 하려는 노력도 기울이지 않았다. 설사 팬케이크를 겹겹이 쌓아 놓은 형태의 거대한 암석층을 통과하는 값비싼 도로라도 외부에서 온 집단이 계속 건설하는 한 아프리카의 변화는 기대하기 힘들어 보였다.

이후 몇 시간 동안은 볼거리가 거의 없었다. 때때로 우리가 커다란 마을이나 작은 도시를 지나치기는 했다. 동네 여자들 무리가 갓 딴 즙 많은 망고를 팔려고 더미로 쌓아 놓고 비틀린 바오밥 나무 그늘 아래 앉아 있는 모습으로 미루어 촌락이 있음을 알 수 있었다. 지도상에서 도로변의 경지 너머에 있는 농촌 지역은 거대한 하늘 아래 공터가 펼쳐진, 적막이 물결치는 장소였다.

서너 시가 되었을 때에야 오랜 역사의 강변 도시이자 삼각주로 향하는 관문인 세구에 닿았다. 세구의 초입에는 이런저런 해외 원조 프로젝트를 알리는 게시판이며 현수막이 현란하게 붙어 있었다. 대부분 '협력 (coopération)'과 같은 프랑스식 완곡어를 가져다 붙였다. 서양의 관대함을 뽐내는 경연장에서 룩셈부르크조차 자국의 기부 사실을 광고하고 있었다.

그런데 이 관대함의 경연장에서 가장 시선을 사로잡는 게시물은 서양에서, 혹은 중국에서 만든 것이 아니었다. (참고로, 원조 무대에서 디자인으로만 따지며 중국은 아직 대표 주자라고 할 수 없다.) 시선을 빼앗는 주인공은 말리비아(Malibya)라는 리비아의 기업으로 니제르 사무국이 관리하는 삼각주에 무려 1,000제곱킬로미터에 달하는 양질의 관개지를 보유하고 있었다. 말리비아의 광고는 삼각주의 농지를 놓고 외국인들이 점점 더 치열한 경쟁을 벌이고 있음을 알리는 첫 번째 징표였다.

세구는 말리의 대표적인 관광지로 보골란(진흙으로 만든 천 ─ 역자 주)과 도자기, 수단 전통 양식의 건축물로 유명했다. 강변을 잠시 둘러보려는 마음이 있었는데 마침 간선도로를 벗어나자마자 니제르 강의 시멘트 홍수 방벽 너머에 위치한 오베르주라는 장소가 눈에 들어왔다.

삼각주를 둘러보기에는 이미 늦은 시간이었으므로 바마코 방향으로 강의 홍수 방벽을 거슬러 올라가며 은은한 햇빛에 비친 경치를 오래도록 감상했다. 강변에는 사내아이들이 모여 놀고 있었고 강둑에서는 동네 여자들과 계집아이들이 목욕을 하고 있었다. 이들은 강물을 양동이로 길어 몸에 칠한 비누를 씻어 내고 있었는데 내가 지나가도 신경을 쓰지 않는 눈치였다. 강의 너비는 1킬로미터가 족히 넘어 보였는데 보조(Bozo)족의 어부들이 가늘고 긴 통나무배에 서서 중심을 잡으면서 그물을 던졌다.

내가 이 지역을 처음 방문한 지도 이제 30년을 넘어간다. 대학생 시절 동생 제이미와 함께 코트디부아르에서 기차와 부시 택시(낡은 봉고차에 여러 명을 합승시켜 택시처럼 운영하는 차량 – 역자 주)를 타고 이곳까지 왔었다. 옛 도시의 중심부를 관통하는 먼지투성이의 비포장도로로 왔던 길을 되돌아가는데 동생과의 여행, 그리고 이어진 두 차례의 여행에 얽힌 기억이 밀물처럼 차올랐다. 낡고 흙으로 지은 아프리카식 구조물과 프랑스 식민지의 건물들, 보행자들의 땀 한 방울이라도 빨아먹을 수 있을까 하여 웅웅거리면서 집요하게 따라붙는 커다란 파리떼, 머리 위 나뭇가지에 주렁주렁 매달린 망고가 내뿜는 단내까지 한꺼번에 기억이 밀려왔다.

그 당시와 비교해 달라진 한 가지가 있다면 그토록 바글바글하던 사람들이 다 어디 가고 없다는 사실이다. 거리는 거의 버려지다시피 했다. 무슨 일이 일어난 것일까 추측하려 애를 써 보았다. 일요일 오후라서 사람들이 집 안에 있는 것일까, 혹 저녁을 미리 준비하는 것일까 하는 생각 외에 딱히 떠오르는 것이 없었다. 그런데 모퉁이를 돌자마자 머릿속의 짐작들이 일순간에 날아갔다. 주거지역 한가운데 있는 드넓은 공터, 표면이 고르지도 않은 흙바닥에서 맨발에 먼지 구름을 일으키며 축구 경기를 하고 있는 사람들을 발견한 것이다.

다음날 이른 아침에 나는 쿨리발리와 함께 니제르 사무국에서 관리하는 거대한 지역으로 출발했다. 그리고 나와 연락을 주고받던 중국인 남성을 수소문했다. 그는 회사에서 새로 짓고 있는 설탕 공장 현장에서 일하고 있었다. 당연히 중국 기업이 새천년도전공사의 자금을 받아 급수관개시설을 짓는다는 현장도 가 보고 싶었다. 이 지역에 거주하는 팰러리 볼리라는 남자는 독립적으로 벼농사를 하는 말리 농민들의 대표자로 말리 땅에 와 있는 중국인과 미국인, 그 외 다른 외국인들에 대해 할 말이 아주 많은 사람이었다.

세구의 바로 북쪽에는 니제르 사무국으로 이어지는 측면 도로 수 킬로미터가 일직선으로 뻗어 있었다. 놀고 있는 토지에 일정한 산격으로 운하, 수로, 방벽 등 급수관개시설 공사가 한창인 지역들이 나타났다. 모두 유속을 완만하게 조절하고 검은 토양을 사탕수수, 면화, 벼와 같은 환금성 작물을 재배하는 녹색 지대로 탈바꿈시키기 위한 작업이었다. 니제르 사무국은 1932년 설립되었는데 프랑스의 식민 야욕과 함께 영국에 대한 질시가 반씩 섞여서 탄생한 결과물이었다. 이 계획을 처음 제안한 에밀 벨림이라는 프랑스의 토목기사는 강박적인 성격의 소유자로 인도에서 영국의 관개시설을 연구했다. 그는 프랑스 정부에 니제르 삼각주에 댐과 급수관개시설을 만들면 영국이 수단의 게지라에서 수확하는 막대한 양의 면화를 프랑스도 생산할 수 있다고 제안했다.[30]

마칼라에서 도로 요금을 내고 작지만 세련된 도시로 들어섰다. 프랑스의 행정 중심지 역할을 하던 마칼라에는 곳곳에 프랑스의 흔적이 남아 있었다. 설계가 잘 된 도로며 카페 스타일로 야외 좌석을 마련한 큰 레스토랑, 그늘을 드리우는 거대한 나무들이 도처에 보였다. 우리가 곧 강을 가로지르는 커다란 다리를 건너게 되면 니제르 사무국에 공식적으로 발을 들여놓게 된다.

언덕마루에 올라서니 급수관개시설이 한눈에 들어왔다. 무려 길이가

2.6킬로미터에 이르는 트러스교도 보였다. 프랑스가 1934~1947년까지 현지인들을 강제로 동원하여 건설한 다리였다. 가까이 다가가서 보니 "교량을 공사하는 중에 목숨을 잃은 모든 이를 추억하며"라는 명판이 붙어 있었다. 니제르 사무국과 관련이 있는 인물들의 존재를 본격적으로 느낄 수 있는 계기였다. 댐은 프랑스 제국주의자들의 야망에서 정점에 있었다. 주요 운하 두 곳과 수로에 물을 댈 수 있을 정도로 강의 수위를 높여 주고, 말라서 농사가 어려운 광활한 면적의 토지에도 물을 댈 수 있게 했다.

다리 아래 저 먼 곳에서는 여자들이 강물의 비말 속에서 목욕을 하고 있었다. 저 멀리 뻗은 평지에는 수많은 소떼가 풀을 뜯고 있었다. 놀랍게도 어부들이 댐의 수문 바로 입구를 따라 자리를 잡고 거센 물살에 휩쓸려 온 물고기들을 잡으려 곡예사와 같은 몸놀림으로 그물을 던지고 있었다. 상류를 거슬러 올라가는 연어를 기다리고 있는 회색 곰을 연상케 하는 낚시 방법이었다. 다리에서 멀리 떨어진 둑으로 가는 길에 중국인들의 존재를 확연히 느낄 만한 징후들을 발견했다. 도로에서 얼마 떨어지지 않은 곳에 미국 기업과 하도급 계약을 맺은 바로 그 건설사의 커다란 공사 현장이 있었다. 현장에는 다른 중국 기업들의 현수막과 광고판도 걸려 있었다.

설탕 공장 현장에서 일한다던 가오는 다리를 건너는 곳에서 멀지 않은 곳에 있다고 했다. 우리는 차를 타고 매우 정돈이 잘 된 광활한 지역에 들어섰는데 십자형으로 정비된 운하망이 보였고 사탕수수가 높이 자란 밭에 있는 유칼립투스 나무가 뜨거운 바람에 가냘프게 흔들리고 있었다. 도로는 흠잡을 수 없도록 훌륭했지만 값싼 자전거를 타고 일터를 오가는 말리 인부들을 제외하면 어쩐지 으스스할 정도로 텅 비어 있었다.

저쪽에서 가오가 근무처를 안내하려고 우리를 향해 차를 몰고 왔다. 바로 그때 말리인이 모는 오토바이가 벼락 같이 나타나 가오의 차를 스치고 지나갔다. 다행히 오토바이 운전자가 다치지는 않았지만 그 말리인은 화가 나서 초보 수준의 프랑스어로 가오에게 욕을 퍼부었다. 어느새 나도 다툼에 휘말려 들어갔고 말리 남자는 경찰을 부르겠다고 위협했다. 나는 일의 전후 사정을 다 목격했는데 가오에게 무슨 잘못이 있느냐고 항변했다. 그러자 오토바이 운전자가 내게도 욕설을 퍼붓더니 같은 말리인으로서 지원사격을 바라는 양 쿨리발리를 바라보았다. 나는 가오에게 그냥 가자고 말했다. 우리는 토요타 사륜구동에 올라 현장을 떠났다.

주요 도로를 벗어나자마자 쿨리발리는 불만 가득한 표정으로 나를 쳐다보았다. "우리는 중국인들을 좋아하지 않습니다." 그는 일반적인 말리인들을 대표하는 것처럼 단호하게 말했다. "그 중국 남자는 경찰이 출동하지 않은 걸 운 좋게 여겨야 합니다. 경찰이 왔으면 분명 중국 남자의 잘못이라고 말했을 테니까요. 우리들은 말리 사람입니다. 과거에는 강제로 프랑스어를 썼는데 또다시 중국어를 쓰고 싶지는 않군요."

신축 공장의 주변은 높은 흰색 벽으로 둘러쳐져 있었다. 벽을 따라서 여러 곳에 사헬 문화권의 많은 나라에서 숭배하는 거대한 바오밥 나무들이 있었다. 우리는 할리우드 영화에서 배우들이 사용할 법한 트레일러들이 늘어선 근처에 차를 세웠다. 공장은 인근에서 가장 높았고 완공이 가까운 단계였다. 일반적으로 공장 투어를 가면 안전모를 착용하라는 이야기를 듣지만 이곳에서는 그런 기대가 시간 낭비라는 사실을 수년 동안의 투어를 통해 충분히 깨달았다. 올해 서른이 된 가오는 보통 키에 강단 있는 성격으로 말이 빨랐다. 시종일관 따뜻한 미소를 보이기도 했다. 가오는 나를 트레일러 한 곳으로 데려갔는데 알고 보니 건설사의 사무실로 쓰는 장소였다. 비슷한 연령대의 남자 동료가 책상에 앉아 담배를 피우면서 노트북을 응시하고 있었다. 또 다른 책상에는 20대 중반으로 보이는 중국인 여성이 우리 대화를 유심히 듣고 있었다.

가오는 언제 공사가 착공되었고 또 언제 완공될지 개괄적인 설명을 들려주었다. 현장에는 300명가량의 중국인 노동자가 있으며 그중에서 30명 정도가 완공 이후에도 잔류할 것이라고 그는 말했다. 가오는 엔지니어였기 때문에 운 좋게도 30명 안에 들지 않았다고 말했다. "저도 이제 집에 갑니다!" 이렇게 말하는 그의 말투에 행복감이 역력히 묻어났다. 우리가 오는 길에 보았던 무너져 가는 옛 공장은 1960년대 중반 중국에서 지어준 건물이라고 했다. 그는 신축 공장은 훨씬 상태가 좋을 것이라면서 설탕을 연간 10만 톤 정도 생산할 계획이라고 말했다.

가오는 이민자는 아니지만 말리에 꽤 오래 전에 와서 줄곧 이 외딴 곳에 머물렀다. 가족들은 탕산이라는 베이징 인근의 도시에 살고 있는데 마오쩌둥이 사망한 해인 1976년에 20세기 최악의 자연재해로 손꼽히는 지진 피해를 입은 지역이다. 농사꾼의 아들로 태어났지만 운 좋게도 중국의 경제개혁이 탄력을 받던 시기에 자라면서 상상할 수 없는 기회를 펼칠 가능성을 얻었다고 가오는 말했다.

그는 학창시절 영어 과목 성적이 좋았던 덕분에 가이아나에 있는 한 건설사에서 난생 처음으로 해외 근무를 할 수 있는 기회를 얻었다. 가이아나에서는 인사부 과장으로 4년을 근무했다. 그러나 기나긴 기다림에 지친 첫 번째 여자 친구가 이별 통보를 했다고 그는 털어놓았다. 가오의 밝은 미래도 여자 친구의 마음을 되돌리기에는 역부족이었다. 두 번째 여자 친구 역시 말리에서 프로젝트를 진행한 지 2년 만에 떠나갔다고 한다. 말하면서 주춤하는 모양새가 두 번째 이별은 받아들이기가 더 어려웠던 모양이다. "뭐 제가 서른 살 여자라면 정말 상황이 안 좋다고 할 수 있겠지만 저는 남자니까요. 아직 시간이 있다고 봅니다." 그는 말했다.

그렇다 하더라도 현장에는 즐기고 어울릴 거리가 턱없이 부족했다. "사실상 아무것도 없다고 봐야지요." 가오가 말했다. 여성도 거의 없고 일과가 끝나면 대부분의 사람들은 둘러앉아 폭음을 하거나 인터넷 검색에 몰두하는 실정이었다.

나는 트레일러 사무실에 있던 젊은 여성을 보면서 '인기가 정말 좋으시겠어요'라고 말했는데 눈치 없는 실수였음이 곧 드러났다. 여직원은 내가 쓴 '인기'라는 단어는 사람이 아니라 물건에 쓰는 것이라고 용례를 친절하게 일러 주었다. 그녀의 남자 친구는 중국에서 기다리고 있었고 역시 엉어-중국어 통역사라는 흔한 진로를 밟아 말리에서 근무하고 있었다.

가오는 구내식당으로 쓰는 또 다른 트레일러로 나를 데려가 점심을 대접했다. 칸막이 뒤에서는 한 중국인 요리사가 중국인 전 직원을 위해 중국식 식사를 준비하고 있었다. 근처에 앉은 나이 들고 말투가 거친 남자들이 잡담을 하고 있었는데 저임금 노동직인 것이 분명해 보였다.

가오는 식당에서도 불평을 이어 갔다. "여기는 휴가가 없습니다. 이곳을 방문하는 사람도 거의 없고요. 매일 같은 사람만 보는 겁니다. 전혀 변하는 것이 없이 어제나 오늘이나 똑같아요.

혹시 왜 중국인들이 이런 곳에 나와서 이런 일을 하는지 아십니까? 유럽인과 미국인들은 할 수 없기 때문이지요."

"왜 못합니까?" 내가 물었다. "이곳은 원래 프랑스인들이 작업을 했던 지역이에요." 사실 앞서도 언급했듯 프랑스인들은 말리나 다른 식민지 현지에서 강제로 노동력을 동원했다.

"물론 그렇죠. 하지만 프랑스인들은 그마저도 더 이상 못하겠다고 손을 뗐어요. 미국인들은 조금 더 나은 상황이지만 프랑스인들은 절대 못하죠. 우리가 고통을 먹을 수 있기 때문에 이런 일을 견딘다는 말이 아닙니다. 당연히 우리도 서양 사람들처럼 살고 싶어요. 우리도 휴가 내서 고향에도 자주 가고 싶지만 그렇게 하질 못하는 겁니다. 미국 사람들은 머리가 좋아요. 이익을 크게 남기는 사업을 하거든요. 하지만 우리는 가난하고 위로 올라가려고 그저 발버둥을 치고 있어요. 큰돈을 벌지 못하는 일을 붙들고 애를 쓰고 있는 겁니다."

나는 괜찮은 돈벌이가 아닐 바에야 중국 기업들이 이렇게 인적이 드문 곳까지 와서 일을 할 것 같지 않다고 말했다. "문제는 이런 일을 놓고 경쟁을 벌이는 중국 업체들이 너무 많다는 데 있습니다." 가오가 말했다. "중국은 곤란한 상황입니다. 워낙 인구가 많다 보니 해외로 나가서 할 수 있는 일이라면 닥치는 대로 하는 수밖에 없어요."

단순하게 보면 그의 말도 일리가 있다. 하지만 중국 기업이 말리와 같은 나라로 진출하는 데는 그보다 더 다양한 원인들이 있다. 역사적으로 새롭게 부상하는 세력은 언제나 간단하지만 운명적인 선택과 마주쳤다. 기존에 기반을 잡고 있던 지역, 곧 가장 이해관계가 크고 깊게 걸려 있는 지역에서 기존의 경쟁 세력들과 계속 겨룰 것인가, 아니면 상대적으로 경쟁이 덜한 다른 지역으로 무대를 넓힐 것인가의 문제이다. 지난 세기에 비서구권 국가로는 유일하게 기존의 국제 질서에 도전한 나라가 일본인데 이 나라의 경우 두 가지 전략을 모두 다 사용했다. 100년 전 쇠락한 청나라로 눈을 돌려 중국을 차지하려 다툼을 벌이던 서양의 국가들과 힘을 겨루었다. 자신감을 얻은 일본은 동남아시아, 이어 홍콩에서 프랑스와 영국에 도전장을 내밀었다. 이와 함께 정면으로, 궁극적으로는 비참하게 끝났지만 태평양의 미국에 도전했다.

중국이 아프리카에서 세력을 키우는 것은 첫 번째 확장 사례의 전형적인 예이다. 아프리카에 대한 서구의 관심은 베를린 장벽이 붕괴된 이후 줄어들기 시작했다. 대신 서유럽 국가들은 동쪽에 있는 바로 인접한 국가들로 눈을 돌렸다. 역사적으로나 문화적으로 깊은 관계를 맺고 있는 지역인데다 문해율이 높아 인력의 훈련이 쉬우면서도 외부 자본을 절실히 필요로 하는 곳이었다. 한편 미국은 중동과 남아시아에서 벌어진 일련의 전쟁에 발목이 붙잡힌 상황이었다. 2000년대 들어 중국은 경제가 빠르게 성장하고 야망도 점차 커지면서 전 세계의 정세를 살폈다. 그리고 아프리카가 국제사회에서 등한시되고 있다는 사실을 발견했다. 아프리카는 광물을 비롯한 여러 천연자원이 보고이면서 인내심과 자금이 충분한 투자자들이 이미 관심을 보이고 있는 시장이었다. 게다가 미래에 중국의 식량 공급을 확보할 수 있는 땅이기도 했다.

이후로 중국 기업들은 아프리카 대륙에 대거 진출하여 유럽 건설사들이 잡고 있던 시장을 쟁취했다. 유럽의 기업들은 자국 정부의 정치적인 후원이나 부패를 활용하여 기존 도로 공사나 다른 공공시설 공사를 하며 현실에 안주하고 있던 것이다. 중국의 신규 이민자들은 타의 추종을 불허하는 3중 플레이로 기존 시장 참여자들의 시장을 비교적 손쉽게 거머쥐었다. 즉, 중국의 국영 은행에서 자본을 저렴하게 조달하고 중국의 값싼 원자재와 노동력을 활용한 것이다. 또한 경쟁 대상인 서양과는 달리 대규모 공사를 진행하는 중국 기업의 임원들은 검소한 생활을 하는 경향이 있었다. 직원들과 동일한 숙소에서 같이 묵는 경우도 많았다. 이들은 새로운 시장을 개척할 수 있고 중국의 거대한 국영 건설 분야를 완전고용 상태로 만드는 데 보탬이 된다고 판단하면 손해를 보더라도 기꺼이 프로젝트를 맡았다.

새로운 현실은 중국의 가장 중요한 해외 대출 기관의 하나인 중국개발은행의 대표단과 프랑스의 주요 건설사들이 2011년 파리에서 가진 회의에서 여실히 드러났다. 프랑스 측은 중국 기업들이 가격 우위를 내세워 아프리카에서 모든 프로젝트를 싹쓸이하고 있다고 불만을 제기하면서 중국개발은행에 조치를 취해 달라고 요청했다. 프랑스 건설사들에 대한 중국 측의 반응은 헨리 샌더슨과 마이클 포시드가 공동 저술한 『슈퍼파워 중국개발은행: 중국 경제패권주의의 빛과 그림자』에 잘 드러나 있다.

"중국을 절대 이길 수 없을 겁니다. 살아남으려면 건설업계의 IBM이 되는 수밖에요."[31] 중국 측의 한 중역이 프랑스 측 초청자들에게 훈수를 두었다. 프랑스는 철도와 전력망 건설에서 중국 기업의 맞수가 될 수 없다는 점을 분명히 한 것이었다. 모두가 알다시피 IBM은 더 이상 하드웨어를 생산하지 않는다. 프랑스는 서아프리카에서 80년의 경험을 축적해 왔지만 중국 기업들이 새로 진출하면서 일순간에 판 자체가 달라졌다. 다만 중국개발은행 임원은 중국이 현지 사회나 정치, 환경을 제대로 이해하지 못하고 있다는 점은 인정했다. "그렇다면 프로젝트가 정치, 사회, 환경에 미치는 영향에 대해서 컨설팅 보고서를 제공해 주는 편이 어떻습니까?" 그가 제안했다. 중국 측에서 프랑스에 자문 수수료를 지불하겠다는 제안이다.

기존의 진출자들을 제치고[32] 대형 건설 사업을 위해 아프리카에 건너온 수만 명의 중국 노동자들은 의외로 아프리카를 좋아하게 되었다. 기회가 활짝 열려 있는 땅인데다 많은 나라에서 환영을 받고 있다고 느끼면서 위험을 감내하고 정착할 생각까지 품게 되었다. 개척 정신이 강한 신규 이주자들은 이곳저곳에서 새로운 공동체를 넓혀 나갔다. 중국 식료품점이 증가하고 중국인들끼리 서로 필수품들을 판매하는가 하면 중국인 병원과 학교, 식당, 심지어 사창가까지 열었다. 중국인들은 고국에 남아 있는 친척과 지인들을 통해 확보한 금융 관계와 거래망의 이점을 활용했다. 아프리카에 진출한 사람들이 안락하고 성공적인 삶을 살고 있다는 소문이 퍼지자 앞선 사례에서 살펴보았듯 또 다른 사람들이 중국에서 아프리카로 이주하는 도미노 현상이 벌어졌다.

2011년에 무아마르 카다피가 축출되며 분쟁이 벌어졌을 당시 수만 명의 중국인들이 자국 정부의 도움을 받아 리비아에서 대피했다. 머지않은 시기에 중국이 자국 국민들을 긴급 대피시켜야 할 또 다른 사건이 생긴다면 그때는 이전처럼 선박을 보내는 선에서 만족하지 않을 가능성도 있다. 이권이 깊숙이 개입되어 있는 지역에서는 현지 정부 측에 자국민 안위와 재산 및 투자시설의 보호를 요구하고 나설 수 있다는 것이다. 또한 그리 머지않은 때에 중국은 실질적으로 개입을 원하거나, 개입을 필요로 하는 위치에 설 수도 있다.

현재 중국은 해외에서 품은 야심이 유럽과 미국에 맞먹는 수준이라는 사실을 부인하고 있고 있다. 해외에서의 활동들은 단순히 아프리카 식민지 통치의 희생자들, 개발의 여정을 함께하는 동반자들에 대한 형제애에서 비롯된 것이라는 주장을 펼치고 있다. 하지만 실제로 목격하기로는 중국과 새로 이해관계를 가지고 있는 영역들이 얼기설기 엮이고 있다. 아무리 무계획의 마구잡이라도 제국이라는 사실까지 부인할 수 없는 형태가 아프리카에서 시작되고 있었다.

2012년에 당시 남아프리카공화국 대사였던 중지엔화의 인터뷰에서도 이런 정신을 엿볼 수 있다. 대사는 중국을 끌어당기는 아프리카의 매력을 다음과 같이 피력했다.

아프리카는 10억 명 이상의 인구와 거대한 시장 잠재력을 갖춘 곳입니다.[33] 인구 규모로나 향후 성장 가능성 측면에서 아프리카의 잠재 수요는 동남아시아 혹은 라틴 아메리카보다도 훨씬 큽니다.

남들보다 아래에서 출발한 사람들은 위로 올라갈 수 있는 여지가 더 큰 법 아닐까요. 라틴아메리카의 1인당 GDP는 6,000~7,000달러 수준으로 동남아시아보다도 많습니다. 그런데 아프리카의 1인당 GDP는 이제 300~3,000달러여서 성장 잠재력 자체가 다릅니다. 중국에게 아프리카가 중요한 이유이지요.

"중국은 이제 조금은 더 자유로워졌습니다." 내가 떠날 채비를 하는데 가오가 말했다. "하지만 여전히 완전히 자유롭지는 않고요. 우리가 누리는 자유를 서양의 국가들과 비교할 수는 없겠지요. 하지만 대다수의 서양인들은 중국 사람들의 삶에 대해 뭔가 오해를 품고 있다고 생각합니다. 우리가 무얼 하든지 공산당이 뒤를 캐고 언제든 체포할 준비가 되어 있다고 보더라고요. 물론 중국인들이 미국에 대해 생각하는 것도 마찬가집니다. 우리는 모든 미국인들이 주머니에 총 한 자루씩 지니고 있고, 미국이란 나라는 어딜 가나 위험하다 이렇게 생각을 하지요."

"고향에서 아프리카를 바라보는 시각 또한 현실과 동떨어져 있기는 마찬가지입니다. 친구들은 거기 동물들은 어떠냐, 동물들 사진 좀 보내 달라, 이런 요구들을 많이 합니다. 이곳이 완전히 아수라장이고 살기에 위험하며 언제나 위기인 상황이라고 넘겨짚지요. 모두 다 부정적 사건에만 초점을 맞추는 언론 보도 때문이에요. 미국인들이 중국에 대해 그렇게 생각하게 된 것이나, 중국인들이 미국인들을 오해하게 된 원인도 마찬가지고요. 우리가 접하는 뉴스라는 것은 언제나 부정적인 일에 초점을 맞추지 않습니까."

이제 우리는 미국이 추진하는 그 프로젝트를 찾기 위해 작은 도시인 앨라토나로 길을 떠났다. 북쪽으로 향하는 길에는 가냘픈 아카시아 나무들이 늘어서 있고, 자전거를 탄 남자들이 지나갔다. 밤새 쏟아진 비로 농지에는 물이 차 있었는데 마침 햇볕이 가장 강한 시간대가 지나자 사람들이 일을 하러 논에 나와 있었다. 아이들은 운하에서 뛰어놀거나 벌거벗고 목욕을 즐겼고 이곳저곳에서 농민들은 등유로 작동하는 단순한 형태의 탈곡기를 사용하여 낟알을 떨어내고 있었다. 기계가 뱉어 낸 쌀이 한편에 쌓여 있었고 왕겨가 바람에 날리는 모습은 쓰촨성 시골 지역의 추수기를 연상케 했다.

우리는 변화도 없이 단조롭게 이어지는 풍경 속에서 충격적일 정도로 광활한 니제르 삼각주를 지나갔다. 프랑스는 이웃 식민지인 오트볼타(현 부르키나파소)의 6만 제곱킬로미터가량을 분할하여 수만 명의 소농을 강제 이주시켰다. 그리고 이주민들에게 삼각주의 점토질 토양을 일구고 장면(長綿) 목화를 경작하게 했다. 고된 노동에도 불구하고 장면 목화는 이 지역 풍토와 맞지 않는 것으로 훗날 판명되었다. 당시 아프리카의 사망률은 어마어마하게 높았다.

(과거에 프랑스령 수단으로 불렸던) 말리는 프랑스가 지배한 여러 아프리카 식민지 중 하나였고 본국(métropole) 입장에서 특별히 자원이 많다거나 중요한 축에 속하지 않았다. 결과적으로 프랑스와 같이 인구와 자원의 제약이 있는 중간 규모의 열강으로서는 말리에서의 사업을 완수해 낼 도리가 없었다. 다른 지역에서와 마찬가지로 프랑스의 꿈은 식민지의 종말과 더불어 시들해졌다. 1960년 말리가 독립했을 때 프랑스 정부는 니제르 사

무국이 '개발도상국에 대한 프랑스의 사심 없는 원조의 전형'이라고 선전했다. 하지만 현실은 이런 긍정적인 선전과는 한참 거리가 멀었다. 프랑스는 니제르 사무국 관할의 전체 관개 지역에서 5퍼센트에 불과한 1,500제곱킬로미터밖에 경작하지 못했고 이를 넘겨받은 무일푼의 신생 국가 말리는 관리하는 일조차 버거워했다.

지금도 외부의 세력들이 이 지역을 호시탐탐 노리고 있다. 중국은 말할 것도 없고 미국, 네덜란드 등이 앞으로도 계속 기회를 엿볼 것이다. 지구상 어디에서 이처럼 인구밀도가 희박한 1만 5,000제곱킬로미터의 관개농지를 찾을 수 있을까?

아프리카에서 반대편에 위치한 에티오피아의 비옥한 농지의 경우 인도가 단단히 움켜쥐고 있는 모양새이다. 뒤늦게나마 이윤을 추구하고 미래의 식량 수요를 확보하기 위한 포석이다. 지금까지 중국 정부는 다소 머뭇거리는 모양새를 취했지만 중국인들이 니제르 삼각주에 진출한 현실을 고려하면 오히려 투기적인 계획을 부추기는 것으로 보인다. 실제로 중국 내에서 오가는 정치적 논의들을 보면 이런 사실이 드러난다. 2011년 중국 전인대 대표단은 아프리카 대륙에 최대 1억 명에 달하는 중국인들을 보내일자리를 얻게 하는 방안을 논의했다. 아이디어를 제시한 자오즈하이 허베이성 장자커우 농업과학원 연구원 겸 대표는 다음 같은 견해를 제시했다. "지금처럼 수많은 사람들이 실업 상태에 있는 경제 환경에서 중국은 국민들의 일자리를 찾을 수 있어 좋고, 아프리카는 우리 전문 인력의 도움으로 토지와 작물을 개발할 수 있어 이득입니다."[34]

아울러 중국은 미래의 식량 공급원을 시급히 확보해야 한다는 필요성을 절감하고 있다. 막대한 수의 인구가 더 나은 삶을 열망하고 있기 때문이다. 머지않아 중국은 세계 1위의 경제 대국으로 올라설 것이다. 게다가

이 문명은 대규모로 기획하고 설계하는 일에 관한 한 인내하며 기다리기로 일가견이 있다. 무엇이 더 필요하랴?

비포장도로를 내달린 끝에 오후 3시 전에 앨라토나에 닿았다. 읍보다는 면에 가까운 곳이었다. 보이는 것이라고는 제방을 지나는 관문을 지키는 검문소(poste de contrôle)뿐이었다. 검문소 근처에 커다란 나무 한 그루가 있었는데 그늘에 경찰들 몇이 느긋한 자세로 앉아 있었다. 뇌물이 오가는 동안 가지 못하고 서 있는 차량들도 보였다.

제방 마루에는 한풀 꺾인 더위 속에서 말리인들 대여섯 명이 철근 강화 지지대를 대형 트럭의 적재함에 싣고 있었다. 작업장에서 15미터 정도 떨어진 곳에 정차된 한 토요타 픽업트럭에서 중국인 두 명이 인부들의 일하는 모양을 지켜보고 있었다.

나는 쿨리발리의 차에서 내려서 토요타로 다가가 운전석 창문 쪽에 섰다. 한 중국인 남자가 평상복 차림으로 앉아 있었고 둘 중에 상사일 것이라고 나는 짐작했다. 뒷좌석에 앉아 있던 또 다른 중국인은 상하가 붙은 작업복 차림이었다. 상사가 날카로운 눈매로 창 밖을 흘깃 쳐다보다가 내 눈을 똑바로 응시했다. 내가 그냥 가 버리기를 바라는 듯했다. 내가 창문을 똑똑 두드리자 중국인이 버튼을 눌러 창문을 반쯤 내렸고 두 사람이 즐기고 있던 에어컨의 냉기가 흘러나왔다.

"니하오" 하며 인사를 하고 내 소개를 했다.

상사 쪽은 내가 말하는 동안 고개를 끄덕끄덕하더니 뒷자리에 앉은 직원을 쳐다보면서 중국말로 "별일이구먼!"이라고 했다. 뒷좌석의 남자도 "별일"이라는 데 맞장구를 치더니 차창을 다시 올렸다. 창문을 다시 내려 보라고 손짓을 하자 상사는 만면에 불쾌한 인상을 지으며 창문을 열었다.

그는 내게 중국에서 공부를 했었냐고 물었다. 나는 그건 아니지만 상하이에 살았다고 대답했다. 그는 꿈꾸는 듯한 표정으로 말했다. "상하이. 좋은 곳이지!"

상사는 프로젝트를 시작한 지 1년이 채 안 되었다면서 한 달만 더 일하면 끝난다고 말했다. 두 사람의 숙소는 이 외딴곳 근처에 있고 오전에 보았던 트레일러와 비슷한 곳에서 생활한다고 했다.

"중국으로 돌아갈 겁니까?" 내가 물었다. 누가 먼저랄 것도 없이 활기 넘치는 목소리로 "그럼요."라고 둘은 맞장구를 쳤다.

이 두 사람이 가오가 언급했듯 프랑스인이 (이 경우에는 미국인이) 꺼리는 일을 도맡아서 하는 중국인들의 전형이었다. 9명의 중국인들이 함께 생활하면서 70명의 말리인들을 감독했는데 통역사는 딱 한 사람뿐이었고 통역 외에는 의사소통을 할 수단이 없는 상황이었다.

작업복을 입은 남자가 결국 차에서 내려서 챙 넓은 밀짚모자를 쓰고 현장으로 다가가 건성건성 감독을 했다. 그는 자신이 우한 출신이라고 말했지만 그 이상은 입을 다물었다.

말리인들이 일은 잘하는지 묻자 "지켜보고 있는 한 열심히 하기는 한다"고 말했다.

오후 늦게 우리는 물이 고여 있는 비포장도로가 끝나는 지점에서 몰로도라는 작은 도시에 닿았다. 세구로 돌아가는 3분의 1 지점쯤이었다. 길은 바퀴 자국이 깊이 패인 붉은 진흙탕이었고 커다란 웅덩이에는 물이 고여 있었다. 한 세대를 또 한 번 거슬러 올라간 것 같은 풍경이었다. 낡은 트랙터를 비롯하여 세월의 흔적이 묻은 여러 농기구들이 좁은 길가에 방치되어 있었다. 일부는 바퀴가 바닥에 박힌 채로 진흙이 굳어 버린 상태였다. 교통수단이라고 해 봐야 변변치 않게도 힁힁대는 당나귀가 끄는 달구지 정도였다.

그런데 모퉁이를 돌자마자 아름다운 모스크가 눈에 들어왔다. 진흙 건축물로는 세계적인 걸작으로 손꼽히는 13세기 젠네 모스크(Great Mosque at Djenné)의 훌륭한 복제라고 해도 좋을 듯싶었다. 몰로도의 모스크는 외관에 스텐실 기법으로 모양을 찍기도 하고 형태와 조각이 매끈하여 젠느의 모스크에서 느껴지는 위엄과는 거리가 멀었다. 그럼에도 불구하고 지은이의 절묘한 솜씨와 전혀 예상하지 못한 곳에 있다는 사실만으로도 기쁨을 주었다.

거기에서 몇 분 거리에 있는 2층 자택에서 팰러리 볼리를 만났다. 집 앞의 기다란 진입로가 좁은 뜰로 바뀐 덕에 늦은 오후에 넉넉한 그늘을 만들어 주었다. 볼리는 다다미 같은 매트 위에 놓인 얇은 폼매트리스 위에서 한쪽 팔꿈치로 몸을 지탱하고 누워 있었다.

바마코에서는 이 사내를 둘러싼 일종의 전설적인 이야기들이 회자되었다. 사람들은 볼리가 살아온 인생을 말하면서 경이를 표하는 한편으로 어리둥절함이 교차하는 반응을 보였다. 볼리는 학창 시절 천부적인 재능으로 유명했고 인기도 좋았다. 또 사회의식을 가지고 있었으며 조숙하게도 정치적인 성향을 보였다. 말리의 기나긴 사회주의 독재가 무너지고 최초의 민주주의 정권이 설립되기 직전 그는 성년이 되었다.

동기들은 바마코에서 운동가가 되거나 파리 등지에서 망명을 신청했으나 볼리는 학업을 마치기 1년 전에 학교를 그만두었다. "학위가 있었다면 교사 노릇을 하라는 강요를 받았을 겁니다. 그러고 싶지는 않았거든요." 대신 뜻밖에도 시골 지역으로 내려가 버렸다. 독립 이후 고등교육의 수혜를 누린 운 좋은 아프리카의 청년들 대부분은 수도에서 풍족하게 살거나 해외로 나가는 것을 꿈꾸던 시절이었다.

"저는 여기에서 벼농사를 짓습니다." 볼리는 4,000제곱미터 가량의 땅을 소유하고 있다면서 무덤덤하게 말했다. "1986년에 이곳으로 내려왔을 때 사람들이 미쳤다고 그랬거든요. 그런데 나는 사실 땅이 좋아서 정착한 거예요. 1986년부터 1997년까지는 뉴스를 안 보고 십자말풀이를 하거나 소설만 읽었습니다. 매일 논에서 일을 마치고 집으로 돌아가면 폼매트리스와 매트가 기다리고 있었어요. 대단한 사치는 아니었지만 내겐 자유가 있었어요. 그렇게 사는 것이 좋았습니다."

볼리는 민머리에 반백의 콧수염을 하고 있었다. 분홍색 체크무늬 포플린 셔츠에 단정하게 다림질한 카키색 바지를 입어 농부치고는 차림이 말쑥했다. 볼리는 던힐 담배를 피웠는데 납작한 빨간 상자에 금색 테를 두른 담뱃갑 모양은 단순한 환경 속에서 그가 누리는 소소한 탐닉인 듯했다.

대화를 나누는 중에 10대인 딸이 마당 저편에서 나타나 달콤하고 향이 강한 전통 차를 준비했다. 숯을 땔 때는 작은 난로에 주전자를 올려놓고는 밀짚 부채를 부쳐 불씨를 돋우었다. 아이를 바라보는 눈길에서 딸을 향한 볼리의 깊은 애정과 자부심을 느낄 수 있었다. 점성이 있는 전통 차를 몇 번 따라 마시면서 들어 보니 이런 일반 가정에서 딸의 위상이 내 생각과 달리 결코 낮지 않음을 깨닫게 되었다. 볼리의 딸은 얼마 전 바칼로레아 시험을 통과하여 곧 수도에 있는 대학에 입학하러 떠난다고 했다.

결국 볼리는 다른 동료들과 마찬가지로 정치의 길로 접어들었다. 하지만 무대는 바로 자신이 발을 딛고 있던 곳이었고 1997년에 니제르 사무국의 농민연합 대표가 되었다. 단체의 프랑스명 앞머리를 따서 SEXAGON 이라고도 하는 이 단체는 1997년 사무국 측이 물 사용료를 내지 못한 영세 지주들을 쫓아낸 데 반발하여 설립되었다. 당시 말리 정부는 지속적으로 떨어지는 농업 생산성을 끌어올리고자 민간 투자자들 유치에 나선 지 얼마 안 된 때였다. 말리 정부의 기대에 처음으로 부응한 이들이 중국 기업들이었다.

"종자를 생산하기 위해 정부와 임대차계약을 맺은 중국인 투자자들을 만나러 찾아갔지만 거절당했습니다." 볼리는 말했다. 다른 중국인 투자자들도 그가 농민 단체에서 일하는 배경을 미심쩍게 생각하여 계속 거리를 두었다.

볼리는 1990년대 후반에 말리를 방문했던 프랑스 공산당 대표자가 자신을 만나러 왔던 일화가 아직도 우습다는 듯이 털어놓았다. "프랑스 정치인은 중국인들이 오고 있다면서 매우 진취적인 사람들이니 조심해야 한다고 일러 주더군요. 그래서 저는 중국인들의 약탈자 노릇이 프랑스가 말리에서 자행했던 행위들과 같은 선상에 있다고 대꾸했지요. 양자 간에 차이가 있다면 중국은 총칼이 아닌 펜을 무기로 한 노략질을 한다는 것인데 우리에게 진짜 어떤 일이 닥쳤는지 이해하려면 오랜 시간이 흘러야 하겠지요."

볼리는 많은 사람들이 친중인지 반중 성향인지를 직접 밝히라는 요구를 숱하게 받는다고 말했다. "나는 중국인들을 좋아하지도, 싫어하지도 않습니다. 다만 한 가지, 중국인들이 자기 색깔을 유지하는 방법을 안다는 점은 정말 존경할 만합니다. 모든 아프리카인들이 알고 있고 존중해야 할 덕목이에요."

볼리는 또한 중국인들의 인내심을 높이 평가했다. 중국이 말리에 진출한 지 오래 되었지만 언제나 신속하게 성과를 내거나 단기에 수익을 거두었던 것은 아니다. 그는 섬유, 설탕, 담배와 같이 중국인들이 오래전에 투자한 분야를 열거하면서 대부분 뜻대로 일이 풀리지 않거나 심지어 완전히 투자금액을 손해보기도 했다고 전했다. "중국은 일을 하는 방식이 서양과는 완전히 다릅니다. 보아뱀 같다고나 할까요. 먹잇감을 조용히 관찰하고 시간을 들입니다. 마찬가지로 중국인들은 장기적으로 수익을 내기 위해 기다리고 있어요. 최상의 결과를 낼 때까지 기다리는 겁니다."

볼리의 아내가 어디선가 나타나 키 낮은 나무 의자를 끌어다가 그늘 아래 남편 옆자리에 앉았다. 피부가 검은 볼리의 아내는 인디고 날염을 한 스리피스 차림이었다. 남편과 마찬가지로 노동운동에 참여한 경력이 있었다.

볼리는 프로젝트에 관련된 중국인들의 이야기를 더 들려주었다. 10~20제곱킬로미터 정도로 규모는 크지 않은 사업이었지만 꽤 무게감이 있는 프로젝트였다고 한다. 수년 전 사업자들은 프로젝트의 목적을 볍씨 생산이라고 기술하고 정부와 임대차계약을 맺었다. "사업자들은 볍씨를 실험할 목적으로 계약을 맺었다고 했지만 사실이 아니었어요. 실제로 이들은 그 토지를 말리인들에게 재임대했거든요. 순전히 투기적인 행위이고 말리의 법에서도 금하는 행동입니다. 분명한 건 당국이 하는 일에 진정성이 결여되어 있다는 사실입니다. 손쉽게 국토를 팔아 넘기고 심지어 그 땅에서 농사를 지어 온 소농까지 내쫓아 놓고는 외국인들이 와서 토지를 재임대하든 뭘 하든 수수방관하는 거예요."

중국인들은 삼각주에서 눈에 띄지 않게 세를 불려 놓고 토지를 수탈할 적절한 시기를 보아왔다고 볼리는 주장했다. 그 시기는 국제적인 식량 수급 상황과 가격에 달려 있다.

"과연 중국의 의사결정자들이 자국 시장에 내다 팔기 위해 말리까지 와서 곡물을 생산하는 것일까, 아무리 생각해도 이해가 되지 않더군요." 볼리는 말했다. "이 지역은 가장 가까운 항구까지의 거리가 1,000킬로미터는 족히 됩니다. 곡물을 항구로 가져간다 해도 중국으로 쌀을 운송하는 데 또 비용이 들지요. 타산이 맞지 않아요. 그런데 바로 이 지역에 사는 주민들에게 쌀을 판매하기 위해서 재배를 하는 것이라면 이해가 쉽지요. 자국에서 소비할 곡물은 세계 어디에서라도 가져올 수 있거든요. 만약 삼각주에서 주요 시장 참여자가 되는 순간 중국은 우리 (아프리카) 정부에 커다란 영향력을 행사하게 될 겁니다."

이어 볼리는 최근 정부의 고위 공무원과 나누었던 대화를 들려주었다.

"전 세계적으로 중력에 의한 관개가 가능한 대규모 경작지는 극히 드물어요." 공무원이 볼리에게 말했다. "우리는 보석 위에 앉아 있는 셈이지요. 나일강 계곡에 준하는 수준일 겁니다."

"우리 땅이 보석이라면 와서 문을 두드린다고 해서 팔아 버려서는 안 되는 것 아닙니까?" 볼리가 공무원에게 이렇게 물었다고 한다. "보석이란 것은 꼭 움켜쥐고서 빈틈없이 지켜야 하는 존재예요. 그런데 우리가 사는 말리라는 곳에서는 그런 식으로 생각을 하지 않아요."

우리는 1970년대에 설립된 중국인 소유의 섬유 공장인 코마텍스(Comatex) 앞에 주차를 했다. 공장 앞에는 빛바랜 붉은 바탕에 겨자색 글씨로 '품질(Qualité), 효율(Efficacité), 규율(Discipline)'이라고 쓴 커다란 입간판이 있었다. 마치 대중의 의욕을 고취시키고 사상 주입을 위해 중국 어디에나 걸려 있는 구호(口號)를 떠올리게 했다.

주차장에서 나를 기다리고 있던 자진원이라는 공장장은 인사를 나눈 후 공장 내부를 안내해 주었다. 저층의 공장 건물을 이어 붙인 형태였다. 깔끔하게 정렬이 되었지만 세월의 흔적이 느껴졌다. 자는 키가 작았고 상하가 붙은 작업복 차림이었으며 머리는 아주 짧게 쳤다. 내가 왜 이 공장과 자신에게 관심을 갖는지 어리둥절해 했다.

공장 내부는 컴컴한 데다 살인적으로 더웠다. 그 더위는 태양 아래 느끼는 열기와는 차원이 달랐다. 공장 안에는 무자비하게 열기를 내뿜는 태양은 없었지만 섭씨 38도에 달하는 내부 공기에 여기저기 널린 목화 냄새가 뒤섞여 있었다. 공장 바닥은 회로기판처럼 발 디딜 틈 없이 어지러웠다. 방추형의 기계는 산더미같이 쌓여 있는 원면에서 섬유를 뽑아낸 후 꼬아서 실로 만들었다. 이어 한 줄 한 줄 실이 엮여 면포 한 장이 완성되었다.

중국인들은 처음에 경기장과 국회의사당을 기증하며 많은 아프리카인들에게 호감을 샀지만 이후에는 중국산 수입품을 헐값으로 들여와 현지의 산업을 파괴시켰다. 특히 섬유업의 피해가 가장 컸다. 이민자들은 아프리카에서 인기 있는 디자인을 베껴서 중국에서 옷을 생산한 후 아프리카로 다시 들여왔다. 과연 중국에서 생산한 직물과 견주어 경쟁력이 있는 업체가 있을까? 나는 현재 이 공장의 경우에는 세계적인 목화 생산지에 공장이 인접하고 있고 말리인들의 임금이 낮으니 중국산과 경쟁할 만하지 않을까 하고 추측해 보았다.

"그렇지 않습니다." 자가 말했다. "임금이 거의 비슷하긴 하지만 이곳의 전기료는 중국보다 두 배 비싼 수준입니다. 면화의 가격은 국제적으로 형성되기 때문에 원자재를 옆에서 생산한다고 별다른 이점을 누리고 있지도 않고요. 결론적으로 이 지역 섬유산업의 경쟁력을 떨어뜨리는 것은 바로 전력입니다. 말리에서는 석탄이 생산되지 않기 때문에 코트디부아르나 가나에서 전기를 끌어오는 수밖에 없어요."

그럼에도 말리에서 공장을 계속 가동시키는 이유는 분초를 다투는 시장이 있기 때문이라고 그는 설명했다. 중국에서 바다를 건너 들여와서 한정된 기한 안에 구매자의 요구를 충족시킬 수 없는 특별 주문이 있다는 것이다. 2층에서 둘러보았던 커다란 인쇄 기계가 제작하고 있던 취임식 의상 등이 그런 틈새시장이었다. 그 의상에는 내전 끝에 최근 대선 승리가 확정된 알라산 와타라 코트디부아르 당선자의 초상이 프린트되어 있었다. 같은 방의 또 다른 기계에는 에이즈 퇴치 캠페인에 사용되는 옷이 인쇄되고 있었다. 그 외에 결혼식이나 기념일에 사용하려고 소량 주문한 의복도 제작 중이었다.

이처럼 한계가 분명한 시장이었지만 올해 46세인 자는 자신이 5년 동안 일해 온 공장에 대한 자부심이 대단했다. 한단에 있는 고향집에는 1년에 한 번 가서 45일씩 머물다 온다고 했다. 한단은 베이징에서 차로 4시간 거리로 허베이성 남서쪽에 위치한 인구 130만 명의 유서 깊은 도시이다.

"말리에서는 바마코와 몹티에 한 번씩 가본 게 전부입니다." 그는 말리에서의 개인적인 여행을 짧은 문장으로 끝내 버렸다. "여기에 있으면 사실 여가시간을 가질 기회가 없습니다. 매일매일이 똑같기도 하고 뭔가를 의욕을 가지고 하기에는 날씨가 너무 덥거든요."

주말에는 이 지역에서 공장을 운영하는 다른 중국인 10명과 카드를 치거나 인터넷 서핑을 하면서 시간을 보낸다고 말했다.

"아프리카에 나와 있는 중국인들은 전부 똑같지요, 뭐." 그는 말했다. "그냥 일이랑 같이 사는 겁니다."

나는 자에게 말리인들에게 공장을 맡기기 위해 어떤 일을 하고 있는지 물었다. "맡긴다는 건 불가능해요." 그는 말했다. "관리 문제라든가, 기술적인 문제라든가. 하여간 말리 사람들에게는 문제가 많거든요. 맡겨 두면 많은 일이 잘못 돌아간다는 뜻입니다." 자는 자세히는 설명하지 않았다.

아프리카 여러 지역에서 현지인들은 중국인들이 건설, 산업 경영, 심지어 프로젝트의 단순한 관리와 같은 일들조차 모두 꿰차고서 현지인들에게는 쓸 만한 기술을 이전해 주지 않는다며 불만을 제기했다. 지식과 기술의 이전이 거의 일어나지 않으니 말리에서 새롭고 토속적인 산업 문화가 꽃피우기도 어렵다. 비평가들은 대신 의존적인 문화가 뿌리내리지 않을까 우려했다. 이런 결말에 도달하는 데는 악의적인 음모나 악감정도 필요 없다. 단지 기회의 문제이다. 문제는 식민지의 역사만큼이나 해묵은 것이며 스스로 '윈윈'이라는 미사여구를 내세우는 중국인들도 그 어떤 새로운 방식을 제시하지 못했다.

나는 류가 매우 관대하게도 선뜻 빌려준 차량을 타고 바마코에 있는 건설사 본사로 돌아갔다. 구내 주차장에서 류의 친절한 보좌관인 슈아이위화를 다시 만났는데 역시나 아낌없는 환대를 베풀어 주었다. 주차하고 얼마 후 우리는 며칠 전 저녁 식사를 했던 그 초가집 건물에서 식사를 했다. 이번에도 제네바가 대여섯 가지 중국 음식과 향긋한 차를 내왔다. 역시 몸에 꼭 맞는 옷을 입었는데 이번에는 한쪽 어깨를 드러내는 더욱 대담한 의상이었다.

며칠 전과 마찬가지로 중국의 위성 채널이 방영되고 있었는데 이번에는 옌안 지역을 배경으로 공산당 초창기를 연출한 드라마가 나왔다. 국영 TV 방송 입장에서는 중요한 콘텐츠였다. 마오 역을 맡은 배우는 머리숱이 많고 훤칠한 키에 잘생긴 얼굴이었다. 당당한 발걸음으로 이쪽저쪽을 오가는 동안 마오의 동지들은 그가 하는 말 한마디 한마디를 새겨 듣고 있었다. 열정적이고 자기주장이 강한 미모의 여성 동지는 마오를 비롯한 다른 지도자들에게 자신을 존중해 주기를 강요했다.

슈아이는 내가 이 드라마를 어떻게 이해하고 있는지 궁금해 했다. 나는 이 드라마가 늘 보게 되는 그런 종류 같다고 말했다. 중국에 머물 때에도 자주 볼 수 있었던 프로그램이었다. "나 같은 경우는 굳이 신경 써서 안 봅니다." 슈아이는 말했다. "처음부터 끝까지 오로지 완곡한 표현들뿐인데 나는 이게 중국의 문제라고 생각해요. 온통 쓰레기지요. 만약에 저런 혁명 운운하는 허튼소리만 아니었다면, 국민당이 전쟁에서 이겼더라면 중국이 최소한 30년 일찍 부강한 나라가 되었으리라는 사실을 누구나 압니다. 그런데 현실에서 우리의 지도자들은 혁명에 집착했어요. 인간이라면 누구나 돈을 벌고 싶어 합니다. 남자들이란 아름다운 여자를 좋아하게 마련이고요. 우리가 견뎌 내야 했던 끝이 보이지 않는 혁명은 반사회적이고 비인간적이에요. 프랑스나 미국 같은 나라를 보면 그 지도자들은 평범한 사람들이지 소위 영웅은 아니거든요. 중국의 지도자들은 자신만의 학파나 사상을 형성해야 한다고 생각하는데 다른 나라에서는 지도자들이 그렇게 행동하지 않아요. 완전히 터무니없는 발상이에요."

먼 데서 슈아이를 불러서 그가 자리를 비운 사이 나는 슈아이의 상사인 류가 다른 방식으로 중국 정부를 비판했던 일을 떠올렸다. 중국이 아프리카에서 추구하는 모든 일에 정부의 입김이 작용하리라는 추측들이 일반적으로 존재한다. 기업이 해외에 진출할 때 정부가 전반적인 과정을 적극적으로 지원한다는 것이다. 또 많은 이들은 중국 정부가 중국인들의 아프리카 이주를 정밀하게 기획한다고도 생각한다. 그런데 류는 중국 정부의 역할에 대해 사뭇 다른 시각을 드러냈다. 류와 그의 회사 입장에서 보자면 정부의 개입은 오히려 장애물이었다. 그는 말리에서 도로 건설에 더욱 적극적으로 참여할 수 없었다면서 "정부가 우리가 할 수 있는 일과 들어가도 되는 입찰을 지정하기 때문"이라고 설명했다. "지금보다 더 많은 건설공사를 할 수도 있지만 정부는 그저 환경과 관련된 업무만 하라고 제한을 합니다. 대규모 도로 프로젝트에 참여하는 것을 허용하지 않습니다."

류의 발언은 많은 것을 시사한다. 하나는 중국 정부가 아프리카에 진출한 국영기업들 가운데 옥석을 가리고 있다는 점이다. 대개 정부가 합리적인 정책적 근거에 기초하여 이런 결정을 내린다고 짐작하지만 중국의 기업인들과 아프리카의 고위 공무원들은 부패가 크게 작용한다고 내게 털어놓았다. 정부가 특혜를 주는 기업들은 그 대가로 모종의 뇌물을 바친다는 것이다. 이런 부패는 중국의 산업에 만연한 부정을 반영하는 것이다. 마찬가지로 아프리카에서 일어나고 있는 중국 기업의 노동 착취는 사실 고국의 취약한 노동 환경과 독립적인 노조의 부재를 반영하고 있다.

슈아이는 내게 언제든 차량을 다시 써도 좋다고 허락해 주었다. 그래서 이튿날 쿨리발리와 함께 또 다른 방문지로 향했다. 바마코 서쪽에 위치한 예켈레부구라는 마을로, 옛 중심 도시인 졸리바에 그늘을 드리우는 산 너머 평야에 위치해 있었다. 예켈레부구의 한 중국 건설사가 자갈 공장을 운영하기 위해 토지를 매입했다는 말을 들은 적이 있었다.

가는 길에 동서 고속도로의 종점인 카티를 지나쳤다. 내륙 국가인 말리를 서쪽의 이웃 국가인 세네갈과 연결하는 지점이었다. 또 한편으로 카티는 우리가 타고 온 도로에 위치한 열 곳 남짓의 세관에서 마지막 장소였다. 부패한 세관원과 경찰 입장에서는 트럭과 버스 운전사, 승객이 바마코로 들어가기 전에 마지막으로 한몫 뜯어낼 기회였다. 거꾸로 보면 다카르로 향하는 사람들에게는 앞으로 수없이 마주치게 될 세관의 시작점이었다.

모두가 마지막 바리케이드에서 멈추어 섰다. 온갖 종류의 차량이며 보행자가 뒤엉켜 있었기 때문이다. 각종 차량에 오르고 내리는 승객들이며 물건을 싣고 내리는 사람들, 여행자들에게 생수와 음식을 파는 행상들, 그 와중에 긴급히 차량을 수리하는 사람들, 심지어 매춘을 흥정하는 무리들에 이르기까지 다양한 사람들이 모여 있었다.

법 집행자들이 각자 속한 기관의 제복을 입고 금품을 갈취하는 풍경은 아프리카 대륙 어디에 가나 매일같이 볼 수 있는 장면이다. 또한 아프리카의 지도자들이 국민들에게 얼마나 실망스러운 존재인지, 제도는 얼마나 무용지물이 되었는지, 무엇보다 정부가 아프리카의 번영을 위해 기울일 수 있는 최선의 노력은 그저 비켜 주는 것임에도 그렇게 되기까지는 아직 요원하다는 현실을 깨닫는 계기가 되기도 한다. 아이러니하게도 카티는 주둔 병사들이 쿠데타를 일으키면서 지난 20년 동안 말리에서 뿌리내린 민주주의를 일순간에 뒤엎은 장소이기도 했다.

병목 지역을 벗어나니 예켈레부구까지는 불과 몇 분밖에 걸리지 않았다. 오래된 바오밥 나무 그늘 아래로 드문드문 흙으로 지은 오두막이 보였다. 정주지 가운데로 지나는 2차선 간선도로는 산맥과 평행한 방향으로 뻗어 있다. (말리에서 흔한 이름에 속하는) 야쿠바 쿨리발리(Yacouba Coulibali)라는 전 시장이 길가까지 나와서 나를 맞아 주었다. 우리는 마을의 중심부로 함께 걸어 들어가서 깔끔하게 청소해 놓은 맨 흙바닥에 같이 앉았다. 근처에서는 마을 아이들이 놀이를 하고 있었다. 올해 마흔다섯인 쿨리발리 전 시장은 키가 크고 몸은 수척했으며 저음의 목소리로 정통 프랑스어를 구사했다. 그는 마을에서 일어나고 있는 자갈 채취업에 대해 자세히 설명해 주었다.

쿨리발리는 자신이 아직 시장을 지내던 시절에 말리에 진출한 중국의 대형 건설사 한 곳과 논쟁을 벌였다고 입을 열었다. 그 건설사는 자갈 채취를 위한 암석 채굴을 하려고 인근의 임야 일부를 매입했는데 지방세를 납부하지도, 강제 이주 대상이 된 주민들에게 보상을 하는 일도 거부했다. 법에 따르면 투자 의향자는 현지 당국에 제안서를 제출하여 마을 의회에서 표결 처리를 거쳐야 한다. 그런데 문제의 건설사는 비공식적인 방식을 통해 합의를 보려고 현지의 부족장들에게 사치스러운 선물을 전달했다. (사실 중국 기업들뿐만 아니라 여러 나라의 기업들이 법을 우회하고 거대한 토지나 가치 있는 자산을 차지하기 위해 유사한 수법을 아프리카 대륙 전역에서 자용하고 있었다.)

쿨리발리는 2006년 해당 지역의 지사에게 중국 사업자들이 법을 준수하도록 강제하자고 설득했다. 그 결과 건설사에 700만 세파프랑(CFA)의 세금이 부과되었다. 그런데 얼마 안 있어 쿨리발리는 선거에서 패배했고 건설사는 지방정부가 아닌 신임 시장에게 비공식적 형태로 직접 돈을 건넨 것으로 알려졌다.

"자금의 일부가 교사들의 임금과 학교의 보수, 비품 구입에 사용되기는 한 것으로 압니다. 하지만 돈이 시장에게 곧바로 전달이 되니 회계 처리가 되지 않아요." 쿨리발리가 말했다. "그 자금과 관련하여 어떤 일이 일어나는지 아무도 모르는데 만약 상황이 계속 이렇게 흘러간다면 우리는 조세 당국에 가서 소송을 제기할 겁니다. 이렇든 저렇든 진실은 밝혀지겠지요."

쿨리발리는 암석을 발파하여 자갈을 채취하는 산 중턱의 현장에 같이 가보자고 제안했다. 다시 간선도로를 따라 이동하면서 비가 오고 있는데 산비탈에서 먼지 기둥이 솟아오르는 것을 육안으로 확인할 수 있었다. 산을 향해 질주하고 있는 토목공사 트럭이 보나마나 자갈을 싣기 위해 이동하는 것이라는 생각에 뒤를 따라갔다. 현장에 도착해 보니 접근을 막는 문이 없어 우리는 계속 따라 들어갔고 암반으로 형성된 거대한 언덕에 이르렀다. 언덕에 있는 컨베이어 벨트는 쓰러질 듯 솟아 있는 기계에서 갓 부숴 낸 자갈들을 끊임없이 날랐다.

중국인 두 명이 탄 트럭이 우리 옆에 서더니 무얼 하고 있느냐고 물었다. 나는 이 작업장에 대해서 이야기를 전해 들었다면서 잠시만 대화를 나눌 수 있느냐고 되물었다. 둘은 재빨리 의견을 주고받더니 운전대를 잡고 있던 사람이 손을 휘휘 내저었다. "무슨 얘기?" 그가 말했다. "말하고 싶지 않소."

막다른 길이어서 나는 운전을 하고 있던 쿨리발리에게 니제르 강에 중국이 새로 지은 다리에 가 보자고 말했다. 제조 시설과 판잣집이 뒤섞인 어수선한 동네에 난 구불구불한 길을 얼마간 따라 가니 빗줄기가 다소 누그러진 저 너머로 다리를 건설하는 현장과 다리의 모습을 볼 수 있었다. 개인적으로는 현대식으로 솟은 탑이 있는 현수교를 마음속에 그리고 갔는데 막상 실물을 보니 번쩍거리는 과시적인 요소는 없는 다리였다.

대신 중국인들은 뭔가 단순하고 보수적인 형태의 다리를 건설하고 있었다. 널찍한 강에 도열한 단순한 콘크리트 기둥이 보강형을 높이 받치면서 저 멀리 강변으로 갈수록 낮아지는 형태였다. 아직 개통이 되지 않은 단계였지만 중국인 건설 인부들과 픽업트럭이 오가고 있었다. 최대한 다리에 가깝게 다가가 보니 바리케이드가 입구를 막고 있었다. 입구는 새로 지은 다리 때문에 강제 퇴거당한 주민들이 항의의 표시로 남긴 낙서로 뒤덮여 있었다.

인근에 앉아 있던 한 말리 남자가 굳이 다리를 통과하지 않고도 강을 건널 수 있는 길이 있다고 알려 주었다. 우리는 남자의 말대로 낡고 비바람에 풍화된 콘크리트 고가를 따라 니제르 강을 건널 수 있었지만 수위가 높은 지점들을 지나가야 했다. 초창기에 현대적인 도로 형태를 빌려 강을 건너게 하던 길이었다.

강 건너편으로 와 보니 다리로 진입하는 차선을 직각으로 지나가는 운하가 있었다. 이웃 마을의 계집아이들이 목욕과 수영을 하고 있었고 머리 위 철로에 걸터 앉은 세 명의 중국인 노동자들이 담배를 태우면서 무심한 듯 그 광경을 바라보고 있었다. 강 건너에 바리케이드가 있어 간선도로 진입이 불가능했기 때문에 어쩔 수 없이 나무가 우거진 지대로 들어갔다. 거리도 더 멀고 방향이 확실치 않은 도로는 바위 때문에 울퉁불퉁했고 저소득층이 사는 주거지역을 지나갔다. 비탈을 내려오는 길에 높고 긴 벽으로 둘러싼 건축 단지와 마주쳤다. 누군가가 벽 너머에 새로 지은 연노란색 건물들을 알아보았다.

"중국에서 새로 지은 병원이군요." 쿨리발리가 말했다. "중국인들이 무상으로 우리에게 지어 준 병원이랍니다."

모퉁이를 돌아서 내가 바마코에 도착한 후 말로만 들었던 그 거대한 신축 병원 주위를 둘러보았다. 이틀 전에는 말리인들이 중국인들을 좋아하지 않는다고 말했던 쿨리발리가 마지막 말을 되풀이했다. "중국인들이 무상으로 우리에게 지어 준 병원이군요." 만족스러워 보이는 그의 표정을 보니 앞서 중국인 전부를 싸잡아서 비판했던 말은 속내와 달랐음을 알 수 있었다.

1970년 냉전이 절정에 이르렀을 때 미국인들은 이곳에서 하류 방향으로 수백 킬로미터 떨어진 니제르의 수도 니아메에 거대한 다리를 지어 주었다. 그리고 존 F. 케네디 전 대통령의 이름을 붙였다. 22년 후 사우디아라비아도 내가 이 지역에 머물 당시 자주 이용했던 다리를 건설해 주고 파드 왕의 이름을 붙였다.

그로부터 몇 년 뒤 리비아의 카다피가 파드 왕 다리의 북쪽에 행정 도시와 대형 병원 두 곳을 지어 주었다. 카다피는 사헬 지역에 대한 영향력 확대를 분명히 하고자 자기 이름을 붙였지만 신청사의 입주가 시작되기도 전에 사살되는 운명을 맞았다. 말리의 지인들은 카다피의 이름을 건 현판이 그의 사망 당일 제거되었다고 나중에 알려 주었다.

그리고 이제는 중국의 소프트 파워가 힘을 발휘하는 시대이다. 다리에는 거대한 간판이나 과시성의 문구도 위인의 이름도 없다. 그저 우정의 다리(Friendship Bridge)라고 불릴 뿐이다. 조만간 니제르 강을 오가는 유동 인구의 3분의 1을 이 우정의 다리가 책임질 것이다. 또 다리를 건넌 이들은 말리에서 가장 큰 최신식 병원을 눈으로 보게 될 것이다. 현재로서는 사람들이 다리를 오가고 병원을 보면서 단 한 가지 사실, 곧 중국이 무상으로 지어 주었다는 것만을 기억할 공산이 크다.

민주주의 습관 _ 가나

    가나는 서아프리카에 위치한 중간 규모의 국가이지만 아프리카 대륙의 역사나 정치에서 차지하는 비중은 결코 가볍지 않다. 1957년 가나는 콰메 은크루마(Kwame Nkrumah)의 지휘 아래 사하라 이남의 국가로는 처음으로 영국으로부터 독립을 쟁취했다. 좌파 성향의 민족주의자였던 은크루마는 범아프리카주의, 즉 식민지의 국경을 철폐하고 아프리카 대륙에 하나의 연합 정부를 세우자는 정치적 사조를 이끌었다.

    가나가 신속하게 산업화되기를 바랐던 은크루마는 1961년 아프리카 역사상 가장 규모가 큰 축에 속하는 공공사업을 시작했다. 이제 막 걸음마를 뗀 공업에 값싸고 안정적인 전기를 공급하기 위해 볼타 강에 거대한 아코솜보 댐을 건설한 것이다. 일각에서는 댐의 규모가 너무 크고 건설비가 많이 든다며 비판했다. 하지만 댐은 당초 계획했던 일정보다 먼저 완공이 되었고 오늘날까지도 가나에서 가장 중요한 전기 공급원 역할을 하고 있다.

    은크루마의 통치 후기로 갈수록 가나의 경제는 부채 때문에 휘청거렸고, 그는 점차 권위주의적이며 무소불위의 권력을 휘둘렀다. 결국 민심이 이반되어 1966년 은크루마는 실각하기에 이르렀다. 이후 가나에서는 보수적인 세력과 부패에 찌들고 무능력한 군 지도자들의 통치가 이어졌고 가나 국민들의 평균 소득은 3분의 1 이상 줄어들었다. 1980년대에는 제리 롤링스(Jerry Rawlings)라는 공군 소위가 권력을 잡고 아프리카 대륙에 두 번에 걸친 거대한 물결을 일으켰다. 첫째는 강력한 사회주의의 물결이었는데, 10년 후에 일어난 두 번째 물결에서는 180도 태도가 돌변하여 경제를 챙기고 서양 친화적인 정책을 취했다. 설성석으로 그는 뒤늦게나마 민주주의 통치 기반을 닦아 오늘날 가나가 아프리카 어느 국가보다도 뿌리 깊은 민주주의의 전통을 자랑하는 데 기여했다. 가나에서는 1992년 이후 민주적 통치가 이어지면서 GDP가 연평균 5퍼센트를 상회하는 수준으로 성장해 왔다.

아프리카에서 가장 견실하고 활동적인 시민사회가 형성되어 있는 가나 역시 향후 수십 년 동안 나라의 미래를 좌우할지 모르는 중국과의 경제적 연대를 구축하고 있다. 가나는 활황기에 있는 천연자원의 대국으로 특히 금과 코코아, 최근에는 원유를 중점적으로 수출하면서 급속한 경제성장을 이루고 있다. 눈부신 성장이라는 연회에 한 자리를 차지하려는 중국은 대규모 패키지 딜을 통해 대출과 투자를 제공하고 있다. 중국이 진출한 초기에는 가나에 앞서 중국의 대형 자금 지원 패키지를 받아들인 앙골라나 콩고와 마찬가지로 인프라와 자원을 맞교환하는 방안이 성사될 것으로 보였다. 앙골라와 콩고는 막대한 석유와 광물자원이 매장되어 있지만 가나와 달리 민주주의의 습관이 정착되지 못한 나라이다. 그러나 정치체제가 훨씬 역동적인 가나에서는 중국의 제안을 둘러싸고 공적 토론이 진행되면서 일의 추이가 사뭇 다른 양상으로, 더욱 신중하게 흘러갔다. 가령 최근 상업적 생산을 시작한 유정의 수익은 앙골라처럼 중국에 직접적인 담보로 제공되지 않고 에스크로 계좌로 들어갔다. 계약상으로는 가나가 부채 상환 일정을 맞추지 못하는 경우 중국이 원유 수출로 발생하는 수익을 챙길 수 있는 권리를 가지게 되지만 가나는 국제시장에서 자율적으로 원유를 계속 판매할 권리를 확보한 것이다.

혹자는 가나와 다른 국가들의 조건에 무슨 차이가 있느냐고 반문할 수도 있지만 분명히 중요한 차이가 있다. 저개발국가가 원유나 다른 천연자원의 공급을 보장하는 대신 개발에 필요한 자금을 지원받는 경우 시간이 지날수록 지원을 제대로 못 받을 가능성이 급격히 커진다. 특히 가채량이 줄어들고 재생이 불가능한 광물자원의 경우 그럴 가능성이 더 크다. 자금을 대는 자원 구매자가 장기적으로 가격 상승의 위험을 제거하기 위해 초반에 공급 단가를 낮은 수준에 묶어 놓는 것도 자원을 보유한 국가에게는 불리하게 작용한다.

최근 수년간 서양에서는 중국이 개발 자금을 지원하는 관행을 면밀히 들여다보고 있으며 과연 아프리카의 미래가 일각에서 예상하듯 중국의 지배 아래 들어가게 될지를 놓고 열띤 논쟁을 벌이고 있다. 혹자는 중국 정부가 앞세우는 '윈윈' 전략에 따라 중국이 개발도상국에 서양보다 우호적인 조건을 제시하며 국제 질서를 재편해 나갈 것이라고 기대한다. 반대로 아프리카가 막대한 빚더미에 올라앉는 시대가 열릴 것이라거나 중국의 제국주의 구축이라는 불길한 미래의 토대가 지금 형성되고 있다는 해석도 있다.

그런데 중국의 입장을 열렬히 대변하는 사람들도, 반대로 중국이라면 자동적으로 틀에 박힌 거부반응을 보이는 서양의 회의론자들도 정작 아프리카인들의 의견은 진지하게 귀담아 듣지 않았고 심지어 다양한 의견에 포함시키지도 않았다. 과거에도 종종 그랬듯 아프리카는 열강이 힘을 겨루고 많은 세력들이 야망을 펼치는 경연장으로 또다시 전락했다.

이런 가운데 가나는 중국과 많은 분야에서 협력을 하고 있더라도 다른 아프리카 국가들과 달리 열린 대화의 문화가 깊숙이 자리 잡았기에 아프리카의 입장을 엿볼 수 있게 하는 좋은 무대가 되고 있다.

아프리카경제개혁센터(African Center for Economic Transformation)는 개발과 경제를 주로 다루는 싱크탱크로 아프리카 대륙의 정치기구인 아프리카연합에서 사무총장을 지낸 바 있는 K. Y. 아모아코가 설립한 단체이다. 센터의 임원인 에드워드 브라운(Edward Brown)은 50대로 다부진 체격에 솔직한 성향의 소유자이다. 센터에 합류하기 전에 경력의 대부분을 세계은행에서 쌓았는데 특히 르완다에서 대학살 사태가 일어난 직후에는 지역 대표를 역임하기도 했다. 브라운은 경제 정책 및 개발과 관련하여 아프리카 국가에 전문성을 제공하고자 아모아코의 센터에서 일하게 되었다. 내가 가장 최근에 가나를 방문했을 당시에는 브라운이 리비아에서 정부의 자문역으로 상당 기간 동안 일을 하다가 그만둔 지 얼마 안 되었을 때였다.

브라운은 가나에 대해 내가 이전에도 이런저런 형태로 들어 왔던 주장을 했다. 아프리카의 모든 나라들 가운데 가나가 천연자원 붐의 수혜를 누릴 최적의 위치에 있으며 중국의 새로운 파트너들 가운데서도 건전한 개발 정책을 펼치는 일에 열심을 내는 국가라는 평가였다. 브라운은 가나에서 민주주의가 점차 정착되고 있고 상대적으로 개방성 및 투명성이 높으며, 테크노크라트가 증가하고 있고 고등교육을 받은 전문가들을 포함한 중산층이 빠른 속도로 증가하고 있다는 점을 들었다.

그러나 가나가 갖춘 이점이 많음에도 불구하고 중국과의 관계가 가나의 미래에 어떤 영향을 미칠지에 대해서 특별히 희망적이거나 긍정적으로 보지 않았다. 사실 브라운과 대화를 나누던 때는 존 아타 밀스(John Atta Mills) 가나 대통령이 중국과 130억 달러 규모의 대출 패키지에 대한 양해 각서를 체결하고 베이징에서 귀국한 직후였다. 대통령은 대출이 "가나의 경제와 국민들의 민생에 지대한 영향을 미칠 것"이라고 기대했지만 브라운에게 긍정적인 인상을 주기에는 역부족이었다.

몇 달 후 이 패키지의 첫 번째 트란쉐(tranche)가 공식적으로 발표되었고 금액은 30억 달러였다. 가나가 독립을 이룬 후 약 50년의 기간에 받았던 어떤 대출보다도 큰 액수였다. 비교하자면 아프리카 대륙에서 최대 대부자로 오랫동안 기능을 한 세계은행 산하의 국제금융공사(IFC)가 2011년 기준으로 사하라 이남의 모든 아프리카 국가에 제공한 차관이 총 22억 달러였다. 베이징에서 양해각서를 체결한 후 가나의 존 드라마니 마하마(John Dramani Mahama) 부대통령은 블룸버그 기자들과 가진 열정적 인터뷰에서 이렇게 말했다. "세계은행과 IMF에서 대출을 받는 절차가 얼마나 까다로운지 모릅니다.[35] 여러 제약 사항이 있고 대출을 받는 절차도 아주 복잡해서 쉽지가 않아요…현재와 같은 금융 위기 상황에서 어딜 가도 30억 달러를 얻기란 정말로 힘들 겁니다."

이듬해 대통령이 되는 마하마 당시 부통령은 중국이 주는 자유가 기존 국제 금융 체계를 이끈 기관들의 복잡한 조건들과 비교해 얼마나 매력적인 대안인지를 아프리카 정부의 시각을 대변하여 잘 설명했다.

그러나 브라운은 가나의 협상이 진행되는 과정 내내 딜의 건전성에 대해서 회의적인 시각을 버리지 않았다. 브라운이 중국과 나쁜 인연을 가지고 있어서가 아니고, 하물며 반중 성향의 소유자라든가 세계은행에서 20년간 근무하면서 서양의 통념에 부합하는 방향으로 사고가 굳어져서는 더

더욱 아니었다.

중국은 최근 가나의 광범위한 분야에 투자하는 패키지 딜을 발표했는데 여기에는 새로 생산이 시작된 서쪽의 해저 가스전에 공급 배관 설치, 수력발전소 건설, 송수 및 농촌 지역 전기 공급 프로젝트가 포함되어 있다. 특히 가나에 매장되어 있는 보크사이트를 이용하여 연간 200만 톤의 알루미늄을 생산할 정제공장을 건설한다는 계획은 은크루마 전 대통령의 오랜 숙원 사업이었다. 이와 더불어 중국은 새로운 도로를 닦고 가나의 중부와 서부를 지나가는 노후한 철로도 정비할 계획이다.

가나 입장에서 좋아하지 않을 리가 있겠는가? 언뜻 보기에 중국의 지원 계획은 생산적으로 보이지만 대출의 세부 사항으로 들어가면 크고 작은 의문점들이 남는다고 브라운은 지적했다. 그는 이런 패키지의 대부분은 중국 정부가 자국 기업들을 대상으로 미리 수요를 조사해 향후 어떤 입찰에 참여할지를 파악한 이후 이루어진다고 설명했다. "아프리카 입장에서는 중요한 의견 개진을 할 새가 없습니다. 중국이 자기가 원하는 걸 결정하니까요. 중국이 자금 조달을 합니다. 중국이 자국 기업들을 보내고요. 물론 아프리카 정부와 약간 협의 정도는 하겠지만 그것도 (중국이) 이미 결정한 사항을 통지하는 수단에 불과해요. 재무 장관이 이런 딜을 제대로 평가할 역량이 있나 모르겠습니다. 대통령 비서실에는 중국의 패키지 업무를 하는 담당자가 한 명밖에 없고요." 브라운은 나중에 한 사람 혹은 두 사람이라고 정정했다. "과연 리스크 관리, 자금 조달, 비용 편익, 전략적인 비전과의 통합성 등에 대한 분석이 시행이나 됐는지 의문이에요. '우리를 도와주겠다고요? 그게 무슨 의미인지, 우리는 당신이 어떻게 도와주기를 바라는지 한 번 이야기를 나눠 봅시다'라고 말할 수 있는 단계까지 가야 합니다. 그런데 중국인들은 모든 계획을 짜서 통지를 합니다. 그들이 얻어 낼 수 있는 건 무엇이든 가져갈 텐데 여기에 대비가 안 되어 있다면 정말 애석한 일이에요."

브라운은 이것이 형식적인 우려가 아니라는 점을 강조했다. 아프리카 인들의 체면을 세워 주고 기분을 낫게 해 주는 차원의 문제 제기가 아니라는 것이다.

"이런 투자가 국가의 변화를 이끌 만한 성장으로 이어질까요? 나라의 생산성을 끌어올릴까요? 섬유와 같은 중요한 산업의 쇠락을 막을 수 있습니까? 아프리카가 진정으로 경쟁력을 갖춘 분야에서 생산성을 제고할 수 있을까요? 아프리카 국가들은 다변화와 변화를 위해 패키지를 어떻게 활용해야 할까요? 불행하게도 이런 지적인 도전 과제들은 고려되지 않고 있는 실정입니다."

가나의 독립계 싱크탱크인 경제협회(Institute of Economic Affairs)의 콰드오 투투 선임 연구원은 브라운과 동일한 우려를 하면서도 시각이 다소 상이했다. "정부는 자선 사업가가 아닙니다." 투투는 말했다. "많은 기업인들과 마찬가지로 자국의 안위를 위해 사업을 하지요. 상대 국가가 자국에서 정착되어 있는 규정과 규제를 강제하지 않으면 속임수를 시도할 가능성도 있고요. 우리가 발을 담근 게임 판의 생리가 바로 이런 겁니다."

투투는 '윈윈'을 비롯하여 중국이 아프리카에서 내걸고 있는 슬로건이며 스스로 부유한 나라가 아니라 제3세계에 속한 동료를 자처하는 점에 대해 넌더리를 쳤다.

"이런 말들이 전혀 진실하지 않다는 것쯤은 모두가 압니다." 투투는 말했다. "중국이 개발도상국가입니까? 바보나 그런 말을 믿겠지요. 기후 변화 논의를 할 때 일어나서 이런 식의 주장을 하는 걸 듣고 있으면 정말 화가 난다니까요. 자기 잇속만 챙기는 집단이에요."

그런데 흥미롭게도 중국에 대한 부정적 견해가 중국이 주는 돈에까지 적용되지는 않았다. "가나 같은 나라는 투자를 받아야 하는데 잘사는 나라들은 그런 기회를 잘 안 줍니다."

투투와의 인터뷰는 냉방이 잘되는 그의 사무실에서 진행되었다. 사무실이 위치한 빌라는 아크라 중심가의 링 로드 근처에 자리 잡고 있었다. 비록 오래된 건물이지만 깨끗하게 유지가 되었고 주변에는 녹음이 우거진 정원도 있었다. 대화를 나누던 중에 휴대폰이 울려서 받아 보니 내가 중국에서 건설하는 댐의 방문 계획을 논의하려던 사람이었다. 가나의 북서쪽에 위치한 이 댐은 완공이 임박한 단계였고 많은 논란을 일으켰던 프로젝트이기도 했다. 투투는 내가 댐 이름을 말하는 것을 엿듣고는 바로 화두로 삼았다. "부이 댐에 가신다고요." 그가 말했다. "40년 가까이 말로만 진행되던 댐이었지요. 얼마 전까지만 해도 외부에서 선뜻 투자하겠다는 투자자들이 없었어요. 그런데 중국이 들어가고 나니 일이 척척 진행되고 있는 겁니다."

나는 투투에게 가나 정부가 그의 말마따나 "자체적인 규정과 규제를 강제할" 수 있는지 물었다. 내 질문에 대한 답은 가나의 과거를 훑는 장황한 연설로 이어졌다.

"1960년대에 가나는 환상적인 인프라를 갖추고 있었는데 특히 철도 기반이 양호했습니다. 하지만 현재 인프라는 모두 노후한 상태예요. 1980년대와 1990년대에는 외국인 투자를 유치하기 위해 발버둥을 치면서 상당히 매력적인 조건들을 내걸었거든요. 돌아보면 당시 가나는 농업을 육성하는 데 전방위적 노력을 기울였어야 했던 겁니다. 우리는 과거보다 10배나 많은 광물자원을 채굴하고 있지만 여기에서 얻는 수익은 터무니없는 수준이에요. 광산업 때문에 발생하는 사회적 비용과 환경 비용을 고려하면 최종적인 수익률은 10퍼센트 수준이고요. 게다가 모든 자원은 고갈되어 가고 있는 상황이지요."

투투는 중국을 지목해서 이야기하는 것이 아니라고 강조했다. 다만 서양의 경우 한 세기 동안 가나의 자원으로 잔치를 벌이지 않았냐며 비난에서 자유로울 수 없음을 시사했다. 투투는 가나가 처한 곤경을 이야기하면서 상당히 회의적인 태도를 보였는데 자라 보고 놀란 가슴 솥뚜껑 보고 놀란다는 속담을 떠올리게 했다.

"가나는 10~20년 후 (우리 기업들이) 다른 나라에 가서 남의 석유를 채굴할 만한 기술과 기업적 기반을 닦고 있습니까?" 상대가 서양에서 중국으로 바뀌었다 뿐이지 가나는 여전히 굴종적인 신세를 벗어나지 못했다는 것이다.

"지금 온 국민이 새 유전의 발견을 기뻐하고 있지만 만약 계속 이런 상황이 지속된다면 그 유전이 고갈되는 것도 시간문제예요. 우리 아이들 세대는 혜택을 누리지도 못할 거고요."

이 밖에 중국의 자금이 미치는 영향력이 점점 강해지고 있다는 등의 지적들은 나도 꽤 익숙하게 들어 왔던 내용이었다. 가나인들은 중국의 투자자들과 이주자들이 한 가지 명시적인 목적에 따라 들어와 놓고는 얼마 안가 합법과 불법을 넘나들며 다양한 목적들을 추구한다고 비판했다. 가나는 아프리카에서 남아프리카공화국에 이어 두 번째로 금 생산이 많은 나라이다. 중국인들이 금을 채굴하기 위해 삼림을 훼손하고 수은으로 토양을 오염시킨 사례는 숱하게 많다.

많은 이들은 중국인들의 전반적인 성향에 대해 언급하면서 뇌물, 부패, 조잡한 물건, 원칙의 무시를 주로 거론한다. 가나에서는 중국이 건설한 국립극장이 종종 대표적인 사례로 손꼽힌다. 국립극장은 화려하고 감각적인 현대적 건축물로 상부의 지붕 전체를 곡면으로 처리한 점이 인상적이다. 그런데 지은 지 몇 년 만에 누수가 생기고 타일이 떨어지기 시작했으며 이제는 건물이 무너지지 않을까 걱정하는 수준이라고 가나인들은 개탄했다.

일반화에는 오류가 따르게 마련이지만 중국에 대한 부정적 인식은 가나 사회에 뿌리 깊게 자리 잡았다. 가나는 독립을 쟁취한 이후 50여 년 동안 여러 지표상으로 성장의 궤도에 오른 것으로 보인다. 대규모의 유전과 가스전이 새로 발견되면서 막대한 자금이 유입되고 있다. 인구구조에서 청년층의 비율이 높아 노동과 산업 측면에서 유리한 기반을 갖추었다. 또한 투표를 통해서 권력이 이양된 경험이 여러 차례 축적되면서 민주주의가 정착하고 있다. 심지어 대선에서 과거 미국의 부시와 고어 후보자보다 더 박빙의 접전이 펼쳐졌음에도 폭력이나 갈등 없이 평화롭게 선거 결과에 승복한 사례도 있었다. 세계 무대에서의 이미지도 긍정적이다. 버락 오바마 미국 대통령이 당선 후 방문한 첫 번째 아프리카 국가가 가나라는 사실에서도 잘 드러난다. 중국뿐 아니라 다른 대국들도 가나에 막대한 자금을 투자하기 위해 사업 기회를 엿보고 있다. 일각에서는 고위 계층의 교육 수준이 높아 가나의 전망이 더욱 밝다고도 기대한다. 하지만 안타깝게도 모든 분야를 긍정적으로 전망하는 데는 무리가 있다. 언젠가 모제스 모자르트 자우라는 신문기자에게 30여 년 후 나이가 쉰이 되었을 때 가나의 미래가 어떨 것으로 보는지 물은 적이 있는데 그의 대답에서 불확실성을 엿볼 수 있었다.

"지금까지 가나에는 훌륭한 지도자가 없었습니다." 자우가 말했다. "지도자들은 심지어 자기가 무슨 일을 하도록 그 자리에 올랐는지도 인식을 못했고요. 우리는 항상 스스로에게 내가 지금 목적을 달성하고 있는지, 아니라면 왜 그런지 자문해야 합니다. 물론 희망은 있지요. 하지만 먼저 능력 있고 사심이 없으며 비전을 가진 지도자, 당이나 그 자신보다 국가의 이익을 먼저 생각하는 올바른 지도자가 배출되도록 기도해야 합니다."

현재 중국이 가나에서 진행하고 있는 프로젝트 가운데 규모가 가장 큰 사업은 앞서 언급했던 부이 댐으로, 개인적으로도 한 번 가서 보고 싶은 마음이 있었다. 댐 건설에 반대하는 캠페인을 이끌어 온 풀뿌리 운동가인 리처드 툼과 이른 아침에 만나 대화를 나눌 기회가 마련되었다. 내가 묵고 있던 호텔에 있는 파티오 레스토랑의 초가지붕 아래서 뷔페 식사와 커피를 함께했다. 그는 키가 작지만 체격이 단단했고 거친 턱수염을 하고 있었으며, 입고 있던 줄무늬 전통의상은 헐렁하고 마무리가 매끄럽지 않았다. 툼은 식사하는 동안 휴대폰 두 대를 번갈아 사용했다.

"중국인들과 뭔가를 해 보겠다고 시간을 낭비하지 마십시오." 그가 말했다. "협조를 하지 않을 겁니다. 우리도 여러 번 연락을 해 보았지만 그때마다 '가나의 담당자에게 가서 말하라'고만 합니다." 툼은 댐을 건설하는 중국 기업의 경우 복지부동의 태도로 자기들은 영어를 못한다면서 발뺌을 한다고 했다. 문제의 주인공은 댐 건설을 전문으로 하는 중국수력발전이었다. 중국수력발전은 아프리카 각지에서 70건 이상의 수력발전 프로젝트를 추진하는 등 아프리카에 진출한 중국의 건설사 중 가장 활발하게 사업을 벌이고 있었다.

중국수력발전의 의사소통이 형편없다는 툼의 말은 사실이었다. 내가 가나에서 회사 측에 여러 번 전화를 했지만 한 번도 답신이 온 적이 없었다. "우리가 무슨 식민지 개척자들로 보입니까?[36] 우리는 현지 주민들을 죽이는 사람들이 아니에요." 중국수력발전의 한 고위 임원은 「파이낸셜

타임스」와 인터뷰에서 거칠고 방어적인 자세로 이렇게 말했다. "댐은 사회의 진보와 문명의 상징입니다. 당신들은 자원이 있고 우리는 돈과 기술, 경영 능력이 있지 않습니까." 중국수력발전의 임원은 말했다. "그러니 서로 힘을 합쳐 개발을 할 수 있는 거예요. 우리는 돈을 벌기 위해 해외로 진출했고요. 이 과정에서 환경을 보호하고 사회적 책임을 이행하며 현지의 발전을 돕고 빈곤을 완화시키기까지 합니다."

툼은 중국수력전력의 협력을 기대하기 어려우니 댐 완공이 임박한 지역의 부족장을 소개시켜 주겠다고 제안했다.

부이 댐은 최근 선거에서 패배한 가나의 옛 정권이 애착을 가지고 추진하던 사업이었다. 지역의 저항을 무마하기 위해 존 쿠포르(John Kufuor) 정권은 그동안 소외되었던 내륙지역을 개발하고 개방하려는 큰 그림에서 댐 건설을 추진하는 것이라고 홍보했다. 현대적인 신도시의 건설과 더불어 공항과 새 대학교의 건립도 약속했다. 그런데 대선에서 선출된 신임 대통령이 우선순위를 재편하면서 이전의 거대한 계획들은 물밑으로 들어가 버렸다.

댐이 완공되기까지는 아직 1년의 시간이 남아 있지만 2주 후에는 수문을 닫고 주민들을 이주시킨 마을의 천연 협곡에서 물이 흘러들어 오며 가동이 개시될 예정이었다. 부족장과 그의 부족들은 쿠포르 대통령이 약속했던 첨단 도시로 이주하지 않겠다고 말했다. 정부에서 부족의 양보를 얻어 내는 조건으로 새로 건설한 마을은 협곡 뒤편의 뜨겁고 먼지 날리는 평원에 위치하고 있었다.

툼은 가나의 미래를 밝게 전망할 만한 근거를 제시하지는 않았다. 하지만 그가 활동한 내역을 들으면서 툼 같은 활동가들이야말로 이 나라의 밝은 미래를 만들어 낼 수 있는 주역이라는 생각이 들었다. 시민사회는 통치자들에게 더 나은 성과, 더 많은 책임감과 개방성, 공정성을 요구하면서 부분적으로나마 제 역할을 하고 있었다. 정기적으로 치르는 선거를 통해서뿐만 아니라 민주주의의 습관이 형성되고 있었고 이는 거대한 퍼즐을 맞출 핵심 조각으로 보였다. 어떻게 해야 가나에서 훌륭한 지도자들이 배출될 수 있는지 고민에 사로잡혀 있던 모제스 자우 기자의 의문을 풀어 줄 하나의 열쇠이기도 했다.

나는 이미 세네갈에서 민주주의가 의미 있는 차이를 만들어 내는 과정을 지켜본 바 있었다. 나라에서 가장 가치가 있는 부동산의 일부를 은밀하게 거래하는 시도는 차단되었다. 변화는 잠비아에서도 일어났다. 엄청난 숫자의 중국인 이민자들이 몰려든 잠비아에서는 중국인 이주자를 포함하여 외국인 소유의 채굴 기업에 주어진 조건들이 주요 선거 캠페인의 이슈로 부상했다. 이 과정에서 광부들의 임금이 상승하는 효과도 있었다. 바마코 외곽에 위치한 마을 주민들은 이제껏 속임수에 당해 왔지만 현지에서 만난 전임 시장은 결국에는 정의가 승리하리라 믿을 만큼 충분히 민주주의의 경험을 축적했다고 자평했다. 이러한 믿음이 있었기에 그는 의지와 인내를 가지고 상급 관할법원에 탄원서를 제출하여 당국에 상황을 조사해 달라는, 즉 정부가 해야 하는 본연의 일을 수행해 달라고 요청할 수 있었던 것이다.

가나도 아프리카의 다른 지역과 마찬가지로 중국인들이 추진하는 거대한 사업의 경우 투명성이 심각하게 결여되어 있었다. 중국 기업은 대중에게 정보를 거의 공개하지 않고 있고 언론과도 거리를 두었다. 그나마 대형 딜의 세세한 부분이 알려질 수 있었던 것은 아프리카 민주주의와 의회, 야당, 시민단체가 정부를 압박하여 통상 중국 기업들이 밝히지 않는 사안까지 공개하도록 만든 덕분이었다.

"처음에 정부는 우리가 무슨 적대 세력인 양 대하더군요." 오랜 투쟁이 반향을 일으키도록 그가 기울인 노력에 대해 묻자 툼이 이렇게 대답했다. "하지만 정부에서도 점차 대화가 중요하며 우리 같은 단체들이 쓸모 있는 역할을 한다는 사실을 이해하기 시작했어요."

툼은 자기 단체에서는 정부 측에 환경보호 장치를 요구하는 등의 압박을 가했다고 말했다. 댐 건설로 수몰될 지역에는 멸종 위기에 있는 서아프리카 검은하마를 비롯하여 다수의 희귀종이 깃들어 사는 강 서식지가 포함되어 있었다. "처음부터 우리는 이 문제에 관해 많은 압력을 가했습니다." 툼이 말했다. "우리의 노력 덕분에 환경보호국은 중국 건설업자들의 환경 관련 평판이 나쁘다는 사실도 인지하게 되었어요. 심지어 한 고위 공무원은 '우리가 조금이라도 틈을 보이면 저들은 규정을 모조리 무시할 것'이라고 말하기까지 했습니다."

툼은 중국수력전력이 수익형 민간투자사업(Build-Transfer-Operate) 방식으로 댐을 건설하고 있다고 전했다. 건설이 끝나더라도 중국수력전력은 투자금을 회수할 때까지 댐을 운영하는 것이다. 중국이 아프리카 대륙에서 협상한 다른 대형 패키지 딜과 마찬가지로 가나도 프로젝트에 들어간 총비용의 일부를 현물로 상환할 예정이다. 달러 대신 생산된 코코아의 일부를 넘겨주는 식이다. 툼은 각고의 노력을 기울였음에도 많은 부분에서 구체적 내용을 파악하는 데는 실패했다고 털어놓았다. 프로젝트가 당초 책정된 비용을 넘어섰고 일정도 맞추지 못하여 최근 가나의 정부 관계자들이 추가 자금 지원을 요청하러 중국을 방문했다는 사실 정도를 파악했을 뿐이었다.

툼은 비용이 추가된 데는 주민들의 동원 작전이 성공한 탓이 컸다고 자평했다. 그는 이주 대상인 주민들을 데리고 은크루마 전 대통령의 위대한 인프라 유산으로 회자되는 풍과 아코솜보 등 주요 댐 두 곳을 둘러보는 일정을 짰다. 그곳에서 이주 대상이 된 주민들은 댐 건설 이후 이주 공동체가 고통 가운데 살고 있고 터무니없이 단기간에 터전을 옮기게 되었다는 사실, 이주 공동체가 지역 경제와 통합되지 못하고 있다는 점, 보상이 형편없었다는 것을 알게 되었다. 종국에는 자신의 권리를 주장하면서 더 나은 처우를 요구하기에 이르렀다. 톰은 만족스럽다는 듯 짓궂은 표정을 지으면서 "댐 관계자들은 주민들의 이주에 드는 비용을 아예 고려하지 않았기 때문에 자금 조달이 더 필요했을 것"이라고 말했다.

나는 주말에 장모의 장례식에 참석하기 위해 아크라에서 본야르로 향했다. 장모는 그곳에서 꽤 알려진 빵집을 오래 운영했고 파인 브레드(Fine Bread)라는 별칭까지 얻었다. 장례식이 끝난 후에는 현지의 운전기사인 존과 댐으로 향했다. (모잠비크에서 만났던 존과는 동명이인이다.) 존은 다림질이 잘 된 구아이아베라(작업복과 비슷한 셔츠형 재킷-역자 주)를 입고 있었고 매일 아침 손수 세차를 하여 코롤라 자동차를 흠 없이 관리했다.

본야르에서 잘 닦인 2차선 국도를 타고 관목 지대를 지나 동쪽 방향으로 이동했는데 은크로풀이라는 은크루마 대통령의 생가도 지나갔다. 종종 습지에 놓은 작은 다리를 지나게 되었는데 미국의 경제개발기구인 국제개발처(USAID)에서 현지어인 은지마어와 영어로 제작한 광고판을 보게 되었다. "우리를 살게 하는 습지를 살립시다."

이런 게시물들은 소프트 파워를 행사하기 위해 각국이 물밑에서 벌이고 있는 경쟁을 대변하는 것이다. 미국인들은 에이즈를 예방해야 한다, 가족계획을 세워야 한다, 모기장을 치고 자야 한다는 말로 아프리카인들의 생활방식과 가치를 흔들었다. 반면 중국인들은 앞서 언급했듯 거대하고 눈으로 확인할 수 있는 사업들에 주력해 왔다. 이 경기장과 이 병원, 이 철도, 이 공항은 여러분의 경제가 발전하는 과정에서 동반자가 되고자 하는 사람들이 지어 주었다, 이렇게 드러내 놓고 알리려는 것이다. 소위 모범 관행(best practice)만 끝없이 상기시킨다 해서 발전이 일어나지 않듯 콘크리트를 붓고 건축물을 올리는 일 역시 그 이상의 무언가가 필요하다.

지도에는 코트디부아르의 국경에 바싹 붙어 있는 직선 경로가 있었다. 이런 환상적인 경로를 놔두고 왜 150킬로미터 이상을 동쪽의 케이프코스트 방향으로 갔다가 북쪽의 쿠마시와 부이로 방향을 틀어서 가는 것인지 존에게 물었다.

존은 우기라서 지금 가고 있는 경로의 도로 사정이 훨씬 낫다고 툴툴거렸다. 그러다 존은 긴 직선 구간에서 파인애플을 가득 실은 트럭을 지날 때쯤 갑자기 속력을 줄였다. 그는 당황한 기색도 없이 갓길 쪽으로 천천히 차를 세우고 사이드브레이크를 당겼다. 내려서 보닛을 열고 살펴보았지만 소용이 없었다. 차는 작동하지 않았다.

아침나절의 살인적인 열기 속에서 간신히 한 사륜구동 차량이 다음 교차로까지 차를 견인해 주었다. 그러다 간선도로 근처에서 판잣집 건물들 사이에 있는 정비소를 발견했다. 결국 어둠이 빠르게 내려앉는 오후 6시경 다시 길을 출발할 수 있었다. 존은 아까보다 속력을 덜 내었고 덕분에 나도 해질녘의 풍경을 감상했다. 그러다 존은 가나의 기독교 음악을 감상하면서 여러 번 CD를 바꾸어 넣었는데 어디선가 끝도 없이 흘러나오는 듯했다.

케이프코스트에 도착했을 때는 오후 8시였다. 밤에 내린 비 때문에 사용되지 않은 노천 탁자들 사이로 흐릿한 불빛 아래 영업을 하는 식당 한 곳을 발견했다. 들어가 보니 커플들이 칸막이가 쳐진 테이블에 마주 앉아 수다를 떨고 있었다. 저 멀리 벽에 걸린 TV에서는 나이지리아의 멜로 영화가 방영되고 있었다.

식사를 하고 다시 길을 떠나자마자 존은 종교음악으로 빠져들었다. 순간 기분이 안 좋아져서 꺼 주면 안 되겠느냐고 하자 존은 내 말을 따르면서도 진지한 목소리로 "하느님은 위대하십니다"라고 읊조렸다.

로터리의 정체 때문에 시내 중심부를 빠져나가는 데 시간이 좀 걸렸다. 쿠마시로 향하는 도로를 탔을 때는 이제 총알같이 달릴 수 있겠구나 싶었는데 2분도 채 지나지 않아 갑자기 하늘이 열리더니 여름마다 익숙하게 보았던 폭우가 쏟아지기 시작했다. 처음에는 시속 100킬로미터로 달리던 존은 60킬로미터로 속력을 낮추다가 20킬로미터로 가더니 나중에는 15킬로미터로 기어갔다. 그렇게 천천히 가는데도 앞을 분간하기가 매우 어려울 정도였다. 존은 CD를 다시 틀고 찬송가를 따라 부르기 시작했다.

비가 멈추었지만 부이 댐까지 가는, 그나마 더 '낫다는' 우회로는 거의 재난에 가까운 상태가 되어 버렸다. 상당한 구간에서 아스팔트 대신 물이 넘치고 바퀴 자국이 패인 흙길이 이어졌다. 천천히 이동하던 중에 역사적으로 경계선 역할을 했던 프라 강에 이르렀다. 강을 기준으로 한쪽에는 서아프리카에서 가장 강력한 사회를 건설했던 가나의 핵심 부족인 아샨티 왕국이 있었다. 그 건너편에는 아샨티보다는 힘이 약하고 권력의 집중화가 훨씬 덜해 아샨티의 힘을 더욱 돋보이게 했던 해안 부족 판테족이 있었다. 강에 놓인 다리는 오래된 트러스 구조로 100여 년 전에 군대에서 종종 사용하던 유형이었다. 특히 프라 강의 다리는 회색 페인트가 벗겨지고 노면도 군데군데 패여서 마치 시간을 거슬러 올라가는 느낌을 주었다.

곧 우리는 가나 제2의 도시인 쿠마시에 들어섰다. 자정에 가까운 시간이었고 더 이상 움직일 수도 없었다. 에어컨을 구비했다는 모텔이 있기에 들어갔지만 작동은 되지 않았다. 낮게 설치된 수도꼭지 옆으로 샤워기를 대신하여 커다란 양동이가 있었다.

다음날 아침 우리는 길가에서 삶은 계란, 견과류와 주스를 사서 이동하며 먹었다. 그날 정오에 부이의 부족장과 약속이 되어 있었기 때문이다.

쿠마시는 케이프코스트와 마찬가지로 내 기억 속에 있던 20년 전의 모습에 비해서 훨씬 더 커진 듯 보였다. 그러나 서아프리카의 산악 지형을 배경으로 초지에 펼쳐진 도로는 노변이 파손되고 군데군데 패인 모양이 옛 생각을 불러일으켰다.

사전 약속에 따라 브봉아하포 주의 주도(州都)인 수니아니에서 부이족의 나이 어린 청년을 만났다. 족장이 마을까지 안내해 줄 것이라고 일러준 사람이었는데 알고 보니 이 수줍은 10대는 족장의 아들이었다. 수니아니의 기숙학교에서 수학 중인 족장의 아들은 진흙탕 길의 지리를 아주 잘 알고 있었고 덕분에 우리 일행은 마을로 이어지는 문이 있는 아치형 입구에 제대로 도착했다. 영어와 중국어로 된 표지판이 서 있었는데 아이는 장벽을 지키는 중국 경비들이 무슨 용무로 방문을 했는지 물으면서 제지할수 있다고 알려 주었다. 나는 존에게 속도를 조금 낮춰서 외국인인 내가 조수석에서 사무적으로 손을 흔들어 주면 일종의 허세 때문에 통과가 될 것이라고 말했고 실제로 그렇게 되었다.

문을 지나 울퉁불퉁한 오르막길을 몇 분 더 가니 새로 지은 부족의 터전이 먼지 날리는 언덕마루에 자리 잡고 있었다. 마치 크래욜라 물감의 새 겉포장처럼 색감이 선명했다. 눈부시게 쨍한 하늘 아래 염소 열 마리가 힘차게 나뭇잎을 잡아끌고 있었고 우리가 차에서 내리거나 말거나 눈길도 주지 않았다.

부족장의 아들은 우리를 좁은 테라스의 그늘로 안내하고는 자리에 앉으라고 권했다. 그리고 아버지에게 가서 손님들이 왔다고 알린 후에 돌아오겠노라고 말했다. 몇 분 뒤 장정 몇 명이 등받이가 높은 의식용 의자를 들고 나타났다. 의자는 어두운 목재의 단단한 부분을 깔끔한 접합부로 잇고 금단추로 장식한 청동의 테두리를 둘렀다. 테두리 위에는 칼자루를 거꾸로 세워 놓은 듯한 작은 포탑 두 개가 붙어 있었다. 곧 족장이 나타났다. 따뜻한 미소를 지어 보였지만 커다란 눈에서 슬픔이 느껴졌다.

나나 코조 워 부족장은 오늘 만남의 자리를 위해 군주의 의복을 갖추어 입고 나왔다. 손으로 짜서 갈색과 금색을 입힌 천을 왼쪽 어깨에 걸쳐 상체 전체에 편안하게 늘어뜨렸다. 페즈 모자와 비슷하게 생긴 왕관도 의복과 같은 색이었는데 챙을 따라 금색의 큰 아딘크라를 붙였다. 아딘크라는 가나의 상당수 문화 공동체에서 전통적으로 활용되는 동물 모양의 작은 조각상으로, 왕의 상징과 더불어 금의 공정 무게를 재는 데 활용되었다.

나는 어떻게 예를 갖추어야 할지 몰라 부족장이 다가올 때 서 있다가 그가 내민 손을 두 손으로 잡았다. 그리고 본능적으로 무릎을 살짝 굽히고 머리를 숙였다.

우리는 타일을 깐 작은 테라스에서 얼굴을 마주 보고 앉아 있는데 누군가가 잠시 기다리라고 내게 말했다. 한낮에 먼 거리를 차로 달려와 앉아 있자니 공기가 정지해 있는 느낌이 들었고 참을 수 없이 더웠다. 흰색의 단단한 금속 기둥이 테라스에 그늘을 드리우는 지붕을 받치고 있었다. 대화를 나누기에 앞서 10대 여자아이가 탄산 음료수 병이 가득 든 플라스틱 양동이를 들고 나타났다. 실망스럽게도 모두 미지근했지만 그래도 콜라를 집어 들었다. 곧 부족장의 '통역사' 셋이 나타났다. 통역사들은 테라스 바깥의 의자에 앉았고 한 사람이 일어나 자신들을 소개했다.

부족장은 올해 쉰셋으로 처음에는 토착 언어인 모(Mo)어로 이야기를 하다가 완벽하고도 매끄러운 영어로 말을 이어 나갔다.

외국인들과 토지 거래를 하거나 정부와 협상을 할 때 아프리카 전통 사회의 지도자들은 소농들의 권리를 빼앗는 데 한몫하는 경우가 많았다. 정규교육을 제대로 받지 못한 경우가 일반적이었고 현금이나 선물에 손쉽게 매수되는 경향이 있었다. 부족민들의 복지에는 거의 도움을 주지 않으면서 자신의 특권과 위신은 더욱 강화했다. 하지만 내 앞의 부족장은 다른 부족장들과 배경 자체가 남달랐다. 그는 케이프코스트 대학교를 졸업했고 주중에는 대부분의 시간을 몇 시간 거리에 있는 은수타라는 도시에서 교육감으로 일했다. 리처드 툼은 댐 건설로 캐슈넛, 카사바, 참마를 재배하는 지역이 받게 될 영향에 대해 공동체와 이야기를 나누기 위해 만났을 당시 부족장이 현명하고 수용적인 청자였다고 기억했다.

부족장은 의자에서 상체를 앞쪽으로 기울인 자세로 부이 댐보다 훨씬 규모가 큰 아코솜보 댐을 오래 전에 건설할 때 이주한 공동체들을 방문했던 이야기를 들려주었다. 이주민들은 새로운 정착지를 선택할 때 선택권이 거의 없었고 터무니없는 보상을 받았다는 사실을 토로했다고 그는 말했다. 이를 계기로 부족장은 이주하게 되면 부족의 사람들을 위해 더 나은 조건을 받아 내야 한다고 느끼게 되었다.

"아코솜보 댐이 건설되었을 때 주민들은 '물이 밀려오고 있으니 지금 당장 짐을 챙기시오'라는 말 한마디에 터전을 떠나게 되었다고 합니다." 부족장이 말했다. "우리 경우는 이주 장소를 우리 손으로 정하고, 얻어 낼 수 있는 최상의 조건을 위해 싸울 겁니다. 아코솜보의 경우 실향민들에게 새 집을 지어 주지도 않았다고 하더군요. 우리는 무엇을 요구해야 하는지 파악하기 위해 부족민 대화를 가졌는데 내 생각에는 우리가 교훈을 얻었다고 봅니다. 운 좋게도 기술이 발전한 시대에 살고 있다 보니 사람들이 자기 권리에 대해 손쉽게 알 수 있고요. 40년, 50년, 60년 전만 하더라도 세상은 지금과 완전히 달랐어요."

부족장은 중국수력전력이 이주 협상에 직접 개입하지 않는다고 설명했다. (중국은 댐 프로젝트와 관련하여 가나에 총 6억 2,200만 달러를 대출했다.) 대신 댐 건설로 수몰되는 공동체 세 곳은 모두 정부와 직접 협상을 했다. 그런데 부족민들이 옮겨 온 단순하고 기능적인 형태의 단지는 중국 건설사에서 조성했다. 아프리카에서 일반적으로 일어나는 상황이 가나에서도 되풀이되는 것이다. 중국에서 지원하는 자금의 대부분은 결국 중국 건설사와 공급업체들의 수중으로 되돌아가는 셈이다. 이 마을은 주민들이 이주한 여러 마을 가운데 하나로 2.6제곱킬로미터에 400명이 살게 되었다.

"집은 다 지어졌고 이제 새 고등학교의 터를 닦고 있는 단계입니다." 부족장이 말했다. "여기에 교회, 병원, 시장, 지역사회센터, 경찰서도 들어올 거고요. 아코솜보 지역의 주민들은 터빈에서 지나치게 가까운 곳으로 이주를 했더군요. 우리는 그보다는 환경이 더 낫고 넓기도 합니다."

그렇다고 부족장이 완벽하게 만족한 것은 아니었다. "아코솜보의 주민들과 비교했을 때는 축복받았다고 해야겠지요." 그가 말했다. "모든 목표를 완벽하게 달성하지는 못했지만 전기가 있고 식수와 변소가 갖춰져 있으니까요. 하지만 정부가 약속을 제대로 이행했다면 우리는 신도시를 얻었어야 합니다. 처음에 우리가 희생을 감내하고 우리 터전과 매장지를 포기할 때는 그런 것을 기대했거든요."

부족장은 이어 두 가지 주요 불만 사항에 대해 말했다. 우선, 중국인들은 댐을 건설할 때 중국에서 인부 600명을 데려와 먼 산 너머의 고립된 단지에 묵게 했다고 한다. "우리나라 사람들은 고작 몇 명 고용하는 수준이었고 그것도 비숙련 노동을 시키더군요." 둘째로 정부는 과거에 수몰된 지역보다는 더 나은 보상을 약속했지만 일회성에 그쳤을 뿐이라고 부족장은 말했다. "댐이 건설되는 협곡은 우리 자산이고 이 댐은 영원히 이 자리에 있을 겁니다. 댐에서 전력을 생산하여 판매하고 남는 이익을 우리에게 나누어 줘야 합니다. 물론 우리가 보상을 받기는 했습니다만 미래 세대는 어찌합니까? 후손들이 아무것도 얻지 못하면 우리는 기만당하는 겁니다."

부족장과 헤어진 후 존과 나는 30분 정도 댐을 둘러보았다. 거대한 토목공사에 동원된 트럭과 장비가 오고 가면서 커다란 먼지구름을 일으킬 뿐 아무도 우리를 방해하지 않았다. 약 110미터 높이의 댐은 공사가 완료된 상태였고 아직 볼타 강의 물이 흘러가고 있는 수문을 누군가가 닫으라고 명령하기를 기다리고 있었다.

해가 떨어지고 있었기 때문에 우리는 쿠마시 고속도로를 타고 속도를 내어 교외 지역을 달렸다. 흐릿해서 세세한 모습이 보이지는 않았지만 사냥꾼들이 낡은 라이플총을 들고 관목 사이를 헤치고 다녔고 농부들 몇몇이 해지기 전에 작업을 마무리하고 있었다. 강에서는 청년들이 흔히 보는 막대기로 고기를 잡고 있었고 땅거미가 젖어드는 강물에서 수영을 하는 사람들도 보였다.

이내 도시가 가까워오고 있음을 알리는 표지들이 늘었다. 밤보이, 수빈소, 웬치, 테키만 등으로 향하면서 점점 도시의 분위기가 짙어졌다. 이동통신사들이 밝은 빨간색, 노란색, 녹색으로 칠해 놓고 경쟁적으로 광고를 벌이는 건물들이 눈에 띄기도 했다. 쿠마시에 도착했을 때는 완전히 어둠이 깔린 후였다. 우리는 가나의 1위 도시인 아크라와 2위 도시 쿠마시 사이의 200킬로미터를 잇는 가장 중요한 도로를 타기 위해 신속하게 분기점을 빠져나갔다. 도로에 진입하자 여전히 사하라 이남의 아프리카에서는 진귀한 축에 속하는 4차선 고속도로가 눈앞에 펼쳐졌다.

일정이 빡빡했던 이번 여행을 얼른 마무리하고 빨리 바마코로 돌아가서 일찍 잠자리에 들어야지 하는 생각이 간절했다. 침대에 드는 시간을 단축시키려고 나는 무선 모뎀을 작동시켜 친구들에게 얼마나 마무리를 고대하고 있는지 짧은 메일을 작성하기 시작했다.

아쉽게도 그 자리에서 메일을 끝마칠 수 없었다. 다 작성하기도 전에 인터넷이 느려지더니 멈춰 버린 것이다. 그리고 짙은 연기를 내뿜는 대형 트럭들에 둘러싸인 신세가 되었다. "여기가 바로 이 도로의 문제가 시작되는 곳이에요." 존이 말했다.

그나마 존이 상당히 절제된 표현을 사용했다는 사실이 곧 드러났다. 우리는 거의 30분 가까이 기어가다시피 했다. 특히 고속도로에서 벗어나 심하게 패이고 꽉 막혀 있는 2차선 도로 구간에서는 1킬로미터를 갇혀 있다시피 했다. 좀 더 지나가니 덤불이 도로 가장자리까지 닿을 정도로 자라 있는 구간이 시작되었다. 불과 몇 킬로미터 사이에 울퉁불퉁한 아스팔트가 먼지 날리는 길로 바뀌었다.

이제까지 여행하면서 교통이 정체된 구간에서 종종 목격했듯이 이번에도 상인들이 좁은 갓길을 점령했다. 여태 보았던 중에 먼지가 가장 심각하게 날렸음에도 곧 무너질 듯한 좌판이 깔리고 행상들이 도로변을 분주히 오갔다.

그 지점부터 상황은 점점 더 나빠졌다. 도로는 차선 표시도 없는 모래와 진흙길로 변했다. 대형 트럭과 낡은 택시는 어느 차선을 따라 운전을 하는지는 안중에도 없이 그저 오도 가도 못하게 갇히는 상황을 모면하려고 갈지(之)자로 달렸다. 몇 시간을 이렇게 달린 보람도 없이 아크라 외곽에서 1시간 반가량을 서 있게 만드는 또 다른 장애물을 만났다. 경찰 검문소를 만나 다들 차를 세울 수밖에 없었던 것이다. 지독히 운이 없는 운전자들을 대상으로 돈을 뜯어내는 것 이외에는 별달리 검문의 목적이 파악

되지 않았다.

문득 중국의 대대적인 도로 확장과 인프라 개선이 제대로만 되었다면 사람들이 물건을 훨씬 더 빠르고 값싸게 운반하고, 현지인들의 시간에 대한 문화와 태도 역시 바뀔 수 있지 않았을까 하는 아쉬움이 들었다. 아프리카에서 거래를 할 때도 편리함에 대한 기대가 형성되었을 것이었다. 전직 세계은행 직원이었던 에드워드 브라운은 아프리카의 형편없는 인프라가 사람들을 '무기력하게 만드는 요인'이라면서 이 부분이 개선되기 진까지는 아프리카의 발전에 한계가 있을 것이라고 진단했다. 부이의 부족장역시 자신이 어렸던 시절만 해도 도로와 철로가 양호한 상태였다고 회상했다. 중국인들로 인한 문제는 가나의 도로 분야에서도 발생하는 셈이다.

놀랍게도 가나산업협회의 새뮤얼 이노키에 선임 담당관은 중국의 도로 건설업체들이 일으키는 문제는 사실 중국의 일반 기업과 상인들이 물건을 덤핑하는 것과 맥락이 유사하다고 지적했다. "가나의 토종 도로 건설사들은 섬유 업체들과 마찬가지로 중국과 맞붙어서 계약을 따낼 수가 없어요. 중국은 모든 딜을 싹쓸이하다시피 따내고선 품질이 아주 낮은 도로를 건설해 줍니다."

그는 중국철도공사가 건설한 쿠마시 도로가 만연해 있는 문제를 '단적으로 보여 주는 사례'라고 지적했다.

"중국철도공사는 무려 5년 동안 도로를 건설했는데 어느 한 구간의 공사가 끝날 때면 다른 구간에서 결함이 생겼습니다. 그저 계약을 따내려고 엄청나게 낮은 가격을 써서 입찰에 응하는 것이 문제의 원인 중 하나라고 봅니다. 공사 내내 가격 압박에 항상 시달리니 품질이 낮을 수밖에 없어요. 가장 최근에 건설한 아페드와 아니남 구간의 경우 도로변이 벌써 무너지고 유실되고 있습니다. 중국 건설사들의 능력을 의심하지는 않지만 계약을 따는 데만 열을 올린 나머지 형편없는 결과물을 내놓고 있어요."

이노키에가 주장한 모든 세부 사항이 사실인지는 알 수 없었지만 그가 가나의 도로 건설사 입장을 대변하여 중국인들만 비난하는 태도를 취하지 않은 것은 인상적이었다.

"우리 정부가 제일 문제예요." 그는 말했다. "정부가 가나 업체들에게 예산을 지출하기까지는 오랜 시간이 걸릴 겁니다. 만약 정부의 재정 상황이 그 사이 변하면 지급이 경우에 따라 영원히 동결될 수도 있고요. 반면 중국인들은 재원 마련 방안을 세워서 들어오는 경우가 많기 때문에 우리 건설사와 같은 문제를 겪는 경우는 많지 않습니다. 가나에도 도로 건설을 할 만한 건설사가 서너 곳이 있다면 정부가 왜 그들에게 일을 주지 않을까 궁금해하실 수도 있겠네요. 그건 정치 때문입니다. 이 업체들이 상대 정당을 후원할까 두려운 겁니다."

"중국인들은 세계 어디를 가더라도 현지의 기준을 맞춰야 합니다." 이노키에가 말을 이었다. "하지만 아프리카에서는 기준 자체가 미비하거든요. 부정한 방법으로 흘러들어 오는 모든 재화가 아프리카 국가들을 더욱 빈곤하게 만들고 있어요. 덤핑은 정말로 심각한 문제입니다. 법적으로 투매를 증명하는 일은 상당히 어렵지만 덤핑이 일어나면 다들 인지를 하거든요. 시장에 가면 세 켤레에 50센트도 안 하는 양말을 팝니다. 우리 제조업체들에게는 불공정한 게임이에요."

중국의 값싼 제품을 수입하게 되면 가나 국민들, 특히 빈곤층이 더 많은 제품을 구입할 수 있는 여력이 생기지 않느냐고 질문을 했다.

"덤핑은 단순히 소비자들의 선택에 국한되는 사안이 아닙니다." 그가 답했다. "가나에서 일자리를 가지고 있고 미래가 있는 사람 모두에게 영향을 미치지요. 누군가가 아주 싼 물건을 들여오면 가나의 업체들은 살아남을 방법이 없습니다. 우리 경제를 죽이는 것과 마찬가지예요. 또한 과세 기반이 무너지는데 결국 세금으로 걷은 돈이 정부가 국민들이 필요로 하는 도로를 건설하는 데 쓰는 재원 아닌가요."

이노키에는 아프리카에 덤핑 판매되고 있는 중국산 제품들에 대해 기나 긴 불만을 늘어놓으면서 덤핑이 영세 제조업체들을 벼랑으로 몰아넣고 있다고 말했다.

"덤핑의 부작용으로 섬유산업이 무너졌어요. 과거에는 3만 명가량을 고용했는데 지금은 5,000명 정도밖에 안 씁니다."

중국인들은 저가를 무기로 가나의 산업 기반을 붕괴시킬 뿐만 아니라 전통 직물인 켄테 천이나 아딘크라 상징이 있는 옷감 등 가나 현지에서 인기 있는 디자인까지 도용하고 있다고 그는 말했다.

"시장에 가면 20달러 하는 물건이 있는데 중국인들이 그걸 베껴다가 6달러에 팝니다. 어떨 때는 4달러에도 팔고요. 우리 시장에서 그런 물건을 팔지 말라고까지 하지는 않겠습니다. 하지만 자체적으로 디자인을 해야 하는 거 아닙니까. 베끼는 건 부당해요."

후일 가나에서 도로 건설을 하는 주요 업체 가운데 하나인 중국철도공사의 프로젝트 매니저 저우몐양을 만났을 때 이노키에가 했던 말을 기억하고 있다가 써먹어 보았다. 저우는 42세인데 잘생긴 사내였다. 올리브색 폴로셔츠에 주름 없는 카키색 옷을 입고 검은색 서류 가방을 들고 왔다. 가나에 8년 넘게 체류 중이라면서 현지의 미래를 밝게 전망했다.

"가나는 정말 좋은 나라입니다. 평화롭고요." 문득 그가 말했다. "2008년에 아주 박빙의 선거가 있었거든요. 그런데도 순조롭게 권력이 이양되더라고요. 이집트, 리비아, 라이베리아, 코트디부아르에서는 전쟁으로까지 이어졌는데 이런 환경은 투자를 위축시킵니다. 그래서 사람들이 가나를 좋아하는 거겠지요. 그런데 가나의 일부 지역에서는 도로가 없어서 농사를 포기하는 사람들이 있습니다. 정말 큰 낭비 아닙니까. 만약에 그런 곳에 도로가 생기면 농민들도 농사를 짓고 돈을 벌어서 지역을 발전시킬 겁니다. 가나는 세계은행이나 미국, 유럽, 일본과 같은 일부 국가에서 자금을 지원받고 있지만 그것만으로는 부족합니다. 투자가 더 필요해요. 이곳에서 도로가 신속하게 건설되지 못하는 것도 이런 이유 때문이고요. 저가에 지으려고 하다 보니 오래 못갑니다."

과거의 역사를 보면 그의 지적이 옳지만 현재 상황은 빠르게 변하고 있었다. 게다가 그는 현재 가나의 주요 자금줄을 나열하면서 중국은 건너뛰었다. 더 중요한 사실은 그가 일하는 중국철도공사 같은 기업이 중국 이외의 대출 기관에서 지원하는 사업까지 따내고 있다는 것이었다. 이런 경우 중국의 대출 기관과 달리 조건 없이 자금을 지원하는 경우가 많기 때문에 가나에 더 많은 도로를 건설할 뿐만 아니라 중국의 대형 건설사에도 더 많은 사업기회를 제공했다.

"저는 가나가 스스로 개발을 이루는 단계에 이를 것이라고 봅니다." 저우가 말했다. "하지만 일부 가나인들이 열심히 일하지 않는 것은 사실입니다. 열대 나라여서 손쉽게 음식을 구할 수 있어서 그런지 그냥 집에 있어요. 돈을 더 많이 벌기 위해 열심히 일하고 싶어 하지도 않고요. 그저 만족하면서 삽니다.

중국 서부의 (소수민족) 상황이랑 같다고 봅니다. 열심히 일하지 않고 정부가 지원해 주기만 바라는 사람들이거든요. 우리 회사에서 일하는 가나인이 1,000명인데 이들의 습성을 바꾸는 것은 아주 힘듭니다. 일을 열심히 안 해요. 느리기도 느리고요. 이직률 문제도 있습니다. 돈을 받고는 일터에 나타나지 않는 경우도 있습니다. 항상 돈을 더 달라고만 이야기하고요."

나는 이 대목에서 중국의 고용주들에게 가장 많이 제기되는 불만 사항 가운데 하나를 끄집어냈다. 아프리카인들은 단순 노동직에 국한되고 실제로 권한이 있는 자리에 배치되는 경우가 드물다는 지적이었다.

"업무와 관련된 그런 논란은 타당하지 않습니다." 그가 말했다. "우리가 아프리카 인력을 (그런 자리에) 쓸 수 없는 이유는 능력이 없기 때문이에요. 할 수 있는 일이라고는 지속적으로 훈련을 시키는 것뿐입니다. 우리회사의 경우 가나인 노동자들을 중국인들이 관리합니다. 서로가 이해를 하지 못하기 때문에 아프리카인을 관리자로 둘 수는 없고요."

"사람들은 좋은 일자리를 달라고 요구합니다. 그런데 우리는 일을 완벽하게 해내야 하거든요. 아프리카인들에게 일을 하라고 맡겨 두면 우리가 하는 수준으로 결과물이 나오지 않습니다. 중국인을 데려오면 아프리카인을 고용할 때보다 훨씬 많은 돈이 들지만 그만한 가치가 있습니다. 질이 개선되고 결과물이 좋으니까요."

저우는 과거에 중국인들은 중국에 들어와 있던 서양의 투자자들을 흠모하면서 그들을 닮기 위해 뼈를 깎는 노력을 기울였다고 이야기했다. (아마 어떤 이들은 중국인들이 여기서 더 나아가 지식 재산과 내부 기밀을 노골적으로 훔치거나 베꼈다고도 지적할 것이다.) 저우는 가나인들은 중국인들과 달리 고용인에게 무언가를 배우는 데 큰 관심이 없다고 말했다.

"정부가 더 나은 일자리 보장을 정치 공약으로 내세워야 한다고 생각합니다." 저우는 말했다. "일이라는 것이 쉽지 않아요. 자기 일을 사랑해야 하고 자랑스러워해야 하지요. 외국인 투자의 가치를 보호해야 하고요."

"가나에서는 노동자들이 시도 때도 없이 기업의 재산을 훔치지만 아무도 신경을 안 씁니다. 정말 큰 문제예요. 기름을 훔치고 부품을 챙기고 타이어를 빼돌립니다. 당국에 신고를 해 봐야 신경을 쓰지 않습니다. 절도라고 보지도 않고요. 경찰이 기업에 들이닥쳐서 노동자들이 구타를 당하고 있지는 않은지 살핍니다. 그런데 기업에서 절도 사건을 신고할 때는 경찰이 있어 봐야 소용이 없어요. 아무런 혐의도 인정하지 않고 그냥 풀어 줍니다."

우리는 가나의 건축 기준이 미비하다는 점부터 이노키에 및 다른 가나인들이 지적했던 신도로의 붕괴 현상에 대해 대화를 나누었다. 저우는 아크라-쿠마시 고속도로 공사를 5년째 맡아서 하고 있다는 사실은 인정하면서도 결함은 부인했다.

"이 나라 정부는 예산 계획을 어떻게 수립하는지를 모릅니다." 저우는 문제가 발생하는 원인을 빈번한 작업의 중단 탓으로 돌렸다. "이건 부패의 문제가 아닙니다. 가나 정부가 돈이 없을 뿐이에요."

계약을 따내기 위해 낮은 가격을 써낸 다음 비용을 줄여 결과물의 질을 떨어뜨리는 문제는 어떻습니까?

이에 대해 저우는 특히 해외 입찰의 경우 단순히 경쟁에서 이길 목적으로 저가에 응찰하는 것이 아니라고 설명했다. 계약을 따내려는 것 자체보다 더 큰 목적, 예를 들어 중장비 구입 비용의 상각과 중국의 공공 부문 일자리 유지 등을 달성하기 위함이라는 것이다.

"너무 낮은 가격에 들어가면 오히려 손해를 보는 경우도 있습니다." 저우가 말했다. "손해를 보지는 않더라도 이익이 아주 적게 나고요."

"그런 일을 왜 하는 겁니까?" 내가 물었다.

"장비가 있고 일할 사람은 있는데 정작 일거리가 없다면 그것처럼 나쁜 경우도 없지요. 그런데 저가 응찰이라도 해서 계약을 따내면 남는 이익이 박하더라도 일을 안 하는 것보다는 낫습니다. 중국 기업들이 낮은 가격에라도 계약을 따내려는 이유가 여기에 있습니다. 시장점유율을 더 늘려 보겠다고 이런 일을 하는 건 아니라는 겁니다. (중국에는) 건설 분야에 종사하는 노동자와 기업이 정말 많습니다. 그러니 고용을 계속 유지하려면 더 많은 시장에 진출할 필요가 있어요. 광산업체 대부분이 국영기업인데 정리 해고라도 하는 날에는 국가적으로 큰 문제가 될 겁니다."

저우도 일부 문제는 인정을 했다. "어떤 프로젝트는 제대로 수행되지 않은 게 사실입니다. 만약 중국 정부가 아프리카 어느 나라에 원조를 제공하고 중국 기업이 프로젝트를 맡게 되었다고 합시다. 그러면 보통 돈을 절약하기 위해 프로젝트를 최대한 신속하게 마무리해 버리기 때문에 결과물의 품질 저하로 이어지는 게 사실입니다."

"때로는 설계가 문제일 수도 있고요. 아니면 애초에 정한 공사비가 도로 1킬로미터에 해당하는 금액인데 정부가 같은 예산으로 1.5킬로미터를 지어 달라고 해서 벌어진 문제일 수도 있습니다. 이 경우 건설사는 아스팔트의 양을 줄이게 되니 해당 구간의 도로는 빠른 속도로 상태가 악화되는 것이지요. 그래도 우리 회사는 품질에 더 신경을 씁니다. 남들보다 많은 프로젝트를 수주하는 비결이랄까요."

코피 벤틸과 프랭클린 쿠드조에는 둘 다 30대로 가나의 신설 싱크탱크인 IMANI의 창립자였다. 최근 아크라에서 빠르게 확산되고 있는 신축 고급 호텔 중 한 곳에서 두 사람을 만났다.

"가나는 중국과의 관계에서 휘청거리고 있기 때문에 우리 단체에서는 정부가 올바로 서도록 일하고 있습니다." 벤틸이 말했다. "고위층에서는 중국이 우리 미래의 열쇠를 쥐고 있다고 생각합니다. 여러 질문을 따져 묻지도 않고 많은 돈을 주겠지 착각을 하는 겁니다. 그런데 사실 이러니저러니 따져 묻지 않는 것은 바로 우리 자신이 아닐까요. 저는 친중도 반중 성향도 아닙니다. 양국의 관계 속에서 좋은 거래가 일어나기를 바라는 사람인데 그런 거래는 우연히 떨어지지 않거든요. 중국은 전략을 가지고 접근하는데 가나는 그렇지 않습니다. 중국이 우리를 이용하는 것은 저들이 나빠서가 아니라 우리가 똑똑하게 굴지 않기 때문이에요."

벤틸은 부이 댐을 예로 들었다. "1960년대에는 우리 손으로 아코솜보 댐을 건설했습니다. 그런데 지금 와서 왜 중국인들에게 부이 댐을 맡겨야 합니까?"[사실 아코솜보 댐은 카이저 건설(Kaiser Engineers and Construction)이 원청업자였지만 가나 측의 참여도가 부이 댐보다 훨씬 높았다.]

두 사람 모두 교육 수준이 높았고 밀턴 프리드먼과 같은 보수 경제학자의 팬을 자처했다. 그들은 아직 싱크탱크가 제 기능을 하는 방법을 터득해 나가는 중이었다.

벤틸은 중국 정부의 투자가 아프리카의 "독재자들에게 힘을 실어 주고 지식인을 침묵시키는" 데 일조하고 있다면서 정치에 미치는 악영향을 우려했다. 쿠드조에는 아프리카가 세계와 교류를 하면서 발생하는 득과 실을 잘 저울질해야 한다면서 줄 것은 주고, 받을 것은 받는 빅딜의 중요성을 강조했다.

"언젠가 우리가 가진 자원은 고갈될 겁니다." 쿠드조에가 말했다. "그렇게 자원이 남아 있지 않을 때 우리에게 남는 것은 사람뿐이거든요. 사람이야말로 우리가 가진 궁극적인 자원인 것입니다. 따라서 우리는 현재 가지고 있는 천연자원을 최대한 활용해서 인적자원을 양성하도록 힘을 써야 합니다. 그런 점에서 보면 중국과의 거래는 인재 양성에 보탬이 되지 않고 있어요."

"중국은 서양의 다른 나라들보다 우리의 자원을 더 필요로 하고 있는 나라입니다." 벤틸이 말했다. "지금은 거래가 우리에게 불리한지 몰라도 궁극적으로는 상황이 개선될 것이라고 봅니다. 반면 서양은 우리의 인적 자원에 관심을 두고 있습니다." 벤틸은 유럽에서 진행되는 고령화를 예로 들면서 이렇게 말했다. "저 개인적으로는 인재 유출이 문제라고 생각하지 않습니다. 가나의 의사들이 해외로 떠난다면 우리가 할 일은 더 많은 의사들을 양성하는 일입니다. 그래서 미래의 사업으로 만드는 겁니다."

가나를 떠나기에 앞서 앨버트 오세이를 비롯한 친구들을 만나기 위해 짬을 냈다. 앨버트는 가나인으로 세계은행에서 가나와 부르키나파소에서 각각 해당국의 대표를 지냈다. 그는 아크라 외곽의 고원에서 여유롭게 살고 있었다. 레곤의 가나 대학교 캠퍼스 근처에 노후를 즐길 수 있는 흠 없는 백색의 별장을 지었는데 널찍한 거실에는 책과 음악이 가득했다.

"중국이 이 나라에 와서 자원을 모조리 강탈할 것이라는 우려는 도가 지나칩니다." 오세이가 말했다. "중국인들에게는 우리 자원이 필요합니다. 그러니 여기에서 핵심 질문은 저들에게 얼마를 받아 낼 것이냐, 우리에게는 얼마나 변화가 있느냐 하는 점이겠지요. 그 외의 사안들은 의미가 없어요."

앨버트는 상대에게 최상의 조건을 얻어 내려면 아프리카 국가들이 중국과 단독으로 거래하는 관행을 그만두어야 한다고 조언했다. "아프리카에 54개 국가가 있는데 각각의 한 나라가 가진 영향력은 그리 크지 않습니다. 그런데 우리가 함께 손을 잡고 계약을 맺으면 훨씬 더 나은 조건을 얻어 낼 수가 있어요. 또한 중국 측이 지원하기를 바라는 인프라를 목록으로 작성하면 서로 더 많은 것들을 거래할 수도 있고요."

앨버트는 영향력이 핵심이라는 사실을 거듭 강조하면서 다양한 효과를 노릴 수도 있다고 덧붙였다. "중국의 개입은 기존 서양과의 관계에서 정해진 조건들을 개선시켜 더 많은 평등과 동등함을 이끌어 낼 수 있습니다. 서양이 중국을 경계하고 있다면 우리는 그걸 이용해서 인적자원을 훈련시켜 달라, 기업에서 일할 더 많은 기회를 제공해 달라 하고 요구할 수 있어요. 중국인들에 대한 불만은 이제 그만 이야기하고 좀 더 경쟁력 있는 가치를 생산하도록 도움을 달라, 그러면 우리는 당신들을 좋아할 거다, 이런 거지요."

이제 호텔에서 세스 데이(Seth Dei)와 대화를 나눌 시간밖에 남지 않았다. 데이는 놀라운 통찰력을 가진 인물로 현재 가나 기업의 중역이며 1970~1980년대에는 코트디부아르에서 부모님과 친구로 지내기도 했다. 우리는 여러 가지 대화를 나누었고 결국에는 중국이 화제가 되었다. "중국인들은 정말 놀랍다니까." 데이가 말했다. 그러더니 이런 일화를 들려주었다.

"어느 날 (아크라에서) 폭우가 내리기 시작하니까 사람들이 비를 피할 겸 버스 정류장으로 모여 들었다는구먼." 그가 말했다. "그런데 한 중국인 커플이 비를 피할 장소를 찾아 모여드는 사람들을 마구 밀치면서 앞서가더라는 것이네. 가나인들이 툴툴대기 시작했지. '이 사람들은 뭐지? 왜 우리를 성가시게 하는 거야?' 사람들이 이렇게 말하자 중국인 남자가 (가나의 공통어라 할 수 있는) 트위(Twi)어로 '왜요, 우리는 여기 끼어들면 안 되는 사람입니까?' 그랬다더군."

제3부

돌아가지 않으리

제9장

성급한 벌목 _ 다시 모잠비크

　　서아프리카에서 아프리카 남부로 이동하는 길에 동쪽 해안
에 있는 탄자니아에 들렀다. 모잠비크로 돌아가기 전에 며칠이라도 다르
에스살람을 둘러보려 했던 것이다. 해안 도시 다르는 탄자니아의 경제 중
심지로, 내가 3년 전 아프리카에서 일어나는 중국 붐을 보도하기 시작한
장소이기도 했다. 나는 마오쩌둥이 1970년대에 아프리카에 연대감을 표
시하고 영향력도 확대하기 위해 건설해 준 타자라 철도를 타고 육로로 잠
비아를 다녀오기도 했었다. 타자라 철도라는 굵직한 한 건으로 중국은 그
전까지 미국과 소련이 장악하고 있던 게임 판에 성공적으로 발을 들여
놓았다.

　　그 사이 다르에서 중국의 존재는 막대하게 커져 있었다. 예전에는 카
리아쿠에 있는 저가 상품을 취급하는 좁고 먼지 날리는 상업 지구에서 중
국 상인들을 드문드문 마주치던 정도였다. 이제는 중국인들이 대거 진을
치고 전 구역을 손에 넣은 상태였다. 가게 앞에 늘어선 상점이며 노점, 모
퉁이까지 중국인들 차지였다.

이들은 온갖 잡동사니를 팔았는데 조화에서부터 커튼, 신선한 과일, 신발, 중국산 약재 등 물건이 다양했다. 또 다른 좌판에서는 중국산 휴대폰이 죽 깔려 있었는데 듣도 보도 못한 브랜드가 붙어 있었다. 아니면 노키아-지멘스 혹은 ATT+삼성식으로 유명한 브랜드를 조합하여 대 놓고 모조품임을 드러내는 물건들이었다. G-타이드라는 가짜 아이폰은 얼마인지 묻자 상인이 7달러라고 했다. 내가 다른 곳으로 발길을 돌리자 직원이 따라와서 팬더라는 더 싼 모조품은 5달러에 줄 수 있다고 권했다.

탄자니아 상공노동자연대의 타미무 살레헤 부총재는 대부분의 시민들에게 영세 자영업이야말로 경제라는 사다리의 가장 아래에 있는 디딤대인데 이를 중국의 이주자들이 점령해 버렸다고 비판했다.

"탄자니아인들은 대체 왜 정부가 중국인들에게 그런 기회를 주는 것인가 하는 질문들을 합니다. 우리 노조에서는 정부에 왜 탄자니아인들이 주축이 되어야 할 분야를 중국인들에게 내주는 건지 따집니다. 하지만 정부는 묵묵부답이에요. 답변을 들어야만 하는 문제입니다."

살레헤는 자기가 던진 질문에 대한 답변을 스스로 제시했는데 잠비아의 전 재무 장관에게 들었던 말을 떠올리게 하는 구석이 있었다. 전 재무 장관은 베이징의 공무원들이 잠비아 정부에 '우정'을 명목으로 중국 국적자들에 대한 이민법 적용을 완화해 달라는 요구를 했다고 회상했다.

"상황이 이렇게 된 것은 중국 정부가 탄자니아 정부에 대출을 제공하고 건설 사업도 해 주며 그 외에도 여러 다양한 지원을 하기 때문이겠지요." 살레헤가 말했다. "궁극적으로는 국민들을 이민 보내기 위해 중국이 이런 일을 하는 겁니다. 우리가 중국에서 원조를 받기는 하지만 뒤집어 보면 그들은 우리의 희생으로 이득을 보고 있거든요. 중국인들은 탄자니아에서 모든 사업을 차지해 버리고 말겁니다. 10년 안에 변화가 일어나지 않는다면 이 땅에는 아무것도 남아있지 않을 겁니다."

나는 살레헤에게 지난 수십 년 동안 탄자니아의 소매업과 기타 산업을 장악한 인도인들은 놔두고 중국인들을 경계하는 이유가 무엇인지 물었다. 그는 내 질문을 무시하고 중국의 이주자들에 대해 항상 듣게 되는 불만들을 되풀이했다.

"노조인 우리들은 중국인들이 탄자니아의 고용 기회를 빼앗아 간다고 봅니다. 또한 중국 기업에서는 노조를 조직하기가 굉장히 힘들어요. 노조를 매우 함부로 대하기도 하고요. 중국인들은 채용한 사람들에게 조건을 제시하면서 만약 노조원이라는 사실이 드러나면 그 자리에서 해고하겠다고 경고를 합니다. 탄자니아 법에 어긋나는 일이지만 그런 법이 있다는 걸 모르는 척하고 말아요. 이 밖에도 사례가 정말 많아요."

다르에서 출발하여 마푸투로 향하는 비행기는 아프리카 해안을 따라 남쪽 방향으로 비행했다. 우거진 삼림이며 어족 자원이 풍부한 바다, 아프리카에서 가장 아름다운 청정 해변을 지났다. 언제인지 기억할 수 없을 정도로 오래 전부터 모잠비크는 세계 10대 최빈국에 속해 왔다.[37] 동시에 풍부한 천연자원을 자랑하는 국가이기도 했다. 현재 미개발 석탄 매장량이 세계 최대 수준이며 세계 최대의 해저 가스전도 보유하고 있는데 이 모두 최근에 발견되었다는 점이 주목할 만하다. 2012년에 전 세계에서 발견된 가스전에서 규모가 큰 다섯 곳 중 네 곳이 모잠비크 해역에 위치하고 있다.[38]

처음 모잠비크를 방문했을 때는 곧장 농촌 지역을 가 보았던 기억이 난다. 모잠비크의 역사가 시작된 이후 대부분의 기간 동안 이 나라는 전 세계 경제에서 주된 고려 대상이 아니었다. 그런데 이제는 아프리카의 많은 나라들과 마찬가지로 존재감이 커지고 있다. 내가 모잠비크로 다시 향하는 이유는 이 나라를 좀 더 둘러보고 더 많은 사람을 만나 어떤 일이 일어나는지를 파악하고 싶었기 때문이다.

모잠비크에서 새로 발견된 자원에 눈독을 들이고 몰려드는 사람은 중국인들만이 아니었다. 방글라데시인들은 장사를 하러 모잠비크 농촌의 마을마다 둥지를 틀었다. 인도네시아인들은 활황기에 있지만 규제를 거의 받지 않는 벌목 산업, 석유와 가스 산업의 반숙련 일자리에 매력을 느껴 모여들었다. 모잠비크행 항공편의 대부분을 만석으로 만들 정도로 열기가 뜨거웠다.

가장 놀라운 사실은 포르투갈인들마저 모잠비크의 자원 붐에 이끌려 대거 모여들고 있다는 소식이었다. 포르투갈은 한때 모잠비크를 식민 지배했던 나라로, 지금은 유럽에서 경제적으로 고통받는 국가들 가운데 하나이자 금융 위기의 타격을 가장 심각하게 받는 지역에 속했다. 2009년에서 2011년 사이에 주모잠비크 포르투갈 대사관에 등록된 포르투갈인 숫자는 20퍼센트 이상 증가했는데[39] 입국자 가운데 2만 3,000명은 모잠비크의 1, 2대 도시인 마푸투와 베이라에 거주할 것이라고 응답했다. 포르투갈인들은 여러 면에서 중국인들과 마찬가지로 배타적인 성향이 있다. 이들은 모임을 마푸투의 가정식 요리집에서 갖거나 아예 가정집에 모여서 식사를 나누었다. 모인 자리에서는 포르투갈의 경기 불황에 대해 의례적으로 한탄을 하고 앞으로 어떻게 할지 머리를 맞대었다. 포르투갈과 중국은 전 세계 각국에 이주하여 자기들만의 새로운 공동체를 만드는 공통점도 가지고 있다. 차이가 있다면 포르투갈은 유럽의 변방 지역에 위치하여 자원이 빈약한 한계를 극복하기 위해 늘 해외로 눈을 돌렸다는 점이다. 반면 중국은 아시아의 중심에 위치하고 있고 가난과 높은 인구밀도 때문에 이주가 일어난다는 사실이다.

　최근에 모잠비크에 도착한 포르투갈인들을 위해 마련된 저녁 식사 자리에서 나는 한 의사 옆에 앉게 되었다. 모잠비크에서 창고 사업을 준비 중이던 의사는 이 먼 곳까지 이주를 결심하게 된 배경을 설명하면서 속담을 인용했다. "가정을 지키는 성인(聖人)은 당신을 축복할 수 없네. 오직 먼 땅의 성인만이 도울 수 있으리." 이 땅으로 몰려드는 모든 중국인 이민자들은 그 의사의 심정을 이해하지 않을까 싶었다.

　모잠비크로 돌아가야겠는 결정을 내린 또 한 가지는 북부를 가 봐야겠다는 생각이 들었기 때문이었다. 북부는 아마 모잠비크에서도 가장 빈곤한 지역일 텐데 아프리카에서 분쟁이 일어나는 많은 지역과 마찬가지로 주요 자원이 집중적으로 매장되어 있는 지역이기도 했다. 모잠비크에서는 1992년에야 오랫동안 나라를 황폐화시킨 내전이 종식되었는데 내전 당시 북부는 모잠비크 국민저항운동(RENAMO) 반군의 근거지였다. 이후 정치에 있어서나 지원 측면에서 소외되어 빈곤이 심화되었다. 이 틈을 탄 많은 중국인 이주자들이 북부에 관심을 가지고 삼림의 상당 부분을 벌목하며 상어와 새우, 오징어 등을 상업적으로 잡아들이기 시작한 것은 우연이 아니다.

　마침 북부를 방문하려던 시기에 현지 언론에서 중국인들이 북부를 수탈한다는 비판적인 기사를 연이어 보도했다. 중국이 불법 어획 어선을 나포한 세관 당국에 막대한 뇌물을 전달한 사건을 보도한 매체도 있었다. 그 중 압권은 일간지 「오 파이스(*O País*)」에서 보도한 탐사기사였다.[40] 중국인들이 북부 삼림에서 수령이 오래된 마호가니를 비롯한 다른 활엽수를 불법으로 벌목하여 나르던 컨테이너 600개를 당국이 압수했다는 내용이었다. 이 특종기사가 보도되자 기자들이 압수한 목재를 살펴보지 못하도록 접근이 금지되었다. 사정에 정통한 정부 관계자들은 중국인 벌목꾼들이 압수된 목재의 상당량을 비밀리에 되사갔거나 공무원들이 다른 수출업자들에게 경매 처분해서 뒷돈을 챙겼을 것이라고 추정했다.

이런 시각은 자원 활용 능력과 관련하여 모잠비크 사회 전반에 퍼져 있는 거대한 회의주의의 일부분에 불과하다. 중국의 이민자들은 이렇게 미래를 비관하도록 만드는 데 결정적인 역할을 했다.

환경정의라는 작은 NGO의 운영자인 사이먼 노퍽과 그의 아내는 이런 회의주의에 완전히 동의하지는 않았다. 이들과는 녹음이 우거진 구역에 위치한 노퍽의 빌라에서 대화를 나눌 기회가 있었다. 빌라의 입구는 독립투쟁 당시 사회주의자들의 현실주의 선전 포스터로 장식되어 있었다.

노퍽은 한 달 전 남풀라에서 북부의 또 다른 도시인 나칼라까지 장거리 자동차 여행을 다녀왔다고 운을 뗐다. "사실 기본 규칙을 어기고 밤에 이동을 했거든요." 노퍽이 말했다. "그런데 보통 그 구간에 경계망이 있게 마련인데 우리가 지날 때는 아무것도 없더라고요. 대신 표시가 없이 통나무를 가득 실은 트럭이 수없이 지나가는 겁니다. 그건 불법이거든요. 이런 일이 벌어질 수 있는 이유는 딱 하나예요. 어디서 전화를 받은 겁니다."

노퍽은 모잠비크에서 중국의 역할에 대해 별달리 중요한 주장을 하거나 중국에 비난의 화살을 돌리지도 않았다. 하지만 다른 사람들과 마찬가지로 모잠비크 정부가 토지의 오용과 부패를 조장한 주범이라고 보았다. 2012년에 런던 소재 환경조사기구(Environmental Investigation Agency)[41]는 중국이 모잠비크에서 19만~21만 6,000제곱미터의 목재를 불법으로 수입하는 것으로 추정했는데 이를 금액으로 환산하면 약 1억 3,000만 달러에 달한다.

"지방정부와의 유착보다 중앙정부와 유착이 더 심각한 문제일 겁니다."노퍽이 말했다. "외국인들이 지방정부에 벌목 허가를 받으러 갔다가 거절당하면 중앙정부로 가요. 그러면 중앙의 공무원들이 지방정부에 허가를 내주라며 압력을 넣더라는 사례를 흔히 들을 수 있어요. 지방의 공무원들로서는 지시를 내리는 전화를 받았으니 선택의 여지가 없는 겁니다."

"우리는 지방 공무원들과 자주 대화를 나누는데, 그들은 '모잠비크의 자원을 구매하는 자들과 유착이 된 중앙 공무원들 때문에 두 손 두 발 다 들어 버렸어요. 우리들은 할 수 있는 일이 없어요'라고 하는 겁니다."

과거에는 벌목과 토지 거래를 하려면 총리를 거쳤고, 당시 총리는 중국인들이 모잠비크에서 사업을 할 때 '해결사'나 마찬가지였다고 노퍽은 말했다. "그러다 총리가 경질되었습니다. 게부자(Armando Guebuza) 대통령이 손수 관리에 나선 겁니다. 굳이 숨기려고도 하지 않으니 앞으로 상황이 더 나빠질 겁니다. 게부자 대통령이 가족들을 다 모아 놓고 임기가 2년 남았다며 지금이야말로 돈방석에 앉을 기회라고 했다더군요."

노퍽이 들려준 일화는 대통령 일가가 벌이는 지대 자본주의의 고전적인 사례였고 이런 관행이 아프리카의 많은 나라를 황폐화시켰다. 모잠비크의 삼림을 둘러싼 마구잡이 개발은 해양자원이 풍부한 해안에서도 똑같이 벌어지는 문제였다. 최근 발견된 막대한 양의 석탄과 천연가스 매장지역시 사정이 다르지 않았다. 정부는 외국인 투자의 조건, 거래에 따른 수익을 국민들에게 숨기기 위해 비밀 계약의 관행을 고수하려고 애를 썼다. 이 대목에서 아프리카에서 보편적으로 관찰되는 역설이 드러난다.[42] 광물자원이 풍부하지 않은 나라들이 오히려 천연자원의 보고인 나라들보다 빠른 속도로 빈곤을 퇴치하고 있다. 오랫동안 서양의 국가들은 모잠비크에 대규모 재정 지원을 하면서도 자원을 둘러싼 악습을 끊도록 요구하지 않았다는 점에서 공범이나 다를 바 없다.

전직 기자인 주앙 페레이라는 시민사회지원기구라는 모잠비크에서 몇 안 되는 토종 NGO의 이사이다. 이 단체는 모잠비크의 부패 문제를 집중적으로 파고들었다. 아프리카의 다른 나라들과 마찬가지로 모잠비크도 대외적으로는 민주주의를 표방하지만 정치체제는 사실상 일당독재이다. 페레이라로부터 모잠비크의 사정을 듣고 있자니 리비아, 기니, 시에라리온에서 해외의 대형 기관들이 현지의 천연자원 주도권을 쥐기 위해 쟁탈전을 벌이는 상황이 떠올랐다. 중국은 서아프리카에서와 마찬가지로 모잠비크에서도 서양의 대형 민간 광산 기업을 대상으로 도전장을 내밀었다.

이런 쟁탈전은 나칼라 회랑(Nacala Corridor)에서 시작되었다. 나칼라 회랑은 모잠비크 북동부의 나칼라라는 동아프리카에서 가장 깊은 자연항과 모잠비크 서부 테테 주에 위치한 세계적인 석탄광을 철도로 연결한다는 구상이다. 철도는 아프리카에서 가장 가치가 높은 원시림의 일부를 지나가기도 한다. 큰 틀에서 보면 나칼라 회랑 프로젝트는 내륙 국가인 말라위와 잠비아가 바다로 접근할 수 있도록 손쉬운 방편을 제공할 전망이다. 이 프로젝트는 여러 해 동안 현실화되지 못하고 방치되어 있다가 최근에 두 가지 사건이 발생하면서 급물살을 타기 시작했다. 모잠비크에 막대한 양의 석탄이 매장되어 있다는 결과가 발표되었고, 때마침 인도와 중국에서 화석연료에 대한 수요가 치솟았다.

석탄의 경우 적어도 초반전에는 중국이 브라질의 세계적 광산 기업인 베일(Vale)에 밀렸다고 페레이라는 진단했다. 당초 중국은 정부의 핵심 부처 장관들과 더불어 내전에서 승리한 모잠비크 해방전선(FRELIMO)의 영향력 있는 장성들을 포섭할 계획을 세웠다. 그런데 베일은 중국보다도 더 확실한 줄을 잡는 데 성공했다. 바로 모잠비크 대통령을 자기편으로 끌어들인 것이다.

디노 포이라는 남자를 만났을 때는 중국이 사업을 따낼 가능성을 끌어올리기 위해 게부자 대통령의 주변인들을 어떻게 활용했는지를 들을 기회가 있었다. 포이는 대만에서 경영전문대학원(MBA)을 마치고 경영학 박사를 받은 재원으로 포커스(Focus)라는 기업을 경영했다. 포커스는 중국의 잠재적인 투자자들에게 전달자 및 조력자 역할을 하는 회사이다. 포이는 포커스의 실질적 소유주가 대통령의 네 자녀라고 말했다. 그는 포커스에서 월급을 받는 데 안주하지 않고 중국 투자자들에게 서비스를 제공하면서 짭짤한 수수료 수익을 올릴 수 있는 자기 회사를 설립하기 위해 회사를 그만두었다. 포이는 모잠비크에 10만 명가량의 중국인이 거주하는 것으로 추산했다.

그는 중국인들이 나칼라 회랑 사업에서 밀리면 이를 만회하기 위해 수단과 방법을 가리지 않을 것이라고 내다보았다. 도로 건설업을 통해 중국 기업에 점차 다양한 기회들이 열리고 있었다. 페레이라는 중국의 도로 건설사들이 원하는 만큼의 노동자를 본토에서 데려올 수 있도록 모잠비크 정부가 이주를 허용하고 있다고 전했다. 그중 일부 노동자들은 아예 자기 사업을 시작하여 모잠비크에 정착하고 있다. 그렇지 않은 이들조차 잘 사는 이웃 나라인 남아프리카공화국이라는 약속의 땅으로 손쉽게 진입하기 위해 모잠비크에서 기회를 엿보고 있는 상황이다.

"모잠비크에 진출한 각각의 기업은 마치 민간 정보기관처럼 기능하면서 중국 대사관 측에 중국의 이해와 관계될 법한 정보와 사업 기회를 모두 보고합니다." 페레이라는 말했다. "물론 중국 기업들도 우리 사회에 긍정적 기여를 합니다. 일자리를 만들어 주고 재정에 보탬이 되지요. 도로를 건설해야 할 때도 신속하게 끝내 주고요. 그런데 득실을 따져 보면 중국인들이 미치는 부정적인 영향이 긍정적인 효과보다 훨씬 크거든요. 그럼에도 중국이 정치인들과 수년 동안 관계를 맺으면서 엘리트 계층을 옭아맸기 때문에 이런 문제가 공적인 의제로 논의되지 않고 있어요."

"특히 중국이 환경에 미치는 영향은 거의 재앙에 가깝습니다." 페레이라는 지적했다. "큰 나무든 작은 나무든 가리지 않고 벌목하면서도 조림 사업은 전혀 하지 않아요. 벌목 기업의 임원들과 대화를 나누면서 문제 제기를 하면 이렇게 말하고 맙니다. '당신네 환경은 우리 문제가 아니오. 당신네 환경은 당신의 미래이지 우리 미래가 아니잖소. 나한테는 돈 얘기만 하시오. 나는 모잠비크에 돈을 벌러 왔고 또 당신네 나라에 큰돈을 투자했소.'"

호텔 로비에서 페레이라와 대화를 나누는 중에 재력가로 보이는 한 남자가 우리를 지나갔다. 키가 크고 체구가 컸는데 고가의 맞춤 양복이 눈길을 끌었다. 커다란 손에는 휴대폰 네 대를 거머쥐고 있었다. 페레이라는 무역통상산업부 장관이라면서 같은 고향 출신이라고 밝혔다.

"같은 반인 적도 있었는데 장관에 임명된 지 3년 만에 마푸투에 집이 세 채가 되었다더군요. 집값이 각각 100만 달러가 넘는다네요."

페레이라는 최근 장관을 만났을 때 새로 산 집에 초대를 왜 안 하느냐고 핀잔을 주면서 그렇게 부를 축재하는 것은 두 사람이 추구했던 가치에 부합하지 않는다고 나무랐다고 한다. 그러자 장관은 "멍청이가 되기를 고집한다면 계속 가난을 벗어나지 못할 것"이라고 대꾸했다고 페레이라는 전했다.

헤어질 때쯤 페레이라는 모잠비크에 부정 축재와 무법이 횡행하고 있는데 그런 일을 자행하는 소수가 대다수의 국민들을 도탄에 빠뜨리는 상황이 계속된다면 모잠비크의 경제는 도약이 아니라 또 다른 내전으로 치달을 가능성이 높다고 단호하게 말했다.

햇살은 따사로웠지만 다소 쌀쌀한 어느 늦은 아침, 나는 바이샤라는 만(灣) 인근의 저지대에 위치한 유서 깊은 건물로 향했다. 토지임야부의 주앙 카힐류(João Carrilho)라는 고위 공무원의 사무실이 자리한 곳이었다. 15세기 후반에 모잠비크에 처음 발을 디딘 포르투갈인들은 300년 후에는 수천 명에 달하는 정착민들을 파견하며 모잠비크를 공식적으로 식민지로 만들었다. 이들은 모잠비크가 독립을 이룬 후에도 기존의 토지소유권을 쉽사리 포기하지 않았다. 포르투갈인들은 자신들이 사용할 목적으로 정교한 철책과 넓은 창을 낸 아름다운 건물들을 지었는데 카힐류의 사무실이 있는 건물도 여기에 해당했다. 건물 내부의 빛바랜 복도를 지나 카힐류의 사무실로 향하는 길에 부드럽고 기분 좋은 빛이 창을 투과하여 비치고 있었다. 마치 쿠바 아바나의 구시가지에 와 있는 듯한 기분이 들었다.

카힐류는 혼혈의 모잠비크인으로, 늘어진 주름살이 샤페이(중국이 원산지인 주름 많은 견종—역자 주)를 연상케 했다. 녹색의 멋진 스포츠 코트에 검정과 회색이 어우러진 두꺼운 스카프를 목에 둘러 한기를 차단하고 있었다. 카힐류는 자기만의 수사법을 즐기는 사람이었다.

모잠비크에서 토지 관리는 중대한 위기 국면에 있었다. 직위 고하를 막론하고 부패한 공직자들이 기존에 관리하던 어마어마한 규모의 토지를 무책임하게 매각하는 상황이었다. 산림 관리를 표방하면서 사실은 해당 지역의 산림을 가리지 않고 모두 베어 내는 개벌(皆伐)이야말로 가장 심각한 위기라고 많은 사람들이 지적했다. 그리고 문제의 중심에는 중국 기업이 있었다. 그런데도 카힐류는 토지 수탈은 전혀 사실이 아니라고 발뺌하다가 나중에는 한발 물러서서 "자제시키고 있다"고 변명했다.

"우리 정부는 지역제(zoning)를 실시하고 있습니다. 오로지 10퍼센트의 토지만 사용이 가능했던 잠베지아 주 전역에서 지역제를 실시 중이고요.

우리는 수단(Sudan) 같은 다른 지역에서 교훈을 얻었습니다. 요즘 세상에는 뉴스가 빠르게 퍼지다 보니 정부도 다른 국가에서 일어나는 문제를 보고 사전에 조치를 취합니다. 모잠비크 안에서 토지 권리를 주장하는 단체들이 활발하게 활동을 벌이고 있기도 하고요." 카힐류는 말했다.

심각한 문제로 지적되는 산림 관리에 관하여 카힐류는 "중국인들이 삼림자원을 개발하는 방식에서 주로 논쟁이 시작됩니다. 모잠비크 법에서는 목재의 (절삭을 비롯하여 부가가치를 창출하는 다른 방식의) 가공을 장려합니다. 그런데 왜 그런지는 몰라도 중국인들은 항상 원목 자체의 형태로 수출을 하려고 시도하거든요." 카힐류는 중국의 벌목업자들이 왜 그렇게 모잠비크의 경목에 사활을 걸고 매달리는지 실토를 하고 말았다. "중국에 있는 벌목업자들 입장에서는 모잠비크의 목재를 확보해야 할 인센티브가 충분히 있다는 사실을 기억해야 합니다. 우리가 컨테이너들을 적발하고 보니 위장하려고 쌓아 놓은 물건들 속에 목재가 숨겨져 있었거든요. 위험을 감수하면서까지 이런 일들을 하는 이유가 뭘까요?"

카힐류는 다른 나라에서 얻은 교훈을 과장하면서 말을 이어 나갔다. "브라질에서는 오랫동안 아마존의 삼림을 무계획적으로 파괴하다가 이제서야 관리를 합니다. 그건 모두 시민의 역량 제고, 지식수준의 향상, 민주화의 진행, 법 집행의 개선과 추가적인 법제화 등이 이루어졌기 때문입니다. 언젠가 우리도 브라질 같은 수준에 이르면 우리 후손들도 자원을 누리면서 살 수 있을 겁니다."

나는 그러한 발전은 상당 부분 국가 지도부에 달려 있다는 점을 지적하면서 많은 사람들이 여당의 '강도 귀족'이라고 부르는 모잠비크 해방전선이 토지 대규모 매각의 주요 수혜자가 아닌지 반문했다.

카힐류는 엘리트 계층의 부패 문제를 파고드는 사람들은 큰 그림을 놓치고 있다고 잘라 말했다. "그런 류의 엘리트들이 실제로 있고 자기 이익을 추구한다는 점은 알고 있습니다. 그러나 어떤 관행들은 주차 공간을 관리하는 거리의 경비원들에게서도 나타납니다." 그가 말했다. "부족장에게 자전거 20대를 줘 보세요. (부족이 소유하고 있는) 큰 땅 덩어리를 내줄 겁니다. 그래서 우리가 미국인들과 협력해서 모두가 토지의 소유권을 가지도록 하려는 겁니다. 그렇게 되면 외부인이 와서 토지를 넘겨받는 일이 훨씬 어려워지겠지요."

이 대목에서 카힐류는 새천년도전공사의 프로젝트를 언급했다. 말리에서와 마찬가지로 모잠비크에서도 소농들의 토지권을 보장하기 위해 시행하는 사업이었다. 사실 미국에서 수행하는 프로그램은 5년 후 종료될 것이고 프로그램이 수행되는 면적도 전 국토에서 일부에 불과했다.

"내가 사는 동안에는 이런 일이 성공하지 못하리라는 사실을 아주 잘 알고 있습니다." 카힐류는 말했다. "전혀 안 될 수도 있겠죠. 하지만 우리는 무슨 일이라도 해야 하고, 또 우리가 영웅은 아니거든요. 30년 후 모잠비크가 같은 문제와 씨름하게 되리라는 건 분명합니다."

과연 그럴까. 30년 후면 모잠비크에는 노숙림(老熟林)이 거의 남아 있지 않을 것이다.

인도양을 굽어보는 미라마라고 하는 구역에서 교통 정체가 심한 도로를 따라 언덕을 한참 걸어 올라갔다. 마침내 중국의 경제 담당관 사무실이 보였다. 판석이 깔린 길을 따라 정원을 가로지르니 정원보다 낮은 곳에 분위기가 우중충한 사무실 하나가 있었다. 곧 류샤오후이 담당관이 들어오더니 안락의자에 털썩 앉았다. 50대를 훌쩍 넘긴 류 담당관은 어두운 색 면바지에 본국에서 그 나이 대 남성들이 가장 즐겨 입는 청회색 바람막이를 입었다. 햇살을 즐기기에 더 없이 좋은 오후였음에도 담당관은 바람막이의 지퍼를 목까지 끌어올리고 있었다.

류 담당관은 모잠비크와 중국의 경제 관계에서 거둔 가장 빛나는 성과의 수치며 날짜를 열거했다. 이어 당시 중국을 이끌던 후진타오 국가주석의 최근 연설을 그대로 인용하여 "우리는 좋은 형제요 친구이자 파트너"라고 말했다. 모잠비크와 중국의 양자 교역은 2004년 10억 달러에 불과했으나 2011년에는 70억 달러를 향해 가고 있다고 그는 말했다. 이제까지 피곤해 보이고 표정이 없던 담당관의 눈에 생기가 돌기 시작했다.

류는 중국 기업이 지어 준 4만 석 규모의 경기장, 신축 공항 터미널, 국제회의센터 등을 죽 읊었다. "모두 모잠비크가 자랑스러워하면서 대표적으로 내세우는 건물들이에요." 류가 말했다.

몇 개월 앞으로 다가온 아프리카 대륙 토너먼트를 치를 경기장을 거론하면서 류가 말했다. "이렇게 가난한 나라에 경기장이 얼마나 큰 의미를 갖는지 아마 모르실 겁니다."

류는 농업과 관련해서는 미간을 찌푸리며 말했다. "모잠비크는 제 입에 풀칠도 못하는 나라입니다. 이 땅이 풍요롭다고 생각하실 테니까 이게 무슨 말인가 의아해 하시겠지요."

나는 무엇이 장애물인지 물었다.

"문화예요. 중국인들은 정말이지 고통을 먹는 사람들이고, 이건 그냥 저 혼자 하는 말이 아닙니다. 여기에서 진짜 차이가 발생합니다. 중국에는 춥거나 배가 고프면 방안을 강구해야 한다는 말이 있습니다. 모잠비크에서는 사람들이 그런 문제를 겪지 않아요. 손쉽게 음식을 구하고 옷가지도 거의 필요가 없으니까요.

중국인들은 빨리 일을 하고 빨리 돈을 벌고 빨리 부자가 됩니다. 농사를 짓는 사람이라면 아마 매일 일할 겁니다. 여기에서는 그렇지 않아요. 아프리카 사람들 춤추는 걸 좋아합니다. 이 사람들 장기이지요. 가난할지는 몰라도 아주 행복한 사람들입니다."

이제까지 이런 말들, 혹은 유사한 말들을 얼마나 많이 들어 왔는지. 앞서도 살펴보았듯이 아프리카에서 중국은 우호적 관계라느니, 형제애로 개발의 길을 함께 행진한다느니, 특히 '윈윈'이라느니 하면서 거의 모든 곳에 가져다 붙일 수 있는 천편일률적인 문구를 사용했다. 류는 내가 여태까지 중국인들과 나누었던 대화에서 수없이 등장했던 말을 재탕할 뿐이었지만 그 가운데 어두운 진실이 숨어 있었다. 중국은 서양의 온정주의(paternalism)를 종종 매도하지만 그 자신은 스스로 만들어 낸 또 다른 종류의 온정주의(fraternalism)를 발휘하고 있다. 아프리카인들은 중국인들의 형제가 아니었다. 전혀. 중국의 정부 관계자들은 형제라는 가면을 쓰고 뒤에서는 아프리카인들을 달콤한 유인책과 다정한 말로 달래야 하는 어린아이로 취급했다.

나는 류에게 수많은 중국인들이 농촌 지역에 농장과 주택을 짓고 벌목에 관여하고 있다는 이야기를 들었다고 말했다. 류는 농업과 관련된 중국의 민간 투자자들은 전혀 알지 못한다고 잡아뗐다.

류의 사무실에서 나온 지 두 시간 뒤에 중국 대사관에서 전화가 왔다. 대사가 나를 만나고 싶어 한다면서 다음날 몇 시까지 오라고 통보를 했다.

이튿날 대사관에 가니 대사의 보좌관이 나를 맞았는데 이 젊은 여성은 드물게도 웃는 얼굴로 호의적인 태도를 보여 주었다. 보좌관은 중국의 경치로 꾸민 대기실로 나를 안내하고는 고급 차를 권했다. 얼마 지나지 않아 다시 와서는 대사가 나를 만날 준비가 되었다면서 커다란 접견실로 데려갔다. 환상적인 자기와 고전 양식의 수묵화가 진열되어 있었는데 잘은 몰라도 진품으로 보였다.

황송푸 대사는 57세로 체격이 꽤 건장했고 염색한 검은색 머리는 가지런히 뒤로 빗어 넘겼는데 왁스로 단정하게 고정한 모양이 중국의 많은 지도자들이 선호하는 스타일이었다. 접견실의 의자는 안감이 있기는 했지만 등받이가 곧고 낮았다. 우리는 보조 탁자를 사이에 두고 바른 자세로 나란히 앉아 대화를 나누었는데 내가 마치 대사를 방문한 외국의 고위 관리쯤 되는 느낌이었다. 언제나 내게 깊은 인상을 남겼던 중국의 소프트 파워를 다시 한 번 실감하는 자리였다. 접견실의 장식 하나하나가 중국 문명의 유구함과 풍성함을 보여 주었고 그 깊이를 헤아릴 수도 없어 보였다.

대사는 고도로 숙련된 사교적 대화로 말문을 열었다. 그는 여러 해 동안 브라질에서 근무하다가 1년 전에 모잠비크로 왔다고 말했다. "모잠비크에 실제로 와서 보니까 상상했던 것보다 더 좋은 곳입니다. 환경이나 도시의 대기질 등이 기대 이상이에요."

그는 내가 하는 일에 대해 짧게 물은 뒤 말을 이었다. "그래서 내일은 남풀라에 가신다고요." 내 일정을 세세한 것까지 알고 있음을 드러내는 대목이었다. 그러더니 전날 류 담당관과 나누었던 대화의 줄기를 되짚어 나가면서 모잠비크에서 진행한 사업 및 협력에 대한 내용을 휘몰아치듯 쏟아 냈다. 또 중국의 건설 능력이 세계 최고라고 자랑했다. "우리는 좋은 일을 하고요, 그러면서 약속을 지킵니다. (어떤 일을 하면서) 2년이라고 했다면 2년에 끝냅니다."

대사를 만나기 바로 전 주에 중국이 자랑하는 고속철도에 심각한 사고가 발생했다. 나는 대사에게 당황한 정부가 사건을 은폐하기 위해 조사를 시작하기도 전에 열차를 묻어 버린 것은 어떻게 봐야 하느냐고 일부러 따져 묻지는 않았다. 이제까지 방문한 거의 모든 장소에서 만난 아프리카인들이 중국의 건설 품질에 의문을 표하던 것에 대해서도 질문을 던지지 않았다. 바로 이전에 모잠비크를 방문했을 때는 중국이 건설해 준 첫 번째 국제공항이 개장 며칠 만에 심각한 침수를 겪은 일도 있었다.

대사와 대화를 나누는 도중에 류 경제 담당관이 들어와서 멀리 입구 근처에 있는 의자에 와서 앉았다. "아니, 프렌치 씨 여기 와 계셨군요." 그는 나를 보고는 짐짓 놀라는 체 말했다.

황 대사는 류 담당관처럼 농업으로 화제를 돌렸다. 대사는 중국의 기술력에 힘입어 생산성이 두 배가 되었으며 민간 투자자들에게 중요한 역할을 했다고 덧붙였다. "모잠비크의 토양은 믿을 수 없을 만큼 비옥합니다. 그래서 우리가 일부 작업을 하고 있기도 하고요. 문제는 사업을 할 만한 문화가 뒷받침되고 있지 않다는 겁니다. 소농들이 시장을 이해하도록 도와주어야 합니다."

"일을 어떻게 해야 하는지 전혀 모르는 흑인들이 너무 많아요." 대사는 말했다. "우리는 각 산업별로 훈련 과정을 제공하고 있고 어떤 프로그램을 실시할지는 모잠비크인들이 어떤 교육을 필요로 하느냐에 달려 있습니다. 한 번에 몇 달을 교육하기도 하고 2년, 3년씩 하기도 합니다. 내년부터는 대학생들을 대상으로 새로운 프로그램을 시작하려고 합니다. 어떻게 중국이 발전할 수 있었는지를 직접 전수할 겁니다…우리 중국인들은 개혁을 시작하면서 이런 일을 했다 하고 가르쳐 주는 거지요. 중국에서는 선진국과 우리의 발전 격차가 얼마나 되고 어떤 차이가 있는지 확인하고 선진국의 경험을 배우기 위해서 각 분야의 공무원들을 선진국으로 보냅니다. 이런 것들 역시 훈련의 일종이지요. 모잠비크인들에게 당신들이 소비할 먹거리를 생산할 뿐만 아니라 해외에 판매하겠다는 원대한 목표를 가지라고 의식을 고취할 겁니다."

대사가 두 시간을 거의 쉬지 않고 말을 이어 갔기 때문에 내가 질문을 할 만한 기회가 거의 없었다. 마침내 내가 비집고 들어갈 틈이 생겼을 때 모잠비크에 있는 중국인들이 얼마나 되는지 물었다.

"한 5,000명 됩니다." 대사는 웃으면서 말했다. "항상 변동이 있어요. 한 가지 확실한 건 해가 갈수록 그 숫자가 증가한다는 겁니다. 이곳 환경이 좋아요. 모잠비크는 투자가 자유롭기도 하고 진출할 분야가 많거든요." 모잠비크에 체류 중인 중국인으로 대사가 언급한 수치는 내가 신뢰할 만한 정보원들에게 들은 것에 비하면 20분의 1 수준에 불과했다.

대사에게 어업과 벌목 분야에서 중국인들의 영향력이 커지고 있는 점을 언급하고 의견을 물었다. 그러자 처음으로 대사가 방어적인 자세를 취했다. "어업은 모잠비크에서 큰 문제가 되고 있지 않고 수출량도 그렇게 많지 않습니다. 설사 문제가 된다고 해도 큰 문제가 아니에요. 이제 막 수출이 시작되었을 뿐이니까요."

"벌목의 경우 서류를 통해 접하기는 했습니다. 모잠비크에는 목재가 풍부하고 중국에 시장이 있기는 하지만 국영기업들은 이 일에 관여하지 않고 있습니다. 민간 업자들이 관계되어 있는데, 문제가 있다면 원인이 두 가지일 수 있습니다. 하나는 (중국인들이) 실제로 법을 준수하지 않아서일 수 있고요, 또 하나는 모잠비크인들이 중국인들에게 목재를 판매하기 때문일 수도 있습니다. 우리의 입장은 중국 기업이 현지의 법을 준수한다는 것입니다."

남풀라행 비행기를 탑승하기 위해 국내선 터미널에서 대기 중이었다. 터미널은 붐비고 시설이 노후한 상태였고 곧 중국에서 지은 바로 옆 건물로 대체될 예정이었다. 우리 바로 위에 있는 홀의 기둥에 매달린 대형 TV

화면에는 다큐멘터리가 방영되기 시작했다. 중국 고대 왕조를 시대별로 다루고 있는데 이상적으로 미화시키고 있다. 각종 방법을 통하여 소프트 파워를 발휘하는구나 싶었다.

이튿날 오후 내가 묵고 있던 남풀라의 호텔에 칼리스토 히베이루라는 시민사회 운동가가 찾아왔다. 농촌 지역에 머물면서 소농들에게 권리를 교육하는 운동가였다. 히베이루는 실제 나이인 마흔넷보다는 젊어 보였고 넓고 검은 얼굴이 정직한 인상을 주었다. 머리 양옆은 짧게 친 반면 정수리 부분은 머리숱이 많고 높이 솟아 있었다. 히베이루가 내게 도시를 구경시켜 주겠다는 흔치 않은 제안을 했기에 그가 몰고 온 SUV에 올라탔다.

시내는 어디나 그렇듯 간선도로가 완만한 경사를 따라 따분할 정도로 이어졌다. 도로는 독립광장을 가로질러 갔는데 울타리를 친 광장의 안쪽에는 독립 전쟁에서 승리를 거둔 모잠비크 해방전선을 기리는 난해한 기념비가 덩그러니 서 있었다. 광장을 향해 있는 벽에는 선명한 파란색, 녹색, 빨간색으로 포르투갈의 상징적인 전투를 묘사한 벽화가 그려져 있다. 가장 눈에 잘 띄는 자리에는 초기의 독립 지도자인 사모라 마셸(Samora Machel)을 배치했다. 혁명으로 새로운 인간이 창조되었다는 마르크스주의자들의 슬로건도 보였다.

세계적인 통신사 보다콤(Vodacom)의 밝은 빨간색 로고가 도드라진 큼지막한 광고판이 허름한 시내를 굽어보고 있었다. 한때 마르크스주의를 신봉하던 지도자들이 떠나고 이 나라에 남은 유일한 가치는 돈과 권력임을 적나라하게 보여 주는 장면이었다. 쓰레기가 너저분하게 흩어져 있는 도로를 따라 언덕 위로 올라가니 상가와 주거지역이 무질서하게 뒤섞인 구역들이 펼쳐졌다. 1층에는 시대에 뒤떨어진 상점이 자리했고 그 위로는 아파트로 사용되었다. 40~45년 전의 식민지 말기에는 시대를 앞서는 파격적인 신식 건물이었을 테지만 오늘 이 상업 지구는 뿌리를 내리지 못한 식물이 고사하고 있는 모양새와 다를 바가 없었다. 한때는 현대화를 상징하는 아이디어가 지금은 낡고 황량한 장소로 쇠락했고 여러 해 동안 경제 성장에서도 소외되었다. 세계화가 비껴간 지역이었다.

남풀라는 1960년대에 포르투갈인들이 세운 신도시였다. 포르투갈인들은 모잠비크에 진출한 역사가 상당히 오래되었음에도 마푸투와 베이라 이외의 지역, 특히 이곳 북부에는 거의 신경을 쓰지 않았다. 그보다는 수비대를 주둔시켜 놓고 포르투갈이 통치하면 전 지역의 현대화가 가능함을 북부 주민들에게 보여 주기 위해 전략적으로 개발한 모델 도시였다.

"(포르투갈인들은) 주택, 도시, 공항 등 여러 건축물을 전시용으로 지었습니다. 반란이 발생한 바로 그 근거지에서 반란 세력을 뿌리 뽑겠다는 정공법을 선택한 겁니다."

전시용 도시는 대로를 따라서 이동할수록 눈에 띄게 초라해졌다. 도로변의 상점들은 어느새 노점상으로 모습이 바뀌었다. 좌판을 깔고 물건을 파는 영세상인들 가운데 중국인들이 여기저기 눈에 띄었고 그조차도 안 되는 가난한 상인들은 아예 바닥에 물건을 늘어놓고 있었다. 저 멀리 어렴풋이 눈길이 닿는 곳에는 부드러운 빛이 흩어져 있는 탑 카르스트(물과 석회암이 반응하여 용식작용에 의해 생성된 돌기둥-역자 주)를 감싸고 있었다.

히베이루는 농촌 지역에서 자신이 하고 있는 작업들을 설명하면서 목재 무역을 장악한 중국인들에 대한 이야기를 상세히 들려주었다. 그는 10년 전 까지만 해도 잠베지아 주는 우거진 숲과 수령이 오래된 거대한 나무들을 자랑했지만 이제는 숲이 거의 남아 있지 않다며 개탄했다. 이어 삼림보다 농업 문제가 더 심각한 상황이라고 그는 말했다. 수많은 중국인들이 벼농사를 지을 만한 땅을 예의 주시하고 있다는 것이었다.

"중국인들은 거대한 지주는 아니지만 분명히 농촌에서 빠르게 확산되고 있습니다." 그가 말했다. "5년 전에는 이 지역에서 전혀 만날 수 없었는데 지금은 거의 모든 구역에서 농사를 짓고 있는 실정이니까요."

지금까지는 대대적인 토지 매입, 혹은 '토지 수탈'의 주된 책임이 유럽 기업에 있었다. 노르웨이의 루리오 그린 리소스(Lurio Green Resources)의 경우[43] 상업적 목적으로 유칼립투스 나무를 재배하기 위해 22억 달러를 투자하여 이 지역의 1,000제곱킬로미터 규모의 토지를 사들였다. 히베이루는 루리오가 많은 법적 절차를 우회했다고 언급했다.

이러한 대규모 토지 매각은 1990년대 초 모잠비크가 조아킴 시사누(Joaquim Chissano) 전 대통령의 지휘 아래 사회주의에서 자유화되고 서양의 원조 공여국들의 총아로 떠오르면서 시작되었다고 그는 설명했다.

"지금은 거의 통제가 불가능한 상황까지 왔습니다." 히베이루가 말했다. "정부는 토지와 자원 수탈을 막을 만한 능력이 없습니다. 아무나 와서 이 땅에서 자기가 원하는 것을 취하고 있고요. 설사 정부가 작은 지역을 통제하기 시작한다 하더라도 그 자체가 또 다른 착취와 연관되어 있습니다. 혹 그 이유를 물으신다면 첫 번째로 문맹 문제라고 지적하고 싶습니다. 여기에서는 모든 일이 대통령에서 시작해서 밑으로 내려오거든요. 너는 이것, 아니면 저것을 이용할 수 있다 하는 문서를 받아 내면 그것만으로 모든 허가를 받은 것이나 다름없어요."

게다가 갑작스럽게 천연자원이 대거 발견되면서 모잠비크는 서둘러서 무언가를 짓기 시작하고 있다고 히베이루는 지적했다. 그러나 이런 건설은 교육에 대한 투자나 선진국에서 유행하는 '역량 강화'에 자원을 사용하는 것과는 한참 거리가 멀다고 그는 말했다. "모잠비크에서 좋은 결과가 있으려면 일단 사람들이 자신의 권리를 알아야 합니다. 협상하는 방법도 알아야 하고요. 풀뿌리에 해당하는 사람들부터 적극적으로 참여를 하지 않으면 이 나라의 천연자원은 조만간 모두 사라져 버릴 겁니다. 사람들이 눈을 뜨고 정신을 차려 보면 이미 상황은 끝나 있는 시기가 오겠지요."

그날 저녁 나는 히베이루가 추천해 준 코파카바나라는 식당에서 저녁을 먹었다. 초가지붕을 얹은 식당에서 얼굴색이 밝은 젊은 중국인 여성 한 명이 눈에 들어왔다. 내가 묵고 있는 호텔 로비에서 몇 시간 전에 보았던 그 여성이었다. 우리는 가까운 소파에 앉아 와이파이로 인터넷을 사용하고 있었다. 테이블에 같이 앉아 있는 30대 남성 두 명과 그날 오전에 호텔 체크인을 하던 것도 기억이 났다. 여자는 로비에서 엘리베이터를 기다리다가 젊은 중국인 여성을 모델로 출장 마사지 서비스를 광고하는 커다란 포스터를 발견하고는 놀란 기색을 보였었다. 세 사람이 무슨 대화를 나누는지 들리지는 않았지만 중국의 거대한 매춘 사업이 이 멀고도 뜬금없는 지역에까지 흘러들어 온 것에 놀라움을 표시하지 않았을까 짐작해 보았다.

소파에 앉아 인터넷을 하는 동안 여자와 짧게 대화를 나눌 기회가 있었다. 여자는 내게 친절하게 굴어도 되는 것일까 잠깐 확신하지 못하는 모습이었으나 이내 본인은 광저우에서 왔다면서 아프리카는 처음이라고 말했다. 모잠비크로 오는 길에 "동물을 보러" 케냐에 들렀었다고도 했다. 남풀라에서는 무슨 일을 할 계획이냐고 묻자 다소 모호하지만 짧게 답변했다.

"그냥 친구 만나러 왔어요."

그날 저녁 식당에서 마주쳤을 때에는 대화를 나누지 않았다. 다음날 아침 호텔에서 조식을 먹으러 갔는데 또 내가 앉은 테이블 근처에 혼자 앉아 있었다. 식사를 반쯤 마쳤을 때 우리 둘의 눈길이 마주쳤다. 아침인사를 하자 저쪽에서도 인사를 하면서 다정한 미소를 지었다. 우리는 테이블 너머로 몇 분 정도 이야기를 나누었는데 그녀가 내 쪽으로 자리를 옮겨도 되겠느냐고 물었다.

자기 이름은 송지에이고 사무직 근로자라고 소개했다. 내일 나칼라로 간다고 했다. "친구들이 거기에서 사업을 하거든요."

"무슨 사업을 합니까?" 내가 물었다.

"나무를 수출하고 파는 일을 한대요." 여자가 말했다. "나는 그런 일이 정말 마음에 들지 않아요. 그런데 여기 와 있는 중국인들은 임업 분야에서 일하는 사람들뿐이에요. 아니면 아직 사업 아이템을 찾고 있는 사람들인데 그들도 결국에는 같은 일을 하고 있더라고요."

"마음에 안 드는 이유가 있습니까?"

"이미 자라 있는 나무를 자르는 일이니까요. 중국 사람들이 와서 오래된 나무를 베어 버리면 이제 나무는 사라지고 환경은 파괴되는 거예요."

친구들에게 그런 생각을 표현한 적이 있는지 물었다.

"말해 보기도 했어요. 뭐, 친구들이 생각을 바꿀 수도 있겠지만 시간이 걸리겠지요. 일단은 여기에 돈을 벌려고 온 거니까요." 친구들은 모잠비크에 온 지 3년 되었다고 한다.

그날 오후 나는 남풀라에 거주하는 중국인협회의 천쥔 대표를 만나기로 되어 있었다. 시내 번화가의 너저분한 끝자락에 위치한 펜상 파르키 (Pensão Parque)란 곳에서 만났는데 저렴한 펜션 호텔로 식당이 같이 있었다. 이름으로 보나 카페의 테라스식 인테리어로 보나 식민지 시대의 건물을 어느 포르투갈인이 인수했구나 싶었다. 그러나 이내 내 추측이 빗나갔음을 알게 되었다. 중국식 즉석요리를 하는 요리사가 보였는데 친절한 웨이터들이 주인 역시 중국 사람이라고 일러 준 것이다. 알고 보니 나와 만날 천쥔이 바로 호텔의 주인이었다.

천은 줄담배를 피웠고 염세적인 분위기 때문일까 올해 마흔셋이라는데 10년은 더 나이가 들어 보였다. 광둥성 동남부에 있는 산터우라는 도시 출신이었는데 이민자를 배출한 역사가 오랜 곳이었다. 산터우에서 대학까지 들어갔고 이후에는 광둥성에서 번창하던 수출입 산업에 종사했다고 말했다.

천이 11년 전 남풀라에 처음 왔을 때에는 중국 사람이 셋밖에 없었는데 지금은 400명은 된다고 추산했다. "이제는 남풀라뿐만 아니라 북쪽지역 어디에나 중국인들이 있습니다. 처음에는 대부분 광둥성에서 왔는데 이제는 중국 각지에서 오고 있고요."

그는 초창기 남풀라 개척자 세 명 가운데 한 사람의 권유로 이곳까지 오게 되었다는 익숙한 이야기를 들려주었다. 이제는 남풀라를 떠난 지 오래된 그 지인은 천에게 아프리카로 오라고 강하게 설득했다. "개인적으로는 공부하러 미국에 가고 싶었는데 그분 말이 이곳이 가난하기는 하지만 돈을 벌 수 있는 지역이라고 그러더군요. 와서 처음에는 TV를 팔았는데 여기가 북부의 경제 중심지다 보니 물건을 팔아서 그럭저럭 벌이를 할 수 있었어요. 처음에 왔을 때는 정말 믿을 수가 없었어요. 흑인들이 너무나 원시적으로, 아니 내 말은 일하는 방식이 아주 형편없었다는 겁니다. 빨리 빨리 해내는 중국인들 같지 않았어요."

천은 가문의 족보에서 몇 대를 거슬러 올라가면 이민자 출신이 있다면서 친척들이 태국, 인도네시아, 미얀마에 흩어져 살고 있다고 말했다. 펜상 파르키는 천이 초기에 벌인 사업의 하나였다. 2004년에 호텔 외에 선적, 수입 일과 그 외 '여러 가지'로 다변화를 하고서야 사업이 풀리기 시작했다고 회상했다. 이 가운데 가장 잘되는 건 어업이었다.

"이제는 허가가 나왔기 때문에 어디에나 팔 수가 있습니다. 중국뿐만 아니라 미국, 캐나다, 유럽 등 모든 지역에 수출할 수 있어요." 천이 말했다.

천의 아들은 열여섯 살로 볼이 통통했는데 내 맞은편 테이블에 앉아서 핸드폰으로 한창 게임 중이었다. 아들에 대해 묻자 천은 아이가 영어를 곧잘 한다면서 영어를 좀 해 보라고 아이를 다그쳐서 당황하게 했다. 아들은 남풀라에서 초등학교를 다니다가 지금은 중국에서 살고 있고 여름마다 아버지를 만나러 온다고 했다.

"나는 애를 미국으로 보내고 싶습니다. 거긴 자유롭잖아요. 법도 명확하고요. 미국인들은 자유를 누리고 있습니다." 그러나 정작 본인은 모잠비크에 있는 것이 행복하다면서 "늙을 때까지" 여기서 살겠다고 했다. 그가 생각하는 늙었을 때란 60대 정도였다. "모잠비크는 지금 빠르게 발전하고 있는데 이게 다 외국인들이 와서 투자를 하기 때문입니다. 이 나라는 개방되어 있고요. 요즘은 이렇게 가난한 많은 나라들이 부강해지는 것을 흔히 볼 수 있습니다."

천은 차로 시내를 구경시켜 주겠다고 제안했다. 우리는 중심가에서 물건을 변변하게 갖추지 못한 약국 몇 군데를 들렀다. 길가의 다른 가게들과 마찬가지로 외국인이 소유한 점포였다. 나는 천에게 현지인들이 사업에 참여하지 않는 한 지역이 발전하는 데는 한계가 있다고 말했다.

"흑인들이 무슨 능력이 있나요." 천이 말했다. 그때까지 잠자코 있던 천의 아들이 처음으로 입을 열어 아버지 말에 맞장구를 쳤다. "돈도 없고요."

바깥 날씨가 선선해졌는데도 천은 차에서 계속 에어컨을 틀었다. 그는 몇 번이나 강도를 당했다면서 가장 최근에는 집에 도둑이 들어 총을 겨누고는 현금 2만 달러를 빼앗아 갔다고 말했다. "이곳에 와 있는 중국인들이 연이어 공격을 당하자 우리가 마푸투에 있는 중국 대사관에 탄원을 했어요. 대사관 측이 모잠비크 당국에 항의를 하고 나서는 한동안 효과가 있었습니다. 잠잠해졌거든요. 그런데 어느 날 파키스탄에서 온 남자가 도로 한복판에서 강도를 당해서 죽었습니다. 머리에 총을 맞았더군요.

여기를 한번 보세요." 그는 간선도로를 따라 이동하면서 말했다. "모잠비크인들이 지은 게 하나도 없어요."

나는 건축물들이 포르투갈인들의 유산이며 사실 포르투갈인들은 아프리카에서 식민지를 개발하는 데 큰 기여를 하지 않았다고 지적했다. "그들 자신이 가난한 데다 땅덩어리도 작았으니 최악의 식민자였던 셈이지요." 천이 말했다. "인구가 1,000만 명도 안 되고요."

그러다 중국 역사와 관련하여 뭔가 깨달음이 온 모양이다. "그러고 보니 패턴이라고 할 만한 게 있군요." 천이 말했다. "자원이 풍부한 남아프리카공화국은 영국이 식민지로 만들었어요. 그런데 여길 보세요. 홍콩, 마카오 같지 않습니까. 포르투갈은 마카오에서 한 일이 없거든요."

"거리를 오가는 외국인이 매번 강도를 당하거나 돈을 뜯어내려는 경찰에게 제지를 당합니다. 만약 돈을 안 주면 끌려가는 그런 나라가 어떻게 발전할 수 있을까요? 덩샤오핑은 중국을 외국인 투자자에게 개방했어요. 토지를 원하고, 공장을 짓고 싶은가요? 그럼 와서 마음껏 사업을 해 보십시오, 그렇게 말한 겁니다. 여기에서는 이해하지 못하는 일이지요. 여기 지도자들은 모잠비크를 발전시키기는커녕 돈을 뜯어냅니다. 그것도 자기 주머니에 챙겨 넣기 위한 거고요." 천은 잠시 멈추더니 다시 말을 이어 갔다. "물론 중국에서도 이런 일이 있다는 거 아시리라고 생각합니다. 후진타오 주석도 부패를 잡지 못했거든요. 거기서도 돈이면 모든 일이 해결되기는 합니다. 그렇지만 운 좋게도 우리는 완전히 엉망이 되어 버리기 전에 발전을 시작했어요."

천은 나를 호텔에 내려 주고는 다음날 자기 호텔에서 열리는 중국인들의 특별 연회에 참석해 달라고 초청을 했다.

다음날 저녁 천이 운영하는 낯익은 레스토랑에 도착했는데 전날에는 보지 못한 창살 달린 문이 닫혀 있었다. 문에 다가가자 경비원이 제지했다. 안을 들여다보니 온통 중국인들뿐이었다. 내가 초대받아서 왔다고 말했지만 경비원은 듣지도 않고 막무가내로 쫓기만 했다. 운 좋게도 문 근처에 천이 앉아 있다가 실랑이를 들은 모양이었다. 천이 와서 경비원에게 나를 들여보내라고 말했다.

연회장에 들어가자마자 모든 사람들의 이목이 나에게 쏠렸다. 눈길이 일제히 나에게 몰리더니 모두 깜짝 놀랐다. 외국인(老外)이자 이방인이 들어온 데 놀란 것이다. 천은 마치 선거 유세에 나선 정치인처럼 양손에 브이를 그려 보이고는 자기들끼리 소곤대는 사람들을 향해 만족감을 드러냈다. "오늘은 미국인 친구가 와 주었군요. 걱정 말아요. 우리말을 할 줄 압니다."

"남풀라에서 처음으로 열리는 중국인들의 결혼식이랍니다." 천이 설명해 주었다. "여기에서 아이가 태어나기도 하고, 사람들이 들고 나고, 심지어 장례식도 열린 적이 있지만 결혼식은 처음이에요."

식당 전체에 축하연의 분위기가 가득했다. 커다란 원형 테이블 여섯 개가 중앙에 배치되었고 내가 안내된 한 자리를 뺀 모든 의자에 하객들이 앉아 있었다. 입구에서 가장 먼 연회장 뒤편에 오늘의 주인공인 신랑과 신부가 보였다. 둘 다 20대 초반으로 보였고 놀라우리만치 순수하고 앳된 얼굴에 미소가 가득했다.

천은 신랑 신부가 신세대의 일원이라면서 자신이나 기억 속에 있는 다른 중국인들과는 다른 세대라고 말했다. 극한 고통을 겪어 보지도 않았고 고통을 먹어 보지도 않았다는 것이었다. 아름다운 신부는 푸른색 새틴 드레스에 흰색 숄을 걸쳤는데 깊은 보조개와 미소가 얼굴에서 떠날 줄을 몰랐다. 신랑도 매력적인 외모에 키가 180센티미터쯤으로 훤칠했다. 마른 몸매에 여유 있게 맞춘 어두운 색 정장과 흰색 셔츠를 받쳐 입고 좁은 넥타이를 맸다. 뼛속까지 정직해 보이는 인상이었는데 신부보다는 긴장한 기색이 역력했다. 두 사람은 푸젠성 출신이었고 사실 그 자리의 하객들 대부분이 천과 마찬가지로 광둥성을 비롯한 남부에서 온 이주자들이었다.

그날 저녁 온종일 바삐 움직이던 모잠비크인 웨이터들이 각종 음식이며 와인, 중국 전통주를 내오기 시작했다. 해산물만 해도 바닷가재, 새우를 비롯하여 네 가지였고 고기류도 어마어마하게 많이 나왔다. 만두와 삶은 채소에 탕 종류도 보였다.

음식이 나오자 건배가 시작되었다. 행복과 행운을 기원하거나 신랑 신부에게 모두가 항상 그 자리에서 도와주겠다는 말을 했다. 신부가 한마디 하라는 요청을 받고 감동적인 소감을 피력했는데 전형적인 중국식 인사였다. "저와 여기 계신 모든 분들이 중국인이라는 사실을 절대 잊을 수 없을 거예요. 우리 모두는 중국인으로, 한 가족이니까요." 나이 어린 신랑은 다소 떨리는 듯 어색한 표정으로 감사 인사를 웅얼거렸다. 특히 협회를 이끌고 있는 천 회장에 대한 감사의 말을 잊지 않았다.

그때쯤 내게 건배사를 하라는 제안이 있었다. 하지만 내키지 않아서 거절했다. 남들의 이목을 끌기 위해 구색 맞춰 데려다 놓은 색다른 외국인(老外) 노릇을 하고 싶지 않았다. 대신 얼마 후에 신랑 신부에게 행복을 빌어 주러 그들이 앉아 있는 테이블로 찾아갔다. 그런데 내가 다가가자마자 여기저기서 카메라 플래시가 터지면서 신랑 신부와 포즈를 취하라는 요구가 쏟아졌고 나는 부득이 따를 수밖에 없었다. 이어 커플은 가라오케 반주에 맞추어 서로에게 헌신을 약속하는 익숙한 노래를 불렀다. 신부는 가사를 완벽하게 알고 있었지만 신랑은 멍한 상태여서 신부의 도움을 받아야 했다.

내가 앉아 있던 테이블에는 천과 그 아들 외에 30대인 천의 직원들이 앉아 있었다. 천의 형은 소음 너머로 미국의 이민법과 외국인 학생들이 치러야 하는 영어 시험인 토플(TOEFL)에 대해서 물었다. 아프리카에 대해서도 피상적이나마 대화를 나누게 되었고 나는 아프리카에 처음 온 게 1975년이었다고 말했다. 내가 아프리카 대륙과 친숙하다는 것을 알게 되자 천의 형은 자주 방문했던 나라들을 자신과 같이 다니면서 현지의 사람들과 사업 기회를 소개시켜 주면 안 되겠느냐고 물었다.

그는 모잠비크에 온 것은 두 번째이며 고향인 산터우에서 작은 호텔과 온천 리조트를 운영하고 있다고 말했다. 천의 형이 특히 새로 진출한 분야는 모잠비크의 해산물과 관련이 있었다. 천은 앞서 형이 어업을 시작했다고 말했지만 본인이 좀 더 자세한 이야기를 했다. "이곳은 해산물이 굉장히 풍부하고 특히 새우가 좋아요." 형이 말했다.

그는 자기 젓가락을 들어 테이블에서 핑크와 오렌지색으로 빛나고 있는 크고 신선한 삶은 새우를 가리켰다. "중국에서는 이런 새우를 더 이상 볼 수 없거든요. 천연 새우는 사라진 지 오래고요. 우리가 먹는 건 양식 새우입니다. 이렇게 생긴 새우가 중국에서 얼마나 하는지 아십니까? 10마리에 한 150위안(약 22달러) 하거든요. 여기서는 얼마나 할까요? 중국의 4분의 1도 안 됩니다. 내가 하는 사업은 간단해요. 들어가는 비용과 판매가격의 차이를 먹는 겁니다. 이익이 쏠쏠하게 남는 사업이지요. 그래서 커다란 배를 구입하기도 했고요." 그는 생각에 잠기더니 만면에 미소를 지었다.

"남획 문제는 어떻습니까?" 내가 물었다. "이곳 환경에 커다란 위협이 된다고 들었습니다."

그는 큰 문제가 아니라는 듯 손을 흔들었다. "모잠비크 해역에는 워낙 해산물이 풍부해서 100년은 아니더라도 한 50년은 갈 겁니다."

어획을 하면서 모잠비크인들에게는 어떤 기회를 주고 있는지 물었다. 내가 앉은 테이블에서 젊은 축에 속하는 한 남자가 말했다. "배는 중국인들이 탑니다. 우리가 모잠비크인들을 훈련시킬 수도 있겠지만 조금씩, 조금씩밖에 못할 걸요."

얼마 후 나는 양해를 구하고 자리를 뜨면서 모든 환대와 대화에 감사 인사를 했다. 사람들이 마지막으로 건배를 요청했고 천과 그의 형, 아들, 그리고 몇 명 정도가 보도까지 따라 나왔다. 내가 부른 택시가 기다리고 있었다. 그때 천의 형이 내게 물었다. "만약에 말입니다. 미국 정부에서 일을 했다면 아프리카에 있는 중국인들에 대해 어떤 인상을 받았을까요?"

내가 아프리카에서 만났던 대부분의 중국인들은 세계에서 중국의 위상을 독선적일 정도로 확신했다. 자신들에 대한 타인의 시선을 궁금해하기는 그가 처음이었다.

그의 질문에 나라는 개인의 의견을 들려줄 수밖에 없었다. "중국은 오랫동안 세계에서 차단이 되었던 나라입니다." 내가 말했다. "그런데 이제는 굉장히 서두르고 있어요. 최대한 빨리 영향력을 확대하고 성장하며 국민들을 부강하게 만들고자 합니다."

천의 형은 열심히 고개를 끄덕였다. "우리는 대도약을 이루려고 합니다." 그가 말했다. "말씀하신 대로 우리가 엄청 서두르는 것은 맞습니다.

하지만 그건 윈윈이에요. 쌍희(囍)이기도 하고요." 기쁠 희(喜)를 두 개 겹쳐 쓴 '쌍희 희'자(字)는 결혼 피로연을 축하하기 위해 매단 홍등마다 새겨 있었다. "윈윈이라는 거 기억하셨으면 합니다." 그가 말했다.

제10장

정착민과 외국인 _ 나미비아

　　나는 허우쉐칭이 처음으로 만난 미국인이 될 터였다. 허우
역시 내가 대서양 남부의 나미비아에 도착하자마자 처음으로 연락한 사람
이었다. 중국인들이 이용하는 인터넷 카페를 통해 허우를 처음 알게 된 이
후 우리는 계속 인터넷으로 연락을 주고받았다. 연락을 받은 허우는 셰라
는 남자와 같이 내가 묵고 있던 호텔로 와서 나를 태워 갔다. 30대 남성으
로 남방에 면바지 차림이었다.

　　허우가 탄 도로를 따라 달리니 미라클 마일의 상점과 신축 오피스 건물
이 뒤섞인 빈트후크(나미비아의 수도 – 역자 주)의 구도심을 금세 벗어나 아
주 잘 닦인 순환고속도로가 나왔다. 그는 창고와 단순한 형태의 창고형 상
점들이 모여 있는 무미건조한 복합 단지로 차를 몰았다. 단지 입구를 들어
갈 때는 놓쳤지만 차이나타운임을 알리는 간판이 있었다.

　　허우가 도로에 인접한 곳에 바로 보이는 자기 가게를 가리켰다. 그러
고는 대형 단지의 뒤편으로 돌아가 차를 세웠는데 이미 여러 대가 주차되
어 있었다. 그중에 사륜구동의 토요타 대형 픽업트럭, 최신형 볼보 등이

허우의 소유라고 했다.

"중국에서 정말 별 볼일 없는 사람이던 제가 지금은 부자가 되었어요. 여태까지 일이 순조롭게 흘러간 덕분이지요. 중국에 계속 있었다면 저런 차들을 굴릴 수나 있었겠어요?"

우리는 창고 한 곳의 가파른 계단을 올라 2층으로 들어갔다. 널찍한 회의실로 들어갔는데 이미 중국인 남성들 몇몇이 짙은 담배 연기 속에 앉아 차를 마시고 있었다. 허우는 그중 한 사람을 가리키며 빈트후크에 진출한 중국 기업인 협회의 린진단 회장이라고 소개했다. 어느 도시를 가도 이런 단체가 꼭 하나씩은 있었다. 얼굴의 주름을 보아 쉰을 훌쩍 넘긴 것으로 보이던 린은 수상쩍어 하는 표정으로 경계를 늦추지 않았다. 처음에는 꽤 적대적이었다가 나중에 조금 부드러워지기는 했지만 그래도 썩 반기는 기색은 아니었다.

린은 자신이 1996년에 푸젠에서 나미비아로 왔다면서 이후 고향에 딱 한 번 다녀왔다고 말했다. 자신이 나미비아로 이주한 중국인 1세대라면서 지금은 중국인이 1만 명가량으로 늘었다고 추산했다. 나는 어느 날 밤 모잠비크의 작은 마을에서 푸젠성 출신의 젊은 여성을 마주쳤던 이야기를 꺼냈다. 혼자 살면서 온갖 잡동사니를 파는 여자였는데 린은 알 만하다는 표정으로 고개를 끄덕였다.

"그게 우리 강점이에요." 린이 말했다. "성실하고 근면하지요. 나미비아 어느 지역을 가든 최소한 중국인 두 명은 만날 겁니다."

방금 린이 언급한 부분이 나를 이 지역까지 오게 한 질문이었다. 나미비아의 면적은 프랑스와 독일을 합한 규모이지만 상대적으로 인지도가 떨어지고 인구도 200만 명 남짓에 불과하다. 사막이 국토의 상당 지역을 뒤덮고 있는 탓이다.

나미비아 인구가 워낙 적다 보니 중국인 인구가 1만 명이나 된다고 하면 많은 나미비아인들은 뭔가 착오가 있을 것이라고 말한다. (중국인이 최대 4만 명에 달한다는 추측도 있다.) 인구 대비 이주자 비율로 따지면 아프리카에서 중국의 존재감이 가장 두드러지는 곳이 바로 나미비아인 셈이다. 어떤 의미에서 나미비아는 중국인들의 아프리카 이주 행렬에서 선두에 있는 나라이다.

린은 처음에 왔을 때 신발이나 옷가지 등을 되는 대로 팔면서 작게 출발했다고 한다. 지금은 다양한 사업체를 운영하고 있는데 회의실 아래에 있는 1층 창고도 알고 보니 린의 사업장이었다.

"여기에 있는 중국인들 대부분은 언젠가 중국으로 돌아갈 생각을 하고 있습니다. 나미비아에는 그냥 돈을 벌려고 온 것이죠." 하지만 적지 않은 중국인들이 이민자 지위를 얻기 위해 최소 금액인 3만 달러를 투자하고 변호사까지 고용하여 나미비아에 정착할 궁리를 하는 것도 사실이었다. 이제까지 이민을 신청한 사람들 가운데 300명가량이 성공한 것으로 알려졌다. "심사를 할 때 특별히 중국인들에게는 엄격한 잣대를 들이대는 것 같습니다." 린이 말했다. "우리가 실제로 공장을 여나 안 여나 조사하는 데 상당한 시간을 들이거든요."

린은 나미비아 정부의 깐깐한 심사가 부유한 백인 소수자들 때문이라고 보았다. 나미비아에 있는 백인들은 중국인들을 좋아하지 않는 데다 신규 이주자들과 경쟁해야 하는 상황에 위협을 느낀다는 것이었다. 린은 나미비아의 흑인들이 중국인들에 대해 편견을 갖도록 백인들이 조장한 측면도 있다고 말했다.

알고 보니 내가 린과 만나도록 자리를 만든 것은 허우의 계획이었다. 린의 동의가 없이는 나와 이야기를 나눌 수 없게 되어 있었기 때문이다.

중국에서 허우는 인민해방군에서 제대한 후 고향인 중국 북부의 허베이성을 이곳저곳 전전했다고 말했다. 가진 것도 없고 장래가 불투명한 농가에서 태어났기 때문에 처음에는 자동차 차고에서 일자리를 얻었다고 한다. "그런데 주변인들을 둘러보니 다들 그곳에서 뿌리를 박고 살겠다 싶었어요." 허우는 아프리카에 가야겠다는 생각을 하게 되었다. 그리고 나름의 조사를 한 끝에 나미비아로 가기로 결정했다. "돈이 없다 보니 중국에서는 좋은 일자리에 취직할 수가 없었습니다. 나란 놈에게는 어떤 가능성도 없는 듯 보였고요. 그러다가 나미비아에서 사업을 하는 사람들 이야기를 듣게 되었어요. 1만 나미비아달러(1,200달러)만 있으면 나도 부자가 되겠구나 하는 확신이 서더라고요."

그러나 생각만큼 쉽게 돈을 벌지는 못했다고 허우는 말했다. 처음 나미비아에 왔을 때는 비자가 만료될 즈음 때마침 가지고 온 돈이 바닥나 버렸고 출입국 경찰이 그를 찾아왔다. 친구들 몇몇은 뇌물을 주라는 조언을 했지만 허우에겐 그럴 만한 돈이 없었다. 또 일부는 변호사를 쓰라고 했지만 그럴 수도 없었다. 결국 허우는 중국으로 되돌아갔다. 낙담하기는 했지만 포기하지 않고 나미비아로 돌아가기 위해 돈을 모으기 시작했다. 가서 영세 자영업을 시작하면 나중에 더 큰 사업을 할 수 있으리라는 신념이 있었던 것이다.

두 번째로 나미비아에 왔을 때는 비자 만료 시점을 충분히 남겨 두고 변호사를 선임하고 인지대도 지불했다. 그런데도 경찰은 인정머리 없이 허우를 계속 귀찮게 했고 변호사도 이런저런 구실을 대며 돈을 뜯어 갔다. "내가 부패한 사람들에게 걸린 거였어요. 변호사는 판사와 유착되어 있어서 내가 준 대부분의 돈을 나누어 가졌는데 그 액수로는 만족을 못한 겁니다."

결국 허우는 추방을 피해 친구의 집에 숨어들었다. "경찰이 내 연락을 받는 사람을 모두 잡아들이기 시작했기 때문에 지인들에게 읍소하는 것도 그만둘 수밖에 없었어요." 올가미가 죄어 오는 바람에 일도 할 수 없어 허우는 끝내 중국으로 돌아가게 되었다.

나미비아에 사는 일이 그토록 가시밭길이었는데 굳이 머물려고 발버둥을 친 이유가 무엇인지 물어보았다.

"중국에는 공간이 있으면 도약하라는 말이 있거든요. 나미비아는 내 앞에 뛰어 오를 공간이 있는 나라였다고나 할까요."

허우는 다시 돈을 모아서 이듬해에 나미비아로 왔다. 이번에는 굳이 비자가 만료될 시점까지 기다리지 않고 출입국 관리관을 매수하여 조언을 구했다. "그는 내가 이 문제를 해결하려면 나미비아 여성과 결혼하는 수밖에 없다고 하더군요. 그래서 나는 신붓감을 찾기 시작했습니다." 사실 허우는 이미 중국에 아내가 있는 몸이었지만 중국 이주자들이 이민자 지위를 얻기 위해 현지 여성과 결혼하는 일이 점점 흔해지고 있었다. "많은 여성들을 만나 본 끝에 이 여자다 싶은 사람을 만났어요. 그래서 허베이성에 머물고 있던 아내에게 전화를 걸어 여기서 결혼을 해야겠다고 이야기를 했지요. 와이프는 사랑해서가 아니라 현실적인 이유 때문이라면 받아들이겠다고 하더군요.

우리는 전통 혼례를 성대하게 열었어요. 하객이 많이 와서 짐승도 여럿 잡고 마실 거리도 풍부하게 제공했습니다. 물론 좋은 집을 얻어서 같이 살기 시작했고요." 하지만 1년 정도 지난 시점부터 둘 사이에 문제가 생기기 시작했다. 나미비아 신부와 처가 식구들이 아이를 갖기 원했던 것이다. "나는 아이는 낳고 싶지 않았거든요. 내 고향에서 혼혈 아이를 바라보는 사람들의 시선도 겁이 났고요. 아이를 깔볼 것이 분명했습니다. 아내를 그리 사랑하지 않기도 했고요."

결혼 덕분에 허우는 안정적으로 이민자 자격을 얻었다. 그러자 그는 본처를 빈트후크로 데려오기로 마음먹었다.

"이때부터 진짜 곤란한 일들이 시작되었습니다." 허우가 말했다. "나미비아의 처가 식구들은 내가 거주 허가증을 얻으려고 계획적으로 결혼을 한 것이라고 이민국에 신고하겠다면서 협박을 하더라고요." 그들을 달래기 위해 나미비아 아내에게 신혼집과 상당한 돈을 쥐어주었다고 했으나 구체적인 액수를 밝히지는 않았다. "무슨 TV 드라마에나 나올 법한 이야기 아닙니까." 허우가 말했다.

그는 카투투라라는 지역으로 우리를 데려갔다. 초라하기는 해도 나름대로 정비가 되어 있는 빈트후크 시내에서 경계 지역에 이런 곳이 있으리라고 누가 상상이나 했을까. 카투투라는 온통 쓰러져 가는 판잣집으로 뒤덮여 있었다. 눈길이 닿는 한 햇빛을 받아 반짝거리는 함석지붕이 끝도 없이 펼쳐졌다. 좁은 골목길 이곳저곳에서 꼬마들이 놀고 있었고 인상적이게도 미용실이 꽤나 많았다. 대부분 초보 수준의 손 글씨로 간판을 내걸었는데 각 구역마다 한 자리를 차지하고 있었고 경우에 따라 다섯 집 가운데 하나 꼴로 미용실인 구역마저 있었다.

카투투라는 빈트후크에서 가장 최근에 형성된 주거지역이자 가장 가난한 지역으로 전기와 배관시설이 없었다. 빈트후크의 인구는 불과 23만 명으로 아프리카 다른 국가들의 수도와 비교해 규모가 작다. 하지만 농촌 지역에서 인구 유입이 계속되고 있어 아프리카의 다른 도시들과 마찬가지로 도시화가 급격하게 진행되고 있다.

비구름이 몰려들면서 하늘은 부드러운 파스텔 톤으로 변했다. 도로는 인근의 좁은 계곡으로 이어졌는데 허우가 작은 개울을 건너자 주변 환경은 곧 농촌 풍경으로 바뀌었다. 허우는 비탈에 차를 세우더니 경적을 울렸다. 그러자 채소밭으로 둘러싸인 언덕마루의 판잣집에서 20대의 건장한 나미비아 남성이 급히 뛰어나왔다.

허우는 밭에 들어가 콩과 양배추를 심은 밭고랑 사이를 바쁘게 오가면서 이파리가 누런 양배추가 보이면 나미비아 직원을 꾸짖었다.

"중국인을 시켜서 농장을 관리하면 한 달에 3,000이 드는데 흑인을 쓰면 불과 1,000이면 됩니다." 허우는 만족스럽다는 듯 말했다. 그 나미비아 직원의 경우 '기본적으로' 유능하다고 허우는 덧붙였다.

수줍은 성격으로 약간 해진 옷을 입고 있던 셰는 차에 탔을 때부터 시종일관 말이 없었다. 그러던 그가 처음으로 말문을 열었다. "채소가 정말 상태가 좋습니다. 그래서 허우의 사업이 그렇게 잘되겠지만요." 셰가 말했다. "심지어 백인들도 이 밭의 채소를 사기 시작했어요. 채소를 먹으면 해로운 물질이 우리 몸으로 들어오는 것을 막아서 건강을 지켜 주고 장수하게 해 줍니다. 이런 걸 흑인들은 왜 안 먹나 모르겠어요. 흑인들은 고기만 먹거든요."

몇 분 후 우리는 농장을 떠나 함석판 지붕을 얹은 판자촌으로 다시 돌아왔다. 허우는 회사의 경비원이 이 동네에 산다고 말했다. "애가 열 명이에요. 믿어지십니까? 한 달에 1,500을 버는데 월말이 되기도 전에 돈이 다 바닥나 버리기 일쑤예요. 그래서 늘 생활비를 저에게 꾸어 갑니다."

우리는 차에서 나와 판자촌을 걷다가 40대 후반의 키 큰 남자와 마주쳤다. 그는 힘차게 악수를 하면서 온화한 미소를 짓고는 자기 집 대문으로 안내했다. 그러자 무너지다시피 하는 방 두 칸짜리 집에서 아이들이 쏟아져 나와 우리에게 인사를 했다. 큰아이는 꽤 귀엽고 마른 몸매의 17세 소녀로 아버지에게서 큰 키를 물려받았다. 허우는 문법이 엉망인 영어로 큰딸에게 추파에 가까운 짓궂은 농담을 했고 아이는 킥킥 웃으면서 수줍어

했다. 아이의 엄마는 그런 모습을 출입구 쪽에 서서 지켜볼 뿐 앞으로 나서는 법이 없었다.

우리는 다시 차를 타고 허우가 소유한 넓은 대지로 이동했다. 대문도 달려 있고 앞서 둘러 본 농장보다 규모도 훨씬 컸지만 아직 작물을 심지는 않은 상태였다. 두 번째 땅에는 건물이 두 채 있었는데 하나는 되는 대로 지은 목재 빌라였고 다른 한 채는 저장고로 쓰기 위해 실용적으로 지은 상자형 건물이었다.

그때 두 번째 건물에서 민첩해 보이는 20대의 나미비아 남자가 나와 인사를 건넸다. 목과 팔에 커다란 자상이 있었는데 칼에 찔린 흉터로 보였다. 허우는 이곳으로 옮겨 오려고 빌라 내부를 서서히 보수하고 있는 중인데 최근에 강도가 들었다고 말했다. "빌라 안에 값어치 있는 건 전부 가져갔고 그것도 모자라 벽돌과 지붕 재료까지 뜯어 갔더군요." 허우는 마치 사업을 하는 데 치러야 할 작은 비용이라는 듯 이상할 정도로 차분하게 말을 이었다.

나는 허우에게 중국이 아닌 다른 나라에서 살려는 이유가 무엇인지 물었다.

"아시다시피 고향에 있는 내 친구들 중에는 차를 살 수 있는 사람이 거의 없어요. 기업의 대표가 된 사람도 없고요. 나는 이런 차와 사업을 얻기 위해서 중국 땅을 떠날 수밖에 없었습니다."

우리는 해가 떨어지기 전에 다시 작은 차이나타운으로 돌아왔다. 허우는 자기가 운영하는 슈퍼마켓 맞은편에 있는 집에 차를 세웠다. 그러자 집에서 뛰어나온 아이들 둘이 운전석 방향으로 달려가 깡충깡충 뛰면서 "아빠! 아빠!" 하며 반겼다. 그가 아내라며 소개한 여성은 근처에서 손빨래를 하다가 왔는지 양동이를 들고 서 있었다. 통통하고 평범한 옷차림이었고 다소 그을린 얼굴이었지만 혈색이 좋았다. 내가 짧게 중국말로 인사를 건넸지만 대꾸를 하지 않았다. 그러자 허우는 저녁 식사를 하러 나를 '중국인 클럽'에 데리고 가려던 참이라고 말했다.

어둠이 깔린 길을 달린 지 얼마 안 되어 허우는 차를 빈트후크 컨트리 클럽 앞에 세웠다. 대형 카지노 건물의 입구에는 라스베이거스 스타일의 네온사인이 과장되게 번쩍번쩍 빛났다. 허우는 다소 으스대는 걸음걸이로 나를 건물 안으로 데리고 들어가더니 구불구불하게 이어지는 계단을 올라갔다. 계단이 굽어진 곳에서 보니 장식이 온통 밝은 빨간색이었다. 보나마나 중국인들의 영역이었다.

셰 우(Chez Wou)라는 중식당은 도자기로 만든 사자상 둘이 입구를 지키고 있었다. 나미비아에 들어와 있는 중국인들이 주로 모이는 장소였다. 식당에는 빨간색 식탁보를 씌운 테이블이 30개쯤 있었고 그날 저녁에는 손님들이 세 팀밖에 없었다. 종업원이 메뉴판을 들고 오자 허우는 내게 주문을 하라고 권했다. 나는 사양했지만 허우는 계속 주문하라고 고집하면서 말했다. "드시고 싶은 거 전부 시키세요."

내가 메뉴를 살펴보고 있는 사이 허우는 가까운 테이블에 앉은 사람들과 사업 이야기를 나누었다. 허우의 대화 상대가 쓰는 문장이 조잡하기도 하고 몸에 안 맞는 해어진 옷을 입고 있기도 해서 저절로 시선이 갔다. "농사짓는 사람들이에요." 허우가 목소리를 낮추어 말했다.

그들은 시종일관 일꾼들에 대한 불평을 늘어놓으면서 흑인(黑人)이라는 표현을 계속 사용했다. 사실 나 같은 경우 중국인들의 이런 단어 사용에 워낙 익숙했다. 또 미국에서 쓰는 깜둥이(nigger)라는 단어와 같이 역사적인 맥락을 가진 단어가 아니기도 해서 그리 거슬린다고 생각하지 않았다. 그렇지만 인종차별적인 뉘앙스를 가진 것만은 부인할 수 없었다. 그들 중

누구도 아프리카인이라든가 나미비아인, 심지어 현지인이라는 표현을 쓰지 않았다. 중국인들은 언제나 흑인이라는 단어를 고집했다.

허우가 옆 테이블 사람들과 대화를 마쳤을 때 나는 나미비아가 앞으로 발전할 것이라고 보는지 물었다. 허우는 자신 있게 그렇다고 대답했다. 그러면 나미비아 국민들이 부유해질지를 묻자 잠시 생각을 하더니 우리 앞에 놓인 오이 볶음과 소금 친 땅콩을 집어 들고는 고개를 가로저었다. "어렵지 않을까요. 저는 부정적으로 봅니다. 이제까지도 그렇지 못했는데 과연 앞으로라도 부유해질까요?"

얼마나 더 해외에 머무를 생각인지도 물어보았다. 허우는 "중국으로 다시 돌아가지는 않을 겁니다"라고 무덤덤하게 말했다. "내가 왜 돌아가야 합니까?" 중국에서 견뎌 내야 하는 압박과 고난에 대한 한탄이 이어졌다. "그리 아름다운 생활이 아니지요." 허우는 이내 치솟는 집값과 토지 강탈, 지방정부의 모순적인 행동들에 대해 불만을 쏟아 냈다. 특히 공무원들의 부패는 기존의 모든 문제를 더욱 악화시킨다고 비난했다. "소농에게 땅이 없으면 어떻게 합니까? 더 이상 미래가 없는 가난한 사람일 뿐이지요."

앞서 허우와 셰가 나미비아의 부패 문제도 제기했었기에 중국의 상황이 특별히 더 나쁘다고 할 수 있느냐고 물었다.

"물론 나도 여기에 있는 사람들에게 뭔가를 갖다 바치기는 합니다. 그렇게 해야 일이 돌아가니까요. 그렇더라도 정도가 지나치거나 불쾌한 마음으로 주는 게 절대 아니거든요. 중국에서는 당이 언제나 사람들을 쥐락펴락합니다." 허우는 이렇게 말하면서 손을 내밀어 움켜쥐는 자세를 취했다. "언제나 돈을 쥐어 짜내고요."

허우는 식사 중에도 중국 사회에서 받는 압박감에 대해 말을 이어 갔다. 기업은 살인적인 경쟁을 벌인다, 미국에서 사생활이라고 부르는 개인적인 공간이 부족하고 물리적으로도 공공의 공간이 부족하다, 오염이 심각하다, 식품 안전이 문제다 하면서 허우는 깊은 한숨을 내쉬었다. 마지막 숟가락을 입에 넣고 배를 쓰다듬고는 나미비아에 온 후로 살이 10킬로그램 이상 쪘다고 말했다. 운동을 하는 편이 어떻겠느냐고 내가 제안을 하자 피곤한 기색으로 고개를 저으면서 말했다. "그럴 시간이 있어야지요."

중국의 높은 성장률이나 저지가 불가능해 보이는 부상은 이제 모두가 아는 이야기가 되었다. 하지만 이런 성장의 어두운 그림자 때문에 많은 사람들이 해외 이주를 선택하고 있다는 사실은 상대적으로 덜 알려져 있다. 허우와 같은 인물들을 만날 때마다 중국이 빠른 속도로 올라가는 에스컬레이터와 같지만 수많은 국민들이 올라타지 못했거나, 오르지 못했다는 사실을 스스로 느끼고 좌절감에 빠져 있음을 깨닫게 된다.

그렇게 중국을 벗어난 허우는 낯설고 새로운 환경 속에서 불확실하고 불안정한 삶을 살아가고 있다. 그의 집은 가게 바로 옆에 있는 누추하고 협소한 차이나타운에 있다. 나미비아에는 세계적 명소로 손꼽히는 해안가가 있지만 허우는 한 번도 가 보지 않았다고 했다. 이 나라에 있는 세계 최고 수준의 동물보호구역 역시 그는 가 보지 않았다. 자동차와 돈을 얻었는지는 몰라도 참으로 기묘한 모습의 성공을 이룬 것이다.

허우는 자기 아이들은 중국에 있는 학교를 보낼 것이라고 말했다. 아이들은 아프리카를 어떻게 기억할까? 자신들을 돌보아 주던 가정부를 제외하면 나미비아에 대해 어떤 기억을 가지고 있을까?

12월 30일에는 동생 제이미가 현재 머물고 있는 요하네스버그에서 비행기를 타고 날아왔다. 우리는 앙골라와 나미비아의 접경지역까지 700킬로미터가량을 직접 운전해서 가 보기로 계획했다. 접경지대에 위치한 오시칸고에는 가볼 만한 의미가 있는 중국인 공동체 한 곳이 있었다. 그곳의 중국인들은 석유 자원이 풍부하지만 부패가 심각한 앙골라 남부에 중장비와 트럭, 가전, 직물 등 온갖 서비스를 제공하는 거대한 사업을 하고 있다고 알려졌다.

아프리카 대륙 기준으로 보았을 때 나미비아는 준법 문화가 강한 나라이다. 앙골라인들은 거래를 위해 국경을 넘어 남쪽까지 차를 타고 왔고 오시칸고의 중국인들은 상대의 구미를 맞춰 줄 수 있는 사업 환경을 십분 활용하여 부를 축적했다. 하지만 오시칸고의 중국인 공동체는 사실상 접근이 불가능하고 외부인과 말도 섞지 않는다는 말이 들려왔다. 설사 대화를 나누게 되더라도 솔직한 이야기를 들을 가능성은 거의 없을 것이라는 경고도 이어졌다. 마침 국경 근처에서도 사업을 하고 있던 허우쉐청이 친절하게도 아는 사람 몇몇을 소개시켜 주기로 했다.

당시 제이미와 나는 모친상을 당한 지 얼마 안 된 시점이어서 장거리 자동차 여행을 빌려 우리 가족을 추억하는 시간을 가졌다. 이번 여행은 30여 년 전 성장기에 코트디부아르의 아비장에서부터 멀리 북쪽의 말리까지 차로 여행하던 추억을 되살리는 기회이기도 했다.

점심이 꽤 지나서 출발을 했고 이내 햇빛을 받아 원석을 뿌려 놓은 듯 반짝반짝이는 평평하고 탁 트인 도로에 접어들었다. 이따금씩 오랜 세월 풍화작용을 거친 산이 나타날 뿐 일직선의 2차선 고속도로에는 다른 차가 보이지 않았다. 덕분에 우리는 요란한 엔진 소리를 배경으로 대화를 나누었고 차를 타고 가고 있다는 사실도 잊을 정도로 몰입했다.

몇 시간을 달리자 갑자기 먹구름이 몰려들더니 순식간에 엄청난 양의 비를 쏟아붓기 시작했다. 마른 강바닥이 차올랐고 도로에도 몇 센티미터 높이로 물이 고였다. 바퀴가 미끄러져 속도를 낮출 수밖에 없었다. 종종 번개가 무섭게 내리쳤고 어두컴컴한 도로 저편에서 때때로 견인 트레일러가 돌진하듯 다가와 우리를 놀라게 했다.

저녁 10시쯤 우리는 추메브에 도착했다. 이 오래된 광산 도시는 아프리카에서 손꼽히는 야생 보호구역이자 수년 동안 TV 다큐멘터리의 단골 무대였던 에토샤 국립공원(Etosha National Park)으로 향하는 관문이었다. 또한 철도로 연결되어 있다 보니 남아프리카공화국이 기나긴 아파르트헤이트 시대에 앙골라의 마르크스주의 정부와 직접적, 혹은 대리인을 통해 대치할 때 집결지 역할을 했다.

우리는 휘발유를 넣으러 잠시 주유소에 들렀다. 거대한 차양을 덮은 급유장과 함께 내가 먹을거리와 카페인 음료를 구입한 대형 편의점은 미국의 장거리 운전자에게는 익숙한 풍경이었다. 주유소는 청소년들의 회합 장소이기도 했다. 편의점에서 간식을 산 아이들이 주차장을 어슬렁거렸고 스피커를 통해 쩌렁쩌렁 울려 펴지는 랩을 배경으로 수다를 떠는 동안 우리는 다시 길을 떠났다.

온당과에 도착했을 때는 이미 어둠이 짙게 내려앉아 있었다. 지도에 따르면 오시칸고와 국경까지는 아직 30분 정도 더 가야 했다. 온당과는 추메브보다 규모가 더 컸고 여러 중심부를 따라 건설되었다. 괜찮은 호텔도 더 많았고 특히 단층 건물들 사이로 타임스퀘어라는 인상적인 건물이 우뚝 솟아 있었다. 중국인이 소유하고 있는 쥐색의 이 신축 건물은 사무실과 상가가 입주해 있는 복합형 상가건물이었다.

다음날 아침 나는 몇몇 중국인들에게 전화를 돌렸고 저녁에 열리는 신년 축제에 초대를 받았다. 며칠 후 빈트후크로 돌아가면 인터뷰를 하기 위해 나미비아 상공회의소의 타라 샤니카 CEO에게도 전화를 했다. 뜻밖에도 샤니카는 내가 당시 머물던 곳에서 30킬로미터가량 떨어진 고향을 방문한 참이었다.

우리는 근처에 있는 오샤카티의 대형 국립병원 맞은편에 넓게 뻗어 있는 단층 쇼핑몰에서 만나기로 했다. 제이미와 나는 사람들이 바글거리는 KFC 앞에 주차를 했다. 신년 휴일을 앞두고 마지막 구매 기회를 놓치지 않으려는 사람들이 몰려들면서 매우 혼잡했다. 여기에 청소년들은 휴대폰을 들여다보면서 몰 주변을 배회하고 있었다. 서양의 시각으로 아프리카를 묘사할 때 거의 접할 수 없는 장면이다. 아프리카에도 분명 현대적인 상업이 발전하고 있고 미국식 모델이라고 일컬을 만한 소비자중심주의가 꽃을 피우고 있다. 내가 아프리카에 살았던 15년 전만 해도 타임스퀘어 같은 쇼핑센터가 매우 드물었지만 이제는 나미비아 북부의 인구도 얼마 안 되는 작은 도시에조차 이런 쇼핑몰이 들어서고 있다.

샤니카는 약속 시간보다 한 시간 늦게 흰색 벤츠를 몰고 나타났다. 우리는 좀 더 규모가 작은 쇼핑 단지로 이동해 윔피 레스토랑에서 점심을 해결했다.

샤니카는 바싹 자른 머리에 갈색 바지와 린넨 남방을 입고 있었다. 그는 권위 있는 말투로 속사포처럼 말을 이어 갔는데 도중에 블랙베리 휴대폰이 여러 번 울렸다.

"중국은 세계경제의 주역입니다." 샤니카가 말했다. "어떤 나라라도 중국산 제품이나 중국의 투자가 미치는 영향을 피해 갈 방법이 없어요. 산업적 기반이 튼튼하지 않거나 기업의 역사가 짧은 소국의 경우 중국 이민자가 미치는 영향이 특히 큽니다. 우리가 21년 전 독립을 하기 전에는 중국인들이 없었거든요. 심지어 중국 국적의 사람을 만나 본 적도 없어요. 물론 (중국이) 독립 투쟁을 하는 과정에서 우리를 도와주긴 했지만 그건 아프리카에 미개발 자원이 풍부하기 때문 아니겠어요? 중국의 정책은, 특히 무역 관계를 통해 우리를 사실상 지배하려는 것이 아닌가 생각합니다. 여기에서 이민이 중요한 역할을 하고요."

샤니카는 중소기업이든 대기업이든 대다수의 중국 기업들은 정부가 소유하고 있고, 이 기업들이 중국 정부가 자원에 접근할 수 있는 이점을 십분 활용하여 아프리카 전역에서 벌어지는 경쟁에서 우위를 차지하는 것이라고 말했다. "민간 기업마저도 수출 기업이라면 정부의 지원을 받고 있는 것 같습니다."

그는 중국 기업이 계약을 따내기 위해 상대가 도저히 이길 수 없는 가격을 써내 과당경쟁이 벌어지고 있다고 설명했다. 이전에도 같은 지적을 다른 사람들을 통해 여러 번 들은 바 있었다. "우리 힘으로는 인프라를 건설하지 못하는 것이, 우리가 2억을 써내면 저들은 1억을 써내 버리거든요. 물론 정부 입장에서는 돈을 절약할 수 있지만 그 나라의 민간 부문은 고사해 버리는 부정적인 결과가 발생하는 겁니다." 샤니카는 이를 해결하기 위한 방편으로 중국 기업이 아프리카 현지 기업과 합작법인을 설립하는 방안을 제시했다. "중국 기업은 우리 아프리카인들 손으로 사회를 건설하고 이 땅에서 부를 얻을 수 있도록 도와야 합니다. 그렇지 않으면 10년 안에 오로지 중국인들만 배를 불리고 아프리카인들은 여전히 가난을 면치 못하는 상황이 벌어질 거예요. 불행하게도 아프리카의 지도자들은 상황을 제대로 인식하지 못하고 있는 실정이에요."

샤니카는 중국의 영세 상인들이 어떻게 장사를 하는지 상세히 설명했다. 요즘 북쪽으로 향하는 도로변에서는 중국인들이 나미비아식으로 숯불을 피워 고기를 굽는 광경을 심심치 않게 볼 수 있다고 한다. 또 샤니카는 중국인들이 나미비아의 목각과 전통 의상 디자인을 베낀 후 중국에서 대량생산하여 현지의 공예 시장을 잠식하고 있다고 말했다. 이 역시 내가 방문한 지역마다 주요 불만 사항으로 지적된 내용이었다.

몇 달 전에는 중국인들의 상거래 관행에 분노한 나미비아인들이 들고 일어나 정부가 소기업 영역에 외국인 '투자'를 금지했지만 그마저도 감시가 느슨해지고 있다고 그는 지적했다. 특히 중국인들이 미용실을 열기 위해 투자자 비자를 취득하는 대목에서 반대 여론이 폭발 직전까지 치달았다. 노동부 장관이 나서서 나미비아에 들어와 있는 중국인들을 공격하지 말라는 간청을 할 정도였다.[44]

나는 샤니카에게 드래곤 시티(Dragon City)라고 알려져 있는 오시칸고의 중국인 거주지에 다녀올 계획이라고 말했다.

"거기 가면 100퍼센트 중국인들밖에 없다고 보면 됩니다. 중국인들이 우리나라에 와서 배타적인 목적으로 토지를 매입할 수 있다는 데 많은 사람들이 분개하고 있어요. 나미비아에는 드래곤 시티 말고도 독일인 마을인 스바코프문트라는 곳이 있거든요. 거기 가면 지나가는 사람이 온통 독일 사람들이에요. 독일인들은 마을에 자기네 학교도 따로 가지고 있습니다. 나미비아에는 이제 더 이상 그런 지역이 있을 필요가 없어요. 과거에 아파르트헤이트 정책 때문에 흑인들이 광업, 은행업, 보험업에 진입할 수도 없던 시기까지 겪지 않았습니까. 제 생각에는 이런 외국인들의 유입을 제한할 필요가 있어요. 나미비아에 좋은 일이 아니고 국민들의 미래를 위해서도 좋지 않습니다. 지금 제동을 걸지 않으면 머지않아 지역마다 차이나타운이 생기고 말거예요."

동생과 나는 드래곤 시티로 향했다. 떠나던 날 아침에 호텔에서 마주친 누군가는 우리가 전에 하룻밤 묵었던 온당과로 25킬로미터를 되돌아가서 오시칸고로 가는 도로를 타고 60킬로미터 정도 가면 된다고 일러 주었다.

새해를 하루 앞둔 오후라 그런지 교통 체증이 심했다. 제이미가 구글 지도를 들여다보더니 이동 거리를 훨씬 단축시켜 줄 만한 경로를 찾아냈다. 우리는 도로 상태도 좋고 한산하기까지 한 길을 질주했다. 이따금씩 정성스럽게 들장미 가시덤불로 구획한 마을을 지나쳐 갔다. 흙먼지가 이는 저 멀리에는 밝은색을 칠한 단순한 형태의 콘크리트 빌딩이 기발한 이름을 새긴 간판들을 달고 판매점, 이발소 등을 광고하고 있었다. 그런데 그리 오래된 건물이 아닌 듯했는데 완전히 버려진 상태였다. 대형 몰이 들어오고 현지에서 중국인 가게라고 부르는 상점이 우후죽순으로 생기면서 지역 상권이 무너지다시피 한 것이다.

세가 오시칸고에서 우리를 안내하기로 되어 있었기 때문에 운전을 하면서 그에게 전화를 걸었다. 도착하면 다시 연락을 하라는데 안내가 너무나도 간단했다. "그냥 중국인이 많은 곳이 보이시면 바로 거기거든요. 전화를 주실 때 모시러 가겠습니다."

몇 분 더 길을 따라갔는데 미끄러지듯 잘 닦여 있던 도로가 순식간에 끔찍한 악몽으로 돌변했다. 최근에 이 지역에 폭우가 내린 탓에 도로 곳곳에 구덩이가 생기고 빗물이 차 있었는데 한번 빠지면 거의 헤어 나올 수 없이 위험한 곳들이 군데군데 있었다. 설상가상으로 도로로 보기 힘들거나 아예 길이 사라져 버린 구간도 길게 이어졌다. 재앙과도 같은 도로를 빠져나오는 동안 인적조차 드물었다. 마침내 어떤 마을에 도착해서 그곳 주민에게 오시칸고로 가는 길을 묻자 조심스러운 기색으로 우리를 나무랐다. "우기인데 왜 그 도로를 탔답니까?"

우리는 마땅히 대답을 찾지 못했다.

얼마쯤 지나자 이번에는 길 위에 직경 20센티미터가량 돌출되어 있는 나무 그루터기를 미처 피하지 못해 차가 튀어 오르더니 요란한 소음을 냈다. 멈춰 서서 차를 살펴보자 바퀴의 테가 심하게 찌그러져 있었고 타이어도 고무가 한 뭉텅이 뜯겨 나간 상태였다. 어찌됐든 펑크가 나지는 않았기에 우리는 다시 길을 떠났고 도로 상태는 점점 더 나빠졌다.

벌써 해가 저물고 있어서 혹시 도로 위에서 어둠에 갇힐까 걱정이 되었다. 불행 중 다행으로 도중에 만난 마을 주민들이 농장을 가로지르는 지름길을 알려 준 덕분에 물이 심각하게 범람한 도로를 피해갈 수 있었다. 주민들이 알려 준 길로 10분 정도 달리자 다시 아스팔트가 깔린 훌륭한 도로가 나타났다. 애초에 체증이 있던 길을 그대로 타고 왔더라면 별일 없을 일이었다.

그리고 마침내 아름다운 위용을 뽐내는 오시칸고에 도착했다. 언뜻 보기에도 오시칸고는 자연적으로 형성된 마을이 아니라 초국가적인 전초기지였다. 나미비아도 아니고 앙골라는 더더욱 아닌 지역이었다. 더러 중국어 표지판이 보이고 중국 기업의 혈액과 같은 역할을 하는 중국 자본이 사방에 투자되어 있더라도 딱히 중국이라고도 할 수 없는 마을이었다. 초입에는 중국산 견인 트레일러, 토목 장비와 기타 중장비를 판매하는 거대한 창고가 있었다. 길을 따라가다 보니 그 도로가 마을에서 유일한 도로였다. 일직선으로 곧게 뻗은 도로의 가장자리에는 몇 미터에 하나씩 콘크리트 구(球) 형태의 장식이 있었다.

이제 우리는 셰가 일러 준 대로 그를 찾으려 했지만 어딜 가나 중국인이고 중국 상점뿐이어서 생각만큼 쉽지 않았다. 날은 저물고 있었고 해마다 마지막 날에는 상점이 문을 닫다 보니 우리는 마을 도로를 따라 계속 가는 수밖에 없었다. 종국에는 재무부 산하의 관세청 건물 문 앞에 당도했는데 장벽 너머로 앙골라가 보였다.

어쩔 수 없이 우리는 오던 길을 다시 돌아가 도로 양옆의 중국 상점을 자세히 살폈다. 자동차 부품, 건축자재, 가전 등을 엉터리 영어로 쓴 간판들을 달고 있었다. 다시 셰에게 전화를 하니 우리를 만나기로 한 단지에서 기다리는 중이라고 했다. 마침 전화 통화 중 처음 마주친 한 단지에서 중국인 여성들이 나오기에 전화를 바꿔 주고는 셰에게 우리가 있는 방향을 설명해 달라고 부탁했다. 우리는 셰가 있는 장소에서 가까운 곳에 있었다. 얼마 후 골목에서 손을 흔들고 있는 그를 만나 열려 있는 철문을 통과했다.

내부에 들어가니 많은 중국인들이 모여 대규모 연회를 즐기던 중이었다. 수십 명은 되어 보였는데 대부분 20대에서 30대의 젊은 사람들이었고 더러 커플도 보였다. 이들은 시원한 밤하늘 아래 빈트후크 라이트를 들이켜면서 쇠꼬챙이에 매달려 있는 돼지고기 훈제를 양껏 즐겼다. 셰가 나와 동생을 중앙으로 안내해 주었고 나는 사람들을 향해 "처음 뵙겠습니다" 하고 인사했다. 언제나 그렇듯 수군수군 숙덕이는 사람들이 보였지만 이번에는 유난히 반응이 차갑게 느껴졌다. 처음에 얼마간은 마치 우리가 외부에서 들어온 이물질이고, 이를 인지한 유기체가 면역반응을 보이고 있는 듯한 느낌이 들었다.

가장 좋은 옷으로 차려 입고 나온 다른 손님들과 달리 셰는 빛바랜 헐렁한 옷을 입고 있었다. 변색된 셔츠는 실수인 듯 버튼까지 반쯤 풀려 있었다. 셰는 모여 있는 손님들 가운데에 있는 주황색 의자로 우리를 안내하고는 음식과 음료를 억지로 권했다.

우리 바로 맞은편에는 요란하게 치장을 한 젊은 커플이 앉아 있었는데 사람들과 친밀하게 교제를 나누고 있었다. 그 둘은 지근거리에 앉아 마치 우리가 중국말을 알아들을 확률이 아예 없다는 듯 대놓고 이러쿵저러쿵 말을 했는데 불편한 기분이 들었다.

어색한 상황을 바로잡으려고 둘에게 중국말로 말을 걸었다. 그러자 여자 쪽은 크게 놀라는 반면 남자는 이참에 자신을 과시할 기회라고 생각했는지 뒤죽박죽인 영어로 말을 걸어왔다. 중국어로 대답을 하지 않았을 뿐만 아니라 내가 중국어로 말을 걸었다는 사실조차 인정하지 않으려는 듯했다.

더 이상 대화를 나누어 봐야 감정만 상할 뿐이라는 생각이 들어 일찍 자리를 뜰 궁리를 했다. 마침 우리는 그 지역에서 열리는 다른 신년 파티에도 초대를 받은 상황이었다. 처음 찾은 장소는 실패였으니 다음 갈 곳은 그래도 낫겠지 하며 스스로 위안을 삼았다.

셰는 우리를 한 남자에게 소개시켜 주었는데 거의 굽실거리다시피 했다. 이곳 중국인 공동체의 최고참으로, 말하자면 오시칸고의 회장이었다. 오시칸고에 중국인 거주지를 설립한 두 사람 중 한 사람으로 이름은 천칭핑이라고 했다. 천은 50대 후반의 건장한 남자로 머리숱이 많고 까맸으며 노란색 테니스 셔츠에 나이키 운동화를 신고 몸체가 상당히 큰 롤렉스 시계를 차고 있었다.

그는 이름 옆에 간단하게 '회장'이라고만 쓰여 있는 명함을 내밀며 20년 전 친구들에게 5만 위안(약 8,000달러)을 빌려 오시칸고에 왔다고 말했다.

"처음 여기에 왔을 때는 마을에 아프리카인이 500명밖에 없었죠." 천이 힘 있는 목소리로 말했다. "그때 나는 거의 텐트나 다름없는 아주 작은 공간에서 살았는데 폭우가 내리면 소와 염소들이 떠다니기도 했습니다. 그래도 앙골라에서 늘 나를 찾아오는 고객들이 있었기 때문에 크게 개의치 않았어요. 앙골라는 여전히 전쟁 중이어서 총성이 오가는 상황이었거든요. 그렇지만 전쟁 중이었기에 내게 기회가 있다는 사실을 잘 알고 있었지요. 또 사업이라는 게 어떻게 돌아가는 줄을 아니까 대출을 받는 것도 크게 개의치 않았고요. 그렇게 해서 1년 후 큰돈을 벌었습니다."

아프리카에 오기 전에는 상하이 근처의 장쑤성에서 20년 동안 제조 회사의 관리자로 일했다고 한다. "거기서는 집 한 채 살 만한 돈도 없었습니다. 이윤이 남는 대로 공산당에 갖다 바쳐야 하니까요. 중국의 체제는 당을 위한 것이지 기업인을 위한 것이 아닙니다. 무슨 일이 일어나든 언제나 당만 배를 불리지요."

그때 나이가 좀 더 들고 그을린 한 남자가 쭈뼛쭈뼛 다가오더니 우리 대화에 조용히 끼어들었다. 술을 과하게 마신 것 같았으나 천이 말을 함부로 하지 못하도록 제지하려는 것만은 분명했다. 중국인들이 어떻게 나미비아를 바꾸어 놓았는지 중얼거리다가 상하이에 대해 두서없는 말을 쏟아 놓았다. 뜻대로 말이 안 나오자 천에게 단호한 어조로 정치 이야기는 하지 않는 것이 좋겠다는, 슬쩍 들어온 경고를 했다.

그러자 천은 자신이 일으킨 많은 사업에 대해 자랑을 늘어놓기 시작했다. 그는 거의 모든 업종에 발을 담그고 있는 듯했다. 나미비아 부유층이 선호하는 투자 대상인 목장까지도 소유하고 있었다. 천은 다른 사실로도 자기 성공을 가늠할 수 있다면서 나미비아에 살고 있는 가족이 무려 53명이라고 자랑스럽게 말했다.

한껏 치장을 하고 퉁명스러운 태도를 보이며 우리 근처에 앉았던 젊은 남자가 알고 보니 천의 아들이었고 오시칸고의 사업을 물려받기로 되어 있었다.

"나는 얼마간 여기 더 있다가 중국으로 돌아갈까 합니다. 중국은 이제 형편이 나아졌거든요. 빨리 발전하고 있기도 하고요. 내가 처음 여기 왔을 때는 오히려 나미비아가 중국보다 잘 살았습니다." 천이 웃으면서 말했다. "여기에서 나는 상당한 부자가 되었지만 중국에 가면 별 볼일 없는 존재일 뿐이에요."

나미비아에 들어와 있는 중국인이 너무 많아서 우려스럽지는 않은지 물어보았다.

문제는 중국인들 숫자가 아니라 그들의 행동이라고 천은 말했다. 새로 이주하는 사람들은 대부분 저소득층인데 야망은 큰 반면 세련되거나 예의를 갖추고 있지 않다는 것이다. "현지 언어를 배우려는 노력도 하지 않습니다. 주위 사람들에게도 마음 내키는 대로 오만하게 행동을 하고요."

천은 예를 들어 자신이 나미비아 노동자들 가운데 도둑질한 사람을 잡으면 큰 문제를 삼지 않고 넘어간다고 말했다. "그런데 여기 온 지 얼마 안 되는 사람들 중 일부는 구타를 하는 경우도 있거든요. 자신이 애써 저축을 해서 여기까지 와서 투자를 했는데 그런 꼴을 본다는 생각에 화를 내고, 또 자기 마음대로 제재를 가할 수 있다고 여기는 겁니다."

이번에는 범죄가 왜 큰 문제가 되고 있는지 물어보았다.

"아프리카인 열 명 중 아홉은 도둑질을 한다고 보면 됩니다." 천이 말했다.

천이 내 차를 주차해 놓은 차도까지 같이 나왔기에 혹시 중국 정부가 이런 변경의 수출 지역에서 하는 사업까지 지원을 하는지 물어보았다. 그는 웃으면서 중국의 국영은행이 무역 관련하여 지원하는 저리의 대출을 받으라고 계속 권하고 있다고 대꾸했다. "대출 조건이라는 게 말도 안 될 정도로 단순합니다. 서류 제출을 거의 할 필요도 없고요." 천이 말했다. "중국에는 지금 돈이 넘쳐 나는데 전부 미국 달러로 가지고 있거든요. 어떻게 해야 할지 주체를 못하는 돈이 너무 많은 겁니다."

중국 거주지를 보면서 제이미와 나는 수백 년 전 유럽인들이 서아프리카 해안을 따라 설립했던 해외 상관(comptoirs)이나 보관소를 떠올렸다. 번쩍이는 새 물건이 외부인들의 시선을 사로잡듯, 식민지 건설에 주요한 역할을 했던 이런 지역들은 낯선 방식으로 아프리카인들의 흥미를 끌었던 식민지의 전신(前身)으로 기능했다. 아프리카인들의 욕구를 창출하고 이에 따라 시장을 형성했다. 또 때가 되면 신용을 늘리고 대출도 해 주었다.

유럽인들은 전면적인 식민지 정책을 펼치기에 앞서 종교를 통해 토착 주민들의 이념을 순화하고 힘의 균형에 변화를 주기도 했다. 즉 현지에서 유럽인들의 숫자를 늘리고 특히 요새나 개틀링포(세계 최초의 기관총 - 역자 주)를 통해 방어를 강화한 것이다. 아프리카인들이 자신들의 안위에 무슨 변화가 생겼는지 깨달았을 때에는 이미 대부분의 지역에서 손을 쓰기에 늦어 버린 상황이었다. 이는 나이지리아의 작가 치누아 아체베(Chinua Achebe)가 식민지 과정을 그린 고전 소설 『모든 것이 산산이 부서지다(*Things Fall Aport*)』를 관통하는 주제이기도 하다.

"그 백인 남자는 머리가 아주 좋았어." 소설 속의 영웅 오콩코는 말했다. "남자는 자기 종교를 앞세워 조용히, 평화적으로 접근했지. 어리숙하게 구는 모양이 재미있어서 우리 곁에 머물도록 했거든. 그런데 이제는 우리 형제들과 가족들이 사분오열되고 말았어. 그가 우리를 하나로 묶고 있던 끈을 끊어 놓아서 우리는 무너지고 말았지."

물론 지금 아프리카에서 일어나고 있는 일들이 이와 유사하기는 해도 동일시하기까지는 무리가 있다. 중국도 자국이 새로운 식민자가 절대 아니라며 강하게 반발하고 있다. 하지만 내가 들른 나미비아 모든 지역에서 현지인들은 중국인들에게 영향력을 빼앗기고 있다고 토로했다. 외국인 노동자와 상인들이 나미비아로 몰려들어 노동법을 위반하고 있고 나미비아의 독립 투쟁 정신을 계승한 정부조차 외부인이 계약을 딸 수 있도록 방어막을 쳐 주고 있는 실정이다. 앞서도 보았듯 이런 불만들은 아프리카 대륙에 팽배해 있다.

머물고 있던 호텔의 청년들 일부가 온게디바 인근에 있는 베니의 엔터테인먼트 파크(Benny's Entertainment Park)에서 열리는 새해 전야 행사에 같이 가자며 우리를 초대했다. 동생과 나는 자정이 되기 직전에야 물웅덩이가 있는 입구 근처의 구역에 주차를 할 수 있었다. 차에서 내려 보니 10대에서 20대 초의 학생들이 입장을 위해 길게 줄을 서 있었다. 얼마나 많은 사람이 모였는지 오밤볼란드에서 열리는 연중행사로는 최대 규모라고 단언할 수 있었다. 오밤볼란드는 앙골라와 나미비아의 국경과 평행하게 자리 잡은 좁고 비옥한 지역으로 그날 밤에는 주민 전체가 나와 있는 듯했다.

외딴 지역임에도 젊은 친구들이 최신 유행에 따라 옷을 입어 파티 장소의 풍경이 낯설지 않았다. 여자아이들은 스키니 바지나 반짝거리는 치마에 가슴골을 한껏 강조했다. 데이트 상대가 없는 남자아이들은 눈에 띄게 남자다움을 과시하며 어슬렁거렸다. 일부는 렌즈가 커다란 짙은 색 선글라스를 쓰거나 머리를 금발로 염색하기도 했다. 이 아이들 중 상당수는 부유한 중산층 출신으로 부모들이 빈트후크에 있는 학교로 유학을 보내 수도에 머물다가 기나긴 크리스마스 연휴를 맞아 집으로 돌아온 것이었다.

굳게 닫힌 입구 앞에서 대기하는 시간이 길어지자 기다리던 사람들 일부가 몸을 앞으로 밀기 시작했다. 그러자 안전 요원들이 나타나 경찰봉으로 사람들을 가격했다. 여자아이들은 비명을 질렀고 안전 요원 근처에 있던 사람들은 매를 피해 도망갔다. 자정이 되자 폭죽이 터지기 시작했지만 우리는 여전히 문 밖에 서 있었다. 마침내 입장이 가능해져 들어가 보니 거대한 복합건물에는 사람들이 떼 지어 몰려다니고 있었고 바가 여러 군데에 설치되어 있었으며 초가집과 불빛을 비춘 커다란 수영장도 보였다.

문득 정신을 차려 보니 나는 카메라를 들고 있었고 제이미는 카메라에 노트북 가방까지 들고 있었다. 설상가상으로 나는 전대를 풀어놓고 나온 다는 걸 깜빡하고 차고 나와 현금으로 5,000달러가량을 소지하고 있었다. 인파를 헤치고 걸어가는데 별안간 광대 같이 과장된 표정을 한 남자가 제이미 앞에 불쑥 나타나더니 왼쪽 오른쪽으로 움직이며 진행을 방해했다. 나는 즉시 강도짓을 벌이려는 행동임을 간파했다. 강도들은 보통 2인 1조로 움직였고 둘 중 한 사람이 광대 역할을 하며 시선을 분산시켰다.

그때부터 일이 매우 빠르게 돌아갔다. 제이미에게 조심하라고 말할 틈이 없었기 때문에 내가 신속하게 앞으로 나가 광대에게 내가 지켜보고 있다고 알리며 심각한 표정을 지어 보였다. 동생은 공범의 존재를 인지하고선 두 남자에게 소리를 질렀다. "주머니에서 손 치워, 개자식아!"

네 남자가 엉켜서 엎치락뒤치락하는 형국이 잠깐 이어졌다. 하지만 사건은 순식간에 벌어졌다가 또 순식간에 끝나고 말았다. 강도질이 실패한 것이다.

우리는 그날 파티의 백미라던 미인 대회에 늦고 말았다. 건물 뒤편에서 무대를 향해 다가갔는데 마침 5명에서 3명으로 최종 수상자가 압축되던 시점이었다. 미인 대회가 그저 얼굴과 몸매에 대한 것만은 아님을 보여주기 위해 차례대로 후보 인터뷰를 진행했다.

키가 크고 마른 몸매에 거무잡잡한 피부가 빛을 받아 일렁이던 한 후보에게 질문이 갔다. 진행자는 자신감 있는 미소를 짓고 있는 후보에게 최근 멀리 있는 코트디부아르에서 치러진 대선으로 빚어진 혼란에 대해 물었다. 오랜 기간의 내전 이후 대선이 치러졌지만 두 명의 후보가 서로 당선을 주장하고 있는 이 사태를 어떻게 해결하면 좋겠느냐는 질문이었다.

"저라면 국민들의 뜻을 존중하기 위해 다시 한 번 선거를 치르겠습니다." 현명한 대답이었다.

대회는 최종으로 선택된 후보자에게 왕관을 씌우는 것으로 끝이 났다. 그야말로 미국의 대중문화를 완벽하게 흉내 낸 행사였다.

미인대회가 끝나자 현지의 랩 그룹이 재빠르게 무대로 뛰어 올라갔다. 악마 형상의 마스크와 검은색 가운을 입은 래퍼들은 무대 양옆을 오가면서 손을 이쪽저쪽으로 바쁘게 움직이는 동작을 했다. 이곳 음악이었지만 랩이나 댄스는 미국의 BET(Black Entertainment Television) 프로그램에 딱 맞을 듯했다.

그날 대부분의 시간을 중국의 신식민지에 대해 생각을 하며 보냈다. 온통 서양의 문화로 넘쳐 나던 하루의 끝은 아프리카판 '카트만두의 비디오 나이트'로 막을 내렸다. (피코 아이어의 저서 『카트만두의 비디오 나이트(*Video Night in Kathmandu*)』참조 - 역자 주)

이후 이틀 동안 우리는 농촌의 절경을 차로 둘러보았다. 때때로 폭우가 내리칠 때는 그렇지 않아도 성치 않은 타이어가 제발 잘 버텨 주기를 간절히 기도했다. 주변 풍경은 오랜 세월 풍화된 산에서부터 건조한 구릉지의 관목에 이르기까지 다양한 지형으로 시시각각 변했다. 그 와중에 보석과도 같은 독일인 마을이 나타났고 그중 한 곳에서 하루를 묵기도 했다.

이 은둔의 장소에 거주하는 사람들은 백인 정착민들의 후손들이었다. 선조들의 문화를 담고 있는 오래된 건물들이 아직 남아 있어 마치 잃어버린 유적지에 와 있는 느낌을 주었다.

자동차 여행의 막바지에는 오랜 시간을 들여 고지대 사막의 메사를 올라갔다. 광활한 사막의 황야 지형은 데스밸리(Death Valley)에 온 것처럼 공기가 뜨겁고 건조했다. 도로 바깥에는 나미비아의 주요 수입원이 되고 있는 세계 최대 규모의 노천 우라늄 광산이 곳곳에 펼쳐졌다. 최근에는 중국 측에서 이곳 광산의 하나를 사들이기도 했다.

마지막으로 우리는 해안 쪽으로 30킬로미터 정도 이동하여 스바코트문트를 방문했다. 약 100년 전에 독일인들이 세운 인구 4만 2,000명 규모의 부유한 휴양도시이다. 스바코트문트 방향으로 잘 닦인 2차선 도로를 타고 가다 보니 교통량이 주로 반대 차선에 집중되어 있다. 휴일을 맞아 환상적인 해변과 모래언덕에서 햇볕을 즐긴 백인들이 다시 빈트후크로 돌아가는 행렬이었다. 나미비아에는 더 이상 아파르트헤이트가 존재하지 않는다. 그러나 휴가를 즐기는 장소가 서로 철저하게 대비된다는 사실은 인종 간의 분리가 여전함을 단적으로 보여 준다. 휴가철이 되면 흑인들은 일제히 북부로, 백인들은 남부로 달려가는 것이다.

그날 도시에서 내가 만난 사람은 카우코 니시카쿠라는 전기기술자였다. 대형 광산 기업에서 일하고 있는 니시카쿠는 나미비아에 들어와 있는 중국인들을 드러내어 놓고 비판했다. 우리는 구름 한 점 없는 맑은 날에 해변의 레스토랑에서 점심을 같이 먹었다. 남대서양이 내려다보이는 식당이었는데 고래도 종종 볼 수 있는 장소로 알려져 있었다.

니시카쿠는 나미비아의 일부에 불과한 흑인 전문가 계층에 속하는 사람으로, 명료하면서도 열정적으로 나미비아에서 중국인들의 존재와 그들의 사업 관행이 점차 두드러지고 있다고 지적했다. 그는 인종차별주의자가 아니었고 원칙적으로 중국인들에게 불만을 가진 사람도 아니었다. 앞서 다른 사람들에게도 누차 들었듯 니시카쿠 역시 중국 측에 자원을 팔아넘기고 부패했으며 나라의 향후 비전을 제시하지 못하는 정부를 비난했다. 그는 위키리크스(WikiLeaks)가 나미비아와 관련하여 폭로한 유명한 문건을 언급하면서[45] 중국 관료들이 금액은 알려져 있지 않은 채무를 탕감해 주는 대가로 5,000명의 여권과 중국 국적의 이민자를 허용하는 거래를 했다고 말했다.

"만약 폭로된 문건의 내용이 사실이라면 농촌에서 우리 민속 제품의 판매를 장악해 버린 중국인들만 비난할 수 없겠지요." 그가 말했다. "나미비아의 중소기업을 망가뜨리고 중산층의 성장을 저해하고 있는 사태의 책임은 결국 정부에 있으니까요."

위키리크스의 문건을 들지 않더라도 중국인들은 뇌물의 수수와 노동법을 위반하면서 꾸준히 계약을 따냈다고 니시카쿠는 말했다. 중국인들은 정치 지도자들에게 선물 공세를 펼쳤는데 대부분은 나미비아의 독립 전쟁을 승리로 이끈 정부 여당의 남서아프리카인민기구(SWAPO) 소속이었다. 독립 전쟁이 승리를 거두는 데는 중국인들의 지원도 한몫을 했다.

"고위급 정치인들의 자녀들에게 장학금을 주는 이야기를 들어본 적 있습니까?"[46] 니키카쿠가 물었다. "수혜자 가운데는 대통령의 딸도 포함되어 있어요. 아이들을 중국에 유학 보내 주는 겁니다. 이런 제도는 우리 정치인들에게 영향력을 행사하기 위해서 제공하는 정치적 특혜의 일부에 불과합니다. 정상적인 나라라면 이런 사안에 대해서 강경하게 대응해야 하는 것 아닐까요? 미국에서 비슷한 사건이 벌어지는 걸 상상할 수 있습니까? 여기서는 문제가 드러나더라도 그걸로 그만입니다."

니시카쿠는 장학금 스캔들은 나미비아에 진출한 중국의 새로운 세력들이 영향력 확대를 위해 펼치는 수많은 수단 중 하나일 뿐이라고 일축했다.

"정치인들은 우리가 지구촌 시대에 살고 있고 모든 이들과 협력을 해야 한다고 말을 합니다. 중국이 주는 많은 혜택을 누려야 한다고도 말하고요. 그런데 저 개인적으로는 확신이 서지 않습니다. 조건이 언제나 중국인들에게 유리하게 설정되어 있거든요. 우리 노동법의 예를 들어 볼까요. 나미비아의 노동법은 매우 엄격하고 정부가 채용, 임금, 근로조건 등을 규제

합니다. 그런데 중국 기업에는 우리 노동법이 전혀 적용되지 않아요. 어찌 됐든 예외가 적용되는 겁니다.

노조는 나미비아의 모든 사람들에게 불만을 쏟아 내는 집단입니다. 상당히 현실적이면서도 공격적인데 어찌 된 일인지 중국에 대해서는 아무 얘기도 안 합니다. 그걸 보면 이면에서 거대한 세력이 움직인다는 생각이 들고요. 자기 이권을 보호받기 위해서 지도부에 뇌물을 주는 거겠죠."

나는 니시카쿠가 언급한 나미비아의 대형 노조들이 사실상 SWAPO와 연계되어 있는 조직이라는 점을 익히 들어 알고 있었다. 이런 관계는 아프리카에서 흔히 발견되며 특히 독립 전쟁을 승리로 이끈 정당이 집권을 하고 있는 경우 그 경향이 더욱 두드러졌다.

니시카쿠가 짐작하고 있는 사안들을 어떻게 확인할 수 있을지 물어보았다. 이제껏 봐 왔듯 중국은 아프리카에서 다른 나라의 내정에 간섭하지 않는다는 주장을 되풀이해 왔다. 니시카쿠가 알려 준 연락처를 가지고 나는 다시 빈트후크로 돌아가 허버트 아우흐를 만났다.

아우흐는 1980년대에 독일에서 나미비아로 이민 온 사람으로 노동자원연구소라는 싱크탱크의 설립자이자 선임연구원이었다. 그의 연구소는 특별히 나미비아에서 일어나는 중국의 고용 관행을 집중적으로 연구했다. 나는 나미비아에 진출한 다른 외국인 기업도 많은데 굳이 중국 기업에 관심을 둔 이유가 무엇인지 물었다.

그는 중국의 관계자들이 SWAPO와 맺은 정치적 관계 덕분에 이런저런 특별 대우를 받았다면서 정부의 말을 인용했다. "정부는 노동자들이 지나친 요구해서는 안 된다면서 우리나라에 중국인들이 들어와 있는 것에 대해서 만족하라고 말합니다. 서로 간의 문화 차이를 넘어 멀리 바라보라고도 하고요. 놀라운 건 정부의 이런 주장이 중국 대사관에서 하는 말과 거의 동일하다는 사실입니다."

중국의 고용자와 나미비아 노동자들 간에 긴장이 고조되자 나미비아의 주요 노조가 건설 분야의 중국 기업 고용 관행에 대한 연구를 의뢰했다고 아우흐는 말했다. 그런데 보고서에 비판적인 내용이 담긴 것으로 전해지자 노조가 돌연 소극적 자세로 돌아섰다고 한다.

"갑자기 보고서 내용에 관심을 접고 논조를 완화해 주기를 원하는 듯 보였습니다." 아우흐가 말했다. "아마 이 문제를 잡음 없이 해결하라는 요청을 뒤에서 받은 것 같았어요." 보고서에서 연구소는 다음과 같은 사항을 지적했다.

"중국 건설사들은 자의적인 기준에 따라 노동자의 생산성을 평가하고 임금을 책정한다. 법에서 정한 임금의 3분의 1밖에 지급하지 않는 경우가 종종 있다는 사실을 발견했으며 일부 사람들은 새로운 형태의 식민지가 시작된 것으로 인식하고 있을 정도이다. 만약 중국 기업의 조치를 나미비아의 기업이 했다면 바로 엄중한 단속을 받았을 것이다. 흥미롭게도 중국인들은 나미비아 법에서 정한 최저임금을 지급하지 않는다는 사실을 굳이 부인하지 않는다. 그런데도 정부는 흔쾌히 응찰을 허용하고 있다니 용납하기 어렵다."

보고서가 나온 후 아우흐는 빈트후크의 중국 대사관을 방문하게 되었다. "중국 측에서는 매우 유감이라면서 내가 제대로 이해를 하지 못하고 있다고 하더군요. 중국의 투자는 시간이 갈수록 증가할 것이고 중국인들은 여기에 착취를 위해 온 것이 아니라고 했습니다." 그가 말했다.

이에 대해 파울루스 물룽가는 사뭇 다른 견해를 제시했다. 물룽가는 준수한 외모에 예리한 분석력을 가진 청년으로 중국의 장학금 지원으로 베이징에 있는 중국지질대학에서 수학한 뒤 6개월 전 나미비아로 돌아왔다. 물룽가의 표현을 빌리자면 그는 '사업하는 가문' 출신으로 차를 마시러 만났을 때에도 흰색 남방을 말쑥하게 차려입고 있었다. 검고 매끈한 피부에 눈은 빛났으며 나이에 비해 목소리가 중후했다.

물룽가는 자신이 중국에 간 이유를 설명했다. "연간 10퍼센트의 성장을 이루는 비결이 궁금했거든요. 나미비아와 중국의 경제가 어떤 차이가 있는지도 보고 싶었고요. 중국인들에 대해서 알고 싶은 생각도 있었습니다." 중국에서 3년을 머무는 동안 중국어를 배워서 공부를 할 수 있을 정도의 수준까지 이르렀다. 그는 거기서 낯선 이들이 빤히 응시하는 시선을 어떻게 무시하는지 배우기도 했고, 술집이나 파티에서 물리적인 충돌을 마다 않고 일부러 인종적인 발언을 미끼로 던지는 사람들에게 걸려들지 않는 법도 익혔다고 한다. 그래도 외롭고 고통스러운 시기만은 아니었다고 한다. 베이징에서 체류하는 동안 중국인 여자 친구들과 즐거운 추억을 만들기도 했다는 것이다.

물룽가는 중국에 호의적이었고 양국의 관계에 대해 대체로 낙관적인 의견을 드러냈다. 요즘에는 때때로 다양한 중국 기업과 일하고 있고 앞으로도 이 분야에서 경력을 계속 쌓아 갈 계획이었다. 그러니 중국에 호의적인 태도를 취할 수밖에 없는 입장에 있기도 했다. 그렇더라도 그의 대답이 진정성 있고 성실했다는 사실은 부인할 수 없다.

"중국과 사업을 할 때에는 문화를 이해하는 것이 중요합니다." 물룽가는 말했다. "혹시 누크테크(Nuctech) 이야기를 들으셨는지 모르겠습니다만, 중국인들을 이해하지 않으면 이런 일이 더 일어날 수 있습니다. 굉장히 까다로운 사람들이고 언제나 신뢰의 문제가 발생합니다. 하지만 그들을 이해하면 최소한 더 나은 기회를 얻을 수 있겠지요."

누크테크는 공항의 검색 장비를 판매하는 중국 기업으로 최근 나미비아에서 대형 계약을 따내기 위해 뇌물을 건넨 혐의를 받고 있었다. "누크테크는 검색 장비를 나미비아 정부에 부풀린 가격에 판매하였고 이 과정에서 뇌물이 오갔습니다." 물룽가는 말했다. "장비를 5,500만 달러에 납품했는데 원래 가격은 4,000만 달러이니 차이가 제법 큰 셈입니다."

사실 누크테크 사건은 단순한 흥밋거리 이상의 의미가 있었다. 이 회사의 CEO가 후진타오 주석의 아들이었는데 곤혹스럽게도 후 주석의 아들은 스캔들과 관련한 조사를 위해 나미비아에 출석을 요청받기까지 했다. 중국에서는 한동안 이 사건과 관련된 논쟁을 잠재우기 위해서 검열 당국이 인터넷에서 검색되는 나미비아와 관련된 모든 정보를 차단하기까지 했다.[47]

나는 물룽가에게 누크테크 사건이야말로 중국인들의 아프리카 급습과 관련된 회의주의자들의 주장이 옳다는 사실을 증명한 것이 아닌지 물었다.

"중국과의 관계는 우리에게도 득이 됩니다." 그는 주장했다. "중국은 인프라를 건설해 주고 병원을 지어 주고요, 대출도 해 줍니다. 저는 전반적으로는 낙관을 하는데, 다만 조심할 부분은 있다고 봅니다. 우리를 도와주기는 하지만 대가가 없는 것도 아니고 또 호의만으로 하는 행위도 아니니까요. 우리가 그들에게 줘야 할 것들이 있다는 거지요. 우리가 아무것도 줄 수 없다면 호의를 왜 베풀겠습니까. 그래서 일부 법을 그들 편의에 맞게 완화하기도 하고 그들 방식으로 입찰을 조정해 주기도 하는 겁니다. 일견 불공정하게 들리고 저도 그런 방법을 좋아하지는 않습니다만, 우리가 달리 무슨 일을 할 수 있을까요? 이 땅에서 일어나는 부당한 일들을 넘어 중국인들이 우리에게 어떤 이익을 가져다주는지 이해할 필요는 있습니다.

중국이 아니라면 이룰 수 없는 개발을 아프리카 국가가 성취할 수 있도록 해 주거든요.”

물룽가의 낙관론은 별다른 선택 사항이 없다는 말로 들렸다.

“만약 나미비아가 중국과 협력을 하면 한 20년 후 우리는 다른 아프리카인들과 협력했을 때보다 더 많은 기회를 얻을 수 있으리라고 생각합니다.” 그가 말했다. “아프리카의 힘만으로는 이룰 수 없는 일이거든요. 세상은 빠르게 움직이고 있습니다. 이런 세상에서 우리가 어떻게 교육을 받을 수 있을까요? 어디에 가서 자본을 얻어 올까요? 이미 다른 이들과 협력을 추진해 보았지만 결국에는 소외되었습니다.”

지난번 나미비아에 왔을 때 만났던 노조 운동가인 저스티나 조나스는 일반인 출신이어서 별달리 정치적인 후광을 가지고 있지 않았다. 조나스가 속한 노조의 노조원들은 중국의 한 대형 건설사가 법정 임금을 지불하지 않자 쟁의를 벌였고 결국 승리를 거두었다.

서른 살의 조나스는 달변으로 호감을 주는 인물이었다. 간소한 지부 사무실로 들어섰을 때 그녀는 검은색 레오타드 상의에 커다란 은 귀고리를 하고 있었다. 부드러운 미소를 띠고 있었지만 말을 할 때마다 서글픔이 묻어났다. 조나스는 아주 우연한 계기에 노동운동을 시작했다고 한다.

“1999년에 건설 회사의 사무 보조로 일을 했었거든요. 그때는 정말 아무것도 몰랐어요. 그런데 제가 말을 잘해서 그런지 (남아프리카공화국) 더반에서 열리는 노동 컨퍼런스에서 우리 노조를 대표해서 발언을 할 기회를 얻었거든요. 여성을 대표해서 참석시킨 것 같았는데 거기에서 완전히 눈을 뜨게 되었고 많은 것을 배웠습니다.”

조나스는 젊은 노조원으로서 나라 곳곳을 둘러보았고 수도로 돌아온 후에는 그동안 정치적으로 조심스러운 행보를 보여 온 노조에서 무시할 수 없는 존재로서 이름을 날리게 되었다. 최근에는 특히 중국의 부당한 노동 관행과 관련한 불만 사항들을 다루면서 명성을 얻었다. 하지만 정작 자신은 중국인들에게 적대적이지 않다고 말했다.

"우리는 중국이 우리와 함께하기를 원하고요, 또 우리의 권리를 신장시켜 주기를 바랍니다. 실질적으로 기술을 이전해 주기를 바라고도 있고요."

"중국인들은 나미비아에서 일자리를 창출하고 있지 않습니까?" 내가 물었다.

"일부분은 사실이에요." 조나스가 말했다. "하지만 사람들을 고용할 때는 노동자들에 대한 사회적인 책임도 져야 하거든요. 중국 기업에 고용된 사람들은 나미비아에서 가장 심하게 착취를 당하는 축에 속합니다. 나미비아 노동법상 최저임금이 시간당 9나미비아달러(95센트)인데 중국인들은 적게는 시간당 2나미비아달러(21센트)의 임금밖에 주지 않아요. 우리가 중국인들을 덮어놓고 반대하는 것이 아니에요. 이런 임금으로는 누구도 살아갈 수 없기 때문에 우리 법을 지켜 달라는 겁니다."

조나스를 처음 만났을 때에는 그녀가 속한 노조에서 중국의 건설사와 나미비아 노조 간 관계를 개선할 목적으로 마련한 컨퍼런스의 여파가 아직 남아 있었다. 당시 건설업계 전반에서 파업이 일어날 분위기였다. 컨퍼런스에서 노조 대표자들은 미래 세대의 이익을 보호해야 한다며 중국의 건설사들이 나미비아의 법을 준수해 줄 것을 요청했다고 조나스는 전했다. 그러자 한 중국인 연사가 일어나서 나미비아의 노동자들은 게으르다는 불만을 공공연하게 제기했다고 한다. "그 중국인은 단호하게 나미비아인들은 일하는 방법을 모른다면서 자신들은 앞으로 돈 받을 만한 가치가 있어 보이는 사람들에게 임금을 지급하겠다고 말하더군요." 분노에 찬 고성이 오가자 중국 측 대표가 일어나서 발언했다. "당신들이 원하는 바를 말하는 것은 자유지만 우리는 해 줄 것이 없소."

"나미비아에 이런 태도를 가지고 들어오는 사람들은 용납할 수가 없습니다. 남의 집에 들어와서는 자기들이 하고 싶은 대로 하다니요." 조나스가 말했다.

그렇게 조나스와 처음 나눈 대화가 끝날 무렵 그녀는 심각한 무기력함과 좌절감이 든다고 털어놓았다. 그러면서 혹시 미국의 대학에 들어갈 만한 자리가 있는지 알아봐 주겠냐고 물었다. 만약 조나스가 떠난다면 아프리카 대륙에서 일어나는 두뇌 유출의 또 다른 사례가 될 것이었다. 조나스와 대화를 나눈 지 얼마 지나지 않아 나미비아의 히피케푸니에 포함바 (Hifikepunye Pohamba) 대통령은 독립을 쟁취할 때 중국이 도와준 사실을 잊은 국민들이 불평하기에만 바쁘다고 공개적으로 발언했다. 대통령은 중국인들은 앞으로도 나미비아를 떠나지 않을 것이므로 국민들이 불만을 극복해 내야 한다는 말로 연설을 마무리했다. 특히 마지막 부분의 당부가 상당수 나미비아인들의 분노를 자극했다.[48]

2011년 3월, 대형 중국 건설사에서 일하던 500명의 나미비아 건설 노동자들이 법정 임금의 절반밖에 받지 못했다면서 작업을 중단하는 사태가 벌어졌다. 해당 중국 기업은 오히려 노동자들이 불법 파업을 벌이고 있다며 고소를 하는 초강수를 두었다. 결국 기업이 승소했고 파업 노동자 전원이 해고되기에 이르렀다.

사건은 여기에서 끝나지 않았다. 해고된 노동자들이 가두시위에 나선 것이다. 나미비아처럼 조용하고 국민들 사이에 공감대가 잘 형성되어 있는 나라에서는 보기 드문 일이었다. 게다가 시위자들은 대통령이 냉소적인 태도로 "불평하기에 바쁘다"고 했던 말을 인용하며 편파적인 태도를 보인다고 비판했다. 또한 많은 시위자들은 "우리가 중국인들에게 빚지고 있다면 갚아 버리자. 그리고 우리 법을 준수하게 하자"라는 플래카드를 들었다. 이런 농성은 정부의 폐부를 찔렀다. 결국 대통령의 보좌진들이 사태 해결에 나섰다. 해고 노동자들은 복직되었고 제대로 임금을 지급하겠다는 약속을 받아 냈다. 정부는 사태 해결을 위해서는 농성을 중단해야 한다는 점을 분명히 했다.

"왜 중국인들이 관련되면 모두가 민감해지는 걸까요?" 조나스가 내게 물었다. "당신이나 나나 답할 수 없는 문제이겠지요."

제이미와 나는 사흘 동안 느긋하게 운전을 해서 요하네스버그에 닿았다. 하루는 나미비아와 보츠와나의 국경에서 내 생애 가장 많은 별들을 구경하며 잠이 들었다. 우리는 아프리카 전역에서 가장 인구밀도가 낮은 지역을 모험 삼아 다녀 보았는데 마을이 나오더라도 간격이 매우 먼 경우가 대부분이었다. 타조와 비비가 지나갔고 가끔 땅돼지가 우리 시선을 붙잡는 정도였다.

마침내 남아프리카공화국에 들어서자 처음으로 어느 정도 규모가 있는 마을이 나왔는데 제루스트라는 곳이었다. 황량한 서부를 연상케 하는 완벽한 변경 도시로 나미비아의 북부와 크게 다를 바 없었다. 차이가 있다면 규모가 좀 더 크다는 정도였다. 나는 심(SIM) 카드를 사러 잠시 도로에 차를 세웠다. 둘러보니 도로변 상점 거의 대부분이 중국인 이민자들 차지였다. (나중에 알고 보니 거의 대부분의 이민자들이 최근에 이주한 사람들이었다.) 나는 호기심에 가게 한 곳에 들어가 보았다. 20대로 보이는 젊은 아기 엄마가 아이를 데리고 QQ로 중국에 있는 친구들과 대화를 나누고 있었다. 계산대는 두 명의 남자 형제들이 지키고 있었다. 내가 가게 주인이랑 대화를 나누고 있는데 제이미가 나를 찾으러 들어왔다. 주인이 제이미를 보더니 짧은 영어로 이곳에서 외국인이 중국어로 말을 건 것은 처음이라고 했다. "외국인이라니! 처음이야!" 그는 신이 나서 크게 외쳤다.

외국인이라는 말이 얼마나 아이러니한지 잠시 할 말을 잃었다. 그리고 세상이 얼마나 완벽하게 뒤바뀔 수 있는 시대에 살고 있는지를 새삼 돌아보았다.

▌에필로그

어떤 너그러운 자선 행위도 후원자의 진정한 동기가 무엇인지를 따져 봤을 때에야 정확한 이해를 할 수 있다.

아프리카에서 세력을 확장한 중국은 이제 자신들의 프로젝트가 불과 얼마 전까지 이 대륙에 영향을 미쳤던 서양의 제국주의와 전혀 공통점이 없다고 주장하는 단계까지 이르렀다. 앞서 살펴보았듯이 중국 당국은 이런 주장의 설득력을 높이고자 아프리카 대륙에 대한 중국의 관여와 관련하여 독특한 수사를 발전시켰다.

그럼에도 한 가지 인정해야 하는 사실은 역사상 모든 제국주의는 그 나름의 독특한 특성을 갖는다는 것이다. 이런 맥락에서 보면 오늘날 중국이 아프리카에서 수행하고 있는 모든 사업은 과거에 유사한 작업을 했던 다른 열강의 행위와 분명히 구별된다. 앞으로도 계속 논의가 될 문제는 과연 오늘날 우리가 아프리카에서 목격하고 있는 중국의 행위에 제국주의라는 꼬리표를 붙일 수 있는가이다.

개인적으로 제국주의는 필연적으로 외세의 지배와 관련이 있으며 그 지배를 당하는 사람들이나 통치 형태에 상당한 변화를 주어 서서히, 혹은 단번에 저항 능력을 상실하게 하는 결과를 낳는다고 본다. 피터 두스(Peter

Duus)는 『주판과 칼(*The Abacus and the Sword*)』에서 19세기 말 시작된 일본의 조선 침략을 다루면서 제국주의에는 "사회 혹은 국가가 힘이 약하고 조직력이 떨어지거나 발전이 더뎌 외부에서 침입할 때 자기방어가 불가능한 희생자가 필요하다"[49]라고 기술했다.

에릭 홉스봄(Eric Hobsbawm)의 『제국의 시대(*The Age of Empire*)』에는 서양의 역사적 경험에서 발견한 이런 예시가 소개되어 있다. "1876년에서 1915년 사이에[50]대여섯 개에 불과한 나라들이 전 세계 4분의 1에 해당하는 영토를 식민지로 구분하거나 재구분했다."

이 과정을 두스는 다음과 같이 설명했다.

산업화는 유럽과 나머지 국가 간 기술 분야의 균형을 뒤흔들어 놓았다.[51] 이러한 불균형에 힘입어 유럽은 그토록 빠른 시간 안에 정복과 지배를 할 수 있었던 것이다…아프리카, 남아시아와 동남아시아, 오세아니아의 사람들은 서양의 군대가 연발하는 소총과 개틀링포에 거세게 저항했지만 결국 서양의 상인들이 들여온 방적기가 생산한 면사 앞에 무릎을 꿇고 말았다. 원거리 시장의 침투는 정치적인 지배와 연관이 있었다.

많은 사람들은 일본이 총검을 겨누며 아시아 대륙을 손에 넣으려 했던 시도와 서양이 세계시장 확보, 정복, 궁극적으로는 지배하기 위해 기울인 여러 시도 사이에 어떤 유사성이 있는지 의아해 할 것이다. 중국 정부 역시 종종 나름의 합리적 근거를 가지고 중국의 아프리카 포용 정책이 식민지와는 무관하다고 주장한다. 게다가 지금까지 중국 정부가 걸어 온 행보는 분명 평화적이었고 대부분의 아프리카 지역에서 현지 정부의 환영을

받기까지 했다. 물론 이런 밀월 기간이 끝났다는 징후가 점점 증가하는 것은 사실이다.[52]

이 대목에서 제국의 본질이 시간이 지날수록 환경이 변화함에 따라 급격하게 바뀌었다는 점을 기억할 필요가 있다. 16세기와 17세기 초를 예로 들면 포르투갈, 스페인, 영국, 네덜란드는 제국주의 교역소를 세계 곳곳에 설치하면서 해외 영토나 주민들을 지배해서는 안 된다는 인식을 거의 갖고 있지 않았다. 한 세기 뒤에 증기기관, 철도, 특히 선진 무기 체계의 개발로 유럽과 비유럽 간 기술 격차가 크게 발생하면서 유럽인들은 홉스봄이 지적한 격렬한 쟁탈전을 벌일 수 있었고 어떤 측면에서는 쟁탈전이 불가피하기도 했다.

서양의 후기 제국주의 역사를 보아도 마찬가지이다. 완전히 명백한 식민지도 존재했지만 간접적 통치나 영향권, 다양한 유형의 보호국이 있었고 서양이 중국을 지배하면서 특별히 고안해 낸 조계(concession)라는 외국의 상업 및 행정적 통치 구역 등 지배 유형이 매우 다양했다.

이처럼 식민지의 유형이 천차만별이지만 중국의 아프리카 관여를 넓은 범주의 역사적 조류와 연결 지을 만한 중요한 특징들은 분명 존재한다.

특히 후기에 드러난 제국주의에서 일관적으로 발견되는 특징은 쟁탈전을 벌이는 열강들이 정치 및 경제적으로 경쟁을 벌였다는 점이다. 중국은 패권과 연계 지을 만한 세계 지배의 야망을 전혀 품고 있지 않다고 부인하지만 세계적으로 우위에 서기 위해 누군가와 힘을 겨루는 것은 사실이다.

아프리카 대륙 곳곳에서 이런 징후가 포착된다.[53] 중국 정부는 자국의 진출과 힘, 관대함과 배려를 당장 가시적이고 지속적으로 드러내도록 대형 프로젝트를 주로 수행해 왔다. 중국이 아프리카 대륙에 경기장 42곳과 병원 54곳을 건설했다는 주장이 그 예이다. 2013년 6월 중국의 공식 영자신문 「차이나데일리(*China Daily*)」는 트위터에서 중국의 이런 정신을 간결하게 표현했다. "지난 10년간 중국의 대아프리카 투자액은 7,500만 달러에서 29억 달러로 증가했으며 대륙 어디에서나 중국의 영향력을 찾아볼 수 있다."

자신감 있고 친절한 저우위소 주잠비아 중국 대사는 자기만족에 빠진 나머지 중국이 이런 상징적인 경쟁을 얼마나 중요하게 생각하고 있는지 간접적으로 드러낸 적이 있다. 저우 대사는 루사카 주변을 미국 대사와 둘러볼 기회가 간혹 있는데 미국 대사의 경우 자국의 프로젝트라고 가리킬 만한 사업이 그리 많지 않아 미안한 마음을 감출 수 없었다는 것이다.

"미국에서는 투표소마다 현지인들을 고용해서 참관인 자격으로 배치를 하지 않습니까." 저우 대사는 비웃는 듯 웃으면서 말했다. "그 외에 어떤 일을 하고 있나요? 사람들에게 지속적으로 감동을 주고 그 사회를 위해 오래 기능하는 도로, 학교, 병원을 (미국이) 지은 걸 한 번도 본 일이 없군요. 아마 선거 인력을 훈련시키는 게 미국의 최대 기여가 아닌가 합니다."

대사의 말을 끝났을 때 나는 혹시 에이즈 퇴치를 위한 대통령 비상계획(PEPFAR)이라는 미국의 프로그램을 들어본 일이 있는지 물었다. 그는 고개를 저었다. 나는 미국이 2004년 이래 PEPFAR를 통해 잠비아에서만 15억 달러를 HIV 퇴치에 사용했고 덕분에 감염률이 지난 10년 동안 급격하게 떨어졌다고 일러 주었다. 이러한 미국의 자금 지원에 힘입어 50만 명에 달하는 잠비아인들이 항레트로바이러스 치료를 매일 받을 수 있게 되었다는 사실도 덧붙였다. (물론 다른 나라의 경우와 마찬가지로 미국이 가진 의도 역시 따져 볼 필요가 있다.) 저우 대사는 그저 고개를 끄덕이기만 했다.

중국의 경쟁 추구와 국익의 추구는 아프리카의 언론에 막대한 금액을 투자하는 것에서도 드러난다. 국영방송사인 CCTV는 아프리카 대륙의 주요 채널로 올라서기 위해 나이로비에 제작센터를 설립했다. 신화통신 역시 아프리카의 이동통신사들과 손잡고 모바일 기기를 통한 뉴스 서비스를 시작했다. 「차이나데일리」는 아프리카 대륙 전역을 겨냥한 「아프리카 위클리(*Africa Weekly*)」를 선보였다. 이와 더불어 중국 정부는 프랑스의 어학 교육센터 알리앙스 프랑세즈(Alliance Française)나 독일문화원인 괴테인스티튜트(Goethe-Instituts)와 비슷한 역할을 하는 '공자학원'을 아프리카 전역에 설립하도록 자금을 대고 있다. 공자학원이 표면적으로는 중국어 교육 기관임을 내세우고 있고 실제로 아프리카인들이 어학 교육을 통해 혜택을 누리기도 하겠지만 이면에 있는 영향력 확대라는 구태의연한 목적을 간과해서는 안 된다.

그 외에도 중국의 아프리카 활동 가운데 과거의 제국을 연상시킬 만한 특성들은 더 있다. 세계가 기억하기로 제국주의가 가장 광적으로 치닫던 시기는 18세기 중반~19세기 초이다. 당시 열강은 무기뿐만 아니라 전례 없이 증가한 세계무역을 적극 활용했다. 서양의 새로운 제조 중심지는 신시장을 개척하고 자국이 생산한 제품을 팔아야만 경제성장을 이어갈 수 있었다. 이를 위해서는 새로운 인프라의 건설이 필수적이었다. 오늘날 우리는 항만, 철도, 도로, 전 세계 수도의 도심으로 자리 잡은 행정구역이 사실은 자국의 이익을 추구하려는 서양 열강에 의해 대대적으로 건설되었다는 점을 잊고 있다. 제조업 강국이었던 열강은 생산된 제품을 유통시킬 장소가 필요했고, 한편으로는 그 제품을 생산하기 위해 먼 지역에서 원자재를 들여와야 했다. 이런 맥락에서 볼 때 경제적으로 자급자족 수준에 머물다 불과 한 세대 만에 소위 세계의 공장으로 부상한 중국이 인구 면에서나 경제적으로 세계에서 가장 빠르게 성장하는 아프리카에서 야심 차게 인프라를 건설하고 있는 것은 결코 우연이 아니다. 여기에 아프리카는 전 세계에 매장된 천연자원이 집중되어 있는 지역이기까지 하다.

그런데 과거의 제국주의적 행태를 가장 극명하게 확인할 수 있는 분야는 인적인 활동, 곧 이주라고 생각한다. 최근 얼마나 많은 중국인이 아프리카에 정착했는지 누구도 그 규모를 알지 못한다. 100만 명이라는 추정치가 있고 나도 이를 인용하기는 했지만 100만 명조차 보수적인 계산이라는 지적이 있다. 앞으로 이 수치가 계속, 그것도 급격하게 증가하리라고 보는 편이 타당할 것이다. 아프리카에 이렇게 대규모로 중국인이 몰려드는 것은 이주를 통한 제국 건설의 오랜 역사에서 마지막 장을 장식할 공산이 크다.

포르투갈은 16세기 초 멀리 떨어져 있는 모잠비크에 정착민들을 보냈다. 본국에서는 대대적인 관리를 하는 대신 정착민들에게 기대는 저렴한 방식으로 무역을 할 만한 새로운 시장을 개척하고 포르투갈의 국익에 보탬이 되도록 위장했다.

이와 유사한 최근의 예로는 1930년대 초 일본을 들 수 있다. 일본은 인구가 중국의 10분의 1에 불과한데 상점 주인, 기업인, 농업 이민자 등을 포함한 100만 명의 국민을 중국 북부인 만주로 보내 정착시켰다. 당초 일본 정부는 "식민지 사회를 더욱 완전하게 장악하도록 도울 새로운 '대륙의 일본' 세대를 창출하기 위해"[54] 총 500만 명을 중국으로 보낼 계획이었지만 현실화시키지는 못했다고 루이 영(Louis Young)은 『일본 제국(*Japan's Total Empire: Manchuria and Culture of Wartime Imperialism*)』에서 기술하고 있다.

지금까지 든 예시가 서로 경우는 다르지만 중국과 아프리카의 관계를 이해하는 데 모두 중요한 시사점이 되고 있다. 오래 전 포르투갈인들은 현대적인 식민 지배와 비슷한 구상에 미처 이르지 못했음에도 먼 땅에 디아스포라(diaspora, 집단 이주민-역자 주)를 보내는 일이 유용하다는 것을 이해하고 있었다. 우호적인 교역 네트워크를 구축하고 정치적 영향력을 확대하며 고국의 복잡한 문제를 해결하기 위해, 소외 계층에게 부와 구원을 얻을 기회를 베푸는 식으로 정착민을 보낸 것이다.

중국인들이 이런 디아스포라의 개념을 누구보다 더 잘 이해하고 발전시켰다는 점에는 의문의 여지가 없다.

내게는 어떤 면에서 일본의 사례가 가장 설득력 있게 다가온다. 물론 도발을 하기 위해 던지는 말이 아니다. 제국주의 일본과 중국의 동북부로 건너간 일본의 이민자들은 만주 땅이 비옥하고 풍요가 무궁무진한 땅이라는 신화를 품고 있었다. 게다가 이 땅은 텅텅 비어 있다시피 했고 누군가가 현대적인 기술로 경작해 주기를 고대하고 있었다. 제국주의 정부는 중국인들이 '고통을 먹는다'고 말하는 것과 비슷한 맥락에서 불굴의 정착자들을 미화했다.

물론 중국의 아프리카 이주를 일본의 군국주의에 비유할 수는 없다. 지금까지는 상당히 모호한 하향식 접근에서 이주가 이루어졌다는 점밖에 이야기할 수 없다. 사실 중국인 이주자들에게 아프리카 정착과 관련된 이야기를 들으면서 인상적이었던 대목은 이들이 모잠비크, 세네갈, 나미비아 등에 정착하면서 거의 무계획적인 삶을 살아가고 있다는 사실이다. 어떤 거대하거나 정교한 계획 아래 움직인다는 단서는 찾기 어려웠다. 하지만 의도된 것이냐 아니냐는 그리 중요한 문제가 아니다. 가나인들은 어느 날 자고 일어나니 수천 명의 중국인 이주자들이 몰려와 가나의 알짜배기 금광산을 불법적으로 점유하고 농촌을 파헤친 데다 토양을 오염시켰음을, 특히 이 과정에서 지방 공무원과 경찰에게 뇌물을 주었다는 사실을 깨닫게 되었다. 분노에 찬 가나인들의 말마따나 결국 중요한 것은 결과인 것이다.

▌감사의 말씀

이 책은 2007년 중국과 아프리카의 관계를 다루던 「뉴욕타임스」의 기사에서 단초를 얻어 한 권의 책으로 발전하게 되었다. 처음 작업을 시작할 때만 해도 이토록 길고도 고통스러운 여정이 이어지리라고는 전혀 예상치 못했다. 당시의 편집인들과 함께 작업을 한 기자들에게 감사를 드리며 특별히 판웬싱과 리디아 폴그린에게 고마움을 전한다.

이듬해에 나는 1986년 이래 주로 특파원으로서 몸담아 왔던 「뉴욕타임스」를 떠나 컬럼비아 대학 언론대학원에서 교수직을 맡게 되었다. 그리고 얼마 지나지 않아 「애틀랜틱」으로부터 아프리카에서 중국의 부상에 대한 심층 보도 제안을 받았다. 따라서 잡지에서 편집을 맡아 함께 작업했던 돈 펙에게 큰 도움을 받았다.

열린사회연구소는 아프리카에서 중국의 부상을 조명한 「애틀랜틱」의 보도를 높이 평가하여 2010~2011년에 내가 연구원으로 일할 수 있는 기회를 주었다. 이 책을 집필하는 과정에서 어마어마한 이동이 수반되었고 이 같은 프로젝트는 재단 측의 아낌없는 지원이 아니었다면 시도조차 불가능했을 것이다. 초반부터 지속적으로 응원해 주고 인내하며 면밀한 논의를 진행해 준 리어나드 베날도와 스티븐 허벨에게 감사의 인사를 전하고 싶다. 두 사람의 도움은 이후의 모든 작업을 가능케 한 촉매제 역할을 했다.

처음에는 현장에 나가 이 책만을 위한 작업을 홀로 수행한다는 데 어색함을 느끼기도 했다. 그러나 전작인 『사라지는 상하이(Disappearing Shanghai)』, 그리고 상하이의 길고도 뜨거웠던 여름을 함께해 준 왕자오 덕분에 충분히 이겨 낼 수 있었다. 이 책의 작업을 시작하기 직전에 첫 번째 책을 마무리하는 과정에서 중국의 서민 가구를 방문하여 일상을 촬영할 수 있도록 설득하는 작업을 거쳤다. 그 여름 내내 거의 하루도 빼놓지 않고 알지도 못하는 사람의 집 앞에 찾아가 문을 두드렸다. 그렇게 부딪치는 과정에서 조금씩 조금씩 자신감을 얻어 나중에는 따로 연습하지 않고도 길고 즉흥적인 대화를 중국어로 나눌 수 있게 되었다. 그때의 경험은 이 책의 집필을 위한 인터뷰에도 녹아들어 있다.

운 좋게도 내게는 여러 위대한 언어를 가르쳐 주는 선생님들이 있었다. 중국어를 가르친 왕자오는 수업이 있던 여름날 아침마다 나를 혹독하게 몰아붙였지만 인간적인 애정과 재치 있는 유머도 잊지 않았다. 후일 왕자오는 대학원에서 언어학을 더 공부하기 위해 뉴욕으로 건너왔고 내게 중국어를 계속 지도해 주기도 했다. 이 책을 위해 수많은 인터뷰를 진행했을 때 왕은 내가 믿고 의지하는 친구로서 원고의 일부를 표준 중국어로 번역하는 친절을 베풀기도 했다.

이 책을 집필할 때 단연코 가장 큰 도움을 준 사람은 리전이었다. 수년 동안의 우정은 물론이고 그녀가 연구자로서 보여 준 끈기와 진실함, 지혜에 온 마음을 다하여 감사를 드린다. 「뉴욕타임스」 상하이 지국장 시절 나는 대학을 갓 졸업하여 사회 경험이 없던 리를 채용했는데 내가 이제까지 내렸던 최고의 결정이라고 자부한다. 리는 이후 고향인 청두에서 일을 하면서도 내가 아프리카에서 기나긴 여행을 하는 동안 매우 흥미로운 유형의 중국인들을 여러 명 소개시켜 주었다.

나의 현명한 친구들 피터 로젠블럼과 대니얼 샤프스타인은 초고를 읽고 긴요한 피드백을 아끼지 않았으며 필요할 때는 건설적인 비판으로 도움을 주었다.

선이팅은 컬럼비아 대학원에서 만난 가장 인상적인 학생으로 현재 서아프리카에서 기자로 활동하고 있다. 선 역시 친절하게도 원고에 도움을 주었고 번역과 관련한 확인 작업을 도와주었다. 또 원고의 일부분에 대해 통찰력 있고 중요한 제언들을 아끼지 않았다. 또 다른 학생인 조안나 치우도 원고의 일부를 읽고 예리한 피드백을 해 주었다.

감사하게도 많은 사람들이 이 책의 신뢰도를 높일 수 있도록 도움과 조언을 주었지만, 그럼에도 불구하고 발견되는 모든 오류와 부족함은 전적으로 나의 책임이다.

많은 친구들이 나를 지원해 주고 또 부족함을 받아들여 주었으며 고된 작업을 이어 갈 수 있도록 응원해 주었다. 이들 덕분에 고립감을 비롯한 여행의 짐이 한결 가벼워졌다. 특별히 티에빌레 드라메, 에릭 카벤데라, 프란시스 파틴데, 파니 라리아, 애런 리프, 조나스 매스좁, 패트릭 슬라빈에게 따뜻한 감사의 말씀을 드린다. 이 밖에도 많은 지인들이 나의 긴 여정을 위해 기꺼이 시간을 내어 통찰력과 동지애를 발휘했다. 러브니스 카브웨, 클레어 맥두걸, 팍스 음완딘기, 마가노 은잠불라, 마르타 은후마이오, 그리고 이름을 밝힐 수 없는 많은 친구들에게 고마움을 전하고 싶다.

또한 하와이의 흉부외과 전문의이자 친구인 벤 버그에게도 감사의 인사를 잊을 수 없다. 10대 이후 우정을 쌓아 온 벤은 내가 아프리카 동부와 남부에서 수 주일 동안 호흡기 질환으로 괴로움을 당할 때 스카이프로 경과를 지켜봐 주었다. 한번은 워낙 기침이 심해 늑골이 부러지는 바람에 모잠비크 북부의 작은 병원에 잠시 입원한 적도 있었다. 당시 나를 진찰해 주고 올바로 처치를 해 준 아고스틴뇨 박사에게도 깊은 감사의 인사를 드린다.

나미비아, 보츠와나, 남아프리카 여행을 함께해 준 동생 제이미에게도 인사를 전하고 싶다. 어린 시절에 이어 또다시 같이 여행을 하면서 소중한 추억을 나눌 수 있었다.

끝으로 삶의 발자취를 나누어 준 수많은 중국인들과 아프리카인들에게 큰 감사의 인사를 드리고 싶다. 그분들이 아니었다면 이 책은 세상에 나올 수 없었을 것이다.

1. "New Challenges Arise as China-Africa Ties Deepen," *Oxford Analytica*, 2013년 1월 21일. http://www.oxan.com/Analysis/DailyBrief/Samples/CHINA-AFRICATies.aspx?WT.mc_id=TWT

2. David Shambaugh, 박영준 · 홍승현 옮김, 『중국, 세계로 가다: 불완전한 강대국』, 아산정책연구원, 2014.

3. Lucas Kawa, "The 20 Fastest Growing Economies in the World," *Business Insider*, 2012년 10월 24일.

4. *World Population Prospect, the 2010 Revision*, United Nations Department of Economic and Social Affairs.

5. 주 2 참조.

6. Michael Cohen, "China's EXIM Lend More to Sub-Saharan Africa than World Bank, Fitch Says," *Bloomberg*, 2011년 12월 28일.

7. "Tracking Chinese Development Finance to Africa," http://aiddatachina. org/. 2011년 중국 정부는 지난 수십 년간 전 세계에 377억 달러의 공적개발원조(ODA)를 제공했다고 주장. 이에 대하여 다음을 참고. Deborah Brautigam, "Rubbery AidData Numbers Surface in Beijing," *China in Africa: The Real Story*, 2013년 5월 16일.

8. "African Trade to Surpass EU, US," *China Daily*, 2012년 10월 13일.

9. Jack Farchy and Javier Blas, "Chinese Buying Drives Copper to Record with More Rises Expected," *Financial Times*, 2010년 11월 12일.

10. "Africa Continues to Grow Strongly Despite Global Slowdown, Although Significantly Less Poverty Remains Elusive," press release, World Bank, 2013년 4월 15일. http://www.worldbank.org/en/news/

press release/2013/04/15/africa-continues-grow-strongly-despite-global-slowdown-although-signifi cantly-les-poverty-remains-elusive

11. Shantayanan Devarajan and Wolfgang Fengler, "Africa's Economic Boom: Why the Pessimists and the Optimists Are Both Right," *Foreign Affairs*, 2013년 5~6월호.

12. Frederick Russell Burnham, "Northern Rhodesia," in Walter H. Wills. "Bulawayo Up-to-date: Being a General Sketch of Rhodesia"(London: Simpkin, Marshall, Hamilton Kent&Co., 1899), p.179.

13. Index Mundi: http://www.indexmundi.com/facts/indicators/NY.GDP. PCAP.CD/compare?country = zm#count ry = br:kr:my:tr:zm

14. "You'll Be Fired If You Refuse: Labor Abuses in Zambia's Chinese State-Owned Copper Mines," Human Rights Watch, 2011년 11월 4일.

15. Index Mundi, Zambia's GDP: http://www.indexmundi.com/facts/zambia/gdp-per-capita

16. Khadjia Sharife, "Who Will Help the Zambians?" *The Zambian Economist*, 2011년 6월 7일.

17. *Southern Weekend*, 2010년 4월 8일.

18. "You'll Be Fired If You Refuse: Labor Abuses in Zambia's Chinese State-Owned Copper Mines," Human Rights Watch, 2011년 11월 4일.

19. *Zambia Post*, http://www.postzambia.com/postread_article. php?articleId = 14832

20. "Is China's Africa Policy Failing?" *Global Voices*, 2012년 8월 15일.

21. Alexander Mutale, "Zambia's New President Sata Sets New Mining Rules for China," *The Christian Science Monitor*, 2011년 9월 28일.

22. Ezra F. Vogel, 심규호 · 유소영 옮김, 『덩샤오핑 평전: 현대 중국의 건설자』, 민음사, 2014·

23. "China Outmaneuvering Taiwan in Africa,"외교전문, WikiLeaks, 2005년 8월 8일.

24. "US Tells Africa to Reject 'Cheap' Chinese Goods, labor," *allAfrica*, 2011년 11월 24일.

25. Graham Greene, *Journey Without Maps*(Garden City, NY: Doubleday,

Doran, 1936), p. 20.

26. "Sierra Leone Diamond Float on AIM," *Sunday Times*(London), 2004년 11월 7일.

27. Saeed Shah, "From Penniless Refugee to Buccaneering Entrepreneur," *The Independent*(London), 2005년 6월 7일.

28. *The World's Fastest Growing Cities and Urban Areas from 2006 to 2020*, City Mayors Foundation.

29. Vaclav Smil, *Global Catastrophes and Trends: The Next Fifty Years*(Cambridge, MA: MIT Press, 2008), pp.136-37.

30. "Destines to Fail: Forced Settlement at the Office du Niger," *Journal of African History*, 42(2011): 239-60.

31. Henry Sanderson and Michael Forsythe, 정상기 옮김, 『슈퍼파워 중국 개발은행: 중국 경제패권 주의의 빛과 그림자』, 매경출판, 2014.

32. 중국해외건설협회(China International Contractors Association)에 따르면 중국 은 1978~2009년에 491만 명의 노동자를 해외로 보냈다. "Cheapness Alone Won't Cut It for China's Overseas Worker: Interview with Diao Chunhe," *Global Times*, 2012년 4월 1일.

33. Han Wei and Shen Hu, "Animal Instinct and China's African Odyssey," *Caixin Online*, 2012년 4월 1일.

34. Beijing Cultural Review, 2011년 8월. 영어로 된 설명은 다음을 참조. Antoaneta Bezlova, "Latest Africa Foray: Altruism or Hegemony?" *IPS*, 2009년 11월 9일.

35. 주 31 참조.

36. Leslie Hook, "Synohydro Shrugs Off Africa Criticism," *Financial Times*, 2013년 4월 10일.

37. "Vale, Rio Tinto Slammed over Mozambique Resettlement," Agence France-Presse, 2013년 5월 23일.

38. "Natural Gas Discovery Promises a Boon for Eni and Mozambique," *The New York Times*, 2012년 12월 5일.

39. "Portuguese Head to Former African Colony to Escape Euro Crisis," *The Washington Post*, 2012년 11월 11일.

40. "Contentores suspeitos contêm madeira em toros," *O País*, 2011년 7월 8일.

41. "Mozambique Loses a Fortune to Illegal Timber Exports," Environmental Investigation Agency, 2013년 2월 7일.

42. "Africa's Pulse," World Bank, 2012년 10월.

43. "Government Approves Eucalyptus Plantations," ClubofMozambique. com, 2009년 12월 25일.

44. Chamwe Kaira, "Namibia Bans Chinese Investment in Beauty Salons," *Bloomberg*, 2010년 2월 22일.

45. "Namibians Want Answers," *The Namibian*, 2012년 12월 15일.

46. "It's a Scramble for Chinese Scholarships Among Country's Top Brass," *Informanté*, 2009년 10월 15일.

47. "China Orders Interneg Purge," *Financial Times*, 2009년 7월 22일.

48. Jo-Maré Duddy, "Business Grills President over Chinese," *allAfrica*, 2011년 3월 22일.

49. Peter Duus, *The Abacus and the Sword: The Japanese Penetration of Korea, 1895-1910*(Berkeley: University of California Press, 1998), P. 21.

50. Eric Hobsbawm, 김동택 옮김, 『제국의 시대』, 한길사, 1998.

51. Peter Duus, *The Abacus and the Sword*, p. 6.

52. 「파이낸셜타임스」는 2013년 3월 11일자에서 다음과 같은 나이지리아 중앙은행 총재의 칼럼을 게재했다. "아프리카인들이 일어나 중국과의 로맨스에 대한 현실을 인식할 때이다…중국은 더 이상 저개발 국가의 동지가 아니다. 세계 2위의 경제대국으로 서양과 동일한 형태의 착취를 할 능력이 있다. 아프리카의 제조업 쇠퇴와 저개발에 큰 기여를 하고 있기도 하다."

53. 주 2 참조

54. Louis Young, *Japan's Total Empire: Manchuria and the Culture of Wartime Imperialism*(Berkeley: University of California Press, 1999), p. 4.

옮긴이의 글

아마 모든 일은 '저우추취(走出去)'에서 시작되었다고 봐도 좋을 것이다. 중국의 장쩌민 전 국가주석이 1996년 아프리카 순방 후 "해외로 나가라"는 전략을 제시한 것을 계기로 국책은행과 국영 건설사, 민간 기업 등은 세계무대로 앞 다투어 뛰어들었다. 특히 이들은 중국에 호의적인 데다 천연자원이 풍부하고 향후 발전 가능성이 큰 아프리카 국가들을 잠재 수출시장으로 점찍고 선심 쓰듯 막대한 자금을 쏟아 붓고 있다.

흔히 취재를 하다 보면 겉으로 드러나는 현상이나 숫자에 현혹되어 갈피를 잡지 못하는 경우가 있다. 그럴 때마다 "결국 답은 사람에게 있다"는 말을 되새기곤 했다. 저자 역시 아프리카에서 부상하는 중국의 존재를 다루면서 인적 요소에 가장 큰 관심을 두고 있다. 현지 정부와 국민들조차 손 놓고 있는 오지에 들어가 억척스럽게 땅을 일구는 사람들로부터 시작해서 자기 손으로 용련로를 만들어 조동을 만들고 이를 쫓기듯 떠나온 고향땅으로 수출하는 사람들, 인신매매로 먼 대륙까지 흘러들어와 연한계약 노동자로 일하면서 집으로 돌아갈 날 만을 기다리는 중국 여성들, 중국 땅을 떠날 때는 무일푼이었지만 온갖 수단과 장사로 떼돈을 벌어 대저택을 짓고 최신형 벤츠를 몰며 떵떵거리는 사람들에 이르기까지 이 책에는 다양한 인간 군상이 담겨 있다.

책에 등장하는 중국인들이 아프리카 땅을 밟게 된 배경이나 살아가는 모양새는 저마다일지도 이들의 삶을 관통하는 하나의 공통점이 있다. '츠쿠(吃苦)', 곧 쓴 고통을 감내하고 이겨내는 자세이다. 말리에서 농촌 단체를 이끌고 있는 팰러리 볼리는 이런 중국인들에 대해 경계심을 드러내면서도 인내심을 높이 평가하고 있다. 그가 중국인들은 당장 수익이 나지 않더라도 마치 보아뱀이 먹이를 노리듯 최상의 결과를 낼 때까지 형세를 살피며 기다린다고 이야기한 부분은 무척 인상적이다.

하지만 으레 그렇듯이 아프리카에 진출한 중국인 이주자들의 이야기가 전부 아름다운 것만은 아니다. 인종적 편견, 노동 착취, 삼림벌채와 남획, 현지 법 위반, 부패, 뇌물 수수, 토지 수탈 등은 이미 아프리카에 깊고 쓰라린 상처를 남기고 있다. 중국이 정부 차원에서 추진하는 막대한 원조와 개발 정책보다 중국인 이주자 한 사람 한 사람이 지역사회에서 보여 주는 크고 작은 처신들이 아프리카인들의 대중국 이미지를 형성하는 데 결정적 영향을 미치리라는 저자의 지적은 귀담아 들을 필요가 있다.

시진핑 국가주석은 취임하면서 "중화민족의 대부흥, 근대 이후 중화민족이 낳은 최대의 꿈을 실현한다"는 '중국몽(中國夢)'을 천명하였다. 중국이 아프리카에서 펼치는 소프트파워 전략이 중화민족의 대부흥으로 이어질지 그 꿈의 결말이 궁금해진다.

CHINA'S SECOND CONTINENT